全息太乙

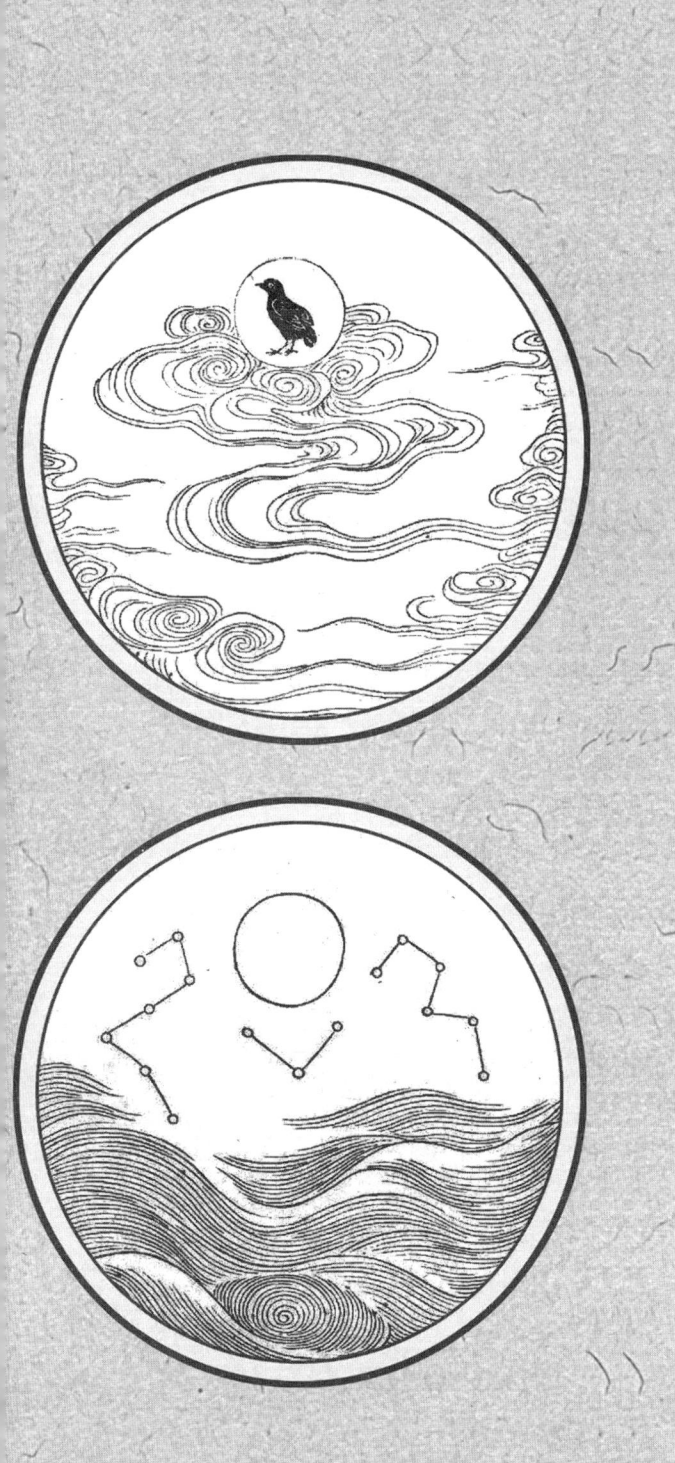

李德润 ◎ 著

华龄出版社

责任编辑：薛　治
责任印制：李未圻

图书在版编目（CIP）数据

全息太乙/李德润著．—北京：华龄出版社，2016.12
ISBN 978-7-5169-0828-0

Ⅰ．①全…　Ⅱ．①李…　Ⅲ．①《周易》—研究　Ⅳ．①B221.5

中国版本图书馆 CIP 数据核字（2016）第 321719 号

书　　名：	全息太乙
作　　者：	李德润　著
出 版 人：	胡福君
出版发行：	华龄出版社
地　　址：	北京市东城区安定门外大街甲 57 号　邮　编：100011
电　　话：	（010）58122246　　传　真：（010）84049572
网　　址：	http://www.hualingpress.com
印　　刷：	九洲财鑫印刷有限公司
版　　次：	2017 年 2 月第 1 版　2020 年 6 月第 4 次印刷
开　　本：	720×1020　1/16　　印　张：23.5
字　　数：	368 千字　　印　数：10001～13000
定　　价：	68.00 元

版权所有　　翻印必究

本书如有破损、缺页、装订错误，请与本社联系调换

序

太乙者，太极也。二目者，两仪也。大小四将者，四象也。合其数而为七者，七政也。日月五星，垂象于天，知乾坤否泰，明岁时灾祥。黄帝则以成书，传于后世，而元妙幽微，习者亦寡。今有李德润先生，精研太乙之术，推究精微，极深研几，成就斐然。丙申初，先生来京，赐余以全稿，吾有幸得窥妙道。是书贯彻于阴阳变化五行生克之理，大则国家之气运，小则纤毫之端微，精搜妙验，其如神哉！

《史记·天官书》：中宫天极星，其一明者，为太乙常居。"《易纬·乾凿度》曰："太乙取其数以行九宫。"郑元注曰："太乙者，北辰神名也，下行八卦之宫，每四乃还于中央。中央者，地神之所居，故谓之九宫。天数以阳出，以阴入。阳起于子，阴起于午。是以太乙下行九宫，从坎宫始，自此而坤宫，又自此而震宫，既又自此而巽宫，所行者半矣。还息于中央之宫，既又自此而乾宫，自此而兑宫，自此而艮宫，自此而离宫，行则周矣。上游息于太乙之星而反紫宫，行起从坎宫，终于离宫也。"九宫者，一为天蓬，以制冀州之野。二为天芮，以制荆州之野。三为天冲，其应在青。四为天辅，其应在徐。五为天禽，其应在豫。六为天心，七为天柱，八为天任，九为天英，其应在雍，在梁，在扬，在兖。天冲者，木也，天辅者，亦木也，故木行太过，不及，其眚在青，在徐。天柱，金也，天心，亦金也，故金行太过，不及，其眚在梁，在雍。惟水无应宫也。此谓以九宫制九分野也。《南齐书·高帝本纪》载："按太乙九宫占推，汉高五年，太乙在四宫，主人与客俱得吉，计先举事者胜，是岁高祖破楚。晋元兴二年，太乙在七宫，太乙为帝，天目为辅佐，迫胁太乙，是年安帝为桓元所逼出宫。大将在一宫，参相在三宫，格太乙。经言格者，已立政事，上下格之，不利有为，安居之世，不利举动。元兴三年，太乙在七宫，宋武破桓元。元嘉元年，太乙在六宫，不利有为，徐、傅废荥阳王。七年，太乙在八宫，关囚恶岁，大小将皆不得立，其年到彦之北伐，初胜后败，客主俱不利。十八年，太乙在二宫，客主俱不利。是岁氐杨难当寇梁、益，来年仇池破。十九年，大小将皆见关不立，凶，其年裴方明伐仇池，克百顷，明年失之。泰始元年，太乙在二宫，为大小将奄击之，其年景和废。二年，太乙在三宫，不利先起，主人胜，其年晋安王子勋反。元徽二年，太乙在六宫，先起败，是岁桂杨王休范反，并伏诛。四年，太乙在七宫，先起者客，西北走，其年建平王景素败。升明元年，太乙在七宫，不利为客，安居之世，举事为主人，应发为客，袁粲、沈攸之等反，伏诛。是岁太乙在杜门，临八宫，宋帝禅位，不利为客，安居之世，举事为主人，禅代之应也。"《诸葛丞相集》载《诸葛亮上先主书》云："亮算太乙数，今年岁次癸巳，罡星在西方，又观乾象，太白临于雒城之分，主于将帅，多凶少吉。"按《太乙飞铃》云："先主自涪攻雒城，亮遣马良上先主书，已而军师庞统中流矢死。"史籍所载，历历而明，则见太乙术者通于神明，诚断吉凶、决忧疑之妙术也。

  太乙之术，其不传也久矣！三代如太卜太筮，职有专官，故其业精而其应神；后世既废其官，而占验之书亦不传，故鲜有神而明之者。幸今日先生之《全息太乙》一书面世，《易》曰："鸣鹤在阴，其子和之。我有好爵，吾与尔靡之。"则是书应世而出，必有万千知音在焉。得其大者，开国承家，消灾为祥；得其小者，道愚解惑，趋吉避凶。今先生继往圣之绝学，开万世之太平，功亦莫大焉。

  是为序。

中央民族大学教授、博士生导师 谢路军
2016年5月于北京

序

与李德润老师结缘，是两年以前的事情了。时先生之大作《时空太乙》在巴蜀书社出版，赠我一册。研读之后，收获颇多。先生是个慷慨豪迈的人，健谈善饮，一时与中央民族大学道教与术数学研究中心主任谢路军教授、出版人郑同多有互动，把酒深谈，多有奇中。先生善易知相，尤精于太乙之术。太乙是三式的一种，是一门非常精深的学问，国内做专门研究的人很多，却鲜有专著面世。去年，先生之大作《全息太乙》一书在香港星易图书出版公司发行，学界好评如潮。很多读者要求，在大陆出版简体字版，以嘉惠后学。今岁欣闻是书将在华龄出版社出版，这是极好的事。深读此书，学者们的研究自会事半功倍；则先生对于学术的贡献，自是大焉。先生高大威武，耳白于面，必将闻名四方，或在于此书欤？

王力军

2017年2月

太乙占验提要

太乙，纬书也。王氏谓神用于不言之载，睿化于无为之间。闭户而体咎自征，拂鉴而毫发皆极，主精妙物，执契于混沌之始，故占家以为圣书，私相传习焉。或谓太乙不见于六经，乃秦汉间纬书之遗，殊不然也。自纬学禁绝之后，其全书之见于今者，《乾凿度》而已。《乾凿度》，易纬也。太乙数见于《乾凿度》，则太乙非秦汉纬书，可为明征。况屈原《九歌》称"东皇太乙"，战国已有此名，则太乙"始于轩辕，创于风后"之说，虽无可稽考，其或然欤？

《史记·日者传》："孝武帝时，聚会占家问之，某日可娶妇乎？日者七家，以状闻。"而太乙家居其一，则太乙占候时日，有自来矣。

太乙之式，体有三重。上青法天，下黄法地，中体象人，三才悉备。天有十二辰，地有十二次，四维八门，九宫十六神，咸有象焉。

太乙之数，以乾巽为一九，位蹉一宫，先知之义也。始于有物之始，终于闭物之终，纪之以十二运，统之以六十四卦，变化于三百八十四爻，举凡天地人物，无所不包。算本于章会纪元，神行乎八卦九宫，计分岁月日时，星分将神基福，大而兴废安危，小而穷通得丧，所有吉凶祸福，无不备。此易历之奥，天人之蕴也。

盖以太乙天帝之神，在璇玑玉衡，以齐七政，随天经行，以斗抑扬，故能驭四方，而应万事。至于变行变卦，冬至起乾，夏至起巽，阳遁顺行，阴遁逆布，殊途同归，与天地准。太乙之用，如斯而已。

凡太乙占候，不论岁月日时，要以三门具，五将发，而得算和为吉。掩迫囚击关挟格对杜固为凶，观梁武帝天监三年，甲申岁，六月八日甲申，帝召太史占太乙数，谓今日太乙八宫，和德为天目文昌将，外宫迫，灾轻，无所畏也。退谓人曰："外宫迫，为外人之迫也。四十年后，辰巳之年，同于桓公大亨之岁。"果于四十年后戊辰年，为侯景所逼。己巳年，饿死台城，何其验欤！今以日计太乙求之，凡积七亿七百五十万一千六十一算，为入第五纪。庚子元，四十五局也。惟日计布算，多于月计三十倍，多于岁计三百六十五倍有奇，非按历法，无从得数，故人畏其难，而多不用焉。岂知逐日吉凶，非日计不能辨别，较之岁计月计，尤为切要。观墨子北之齐，遇日者，日者曰："帝以今日杀黑龙于北方，而先生之色黑，不可以北。"不听，遂北至溜水，不遂而返。则日之宜忌，应验分毫不爽矣。倘日计太乙，掩迫囚击，用事遇之，则灾害并至，无可逃避。宫迫则灾缓而轻，辰迫则灾急而重。每见宫迫之灾，或延至数年，或数十年，其灾始发，而人多不察，以为偶然者，比比皆是，即非迫击，则星居陷宫，或命逢恶曜，其祸亦烈，如《元史·耶律楚材》："岁丁酉，推太乙数，谓太宗不宜田猎，不听，果出田五日而殂，应楚材之言。"此小游太乙之算术，所谓历也。

若夫推验古今治乱，时代终始，非有卦运，无以明之。卦之本原出于数，因数得象得卦，因卦生爻，既得卦爻，象数在乎其中，故《易》曰"神以知来，知以藏往"也。溯自光绪庚子，至民国乙亥，其间三十六年，为造化符天之运，履卦初九，变天水讼。《易》曰："不永所事。"逢其会者，德宗禁锢，宣统让位，袁世凯失败，以应爻辞，非人力所能为也。初爻为建立功德之限，当太乙所理，苟非其人，则有革命者起而应之，既已验矣。今当五纪中元，岁辛巳，为履卦九二，变天地否。《易》曰："天地不交，而万物不通。"此其时矣。二五为中道平安之限，阴阳当位则治，失位则乱。二为阴位，九为阳爻，阳爻而居阴位，欲致至治，未易言也。试观往古，举其大概，三代亡而秦始立，入萃上；汉之亡，入复上；唐之亡，入谦上；宋之亡，入姤上；皆为外极之限，灾变之期。譬之夜旦，必然之理。此大游太乙之卦运，所谓易也。

至若大游轨运，有内外卦；小游轨运，亦有内外卦，与卦运策数不同。大游行内卦，主百六之厄，三十六年行一宫，二百八十八年行一境，行一十五境，及四千三百二十年，而复一百六之大数；大游行外卦，主阳九之灾，十年行一宫，八十年行一境，行五十七境及四千五百六十年，而复一阳九之大数。其所理之爻，以初爻为建立之限，四爻为待治之限，二五为中道平安之限，三爻为内极之限，上爻为外极之限。如在外内外爻，遇凶神阳九百六爻限之际，其祸如发；如在中道平安之限，若遇掩迫，则国有灾殃。小游年行宫虽异，而所主灾祥亦然。然而大游得乾之策而行坤，小游得坤之策而行乾，其中微妙，难以言传。所谓"书不尽言，言不尽意，神而明之，存乎其人"者也。

考之《乾凿度》，太乙行九宫之法，四正正维，皆合于十五之数。郑康成注释于前，李淳风、僧一行、王希明、黄宗羲撰述于后。遗经尚存，依稀可考。观唐太宗问太史令李淳风《秘记》所云，信有之乎。对曰："臣仰稽天象，俯察历数，其人已在宫中。自今不过三十年，当王天下，杀唐子孙殆尽。"其兆既成之言，无一不验，尤为信征。夫所谓天象者，太白屡昼见也。历数者，即章会纪元，阳九百六，八卦九宫之数也。"其人已在宫中"云云者，按贞观丁酉，以武氏为才人，斯时剥卦值事，当淳风奏对时，岁在戊申，卦运已行六四九年，内卦坤变乾，有人君之象；外卦艮变离，离为中女，为戈兵；艮为止，为门阙，为阍寺，有"止戈为武，已在宫中"之象。《易》曰："剥床以肤凶"，故云"或谓当李唐之际"。太乙统行既济之运，今求于卦数，殊非确论。果明此道，用之可以定国安邦，占之可以探赜索隐，与奇门、六壬，统名三式，为世所重。此太乙占候，效如桴鼓之要略也。嗟乎，寒暑相推，无尽今来古往；龙蛇起陆，多少家国兴亡。误述所知，为知者道焉。如以尔言过矣，将俟来哲。

螺冈居士李青　撰

前　言

　　司马迁在《史记·封禅书》中说："天神贵太一（太乙又名太一）"。笔者以《周易》为理论支撑，以太乙神数为主写了周易学创新探索三部曲：《时空太乙》预测范围是天道和地道；本书为第二部曲，专题阐述太乙神数的人道命法和事法。即将出版的《理性太乙》预测范围是天道和人道。

　　"全息"太乙有广义、狭义之分。广义的包括天道、地道和人道。周易创新探索三部曲合之，即是预测天地人三才之道，可谓之"全息"。本书取名《全息太乙》，是取狭义之说，包括太乙命法、太乙事法和太乙兵法三部分。因太乙兵法读的人较少，故本书专题论述太乙命法和太乙事法。

　　周易创新探索三部曲的目的为"三知"：知天、知地、知人。知天——探索宇宙发展变化之规律；知地——探索人类社会历史发展之规律；知人——探索个人生命发展变化之规律。

　　周易术数学有100多种，但对太乙命法和太乙事法方面的论述少的可怜，更不用说创新探索了。太乙神数在古代是只有朝廷的太史令、太史局、钦天监才能推演的秘术；在近现代面世之书极少，研究者更是寥寥。故海内外许多易学专家、学者曾慨叹"太乙秘术早已失传了"。之所以"几乎成为绝学"，主要原因，一是著作散佚；二是计算复杂；三是推演周密；四是逻辑严谨；五是深奥难懂；六是误解太深。现在提起太乙神数，却成了新鲜事。

　　周易学创新探索三步曲的问世，对于太乙神数这一宝贵传统文化的流传；对于拓展周易术数学的研究领域；对于深入开展我国古代最高层次预测学的研究、探索、创新，必将会起到积极地推动作用。

　　刘大钧先生在2006年指出："当今国内的易学研究，言理者多，言象者少，言占者更少"。笔者的三部曲既言理、又言象，重点是言占。创作理念是：无新意，不写作。即凡奉献给读者的作品，皆是创新探索之结晶。本书亦是如此，汲取前人精华，剔其糟粕，锐意探索，有所创新。

那么，本书有哪些新意呢？

第一，抓重点。重点放在解决太乙命法和太乙事法的现代应用问题。

第二，断难点。人的生命是宝贵的、伟大的、崇高的。人的生命是宇宙最伟大、最杰出、同时也是最不可思议的杰作之一，因此应将占断命运看做是天大的事。应有崇敬的心理，负责的精神和慎重的态度。基于此种理念，笔者增加了"综合验证法"，以太乙命法和太乙事法推断出结果后，不能就此了事，再用奇门遁甲、铁板神数、相学、冲天妙数、河洛参评秘诀和称骨法等验证结果。完全一致，则证明推断精准；如不一致，定有问题，当重新推演，直到完全一致。此外对十六宫画图并详加标注，让时间和空间这两个宇宙的基本元素一目了然，为解难题创造条件。

第三，总盘点。现行版本的144个太乙式局问题较多，照之推演，根本无法做到准确。故，对144个太乙式局做了总盘点，凡式盘中之要素皆一一核对，然后重新画图并一一标注。

第四，探疑点。自然灾害如地震、水灾、旱灾、泥石流、滑坡等对人类社会造成了极大威胁，这关系到防灾减灾的大问题，是以后若干世纪人类要解决的重大问题，故详细推演之。人为事故如在太空探索突飞猛进的今天，对造成宇宙飞船的人为事故等亦详推之，力争解决点疑难问题。

第五，望远点。预测事物发展的趋势是个大问题。笔者从太乙八门入手，预测八门趋势，便于抓住事物发展的规律。

第六，提示点。太乙推演离不开太乙式局，一般的只给个式局图，并无文字说明。本书对144个式局，皆从基本格局、命法格局和事法格局三个大的方面给予提示，可提供极大的方便。

太乙神数中的太乙命法和太乙事法是个较大的课题，笔者限于水平，难免有不当甚至错误之处，敬请专家和读者朋友斧正。

李德润

2015年12月25日于京南一乐斋

目 录

第一章 哲学基础 ·· 1
第一节 "星"出太乙——星神的巨大功能 ············ 1
第二节 《易》衍太乙——《易经》的繁衍生息 ········ 3
第三节 "一"生太乙——理念的强势指导 ············ 7
第四节 "理"立太乙——预测的理论依据 ············ 8
第五节 "式"创太乙——独特的式盘结构 ············ 11
第六节 "数"成太乙——数字的玄奇奥妙 ············ 13

第二章 知识储备 ·· 15
第一节 一般知识 ·· 15
 一、河图洛书 ·· 15
 二、天干地支 ·· 17
 三、六十四卦 ·· 20
 四、阴阳五行 ·· 20
 五、十二月建 ·· 24
第二节 太乙基础 ·· 24
 一、"三书"一脉 ···································· 24
 二、校对式盘 ·· 27
 三、太乙八门 ·· 39
 四、太乙之数 ·· 41
 五、命法格局 ·· 42
 六、事法格局 ·· 44
 七、九宫分野 ·· 44
 八、"四计"入局 ···································· 46

第三章　四大断法 ·············· 47
第一节　断宫之法 ·············· 47
　　一、定宫位 ·············· 48
　　二、定飞禄 ·············· 51
　　三、定飞马 ·············· 51
　　四、入式局 ·············· 51
　　五、一星断 ·············· 51
　　六、二星断 ·············· 87
　　七、三星断 ·············· 101
　　八、四星断 ·············· 111
　　九、五星断 ·············· 115
　　十、六星断 ·············· 116
　　十一、三基断 ·············· 116
　　十二、晓三等 ·············· 117
　　十三、记五表 ·············· 121
　　十四、知三断 ·············· 125
　　十五、四十三论 ·············· 131
　　十六、提金赋 ·············· 138
　　十七、一字断 ·············· 140
　　十八、讲技巧 ·············· 141

第二节　断数之法 ·············· 144
　　一、三才无算数 ·············· 145
　　二、三和数 ·············· 145
　　三、重阳数 ·············· 146
　　四、重阴数 ·············· 146
　　五、杂重阳数 ·············· 146
　　六、杂重阴数 ·············· 146
　　七、阴中重阳数 ·············· 146

第三节　断限之法 ·············· 147

一、阳九行限起法 ················ 147
　　二、阳九入初、中、末限所主吉凶 ········ 149
　　三、断限法入局 ·················· 149
　　四、百六行限起法 ················ 149
　　五、百六临宫所主吉凶 ············ 152
　第四节　断卦之法 ················ 152
　　一、出身卦 ···················· 152
　　二、立业卦 ···················· 154
　　三、年卦 ······················ 156
　　四、月卦 ······················ 157
　　五、日卦 ······················ 158
　　六、时卦 ······················ 159

第四章　十项事法 ···················· 161
　第一节　自然灾害 ················ 161
　　一、气象规律探索 ················ 161
　　二、地震规律探索 ················ 164
　　三、虚实规律探索 ················ 175
　　四、大旱、火灾规律的探索 ········ 176
　　五、大雨、洪灾规律探索 ·········· 176
　第二节　人间百事 ················ 177
　　一、诸事成败规律探索 ············ 177
　　二、改革、变更规律的探索 ········ 177
　　三、年内发生的大事规律探索 ······ 177
　　四、将相贤否规律的探索 ·········· 178
　　五、举荐人才规律的探索 ·········· 178
　第三节　判断技巧 ················ 178

第五章　应用初探 ···················· 181
　第一节　经典案例 ················ 181

一、推演先生某甲之命运 …………………………………… 181
　　二、推演先生某乙之命运 …………………………………… 198
　　三、推演某女士之福泽 ……………………………………… 206
　　四、推演某男士之财富 ……………………………………… 206
　　五、推演"神九"发射、运行、回收成功否 ……………… 206
　　六、推演美国挑战者号航天飞机 …………………………… 209
　　七、推演2015年世界自然灾害示例 213

第二节　古代案例 ……………………………………………… 216
　　一、诸葛亮推演庞统之死 …………………………………… 216
　　二、推演桓玄逼宫 …………………………………………… 218
　　三、推演刘裕败桓玄 ………………………………………… 220
　　四、推演耶律楚材谏元太宗 ………………………………… 221
　　五、推演万历十年大事 ……………………………………… 223

第六章　太乙演局 …………………………………………… 227
　　一、太乙阳遁七十二局 ……………………………………… 227
　　　　阳遁一局 ……………………………………………… 227
　　　　阳遁二局 ……………………………………………… 228
　　　　阳遁三局 ……………………………………………… 229
　　　　阳遁四局 ……………………………………………… 230
　　　　阳遁五局 ……………………………………………… 231
　　　　阳遁六局 ……………………………………………… 232
　　　　阳遁七局 ……………………………………………… 233
　　　　阳遁八局 ……………………………………………… 234
　　　　阳遁九局 ……………………………………………… 235
　　　　阳遁十一局 …………………………………………… 236
　　　　阳遁十一局 …………………………………………… 237
　　　　阳遁十二局 …………………………………………… 238
　　　　阳遁十三局 …………………………………………… 239
　　　　阳遁十四局 …………………………………………… 240

阳遁十五局 ·················· 241
阳遁十六局 ·················· 242
阳遁十七局 ·················· 243
阳遁十八局 ·················· 244
阳遁十九局 ·················· 245
阳遁二十局 ·················· 246
阳遁二十一局 ················ 247
阳遁二十二局 ················ 248
阳遁二十三局 ················ 249
阳遁二十四局 ················ 250
阳遁二十五局 ················ 251
阳遁二十六局 ················ 252
阳遁二十七局 ················ 253
阳遁二十八局 ················ 254
阳遁二十九局 ················ 255
阳遁三十局 ·················· 256
阳遁三十一局 ················ 257
阳遁三十二局 ················ 258
阳遁三十三局 ················ 259
阳遁三十四局 ················ 260
阳遁三十五局 ················ 261
阳遁三十六局 ················ 262
阳遁三十七局 ················ 263
阳遁三十八局 ················ 264
阳遁三十九局 ················ 265
阳遁四十局 ·················· 266
阳遁四十一局 ················ 267
阳遁四十二局 ················ 268
阳遁四十三局 ················ 269
阳遁四十四局 ················ 270

阳遁四十五局 …………………………………… 271
阳遁四十六局 …………………………………… 272
阳遁四十七局 …………………………………… 273
阳遁四十八局 …………………………………… 274
阳遁四十九局 …………………………………… 275
阳遁五十局 ……………………………………… 276
阳遁五十一局 …………………………………… 277
阳遁五十二局 …………………………………… 278
阳遁五十三局 …………………………………… 279
阳遁五十四局 …………………………………… 280
阳遁五十五局 …………………………………… 281
阳遁五十六局 …………………………………… 282
阳遁五十七局 …………………………………… 283
阳遁五十八局 …………………………………… 284
阳遁五十九局 …………………………………… 285
阳遁六十局 ……………………………………… 286
阳遁六十一局 …………………………………… 287
阳遁六十二局 …………………………………… 288
阳遁六十三局 …………………………………… 289
阳遁六十四局 …………………………………… 290
阳遁六十五局 …………………………………… 291
阳遁六十六局 …………………………………… 292
阳遁六十七局 …………………………………… 293
阳遁六十八局 …………………………………… 294
阳遁六九局 ……………………………………… 295
阳遁七十局 ……………………………………… 296
阳遁七十一局 …………………………………… 297
阳遁七十二局 …………………………………… 298
二、太乙阴遁七十二局 …………………………… 299
　　阴遁一局 ………………………………………… 299

阴遁二局 …………………………………………………… 300
阴遁三局 …………………………………………………… 301
阴遁四局 …………………………………………………… 302
阴遁五局 …………………………………………………… 303
阴遁六局 …………………………………………………… 304
阴遁七局 …………………………………………………… 305
阴遁八局 …………………………………………………… 306
阴遁九局 …………………………………………………… 307
阴遁十一局 ………………………………………………… 308
阴遁十一局 ………………………………………………… 310
阴遁十二局 ………………………………………………… 311
阴遁十三局 ………………………………………………… 312
阴遁十四局 ………………………………………………… 313
阴遁十五局 ………………………………………………… 314
阴遁十六局 ………………………………………………… 315
阴遁十七局 ………………………………………………… 316
阴遁十八局 ………………………………………………… 317
阴遁十九局 ………………………………………………… 318
阴遁二十局 ………………………………………………… 319
阴遁二十一局 ……………………………………………… 320
阴遁二十二局 ……………………………………………… 321
阴遁二十三局 ……………………………………………… 322
阴遁二十四局 ……………………………………………… 323
阴遁二十五局 ……………………………………………… 324
阴遁二十六局 ……………………………………………… 325
阴遁二十七局 ……………………………………………… 326
阴遁二十八局 ……………………………………………… 327
阴遁二十九局 ……………………………………………… 328
阴遁三十局 ………………………………………………… 329
阴遁三十一局 ……………………………………………… 330

阴遁三十二局	331
阴遁三十三局	332
阴遁三十四局	333
阴遁三十五局	334
阴遁三十六局	335
阴遁三十七局	336
阴遁三十八局	337
阴遁三十九局	338
阴遁四十局	339
阴遁四十一局	341
阴遁四十二局	342
阴遁四十三局	342
阴遁四十四局	344
阴遁四十五局	345
阴遁四十六局	346
阴遁四十七局	347
阴遁四十八局	348
阴遁四十九局	349
阴遁五十局	350
阴遁五十一局	351
阴遁五十二局	352
阴遁五十三局	353
阴遁五十四局	354
阴遁五十五局	355
阴遁五十六局	356
阴遁五十七局	356
阴遁五十八局	358
阴遁五十九局	359
阴遁六十局	360
阴遁六十一局	360

阴遁六十二局 …………………………………………… 362
　　阴遁六十三局 …………………………………………… 363
　　阴遁六十四局 …………………………………………… 364
　　阴遁六十五局 …………………………………………… 365
　　阴遁六十六局 …………………………………………… 366
　　阴遁六十七局 …………………………………………… 367
　　阴遁六十八局 …………………………………………… 368
　　阴遁六九局 ……………………………………………… 369
　　阴遁七十局 ……………………………………………… 370
　　阴遁七十一局 …………………………………………… 371
　　阴遁七十二局 …………………………………………… 372
后　记 ……………………………………………………………… 373
主要参考书目 ……………………………………………………… 376

第一章　哲学基础

太乙神数和奇门遁甲、六壬神课为我国古代最高层次预测学。最高二字不是随便可以加的。太乙神数自有其独特的预测模式、预测方法。也必然有其哲学基础，即解决在什么思想指导下产生的太乙神数问题。

太乙命法、事法是太乙神数的重要内容，因此本书有必要述说一下它们的理论依托问题，以便读者能更深入的加以理解。

其理论依托主要是古人的"天人合一"、"天人感应"、"道法自然"和宇宙"循环往复"的大规律。具体讲有六条。

第一节　"星"出太乙——星神的巨大功能

中国古代哲学中的天人合一之"天"就是中国古代的天文学，"人"就是中国古代的人文学。天文学就是通向人文学堂奥的关口。无论古代和现代都是如此。而天文学研究的主体就是恒星、行星、彗星、流星、星系、星系团、超星系团等。正是因为有各种"星"，才有了多种多样的术数学。太乙也是由星神所出。

在现代天文学突飞猛进发展的今天，哲学要研究的不仅仅是地球和人类社会发展的规律，更重要的是与时俱进大力研究宇宙发展变化的规律。只有如此才能更好的理解太乙神数可以探索天地人三道的发展变化规律。而天道主要是说天空之"星"。这些星是宇宙最基本的物质。在某种程度上说，研究天道就是研究"星"的运动发展变化规律。

此理论包括两个方面的内容。

首先，太乙是什么？

有关的书籍说法不一。主要的，一说太乙是宇宙最原始的物质；二说是北极星；三说是木星；四说是诸星神之首。古人认为，太乙就是上天大帝，是统治整个宇宙的至高无上的皇帝。这个皇帝就是天上的某一星宿，可以是一颗星，如北极星；可以是中国的一个星座，如北斗七星（在周易术数学中，北斗七星主死）；南斗六星（南斗六星主生）；等等。总之是天上的星宿主宰和统治着整个宇宙，这个统治者名曰太乙。

这是我们祖先把地上的皇权统治系统，推广到全宇宙的结论。虽然现在，甚至在短时期内无法验证，但不无道理。古人认为，宇宙是和谐、有秩序的，没有主宰者，没有统治者怎么会如此和谐和有秩序？另外，就是我们祖先大一统思想，人间要大一统不要分裂；天上也要大一统。所以全宇宙只能有一个太乙，它统治、驾驭着整个宇宙。其实这和爱因斯坦晚年所说：宇宙中一定有一个全能（他认为不是万能，而必须是全能）的存在，它创造了宇宙；而且至今操控着宇宙；今后将继续统治宇宙，如出一辙。

其次，星神系统来自星宿。

古人认为天空是"诸神的星空"。凡周易术数学几乎都涉及到用神问题。如奇门遁甲的天盘九星、神盘八神；六壬神课的太岁神煞系统；四柱中的时神煞和时神，这些神煞皆来自天上的星宿。

太乙神数的"太乙五将"是指太乙监将、文昌上将、始击上将、主大将和客大将，分别对应木土火金水五大行星。太乙式盘仿佛就是一副北天极顶之紫微垣星图。太乙式盘上散落着的太乙、计神、天乙、三基、四神、五福等诸多星神，构建起太乙神数的神将系统。

太乙的星神系统，无论是行星还是恒星，它们都是探索太乙命法、吉凶祸福的根据。故，没有星辰系统就没有太乙命法。

如果我们研习二十五史中的十八史中的"天文三志"，懂得中西方星象学，你就会清楚：推演历史、探索未来、预测人生，都是天上星宿的功能。没有星神系统既不可能有东方玄学，也不可能有西方玄学。

故此学太乙神数都要研习古代和现代天文学，深入研究星神系统及其巨大功能，这是入门的金钥匙。

第二节 《易》衍太乙——《易经》的繁衍生息

如果把《周易》划分为三个阶段的学术，其一是易经是用于占筮的；其二是《易传》是对经的解释，乃穷理尽性之书；其三是易学，乃历代学者对《周易》研究的学术。中国的术数学就是以易学为根基发展起来的。太乙神数同样如此，在所有术数学中只有太乙神数与《易经》最接近、最亲密、最能体现《易经》的精髓。最突出的表现在两个方面，其一是在探索天道和地道的规律中，有太乙统六十四卦，行十二运；在人道命法中，有年卦、月卦、日卦、时卦和断卦法。

其二是在太乙探索天地人规律中，充分体现了《易经》循环往复的原理。笔者在拙著时空太乙中已有具体阐述，并将其具体化、数字化、固定化。在人道命法中也是如此，群体生命是生生不息的，个体生命是循环往复的。循环往复就是辩证唯物主义的肯定——否定规律，也可以说是对立统一规律。

《易经》与太乙命法的关系，就像五行中木生火一样，木是火之母，火是木之子。也就是说太乙命法为《易经》所生，是母与子之关系。

那么《易经》是如何衍生太乙神数呢？

此题内容太丰富，这里略从三个方面予以介绍。

首先，理论上。

主要有八个方面的辩证思维。

1、整体思维。

整体性原则是中国传统思维方式，贯穿整个易学。其核心在于承认整体大于或优于各个局部的总合。

《易经》中的卦爻辞、卦象构成以及六十四卦的编排上，都充分体现了整体性原则。《易传》又进一步发展了整体性观点。《序卦》说："有天地，然后万物生焉"。《易经》是以代表天地的乾坤两卦起始，把象征万事万物的其余六十二卦放在其后，显示出要把握宇宙整体的意向。无论六十

· 3 ·

四卦还是每一别卦都是整体性结构，必须从整体上去理解，才能抓住其本质。如初爻为事物之始，上爻为事物之终。初爻之时事物如何发展，尚难看出。到了上爻，有了结果。但要判断全局，了解事物的发展过程就要靠其它四爻了。这样断卦完全体现了整体性要求，是断卦必须严格遵循的原则。太乙命法也有出身卦、立业卦和年月日时卦的断法，就充分体现了整体性原则。只有遵循整体性原则，综合分析判断才可能得出正确的判断。此外，太乙为独尊的上天大帝，大一统的宇宙观，太乙统六十四卦行十二运等观点，都是《周易》整体性原则的实际应用。

2、"三易"思维

变易、简易、不易是《易经》的三大原则。变易告诉我们宇宙间的人、事、物，没有一样东西是不变的，只有永远的变才是不变的。简易认为宇宙尽管随时都在变，而且变的法则又错综复杂，但我们懂了原理、原则以后，就非常简单了。如太乙阴阳遁144局就是应用的简易原则。不易指出，宇宙间万事万物都在变，可是却有一项永远不变的东西存在，就是能变出来万象的那个东西是不变的，那是永恒的存在。太乙中阴阳学说和循环往复原理的运用把不易的"形而上"的东西变为具体的，可操作的，看得见的"形而下"的东西。

3、阴阳思维

《周易》对辩证思维的主要贡献，是以阴阳为范畴，说明卦象、爻象以及宇宙间人、事、物的根本性质；《易传》进一步把之提升，概括为"一阴一阳之谓道"，作为其易学哲学的基本原理。

《周易》认为，宇宙之间任何东西，都是一阴一阳。修道的人有句名言"孤阴不生，孤阳不长"。单独阴阳是不能有所成就的，必须要阴阳配合。阴阳两个方面相互联系，相互推移，相互作用，就是一切事物发展变化的规律。

《易》以道阴阳，太乙命法更是处处讲矛盾，法法道阴阳。

4、"易准"思维

"易与天地准，故能弥伦天地之道"。这就是周易的易准思维。

首先，"易与天地准"是说《易经》这一部书的学问法则，是宇宙万事万物一切学问的标准。不论人之事，物之理，宇宙间的一切的一切都以此为法则。这里所包含的是整体思维，统管宇宙的法则。也就进一步说明，只要掌握了《易经》的法则，就可以穷理尽性。"范围天地之化而不过，曲成万物而不遗"。这就是《周易》探索宇宙时空的普适性。

其次，《易经》提出"有天地然后万物生"的命题，以天地为万物的根源和基础，认为天地交而万物通，天地感而万物生，说明我们祖先做《易经》不是想出来的，他是科学的，是经过科学试验程序的，是仰以观于天文，俯以察于地理，而研究发明的。

5、全息思维

所谓全息，是反映事物在空间存在时整个情况的全部信息。易学思维认为宇宙间的人、事、物都存在着全息性，就是整体的某种方式包含在其部分之中。《系辞》指出，64卦储存了有关宇宙的及其重要的信息。64卦包含着客观世界的模拟内容；64卦系统是一个全息系统，它们以卦、爻这种特殊方式反映了宇宙全息特性。全息思维的最大优点就是可以缩小搜索范围，使之能较快的进行探索事物本质的科学方法。研究了一部，就可探索全局。

太乙神数包括太乙命法等都具有此功能，这也是太乙命法可以探索个人命运的根本原理。

6、五行思维

华夏祖先认为，宇宙的本源就是金木水火土这五行，它们之间的复杂的关系是宇宙发展变化的总规则。我们透视传统文化，就可以看出阴阳五行在这个文化体系中起着支撑和衔接的作用，是传统文化的骨架。我国的阴阳五行学说也是对世界文化的重大贡献。在我国，五行发展成了五行文化，向各个领域辐射，构成了五行文化的大系统。在我国神秘的术数学中，五行学说被借用为理论支柱。许多国学大师认为，五行学说仅次于八卦，可位居第二。

在太乙命法中太乙五将就代表五行，还要运用五行的生克关系、旺相休囚死、寄生十二宫，更直接运用五行的生成数来探索人的命运。

7、忧患思维

在《周易》的智慧中，充满了忧患思维。卦爻辞中多危言，使人挺而警觉。《周易》的作用就在于使人知道警惕戒惧，又明白忧患与事故。因此历代易学家、统治者，都重视《周易》的忧患意识及其价值，视其为处理国家以及人生运程的准则。

正是基于这种忧患意识，《易传》又提出了"安而不忘危，存而不忘亡，治而不忘乱"的主张，作为安身立命的依据。

太乙命法在探索人的命运时，即探讨福、吉，也占断凶、祸；并突出的占断太乙阳九灾限和太乙百六灾限。这与《周易》的忧患思维完全吻合。

8、中庸思维

《易传》提出了一套安身立命之道，当首推中庸思维。所谓中庸就是不偏不倚，是将事物的各种矛盾处理的恰到好处，既不过分，又无不及，从而使事物处于最佳状态。

《易经》中，一阳爻，一阴爻；八卦中，四阳卦，十二阳爻，四阴卦，十二阴爻；六十四卦中，三十二阳卦，一百九十二阳爻，三十二阴卦，一百九十二阴爻，不多不少，恰到好处，充分体现了中庸思维。

太乙神数阴阳遁各七十二局。断人的吉凶祸福，不只看一时一事一法，全面参考、综合占断，以中庸为吉，为辅；以过或不及为凶，为祸。这些都是《周易》中庸思维在太乙命法中的具体运用。

其次，模式上。

卦者，图也。在古代，卦就是图画，后来的发展有了易图学。如八卦、六十四卦皆可画成圆图或方图的形式。《易经》的这种图的模式直接影响了太乙神数等古代三式。

何为"式"？就是样式、格式。三式的式盘都是圆盘，既体现了天体皆圆之象，又体现了宇宙循环往复的大规律，还反映出宇宙间阴阳变化、五行生克、八卦九宫、干支机理、星宿运转之间的错综复杂的组合关系和整体思维。

第三，方法上。

后面介绍的断宫法、断限法、断数法和断卦法四种主要的太乙命法，都是直接或间接学习取法《易经》的结果。如断数法。太乙神数所有数之源，皆来自后天八卦，即坎1、坤2、震3、巽4、中5、乾6、兑7、艮8、离9。以此为基数演化成太乙神数的各种数，太乙命法也用之。如在太乙阴阳遁各局中，每一局都有主算、客算和定算，谓之"三算"。这些数的根，就是后天八卦数。如阳遁第一局主算7、客算13、定算13。主算7是如何计算的呢？主算是文昌上将产生的。其法是：文昌在正宫，以文昌居宫数算起，顺数至太乙后一宫，各宫数相加得主算。文昌在间辰，以文昌居宫数加一起算。阳遁第一局太乙在前宫，数字为6，是间辰，应加一，所以主算为7。余皆类推。再如断卦法。太乙神数有太乙统六十四卦行十二运；太乙命法有出身卦、立业卦和年月日时卦，都直接使用《易经》之卦和卦辞断吉凶祸福。

第三节　"一"生太乙——理念的强势指导

太乙又称为太极或太一。太乙以一为太极，一生二目（主、客目），二目生主客大小将与计神共八将。以其八将所临十六神方位的相互关系而定格局，占祸福，测命运，演治乱。太乙神数所用神将都是"一"所生。

在中国，"一"的问题涉及到先民们的两大观念，其一是大一统的观念；其二是天人合一的观念。

其一，大一统的观念。先民们认为家有千口，主事一人。"国无二日"，家、国都应归"一"领导；推而广之，"一"对于宇宙也是根本规律，也就是说宇宙也是"一"的哲学。宇是空间，宙是时间，古代术数家把宇宙并称，以《易》的体系组成时空坐标系，认为宇宙处于生生不息的变易之中，而且运动规律都是简易明了的。"道生一，一生二，二生三，三生万物"，由道只能生一，不能生二、三等；"无极生太极，太极生两仪，两仪生四象，四象生八卦，八卦相冲为六十四卦，三百八十四爻，以类万物之情"。来解释宇宙生成和演化图像，并用象数体系来建构宇宙的时空模型，模拟宇宙万物的演化规律。各类术数活动，无不先选择一个时空坐标系，再建构一个象数模型，当输入了载有制约社会人生的已知信息符号后，由这个象数模型的变化来模拟和预测事物的真实变化，便可获得超前信息。太极，一也，也只能由太极生出两仪。故太乙神数与《道德经》和《周易》的哲学思想完全一致。领导、管理、统治家庭、国家、宇宙，都要由"一"来领导。二三四……都想说了算，事情办不成；没有"一"，事情同样也办不成。因此大智慧者创《太乙神数》，先设了一个"太乙"，它是上天大帝，它是宇宙的"一"。先民们认为，宇宙虽然浩渺深奥，但非常和谐，有秩序，统一，这是太乙领导有方。

地上大一统的认识，天上大一统的观念，指导大智慧者，首创太乙。

其二。天人合一观念。术数学将人看作是一个小宇宙，和天地的大宇宙相互交通。天体运行和演化规律，人生历史的社会规律，在术数家眼里是完全统一的，认为自然现象、社会现象和人体生命现象包括心理现象，都处在一个相互制约的网络之中，能相互感应。宇宙的物质世界、生命世界和精神世界是相统一的，相互作用的。此观念强调天道和人道，自然和人为的相通、相类和统一的观点。力图追索天与人的相通之处，以求天人协调、和谐与一致。就像庄子所说："天地与我并生，而万物与我为一"。董仲舒说得："天人之际，合二为一"。天人合一的关键是"一"，不是二，更不是其它的。天人本为一个大系统，天与人本来是合一的，只是人的主观区分才破坏了"一"。《周易》也好，周易术数学也罢，都是建立在天人合一的观念之下，也就是说，天人合一观念是产生《周易》和周易术数学的最主要、最关键的哲学基础。因此没有天人合一理论的指导，就不可能创《太乙神数》，也就不可能创太乙命法。

其三，"古三式"都是"一"的哲学。《奇门遁甲》的甲，乃天干之第一位；六壬神课之壬，表面上虽不是"一"，但壬为水，水乃万物之源，源者，一也。故"一"不但生太乙，而且生《奇门遁甲》和六壬神课等。

第四节　"理"立太乙——预测的理论依据

宇宙是一大奥秘，人生是一大奥秘，宇宙何以生成天地万物？更是大奥秘中的奥秘。

术数是道学文化的组成部分，它源于古代的象数易数，现在归入道学的占验之术。道学最奥秘的理论体系中，隐藏着一个信念，就是相信这个宇宙中有一个和现实世界对应的隐形世界的存在，而人类只有开发自己的心灵潜能，才能突破现实世界的空间和时间限制去和隐形世界沟通。道学相信人通过修道可以获得神通。神通就是这种突破时空界限的能力。人的心灵活动也是宇宙中的一种自然运动形式，而心灵在本质上是可以超越时空界限的。此外，道家又相信事物的运动必有前兆，而深层意识可以获得超前信息。

在佛教文化中有和道学类似的认识。直觉是一种深层的心理意识，在佛教唯识学中（《华严经》是唯识学的基本要点），直觉属第七识，即末那识（第七识）和第八识，唯识学称它为阿赖耶识的功能。唯识学认为，阿赖耶识藏有元漏种子，为人类心灵底层的真如心体，不仅能遍知宇宙的一切因果，还有心能转物的神通。佛教认为心物是一元的，修定止、修慧观、修寂灭为佛学三种妙门法，都是为了开发阿赖耶识，获得正等正觉的神通。这些都说明，在科学和文明尚未开发的古代，先民的头脑并非比现代人愚蠢，它们在数十万年的生存斗争中，必然有其高超的认识世界和交流信息的本领。

我们再看看现代的科学研究状况。以上都是古代的事，有的是宗教的理论，现代科学研究使人们不得不接受一种新观念，这就是：宇宙中我们所感知的物质世界仅是全部物质世界的一小部分，仅占5%；而宇宙中95%的物质人类尚无法认识，这部分物质被称作暗物质和暗能量（2015年12月17日，中国首颗暗物质粒子探测器发射成功，且优于原先外国发射的暗物质探测器）。也就是说我们所能感知的显在世界背后有一个暗藏的世界。现代科学研究已确凿证明这个暗藏世界是真实的，是整体的，是全部的；而人们的感知则是以人的感官过滤到这个暗在世界的一小部分，是这一暗在世界某一侧面的影像。

由以上分析可以看出，现代科学关于暗在世界的研究与道学和佛学在几千年前关于暗在世界的认识，不谋而合，完全一致。这是颇值得深思的问题，也是全世界学术界所面临的大考题、大问题、大难题。攻克了这一问题，必将完全颠覆我们目前对宇宙的认识。

我们知道，古代中国的科学技术一直走在全世界的前列，而这些科学成果的获得，则是以术数学中的科学思想为依据的。术数学所依据的阴阳五行学说、天人感应、天文律历知识、周易象数体系，实际上就是中国古代的科学思想。这是中国传统文化中的古代科学思想和现代西方科学类型不同、但也决不允许某些无知者武断的说它是"封建迷信"、"伪科学"。

实际上,随着历史的发展和科学的进步,不断的否定着某些无知者所谓的"迷信"、"伪科学"。如上面所述,现代科学的发展不是和道学、佛学文化中关于暗在世界的认知完全吻合了吗?再如,印度教中有关于灵魂和物质(指人的肉体)皆可轮回的说法。在上个世纪九十年代之前,不仅世界科学界,就是宗教界也认为印度教所谓的人的肉体轮回是胡说八道,子虚乌有。但是随着现代天文学、物理学、化学等科学的迅猛发展,证明印度教关于人的肉体轮回之说不是谬误,而是真理。现代科学研究表明,宇宙间的任何物体,包括人在内的构成元素完全相同,皆由九十二种元素构成。这九十二种元素来源于恒星:一般恒星大爆炸可形成二十六种元素;比太阳大十倍以上的恒星爆炸可以形成另外六十六种元素。既然宇宙中的一切构成元素都相同,人的肉体为什么不可以轮回?印度教起源于公元八世纪,现代世界各地有教徒约八亿人。到现代科学认知宇宙间一切物体构成元素完全一样,已有一千二百多年历史,那时没有现代科技的水平,古人是如何认知这一问题的?这既是不可思议,也是颇值得深思的大问题。

中国传统文化伟大的不得了。"青蒿"不过是中医的一种草药,而"青蒿素"则因其神奇的功能而获得2015年诺贝尔医学奖。青蒿素是中医药送给世界人民的珍贵礼物。中医的草药有千万种,谁知道还有什么神奇功能?而中医不过是中国传统文化的一支。如能把中国传统文化的神奇功能开发出来,解决好现代应用的问题,必将创造出无法估量的奇迹!笔者认为,作为中国传统文化重要一支的周易术数学,其巨大功能,还远远没有发挥出来。尤其是在解决现代重大问题的应用上,尚蕴藏着巨大潜力!

上述简单分析都说明,其一,术数学亦有科学依据;其二,宇宙空间之大,时间之久,什么事情都可能发生,当人们还没有认知某些事物时,应取慎重、严肃态度,不要一概武断的斥之为"伪科学"。要清楚的知道:我们所认知的宇宙不过5%;暗在世界是怎么回事,尚不得而知。持此态度,当是学术研究的健康意识。

第五节 "式"创太乙——独特的式盘结构

太乙神数、奇门遁甲和六壬神课所以称为古三式，是因为它们都以式盘为推演工具。但太乙神数的式盘，不同于其它二式有其独特的式盘；也正因为由此独特的式盘，先民才创造了太乙神数。

太乙神数在预测的构成中，主要由四个部分组成，每一组成的要素都以它独特的方式出现，形成了太乙神数的固定形式。

第一盘：

有九个数字，五数在最中间的盘中。其分布格局为：一、二、三数构成三角形；四、五、六数为一直线；七、八、九数又为三角形。五数为九个数的中间之数，将各数进行联系和牵引。诸数的排列都属于自己固定盘内，它们是所有变化数的基本之数，原始之数。换言之，太乙神数中所有数的变化，都是这九个数字变化的结果。这是太乙神数的大前提，也可以说如果没有这九个数字，太乙神数则不成立。

第二盘：

内有十六宫，由十二地支和四个卦组成。它们的排列顺序是，每三个地支之间有一个卦，这是太乙神数的独特之处。它不是全由卦或由十二地支组成，而是两者相互组合而成。所选四个卦为乾坤艮巽，选择了天地直接的表现形式；其作用是作为预测当中的引子，在卦出现之时，可由该卦而同时引申出卦和数的内在含义。地支的运用，是预测时的时间所对应未来预测时间点的位置。第一盘和第二盘有着对应关系。第一盘数的排列与《洛书》相同，无论从哪个角度相对的三个数之和为十五，这种排列同时体现三、五之数及《洛书》之数，因而其所产生的力的作用非同一般。再将所对应的十六宫的各名称的引义之数，从而形成了两盘之间的力的再现。由数、时间、空间各角度的结合而产生的数的排列的出现。这种从方位出发进行预测，使其有一个完整统一的形式，再产生结果的同时，产生牵引、互相作用。这种组合形式，产生了太乙神数预测机理的雏形，确立了数的位置及作用。

第三盘：

是对应的十六神。它们以在不同方位上的出现而主导事物的趋向。由于它的格局为固定式，因而十六神的各神代表着时间和空间上所产生的影响，与上两盘产生了联系。十六神的作用，是预测中的枢纽，由它的出现而把天、地、人盘给予了连接。可以说十六神是人盘引申的结果。太乙神数认为，虽然要探索天地人三才的规律，但最重要的还是人。因为天地对人有直接而巨大的影响。也就是说，人同时承应天地之数，而促成十六神相应方位的出现，从而使天地人三个点、四个盘相联系而形成了一个整体。十六神的运用机理可将天运的本质给予剖析，由于天运的作用而影响地、人的相应之数，从而使推断天运结果准确率提高。

第四盘：

为最外盘，为活动盘。正因为是活动盘，所以各局第四盘的星神是不固定的，要依据预测内容，通过复杂、严谨的计算才能确定各神的空间位置。由于主客的作用和时间的作用，而按阴阳的逻辑构成与前三盘相应而得到固定的格式，产生数的作用而推断分析出所预测的结果。在这一盘之中的起始各因素之中，并非十六宫都排列，而是空出若干格，形成了更为活动的灵活作用。在其所出现的十二运式之中，把预测的题目给予确定之后，从中得到预测分析线索，在盘的左右两侧出现的名称，是作为预测的大方向和分析时的参照。从整个盘的构成来看，太乙神数预测模式已构成。在最外盘的组成之中，表现了这一组成的各因素的内涵，它从中可体现八门、八神的运用，把各种主要的决定事态的主、客给予了肯定，从而使预测之时，针对目标给予了确定。

第六节 "数"成太乙——数字的玄奇奥妙

有科学家说，宇宙就是纯数学。伽利略说，宇宙就是用数字写成的一本书。我们不讨论他们的观点正确与否，他们的观点至少可以说明，数字在探索宇宙玄机中的极端重要性。

象数者，有象必有数，有数必有象，象为数之表，数是象之里，在一定的条件下二者可以互相转化。

无数不可能成太乙，成太乙者，数也。太乙神数是通过宇宙中所构成的数来预测的，同时也反映着整个宇宙在不断演变之中所构成的物的量的积累；进而是质的变化。这实际上就是辩证唯物主义所阐述的"量变到质变"的规律。事物内在的本质特性以及它未来的发展趋势，都以数来反映，这是进行推断的主要依据。天地人都逃脱不了数的变化。掌握了数在每一时空中的不同作用和结果，以及所达的途径、目的，就等于掌握了宇宙变化的规律。因此，宇宙中数的影响、发展及作用，是一门深奥的学问，由它构成整个宇宙的奥秘，又由它揭示宇宙之谜。

《太乙神数》有着庞大而神奇的数的系列：

如后天八卦数、五行生成数、天数、地数、天地总数、凶数、吉数、阴数、阳数、重阳数、重阴数、上和数、次和数、下和数、三才不足数、长短数、不和数、杜塞无门数、单阴数、单阳数、孤阴数、孤阳数、主算、客算、定算、六十甲子序数、六十四卦序数、太乙统六十四卦行十二运、五运六气、太乙积年数、积月数、飞九宫、飞八门、推六仪三奇……

《太乙神数》以九宫八卦定位，在五行相生相克的机理上，运用数的能量信息，融万事万物为一体，充分体现了人与天、地对应，天地人一体，以数为基因的宇宙定律。

虽然我们生活在一个复杂多变的世界，但由于宇宙的阴阳规律和数的运算演变规律的存在，就给了我们探索宇宙奥秘的大前提。同时它阐明：一切事物都是运动变化的，而且内部本质都有着千丝万缕的联系，都是互相依托，互为前提的。运动变化是有规律的，人们可以认识的。这符合辩证唯物主义的认识论。太乙神数理依阴阳，这就是辩证唯物主义的对立统一规律；数有始终，大小，这就可以认识事物的量变到质变规律。所以太乙神数的数体现了辩证唯物主义的某些规律。我们通过数的演绎，通过人的对应演变，找到了人与宇宙星体的最佳对应点与最佳方阵图，阴阳组成的经纬空间，由于数的参与纳入了五行的运行轨道和四季的规律循环，也产生了人类相应的思维模式。人在相对的四维空间，受阴阳定点的左右，与相关的事物彼此影响，互相牵制，并由此认识自我，认识宇宙，认识一切相关的人和事物。

《太乙神数》就是通过这些神奇奥秘无穷的数以及数之间错综复杂的关系来推断吉凶祸福，探索天地人运动变化的规律。

故，名之曰《太乙神数》，真乃实至名归。

第二章　知识储备

基础知识是学习本书所必备的。下面介绍一些有关的一般知识和太乙基础知识。这些基础知识，都是必须学懂弄通，烂熟于心的。

第一节　一般知识

一、河图洛书

《易经》是经典中的经典，哲学中的哲学，智慧中的智慧，是群经之首；但对如此神圣的《易经》之总源头，就不见得都知道了。其总源头就是河图洛书。可以说河图洛书奠定了中华传统文化的根基，是中华先民智慧的最高成就。它们对中国乃至世界文化的发展有着深刻的影响。

在太乙命法中，要经常用到河图和洛书的神奇的数字及与五行的关系。

首先，神奇的河图。

河图之象是由黑白点组成的图案，白点为阳，黑点为阴。

北方：一白六黑，代表四象中的玄武星象，五行属水；

南方：七白二黑，代表四象中的朱雀星象，五行属火；

东方：三白八黑，代表四象中的青龙星象，五行属木；

西方：四黑九白，代表四象中的白虎星象，五行属金；

中央：五白十黑，代表勾陈星象，五行属土。

东西南北四象，每象七个星宿，共二十八星宿。

由河图之象构成的河图之数，有诸多奇妙之处。

第一，河图共有一到十十个数，阳数之和为二十五（1＋3＋5＋7＋9

＝25），为天数；阴数之和为三十（2＋4＋6＋8＋10＝30），为地数；阴阳数之和为五十五（25＋30＝55），为天地之数。

这些神奇之数在后面太乙命法的"阳九行限起法"和"百六行限起法"以及出身卦、立业卦中都要用到。

第二，河图包含万物生长之数：天一生水，地六成之；地二生火，天七成之；天三生木，地八成之；地四生阴，天九成之；天五生土，地十成之。

第三，阴数右旋，阳数左旋，正好符合银河系俯视皆右旋，仰视皆左旋的规律。

其次，神奇的洛书。

洛书的黑白圆点所表示的数是：戴九履一，左三右七，四二为肩，八六为足，中央为五。如图：

4	9	2
3	5	7
8	1	6

与河图一样，由洛书只象构成的洛书之数，也有诸多奇妙之处。

第一，洛书共有一到九九个数，其阴阳之和为四十五，为五行之万物生死之数。

第二，九个数纵横交插，其和皆为十五，尽显五行之妙。

第三，如果把洛书看做九宫图，并用行列式的方法计算，还可以得到一个周天三百六十数。

二、天干地支

在中国的传统文化中，天干地支就代表时间和空间体系的符号。它暗含了宇宙的某种根本节律，使以天干地支建立起来的象数模型有一定的预测功能。在《周易》和周易术数学中极为重要，同样太乙命法中也离不开天干地支。

十天干为：甲、乙、丙、丁、戊、己、庚、辛、壬、癸。甲丙戊庚壬属阳，乙丁己辛癸属阴。

十二地支为：子、丑、寅、卯、辰、巳、午、未、申、酉、戌、亥。其中子寅辰午申戌属阳，丑卯巳未酉亥属阴。

天干地支的阴阳属性，在太乙命法确定十二宫中至关重要，必须分出所测之人是阳男还是阴男，阳女还是阴女，否则把十二宫定错，就都错了。

此外，还有六个方面必须熟记于心。

①天干地支与五行的对应关系

甲乙寅卯属木；丙丁巳午属火；庚辛申酉属金；壬癸亥子属水；戊己辰戌丑未属土。

②十二地支与空间方位的对应关系

子——北；午——南；卯——东；酉——西。

未申——西南；戌亥——西北；丑寅——东北；辰巳——东南。

③十二地支的方阵排法

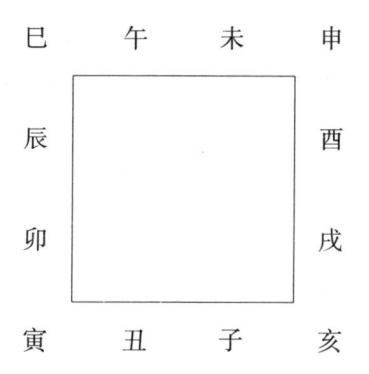

```
巳    午    未    申
辰                 酉
卯                 戌
寅    丑    子    亥
```

④天干地支的刑冲害化合

化合，反映天干地支的统一关系，表现为天干地支的吉利关系；刑冲害，反映天干地支的对立关系，表现为天干地支的不吉关系。

第一，天干之合。

十天干中，甲和己，乙和庚，丙和辛，丁和壬，戊和癸可以合化。合者，为阴阳二气相合；化者就是解决矛盾，使之和平相处，达到平衡。

第二，天干相冲。

十天干中，甲庚、乙辛、壬丙、癸丁相冲。冲就是二气对冲而有相犯。

第三，地支之合。

一是，地支六合。

子丑相合而化土，寅亥相合而化木，卯戌相合而化火，辰酉相合而化金，巳申相合而化水，午未相合而化火。

二是，地支的三合。

申子辰能相合成水局，亥卯未相合能成木局，寅午戌相合能成火局，巳酉丑相合能成金局，辰戌丑未可以合成土局。

第四，地支的六冲。

子午、卯酉、寅申、巳亥、辰戌、丑未相冲。

第五，地支的六害。

子未、丑午、寅巳、申亥、卯辰、酉戌相害。

第六，地支的九刑。

一是，寅刑巳，巳刑申，申刑寅，三对都是无恩而刑。

二是，丑刑戌，戌刑未，未刑丑，三对都是恃势而刑。

三是，子刑卯，卯刑子，两对都是无理而刑。

四是，辰午丙亥，属于自刑。

刑，就是彼此刑伤，互不相让。

⑤六十甲子顺序表

序号	名称	序号	名称	序号	名称	序号	名称	序号	名称	序号	名称
1	甲子	11	甲戌	21	甲申	31	甲午	41	甲辰	51	甲寅
2	乙丑	12	乙亥	22	乙酉	32	乙未	42	乙巳	52	乙卯
3	丙寅	13	丙子	23	丙戌	33	丙申	43	丙午	53	丙辰
4	丁卯	14	丁丑	24	丁亥	34	丁酉	44	丁未	54	丁巳
5	戊辰	15	戊寅	25	戊子	35	戊戌	45	戊申	55	戊午
6	己巳	16	己卯	26	己丑	36	己亥	46	己酉	56	己未
7	庚午	17	庚辰	27	庚寅	37	庚子	47	庚戌	57	庚申
8	辛未	18	辛巳	28	辛卯	38	辛丑	48	辛亥	58	辛酉
9	壬申	19	壬午	29	壬辰	39	壬寅	49	壬子	59	壬戌
10	癸酉	20	癸未	30	癸巳	40	癸卯	50	癸丑	60	癸亥

⑥六十甲子纳音表

甲子名称	五行属性	甲子名称	五行属性	甲子名称	五行属性
甲子乙丑	海中金	丙子丁丑	涧下水	庚午辛未	路旁土
壬申癸酉	剑锋金	壬辰癸巳	长流水	戊寅己卯	城头土
庚辰辛巳	白蜡金	甲申己酉	泉中水	丙戌丁亥	屋上土
甲午己未	沙中金	丙午丁未	天河水	庚子辛丑	壁上土
壬辛癸卯	金箔金	甲寅乙卯	大溪水	戊甲乙酉	大驿土
庚午辛亥	钗钏金	壬戌癸亥	大海水	丙辰丁巳	沙中土
戊辰己巳	大林木	丙寅丁卯	炉中火	壬午癸未	杨柳木
甲戌乙亥	山头火	庚寅辛卯	松柏木	戊子己丑	霹雳火
戊戌己亥	平地木	丙申丁酉	山下火	壬子癸丑	桑柘木
甲辰乙巳	覆灯火	庚申辛酉	石榴木	戊午乙未	天山火

三、六十四卦

今本六十四卦的排列顺序表如下：

序号	卦名	序号	卦名	序号	卦名	序号	卦名	序号	卦名	序号	卦名
1	乾	13	同人	25	无妄	37	家人	49	革	61	中孚
2	坤	14	大有	26	大畜	38	睽	50	鼎	62	小过
3	屯	15	谦	27	颐	39	蹇	51	震	63	既济
4	蒙	16	豫	28	大过	40	解	52	艮	64	未济
5	需	17	随	29	坎	41	损	53	渐		
6	讼	18	蛊	30	离	42	益	54	归妹		
7	师	19	临	31	咸	43	夬	55	丰		
8	比	20	观	32	恒	44	姤	56	履		
9	小畜	21	噬嗑	33	遁	45	萃	57	巽		
10	履	22	贲	34	大壮	46	升	58	兑		
11	泰	23	剥	35	晋	47	困	59	涣		
12	否	24	复	36	明夷	48	井	60	节		

四、阴阳五行

阴阳是宇宙万物的两个本体，是我国古代哲学的重要思想之一，也是《易经》的主体哲学思想。最主要的表现就是爻只有阴爻和阳爻。《易经》认为整个世界是在阴阳两种相反相成的力量作用下，不断运动、变化、生成、更新的。阴阳学说渗透到中国传统文化的方方面面，影响极为深远。如哲学、宗教、占卜、天文、历法、中医、书法、建筑、音乐等。

阴阳学说的基本内容包括阴阳对立、阴阳互根、阴阳消长和阴阳转化四个方面。

阴阳对立,是指宇宙万物都存在相互对立的两个方面。在太乙命法中吉和凶,吉为阳,凶为阴,无凶则无吉,无吉则无凶。任何一方的存在都以另一方的存在为前提。

阴阳互根,互根性是阴阳本性的核心。阴阳之间的这种谁也离不开谁的关系称为阴阳互根。

阴阳消长,阴阳并不是一成不变的而是处在不断的消长变化过程中。通过不断的消长变化,维护二者的相互平衡。

阴阳转化,在一定的条件下阴阳之间还会相互的转化,即阴生于阳,阴中有阳;阳生于阴,阳中有阴。在太乙命法中如重阳数、重阴数、阴中重阳数、阳中重阴数、上和数、下和数、不和数等即是阴阳消长的结果。

五行理论是万物变化的总规则。五行所描述的是不能分割的一体关系,而不是五种独立个体之间的关系。五行文化是在五行哲学的基础上发展起来的。下面介绍五行的有关知识。

①五行的生克关系

在五行原理中最基本的是五行生克关系。其规律是五行相生,隔一相克。

水生木,水克火;木生火,木克土;火生土,火克金;土生金,土克水;金生水,金克木。

在五行生克说的基础上再深入,我们发现五行之间存在有意思且更为复杂的相制相化的交互作用。所谓相制,就是通过相生来制服克我之物。如金能克木,但木能生火以制服金,等等。这是一个克服与反克服,或说制服与反制服的循环,是相互制约又相互依存的关系:谁也离不开谁;谁又不服谁。所谓相化就是通过相生之物,来化解相克之物的矛盾。如金克木是一对矛盾,但金通过生水,水又生木,来化解金与木的对立立场。

除了相制相化,古人还将五行的相生,比做母子如土生金,则土是金母,金是土子。

再深入一步探讨,五行之间还可以有更复杂的关系。比如,水克火,火克金,置金于水火之间则相济。金虽受克于火,但金无火炼,不成器。因此,人们把金与火这一对冤家比作互相依存的夫妻,夫主妻从,金顺火制,故火为金夫。同样,木受金伐,但木离开了金的坎削制造,也不能成材。因此,木遇金虽然受制,但又不见得是件坏事。所以,看问题要全面,不能只顾一点不计其余。用太乙命法预测人的命运,亦当如此。

五行生克制化思想肯定了客观世界的物质性和运动性;五行之间的复杂关系反映了客观世界万物对立统一、依存转化的极为错综复杂的生生不息、新陈代谢、千变万化的运动过程。在这种过程中,事物的各种关系的对立、结合,才使宇宙万物经常处于均衡状态。在太乙命法中,就必须坚持与正确运用这些原理。

②五行的旺相休囚死

首先,看五行与一年四季的对应关系。如木主春,火主夏,金主秋,水主冬,土主季夏。

其次,看五行在四时中的旺相休囚死。

五行周游于四时,四时寒、暖、燥、湿不同,五行也会受到影响,发生旺衰起伏的变化。五行在自己所主的时间里,处于"旺"的状态,而在其它时间段里分别处于相休囚死的状态,这就是五行的旺相休囚死。

第三,看四时中五行的状态

四时	五行状态				
木	春旺	冬相	夏休	四季囚	秋死
火	夏旺	春相	四季休	秋囚	冬死
土	四季旺	夏相	秋休	冬囚	春死
金	秋旺	四季相	冬休	春囚	夏死
水	冬旺	秋相	春休	夏囚	四季死

五行旺相休囚死周期变化的规律是:当令者旺,我生者相,生我者休,克我者囚,我克者死。如以木为例。春天是木当令的季节,所以春天木旺;火是木生出来的,所以火相;水如同生木的母亲,现在木已长成旺盛之势,母亲便可以退居一旁,所以水休;春木旺盛,金已无力克伐,所以靠边站而金囚;土是木所克的,木现在已当令,气势强旺,所以土死。

第四,看天干地支的旺相休囚死

由于天干地支均与五行对应，因而也是由五行的功能，故天干地支在四时中也有旺相休囚死，如下表：

四时	旺	相	休	囚	死
春	甲乙寅卯	丙丁巳午	壬癸亥子	庚辛申酉	戊己辰戌丑未
夏	丙丁巳午	戊己辰戌丑未	甲乙寅卯	壬癸亥子	庚辛申酉
秋	庚辛申酉	壬癸亥子	戊己辰戌丑未	丙丁巳午	甲乙申卯
冬	壬癸亥子	甲乙寅卯	庚辛申酉	戊己辰戌丑未	丙丁巳午
四季	戊己辰戌丑未	庚辛申酉	丙丁巳午	甲乙寅卯	壬癸亥子

③五行寄生十二宫

五行寄生十二宫就是把天干中的五行放到十二地支月中，看每个具体的五行在十二个月中从生长到死亡的过程，这个过程被分为十二个阶段，称为十二宫。

五行寄生十二宫宫名及示意表

序号	宫名	示意
1	绝	又叫受气。如母腹空空，尚未受孕。
2	胎	受胎。如物在地中萌芽，人受父母之气。
3	养	养成型。如万物在地中成型，人在母腹中成型。
4	长生	生长。万物发生相容，人使生而长。
5	沐浴	又叫败。万物始生，形体脆绕易为所损。
6	冠带	初步长成。人或物初步长成。
7	临官	事业初成或进入仕途。
8	帝旺	达到荣华富贵的顶点，或指万物已成熟。
9	衰	开始下滑。如万物形衰，人之气衰。
10	病	衰而致病。指万物有病或人之病。
11	死	终结。万物之死或人之死。
12	墓	归于库墓。如物之收藏，人之归墓。

古人忌讳物尽极端，因为旺极则衰，所以在十二宫中，最有发展前途的是临官宫，天干五行行至临官，便称"坐禄"。而处于旺盛顶峰的"帝旺"宫，反而预示由盛而衰，而成为不祥之地了。五行寄生十二宫是传统命理中极为重要的一个概念，有关详细内容，请参阅有关书籍。

五、十二月建

月建是指农历每月所建之辰，也就是月支，月支又称月建。一年十二个月，各月的月支是固定的。

月	支	月	支	月	支	月	支
正月	寅	四月	巳	七月	申	十月	亥
二月	卯	五月	午	八月	酉	十一月	子
三月	辰	六月	未	九月	戌	十二月	丑

第二节　太乙基础

关于太乙基础知识，笔者在《时空太乙》中已有一部分阐释。以下再简单介绍八个方面的基础知识。

一、"三书"一脉

所谓"三书"，是指拙著《时空太乙》、《全息太乙》和即将出版的《理性太乙》这易学创新探索"三部曲"。三部曲的终极目的是要达到"三知"：知天——探索宇宙自然的运行规律；知地——探索社会历史的运行规律；知人——探索自我命运运行的规律。所谓"一脉"，是说三部书的主旨是一脉相承的。三部曲都是继承《周易》和《太乙神数》这一中国传统文化；是对它们的创新探索，重点是解决《易经》和《太乙神数》在现代重大问题上的应用问题。因此有关太乙的知识储备问题，必须把这三部书做点介绍。

《时空太乙》自序一开头就写到："甚喜《易》，极爱《皇极经世书》，嗜好《太乙神数》、《奇门遁甲》和《六壬神课》……"。拟通过易学探索三部曲来继承《太乙神数》这一优秀传统文化,并力争有所创新,有所突破,有所发现。

何谓《时空太乙》?概言之,以太乙为宇宙最高法则,率乾坤十二爻,统六十四卦,行十二运,以先天六十四卦卦爻结构所蕴含的时间、空间这两大宇宙的基础结构为坐标,以象、数、局三法为推演的综合工具,以"元时运空局"为推演模式,探索宇宙和人类社会发展变化规律的最高层次周易术数预测学。

《时空太乙》是在《易经》循环往复基本原理的指导下,与时俱进,切近当今,更新观念,改造提高,创新发展《太乙神数》的产物。它融入了世界近现代天文学、物理学、化学和地球科学等学科探索宇宙的最新成果;它把现代科学和古老的《周易》、术数学有机的结合在一起;它综合并光大了周易卦断、《皇极经世书》和《太乙神数》三方面的精粹,剔除其繁杂琐碎和人为神奥,独创了推演宇宙和人类社会历史运动变化规律的观念、法则、模式和方法。《时空太乙》尝试着从六个方面进行创新探索,即观念上的创新性,思路上的开拓性,方法上的多样性,时空上的普适性,实践上的简洁性和服务上的科学性。

《时空太乙》受到了专家、学者和业内人士的普遍好评,认为:"是作者用十年之力对《周易》术数学研究思考的最新成果。它通过对推数法、推象法、推局法尤其是通过对杰出术数家邵雍《皇极经世书》多角度的探索阐述,试图为读者提供推演宇宙自然变化的规律性范式,进而为读者提供推演人类历史发展的规律性方法。本书自成体系,见解独到新颖,为《周易》和术数学的研究提供了新的路径(《时空太乙》"编者按语")。

《理性太乙》是易学创新探索三部曲的第三部曲。主要是尝试解决《周易》和《太乙神数》在现代应用问题。我国具有独特的玄学预言体文化,这一预言体文化来源于周易学。是古人长期探索周易学的真实例证。古人认为周易学具有推演过去和探索未来的功能。笔者认为研究周易学,也应研究我国独特的预言体文化,通过大量的例证,再现周易学之伟大,先祖之睿智。

《理性太乙》中虽然在品鉴古代预言中用的篇幅较多,但重点还是放在对人类未来星际大移民规律的探索上。

地球的双重性，即现在是人类的家园；但又不是永远的家园，给人类极为棘手的两难选择：永留地球，地球末日即为人类末日，地球毁灭，人类必将与之同归于尽，使人类在宇宙中永远消失；飞出地球，另觅家园，虽然可以使人类在宇宙中长期存在下去，但难于上青天。此为人类天上的难题，且是事关人类前途命运的生死攸关的大问题。何去何从？若能居安思危，或从防灾减灾角度分析，能预先探索出人类未来星际大移民的规律，并按照规律，统一认识，高瞻远瞩，积极筹划，精心准备，则可以"远虑无近忧"，将灾害降到最低。

笔者出于对全人类的关爱、大爱、至爱，用周易学和现代科技文化这两种文化来探索人类未来星际大移民的规律，非逞个人之能，乃挚爱伟大人类，实彰先祖之智，凸显《易经》之威！

探索结论时：

第一，地球末日是必然的；但在距今（2013年）的5490年之内，不会有地球末日。

第二，地球末日不一定就是人类末日；是否是人类末日，取决于人类的抉择。

第三，人类最终选择移居其它星球，并将在距今（2013年）的5490年的时间内，分期、分批、逐步、陆续飞出地球，移居其它宜居星球，逃过了地球末日导致的人类末日的劫难，并将在宇宙中长期存在下去。

该书之终极目的，不是单纯的品鉴预言，重点在于珍爱现在，思虑长远。"珍爱现在"就是要通过周易学的现代应用，启发读者去想象，拓展思路，开拓视野，更加珍爱我们现在生活的这个美丽的地球家园；更加珍爱我们人类本身；更加珍爱我们自己创造的、伟大的科学和玄学两种文化。"思虑长远"就是要通过周易学的现代应用，在珍爱现在的同时，依据人类未来星际大移民的规律，未雨绸缪，只争朝夕，规划长远，切近当今，为使人类能在宇宙中长期生存献计献策，增砖添瓦。

成果探索了人类未来星际大移民的规律，给了我们至少以下五点有益启示：无穷潜力待挖掘、阴阳科学比翼飞、开拓创新呈活力、《时空太乙》出模式和多种手段探大事（详见《时空太乙》，巴蜀书社，2014年版）。最主要的启示是：《周易》和术数学并不是万能的。既不要把它们说得神乎其神；又不要说它们一无是处。世界上的所有预言都有其局限性，如《诸世纪》、中国最著名的七大预言书。再如，探索人类未来星际大移民的规律中，运用《周易》和术数学只能探索出时间；而空间只能用现代科学文化去探索。所以必须"理性"的、客观的、公正的看待太乙和周易学。为今后研究周易术数学的现代重大应用问题，提供了借鉴。

二、校对式盘

《太乙神数》、《奇门遁甲》和《六壬神课》之所以称为古三式，就是因为它们主要是依靠式盘进行推演。式盘错了，推演必错。

《太乙神数》式盘中144局存在的问题很多，主要问题是天盘星辰的方位问题。

天盘是流动的，故天盘星神也是流转变化的。如何计算推演天盘星神的方位，就是一个十分关键的问题。把星神的入盘搞错，断局必错。所以主星神如何入天盘是个基础问题，前提问题，依据问题。

第一，存在问题。

就笔者所知，在出版的太乙阴阳各七十二局中，没有不出错的。如果真按照这144个太乙局式去推演，必是错误百出，无法预测。其实这些问题只是在太乙神数研习方面出现的问题之一。当然，这一问题是主要的问题，其所以主要，是因为它有"一票否决权"，即太乙式盘不准，预测必然不准！

在太乙神数的研习方面存在的问题一是三乱：盘乱、星乱、数乱；二是三难：买书难、学习难、应用难。

先说"三乱"。

①"盘乱"。主要是指天盘星神乱，表现在一是星神不全。一般预测实践要应用到的天盘星神约有25个，但现出版的几部书和古本太乙书中天盘最多的仅有20个左右。就是说还有的天盘星神没有标注到天盘上，这就给预测带来了极大的不便。二是方位不对。在已经标注的星神上，方位上经常出现错误，如照之推演，则必是南辕北辙。

②"神乱"。几乎所有的术数学都要用神，太乙神数也是如此。比较

太乙、奇门、六壬这三式，太乙用神最乱，甚至有的不知所指为何方神圣。如，太乙究竟是紫微垣的天乙恒星，还是太阳系中的木星行星？文昌是紫微垣中的还是太阳系中的土星？十六神和十六宫间神究竟为何神？这些都表述的不清楚，甚至是模棱两可。

③"数乱"。一是数位不对。笔者在《时空太乙》中已说明：太乙式局的宫位，数字正好与《洛书》的宫位差一位。如太乙前宫为1，相邻坎宫为8，而洛书前宫为6，坎宫为1。但有的太乙书中却仍按洛书数的排法。二是三算不对。其原因主要是上面所说数位不对。如阳遁三十七局，正确的三算应该是：主算1、客算7、定算7，而点校本《太乙金镜式经》的阳三十七局却是：主算35、客算28、定算1。再如阴遁六十三局，正确的三算应该是：主算35、客算4、定算12。而点校本《太乙金镜式经》却是：主算18、客算4、定算20。数位不对是全局性的错误，因为此错必然导致阴阳遁144局的三算几乎都错。除了数位不对导致的三算错误外，还有数位对了也把三算计算错了的。如阳遁五十七局，正确的三算应该是：主算10、客算25、定算1，而《太乙数统宗大全》（中州古籍出版社，1993年版）却是：主算10、客算15、定算21。再如阴遁二十四局，正确的三算是：主算16、客算1、定算24，而《太乙数统宗大全》却是：主算16、客算1、定算39。

再说"三难"。

(1) 买书难。

我国改革开放以后在出版古三式的书中，最火的是《奇门遁甲》，其次是《六壬神课》。《太乙神数》的出版太少了，几乎买不到。再想找点实战的例子，除去"二十四史"中的点滴例子外，也几乎找不到。难免中外易学专家惊呼：太乙已经失传了！照此发展下去我国古代这一优秀传统文化遗产，却有失传的可能。

(2) 学习难。

存在的三乱加上买书难，自然要学之必难。但此处所谓学习难主要指拜师难和无处去学。《奇门遁甲》和《六壬神课》及其它周易术数学，到处都有培训班、讲座、研讨会、研究中心、研究基地等，但没有看到过太乙方面的。也可能是笔者孤陋寡闻，但实际上这一问题却是严重的存在着。

（3）应用难。

应用《太乙神数》推演宇宙自然、社会历史和人间百事的重大案例，笔者尚未看到。这是极易理解的。这是由于上面的三乱加上买书难、学习难得出的必然结果。

从《太乙神数》原始功能看，中国古代最高层预测学的三式，各有其侧重的功能。《太乙神数》主要是探索宇宙自然和社会历史方面的规律；《奇门遁甲》主要是推演军事方面的规律；《六壬神课》主要是占断人间百事方面的规律。

宇宙的事太复杂、太玄奥，太不可思议。不要说探索宇宙的运行规律，就算是我们生活着的地球也还有许多重大的未解之谜。如，世界科学界认为，人类对海底的认识充其量不过5％；对地球内部的研究充其量不过3％；对人类大脑的认知也不过3％。何况宇宙乎？探索宇宙的规律涉及的知识既深且广，不但要有扎实的《周易》和《太乙神数》的功底，而且要有广博的周易术数学的知识，更要具备现代天文学、物理学、化学和地球科学等诸多方面的知识。否则，是不可能探索到宇宙方面的运行规律的。

社会历史同样十分复杂而且变化多端。社会历史有了人的参与，变得更为复杂。人是极为复杂的高级动物，一方面人类创造了社会历史，另一方面也使社会历史扑朔迷离，真假难辨。因此应用《太乙神数》来探索人类社会历史运行规律，同样是难于上青天。

第二，解决办法

解决三乱和三难问题，我们就选择以校对式盘为突破口，从以下六个方面入手。本书"太乙演局"中的阴阳遁各七十二局，都是从这六个方面入手，逐局校对过的。虽不敢说是太乙神数的"标准式局"，但可以说是"比较标准的太乙式局"。虽然笔者下了一番功夫校对，错误之处还是难免，故请读者朋友按照有关法则再予以核对。

一是确定九宫数字。

《太乙神数》的规定法则是：乾戌宫为1，午巳宫为2，艮丑宫为3，寅卯宫为4，中宫为5，申酉宫为6，坤未宫为7，子亥宫为8，巽辰宫为9。

所有太乙神数的各种数的推算，皆以此为依据。

二是核对"三算"。

对阴阳144局的432项主算、客算和定算进行了逐一核对，共改错235项，占三算总数的54.5%。

三是逐一校对三算的和与不和。

四是校对各式局的序号。

实际是六十甲子的排序问题，有的前后颠倒，无法推演。如在《太乙金镜式经》中阳遁第9局应是：壬申、甲申、丙申、戊申、庚申；错排为：癸酉、乙酉、丁酉、己酉、辛酉。又如阳遁63、64、65、66局皆排错了。诸如此类，皆已校对。

五是每一式局下面加上重点提示，包括基本格局、命法格局和式法格局三个方面，以方便读者朋友的推演。

六是重新确定天盘星神的宫位。

前面以说，天盘星神是最关键的问题，也是太乙式盘上最乱的地方。确定天盘星神的宫位十分繁琐、复杂，但推演又要求必须十分精准，所以笔者下了点功夫，把各局逐一安放准确。

下面就逐一介绍天盘星神宫位的运算法则。

(1) 太岁、合神、计神

太岁就是年支。如甲子年子为太岁，乙丑年丑为太岁，其他仿此类推。

合神，是指太岁的合神。按地支的六合取合神，如太岁在子，丑为合神；太岁在丑，子为合神。地支的六合是：

子与丑合；

寅与亥合；

卯与戌合；

辰与酉合；

午与未合。

计神，计度之神，司管幽冥之事度量天地人间万物。计神属火，为太乙的烛笼，即使幽暗的地方，也能照亮，厘清是非。阳局太乙，计神起寅，逆行十二支，十二年一周；阴局太乙，计神起申，亦逆行十二支，十二年一周。其具体推演方法，是以太岁为标准来确定计神的辰次。

阳局太乙

太岁在子，计神在寅；

太岁在丑，计神在丑；

太岁在寅，计神在子；

太岁在卯，计神在亥；

太岁在辰，计神在戌；

太岁在巳，计神在酉；

太岁在午，计神在申；

太岁在未，计神在未；

太岁在申，计神在午；

太岁在酉，计神在巳；

太岁在戌，计神在辰；

太岁在亥，计神在卯。

(2) 太乙监将

太乙法人君，在安居之时，端坐九五，统治天下；若在征战之时，天子巡幸亲征，监察以战，统率全军，所以又称太乙为监将。

太乙起乾一宫，三年一移宫，不入中五宫，顺行八宫，二十四年运行一周。可列成下式：

①太乙积年数÷24＝得数……余数

②余数（第一余数）÷3＝得数……余数

由①式或②式的得数和余数便可知太乙所在宫次。举例如下：

例一：中华民国十三年甲子岁（1924）太乙积年数为10155841．求太乙做在宫次。

10155841÷24＝423106……1

太乙在乾一宫第一年。

例二：唐太宗贞观八年甲午岁（634）太乙积年数为10154551。求太乙所在宫次。

10154551÷24＝423106……7

$7 \div 3 = 2 \cdots\cdots 1$

太乙在艮三宫第一年。

上述为阳局太乙的推算方法，阴局太乙逆行八宫，亦可仿上式类推。

（3）文昌

文昌，又称天目，与地目，同为上将，为朝廷的左辅右弼，所以又称天、地二目为辅相。文昌属主人之计，百官之首，日理万机，辅佐君主，统治天下，若临征战之世，则运筹于帷幄之中，决胜于千里之外，所以又称为上将。

文昌起于武德，顺行十六神，遇阴德、大武重留一算，十八年为一周。文昌的推法，可列成下式：

太乙积年数 $\div 18 =$ 得数……余数

取余数按文昌顺行十六神次序数之，遇阴德、大武，各重留一算（即数二次），即可找出文昌所在宫次。

一例：唐昭宗天祐二年乙丑岁（905）太乙积年数为10154822。求其年文昌所在宫次。

$10154822 \div 18 = 564156 \cdots\cdots 14$

文昌在大神（巳）。

二例：1984年甲子岁，太乙积年数为1015901。求文昌所在宫次。

$10155901 \div 18 = 564216 \cdots\cdots 13$

文昌在大炅（巽）。

（4）始击

始击又称地目，属客人之计，与文昌同为辅相。

始击所在宫次，以计神为基准。按顺时针方向称计神加临和德，文昌亦随计神的移位而相应移宫，则文昌所临宫次，即为始击之位，所以太乙典籍中说："计神既加和德之宫，视天上文昌所临之下，而为始击之神也。"

如太乙阳遁第一局，计神本位在吕申宫，文昌本位在武德宫。若按顺时针方向移计神于和德宫，文昌相应称于大武宫，则文昌所临之大武为始击之位。余仿此类推。

（5）主目、主算、主大将、主参将

主目即文昌，为主人之计。由主目产生主算，由主算产生主大将，由主大将产生主参将。

主算。主算和客算都用数字表示，为庙堂运筹之算，数字分长短、多少、阴阳、和与不和。古人认为，数与理相为表里，理寓于数之中，数显于理之外，由数可分成败胜负。所以数是很重要的。主算之数从文昌所在宫次起，顺行至太乙后一宫而止。如文昌在正宫乾位，太乙在二宫午位，从乾一宫起算，顺行，越八、三、四、九宫至太乙所在宫次，所以主算为（1＋8＋3＋4＋9＝25）二十五。如文昌在离二宫间神巳位，太乙在兑六宫大簇，主算从离二宫起算，因文昌在间神，则加一数，所以主算为（2＋1＋7＝10）十。

主大将。主算数从单一至九。十一至十九，二十一至二十九，三十一至三十九，皆去掉十位上数，余下的个位数为主大将所居之宫次。若主算数为十，二十，三十，四十，则用九去除，整余数则为主大将所居之宫次。

主参将。主大将所在之宫次，用三乘之，然后去掉十位数（小于十者用本数），其余数为主参将所在宫次。

（6）客目、客算、客大奖、客参将

客目即始击。由始击产生客算；由客算产生客大将，由客大将产生客参将。客算。以始击起客算。始击在正宫，从宫起算。顺行至太乙后一宫而止；始击在间辰，则加数起算，亦顺行至太乙后一宫而止。如始击在乾一宫正位，太乙在震四宫卯位，则从乾一宫起算，越八、三宫而止，所以客算为（1＋8＋3＝12）十二。如始击在震四宫间辰巳位，太乙在艮三宫，则从巽四宫加一数起算，顺行经七、六、一、八宫而止，所以客算为（4＋1＋7＋6＋1＋8＝27）二十七。

客大将。客算从单一至九，十一至十九，二十一至二十九，三十一至三十九，皆去掉十位数字，余下个位数客大将所居之宫次。客算为十、二十、三十、四十，则用九去整除，整余数为客大将所居之宫次。

客参将。客大将所居之宫次，用三乘之，然后减去十位数，余数则为客参将所在之宫次。

（7）定目、定算、定大将、定参将

定目又称定计目。定计目是"太乙为客重审之法"张子房说："用兵之道，为客尤难。"在一般情况下，先举兵或主动进攻者称为客。运筹既定，为什么还要重审呢？这是因为用兵为客最难，为了慎重起见，保证战争的胜利，所以要进行重审。用现代的话说，就是为了增加保险系数。由此可见古人用心的良苦了，这样做到底能否增加保险系数，那是另外一回事。

定目。以合神加临太岁，文昌则相应移位，文昌所临之辰则为定目所在之宫，如阳遁第一局，太岁在子，合神在丑，文昌在武德（申），若合神加太岁，则文昌移位于于大武（坤），所以大武（坤），所以大武（坤）为定目所在之宫。

定算。定算之数从定目所在之宫次起算。定目在正宫，则以本宫数起算，顺行至太乙后一宫而止。定目间辰，则从定目所在之宫次加一数起算，顺至太乙后一宫而止。如定目在大武坤七宫正位，太乙在乾一宫，从坤七宫起算，顺行经兑六宫（太乙后一宫）止，所以定算为（7+6=13）十三。如定目在巽九宫辰位，辰为间辰，太乙在兑六宫，则定算为（9+1+2+7=19）十九。

定大将。定算数去掉十位数，取个位数为定大将所大之宫。如定算为十、二十、三十、四十、则用九去除，整余数为定大将所在大宫。

定参数。取定大将所在宫位数，用三乘之，取其个位数为定参将所在之宫。如定大将居离二宫，则定参将居（2×3=6）兑七宫；定大将居震四宫，则定参将居（4×3=12）离二宫。余下可仿此类推。

(8) 君基

五行属土。推演方法：起于午宫，顺行十二宫，三十年移一宫。

算式：太乙积年÷360÷30。

取上式的余数，自午宫起，顺行十二宫，到余数位的后一宫，即为君基。

(9) 臣基

五行属土。推演方法：起于午宫，顺行十二宫，三年移一宫。

算式：太乙积年÷360÷36。

取上式的得数，自午宫起，顺行十二宫，即为臣基。

（10）民基

五行属土。起于戌宫，顺行十二宫，一年移一宫。

算式：太乙积年÷360÷12。

取上式得数，自戌宫起，顺行十二宫，到得数后的后一宫，即为民基。

（11）五福

五行属土。起于乾宫，行乾宫（黄秘宫）、艮宫（黄始宫）、巽宫（黄室宫）、坤宫（黄庭宫）、中午宫（玄师宫），四十五年移一宫，二百二十五年行一周。

算式：太乙积年÷225÷45。

取上式的得数，自乾宫开始，按乾、艮、巽、坤、中宫的顺序移位，至得数后的后一宫，即为五福。

（12）大游

五行属金。起于坤七宫，按八、九、一、二、三、四、六的顺序行八宫，不入中五宫，三十六年移一位，二百八十八年移一周。

算式：上元甲寅积年数÷4320÷288÷36。

取上式得数，自七宫开始，按八、九、一、二、三、四、六的顺序移位，至得数位的后一宫，即为大游。

（13）小游

五行属木。起于一宫，按一、二、三、四、六、七、八、九宫的顺序移动，不入中五宫，三年移一宫，二十四年移一周。

算式：太乙积年÷240÷24÷3。

取上式的得数，自一宫开始，按二、三、四、六、七、八、九的顺序移宫，至得数位的后一宫，即为小游。

（14）四神

五行属水。起乾一宫，按一、二、三、四、五、六、七、八、九、绛、明、玉的顺序行十二宫，三年移一宫，三十六年行一周。

算式：【（太乙积年÷180÷36）+1】÷3。

取上式的得数，自一宫开始，按一、二、三、四、五、六、七、八、九、绛、明、玉的顺序移位，到得数后的后一宫，即为四神。

(15) 天乙

五行属金。起于六宫，六、七、八、九、绛、明、玉、一、二、三、四、五的顺序移位，三年移一宫，三十六年行一周。

算式：【（太乙积年÷180÷36）＋1】÷3。

取上式的得数，自六宫起，按六、七、八、九、绛、明、玉、一、二、三、四、五的顺序移位，到得数位的后一宫，即为天乙。

(16) 直符

五行属火。起中五宫，顺行十二宫，三年移一宫，三十六年行一周。

算式：【（太乙积年÷180÷36）＋1】÷3。

取上式得数，自五宫起，按五、六、七、八、九、绛、明、玉、一、二、三、四的顺序移位，到得数位的后一宫，即为直符。

(17) 地乙

五行属土。运算顺行和算式同直符。

以上共二十五位天盘星神，皆一丝不苟的按照运行法则逐一进行了核对，然后标注在了144个太乙式盘的天盘上，以方便读者朋友的推演。

这二十五位天盘星神的功能是推演社会历史、太乙兵法、太乙命法和太乙事法等社会方面的功能。此外，太乙神数的天盘上还有"十精星神"，其功能与上面二十五位天盘星神不同，主要是推演气候变化、天灾地变等自然方面的功能。这"十精星神"未标注在太乙式盘上。为便于读者朋友的使用，特把这"十精星神"的算式和运行法则介绍于下。

(1) 天皇

天皇是紫微垣中勾陈中的一星，名为天皇大帝。协助玉皇大帝，统御群星。

算式和运行法则：太乙积年÷20，除尽，即为天皇之所在；如除不尽，从武德开始，顺行十六神，遇阴德、和德、大灵、大武重留一算，余数查尽的宫位就是天皇所在。

(2) 帝符

是天节的使者。

算式和运行法则：太乙积年÷20，除尽，即为帝符之所在；如除不尽，从阴主开始，顺行十六神，遇地主、高丛、大威、太簇重留一算。余数查尽的宫位即为帝符所在。

如，求1987年帝符所在宫位？

1987年太乙积年是10155904。

10155904÷20＝507795……4，故，1987年帝符在地主。

（3）天时

天时是二十八宿的昴星使者。为西方白虎七宿的第四宿，由七颗星组成。

算式及运行法则：太乙积年÷12，除尽，即为天时之所在；如除不尽从寅开始，顺行十二辰。运行一周为十二年余数查尽方位即为天时。

如求1990年天时所在宫位？

1990年太乙积年是10155907。

10155907÷12＝846325……7，故1990年天时在申。

（4）太尊

太尊是黄帝之长星。

算式及运行法则：太乙积年÷4，除尽即是太尊之所在；如除不尽，从八宫开始，顺行子、午、卯、酉四正宫余数查尽的宫位即为太尊所在。

如求1994年太尊所在宫位？

1994年太乙积年为10155911。

10155911÷4＝2538977……3，故1994年太乙在卯宫。

（5）飞鸟

飞鸟是二十八宿星宿的使者，为南方朱雀的本体。

算式与运行法则：太乙积年÷9，除尽就是飞鸟之所在；如除不尽就从一宫开始，顺行九宫，余数查尽就是飞鸟之所在。

如求1996年飞鸟所在宫？

1996年太乙积年时10155913。

10155913÷9＝1128434……7，故1996年飞鸟在七宫。

（6）五行

五行是金木水火土这五行的使者。

算式与运行法则：太乙积年÷5，除尽即为五行之所在；如除不尽就从一宫开始，以三、五、七、九、二、四、六、八的次序运行，余数查尽就是五行之所在。

如求2001年五行所在宫位？

2001年太乙积年为10155918。

10155908÷5＝2031183……3，故2001年五行在五宫。

(7) 三风

三风是心星的使者。

算式与运算法则：太乙积年÷9，除尽即为三风之所在；除不尽从三宫开始，按七、二、六、一、五、九、四、八宫顺序运行，余数查尽即为三风所在。

如求2005年三风所在宫位？

2005年太乙积年为10155922。

10155922÷9＝1128435……7，故2005年三风在九宫。

(8) 五风

五风是箕宿的使者。

算式及运行法则：太乙积年÷29，所得余数即可确定为五风所在。其运行法则是：起于一宫，按三、五、七、九、二、四、六、八的顺序运行九宫，周而复始。

如求2008年五风所在宫位？

2008年太乙积年是10155925。

10155925÷29＝350204……9，故2008年五风在八宫。

(9) 八风

八风为毕星使者。

算式及运行法则：太乙积年÷9，除尽即为八风所在；如除不尽从二宫开始，顺行二、三、五、六、七、八、九、1宫，余数查尽的地方，即为八风所在宫位。

如求2010年八风所在宫位？

2010年太乙积年是10155927。

10155927÷9＝1128436……3，故2010年八风在五宫。

(10) 太乙数

太乙数就是五子元七十二数。

算式及运行法则：太乙积年÷72，得到的余数即为太乙数。

如求 2012 年太乙数？

2012 年太乙积年是 10155929。

10155929÷72＝141054……41，故 41 即为 2012 年太乙数。

以上所校对的太乙式盘天盘上的三十五位星神，是推演太乙的基础，也是整顿式盘的主要任务。读者朋友对其算式和运算法则最好能熟记于心，这样推演起来才能得心应手。

第三，尚有无奈

虽然通过周易学创新探索三步曲解决了太乙神数存在的一些问题，且在创新探索方面有了突破，但仍有一些问题，非是笔者力所能及。如太乙书籍的出版问题；学习难，应用难的问题；太乙神数的现代应用诸问题，这些都不是笔者一人所能办到的，实属无奈。尤其是太乙神数在现代重大应用问题，既是重中之重，又是难中之难。诚请有志于继承和发扬祖国优秀传统文化遗产者，有志于研习太乙神数者，共同努力，群策群力而为之。

三、太乙八门

太乙八门是太乙式盘人盘上的八门：休、生、伤、杜、景、死、惊、开。但在式盘上一般不予标注。太乙八门在太乙神数的推演中，占有极为重要的地位，所以请读者朋友一定要有人盘八门的意识并熟记于心。

详细内容可参阅拙著《时空太乙》（巴蜀书社，2014 年版）第 80 页到 81 页。

下面简单介绍八门趋势问题。

何为趋势？趋势就是事物发展的动向、方向。趋势有客观性、必然性和规律性等特点。八门趋势就是通过分析研究值事门的吉凶情况，探索事物在 30 年内发展的动向。把握了事物在 30 年内的发展趋势，就有了宏观的认识，总体的把握，就可以高瞻远瞩，看清方向，因而将大大有助于提高预测的准确性。

我们常说的微观、中观和宏观都是相对的，在 30 年时间内，如果我们把 1 年看作是微观，5—10 年看作是中观，那么 30 年也可以相对看作宏观。

太乙八门每一个门值事30年，周而复始。这30年我们可依据推演的内容，分析出多方面的趋势。这里我们仅以推演历史，举几个例子予以说明。

①死门（指历史上1624—1653年值事之门）。

"死"字何解？

天启皇帝是明朝16位皇帝的第15位。1621年登基，在位7年，于1627年传位给崇祯皇帝；崇祯于1628年登基，在位17年，于1644年明朝灭亡，崇祯上吊死于煤山。1644—1653年，是清朝第一帝顺治在位的前10年。顺治皇帝虽已登基10年，但天下仍未统一，且皇权旁落于摄政王多尔衮。故皇位多有变数，政权不稳。此二者皆有"死"的可能。

故，死字一解，明朝之亡；死字二解，清朝之危。

②惊门（指历史上1654—1683年值事之门）。

"惊"在哪里？

1654—1661年，是清朝顺治皇帝在位18年的后8年。1662—1683年，为康熙皇帝在位61年的前22年。笔者在《时空太乙》推演清朝历史时，顺治、康熙二帝所得卦之一是蹇卦。蹇卦乃《易经》64卦中四大难卦之一，顺治帝难在政权不稳。康熙帝8岁登基，皇权旁落于鳌拜等人，可谓孤儿寡母，惊险不断。

故"惊"者：一惊立国之初，政权不稳；二惊大权旁落，皇位有险。

③开门（指历史上1684—1713年值事之门）。

为谁开门？

此30年，乃康熙盛世之30年。

在《时空太乙》中将康熙盛世的起始时间定位1684年。如按时间计算，康熙是1662年登基。又为何将康熙盛世的时间定在1684年？其理由主要有六。一是大权旁落。当时鳌拜等人大权在握，且鳌拜篡权欲望极强，因此康熙的皇位岌岌可危。二是年幼。虽然是皇帝，但仅是8岁的小孩儿，人间之事都不清楚，谈何治国？三是拥兵自重的三藩势力。四是台湾和广大边疆地区还未统一。五是汉人反满情绪仍十分强烈。六是百废待兴。经济、财政、金融都困难重重。明朝之衰，始自万历皇帝，到清初已六七十年，积弊甚多，痼疾不少。顺治皇帝 6 岁登基，虽然当了 18 年皇帝，但立国之初，难题太多，所以一大堆乱麻扔给了康熙皇帝。

康熙皇帝经过 20 几年卓有成效的努力，到 1863 年情况有了根本变化：三藩之乱平定了，台湾统一了，汉族知识分子大体认同了满族的统治，经济发展了，社会安定了，康熙的权威也竖立起来了，等等。故此，将康熙盛世的起始时间，按照历史的实际情况，定位 1684 年。这样做更接近历史的事实。

这与开门值事始于 1684 年，完全吻合。

故，此"开"者，康熙盛世也。

四、太乙之数

中国古代最高层次的预测学首推《太乙神数》。既然称之为神数，其断法自然主要依靠数和数的运作的各种复杂关系。六卷本的《太乙数统综大全》（中州古籍出版社，1993 年版），在"太乙数总序"中开宗明义就说："夫太乙数者，天地之神也"。在其第 3 卷"数临纪应"中，阐释了 48 项各种数和数与数之间的复杂的组合、运行关系。因此研习太乙神数、数的关系和其运行法则，就显得尤为重要。

详情请参阅拙著《时空太乙》（巴蜀书社，2014 年版），第 103—104 页。

这里介绍一下"三算数"。

这三个数都标注在了阴阳遁各 72 局的提示中，而且一一进行了校对。

主算为主人之算；客算为客人之算；定算为客人重审之算（即最后的拍板，一锤定音之算）。尤其是定算，更显主人之睿智。运筹既定，为什么还要重审呢？这是因为用兵为客（先举兵或主动进攻者称为客）最难，为了慎重起见，保证战争的胜利，所以要进行重审，以增加胜算的系数。这也就是毛泽东主席提出的不打无准备之仗，不打无把握之仗。三算都用数表示，为庙堂运筹之算。《孙子兵法》"计篇"云："夫未战而庙算胜者，得算多也；未战而庙算不胜者，得算少也。多算胜，少算不胜，而况于无算乎？吾以此观之，胜负见矣。"由此可见，《太乙神数》和《孙子兵法》之谋略一致。三算之数分长短、多少、阴阳、和与不和。古人认为数与理相为表里，理寓于数之中，数显于理之外，由数可分出成败胜负。所以三算数是极为重要的。

五、命法格局

太乙神数的格局分事法格局（一般称太乙格局）和命法格局。它们都称之为"格局"，但却有着不同的内容。此点务必引起重视，绝不可将二者混为一谈。笔者在《时空太乙》中介绍了13种太乙事法格局，下面再介绍7种命法格局及其功能。

①掩

小由与始击同宫为掩。

如阳遁第二局、第十二局，即为命法格局之掩格。

功能：太岁逢（即同宫）之，主父子离别，有奸私哭泣之事。阳九逢之，主家宅不安，有惊怪、疾病和死伤之事。百六逢之，主有盗贼抢劫或身遭刑狱之事。年轻人逢之，主酒色无度，道悖理逆。中年人逢之，主情情癫狂，家庭破败。老年人逢之，主有疾病或丧亡，女人逢之，主伤胎哭子，有血崩之灾。

②迫

小游遇文昌在左右宫、辰为迫。文昌在小游前面宫、辰为外迫，在后面宫、辰为内迫。如阴遁第四局，小游在文昌前面一宫为外迫。阴遁第二十二局，小游在文昌后面一宫为内迫。

功能：太岁逢之，主多灾并发。阳九、百六逢之，主破财，丧六亲。年轻人逢之，主淫邪败家。老年人逢之，主气弱体衰，为官逢之，主失权丢官，或犯囚禁刑罚之罪。妇女逢之，主有大病。

③关

文昌遇客大将、客参将同宫为客关主；始击遇主大将、客参将同宫为主关客；主大将、主参将同宫，或客大将、客参将自相同宫，亦为关。如阳遁第十一局，文昌与客大将同宫，为客关主。阳遁第十五局，始击与主参将同宫，为主关客。阳遁第三十二局，主大将、主参将同在中五宫，为关。阳遁第三十八局，客大将、客参将同在中五宫，为关。

功能：太岁逢之，六亲不睦，恩断义绝。阳九、百六逢之，命入黄泉。父母宫逢之，主上辈有灾。田宅宫逢之，主惊恐损伤。妻妾宫逢之，主眷属不安。奴仆宫逢之，主损伤。官禄宫逢之，主失职。

④囚

小游遇文昌或遇主大将、客大将、主参将、客参将之一为囚。如阳遁第三十七局，小游与文昌同在六宫，为囚。阳遁第七十二局，小游与主大将同在九宫，为囚。阳遁第六十八局，小游与客大将同在八宫，为囚。

功能：阳九逢之，主颠邪失态。百六逢之，又兼三才无算数，主丧妻害子，有疾病或宅舍不安。女人逢之，主产厄血光，或疮病脓血之灾。

⑤击

小游的前后宫辰遇到始击，为击。前为外击，后为内击，如阴遁第三局，小游在一宫，始击在八宫，为外击。阴遁第六局，小游在二宫，始击在九宫，为内击。

功能：太岁逢之，主宅舍惊恐、风疾、失盗，有淫乱不正之事。若有三才无算数，此年必因中风而死。阳九、百六逢之，主丢官，失权，有疾病在身。

⑥格

小游对宫见始击或客大将、客参将，为格。如阴遁第八局，小游在三宫，始击在七宫，为格。阴遁第十一局，小游在四宫，客大将在六宫，为格。

功能：太岁逢之，主多灾多难。身命宫逢之，主有灾。阴九、百六逢之，主刑狱之灾。日局逢之，主妻有灾殃。时局逢之，主子嗣损伤。

⑦对

小游对宫见文昌或主大将、客参将，为对。如阳遁第四十九局，小游在一宫，文昌在九宫，为对。阴遁第三十八局，小游在六宫，主大将在六宫，为对。

功能：太岁逢之，主事易动不易静，百六逢之，更兼三才无算数，主年中猝死或重病在身。阳九逢之，主有牢狱之灾。女人、小孩逢之，主有溺溢之惊。

六、事法格局

太乙事法格局也简称太乙格局。事法格局适用于除太乙命法以外，其余所有太乙神数的预测范围。详情可参阅《太乙金镜式经》，美术文学出版社，2010年版，第220—236页。

七、九宫分野

首先，说明一下各宫分野所对应的现在地理方位。

太乙一宫分野，包括今河北、天津、北京、山西大部、河南黄河以北、内蒙古中部和辽宁西部。

二宫包括今湖南、湖北的西南部、广西北部、四川和贵州东部。

三宫包括今山东北部、辽宁、吉林及黑龙江东部，朝鲜国西部。

四宫包括今山东南部、江苏和安徽北部。

五宫包括今陕西西南部、湖北北部和山东一部分。

六宫包括今陕西北部、宁夏、甘肃大部、内蒙古西部、青海大部以及新疆、西藏东部。

七宫包括今四川和重庆大部、贵州西部、甘肃南部和云南北部。

八宫包括今山东西部、河北东南部、河南内黄到延津以东。

九宫包括今上海、江苏南部、安徽北部、江西、浙江、福建、台湾和湖南、广东北部。

其次，介绍十七宫分野问题。

太乙神数各星神循行十六宫。宫是宇宙的信息能量，在地上的接收中转和传递，反馈并且延展、深化、渗透于各种物象、人事信息轨迹中信息的定位点。由乾、艮、巽、坤四宫和十二地支组成，共十六宫，在加上中宫，实际上是十七宫。太乙事法在探索人间百事规律时，如探索地震、水灾、山体滑坡等自然灾害规律时，往往要用到这十七宫所对应的空间方位，因此十分有必要做一介绍。

十七宫和空间方位的对应关系是：乾—冀州；子—兖州和齐国；艮—青州；卯—徐州和宋国；巽—扬州；午—蓟州；坤—梁州；酉—雍州和赵国；中宫—豫州；亥—并州和卫国；丑—吴国和越国；寅—幽州和燕国；

辰—郑分；未—秦分；申—益州和晋国；戌—鲁分。

郑分、秦分和鲁分是指古郑国、秦国和鲁国的一部分空间范围。鲁国：西周初年，周武王封周公旦于此，都曲阜。辖境大致南到今山东、江苏二省交界处，西到今山东郓城、巨野、成武、单县，东到今沂水以东，北到泰山和汶水之北，以泰山山脉和汶水北岸地与齐国为界。卫国：周武王封其弟康叔于此。始都朝歌（今河南省淇县），再迁都楚丘（今河南省滑县东），有迁都帝丘（今河南濮阳市西南）。辖境相当今河南省新乡、卫辉、浚县、滑县等市县地。齐国：周武王封姜子牙于此，辖境今山东省北部，东至海，西至黄河，南至泰山，北至今河北省盐山县。越国：辖境为今浙江北部、江西东部、安徽南部、江苏大部和山东南部。燕国：辖境有今河北北部、辽宁西部、北京市一带。吴国：辖境有今江苏、上海大部和安徽、浙江两省的部分地方。宋国：辖境有今河南东部和山东、江苏、安徽各一小部。郑国：辖境有今河南北半省之中部，北至黄河、南至许昌、东至开封、西至荥阳。楚国：辖境有今山东南部、江苏、浙江，南到湖北、湖南、广西等。秦国：指秦始皇统一前的秦国，辖境有今陕西中部、甘肃东南部、山西一部分。晋国：辖境有山西大部、陕西东南部、河南北部及河北西南部。赵国：辖境有今山西中部、陕西东北角、河北西南部。并州：辖境有山西大部及河北、内蒙一部。益州：辖境有今四川、云南、贵州大部，湖北省西北部和甘肃省小部。

第三，介绍五福星神的分野问题。

五福是一位十分重要的星神。为上天祝福之神，恩施天下，福临五方。但五福起于乾宫，只行乾、艮、巽、坤和中宫这五宫。在具体预测中，其分野问题就是个大问题。五福虽然只行五宫，但其施福的范围却是全方位的，即涵盖九宫。此点请读者朋友务必注意，否则将无法预测或进行错误的预测。

下面介绍一下五福分野问题，如下表：

宫　名	分　野	所属十六宫
乾宫（黄秘宫）	鲁分、河东、冀、卫	戌、乾、亥
艮宫（黄始宫）	燕、吴、赵、青	丑、艮、寅
巽宫（黄室宫）	正分、东吴、杨、楚	辰、巽、巳
坤宫（黄庭宫）	秦分、晋、益、蜀	未、坤、申
中宫（玄师宫）	京都洛阳	子、午、卯、酉

从以上分野问题可以看出，这也是一个有些难度的问题。读者朋友也应该具备一定的历史地理和现代地理知识。研习分野问题的方法之一是，参照《中国历史地图集》（中国地图出版社，中国社会科学院主办，谭其骧主编，1982年版）和现在的中国地图，对照学习，可以收到事半功倍的效果。

八、"四计"入局

详情请参阅《时空太乙》，或《太乙金镜式经》，美术文学出版社，2010年版，第158—178页。

第三章　四大断法

本书主要介绍断宫法、断数法、断限法和断卦法四大命法。最后还要阐释一下四大命法的综合运用和利用其它术数手段相互验证的问题。

第一节　断宫之法

太乙在探索人生自我命运方面，同古代命理学原理基本相同。把自我一生的命运分为十二个方面，称之为十二宫：命宫、兄弟宫、妻妾宫、子孙宫、财帛宫、田宅宫、官禄宫、奴仆宫、疾厄宫、福德宫、相貌宫和父母宫。命宫为首，是最重要、最关键的一宫，可以预测一个人的概括命运。兄弟宫可以推断有兄弟几人及其穷通富贵，可以看出与兄弟姐妹、父母亲朋之间的关系。夫妻宫可推断夫妻关系和男女情欲等方面的情况。子孙宫可推断后辈子孙的情况。财帛宫可以推断一生中的财运，生命各阶段的贫富、事业等状况。田宅宫可以看出一个人与家庭、家族的关系，推断承继祖业的情况。奴仆宫可以推出被人伺候帮助的情况，也可以反映一个人的官位、朋友、下属和经济等方面的情况。疾厄宫可以推出身体健康状况和有无灾难情况。相貌宫主要指一个人的五官、身体相貌，从而推断一个人的一生命运如何。父母宫可推父母能力、地位、事业、婚姻和寿夭贫富等情况，福德宫可以推出一生享福受罪和命运的逆、顺等情况。

太乙和四柱、相学等算命法都用十二宫预测，但太乙还有不同之处。太乙由于自己独特的预测工具和方法，又多出了出身宫、日宫和时宫。实际上已成了十五宫，但叫法上仍称为十二宫。

一、定宫位

(1) 定命宫。命宫为十二宫的首宫，它决定一个人一生命运的主要方面，因而至关重要。十二宫的排列顺序是：命宫、兄弟宫、妻妾宫、子孙宫、财帛宫、田宅宫、官禄宫、奴仆宫、疾厄宫、福德宫、相貌宫、父母宫。十二宫与十二地支相配，此十二地支与太乙阴阳遁各七十二局中地盘上的十二地支一一对应。确定了所入支局与其十二地支对应，然后依法则即可预测。先确定命宫的位置，其它十一宫依上述顺序顺排或逆排。

命宫的起法是：以所生之月支加临所生之年支，依次排列十二支，以所生之时支定命宫。阳年生的男命和阴年生的女命顺行；阴年生的男命和阳年生的女命逆行。

十二地支排方阵、取顺时针方向，排列见前。

先明确四个概念：阳男—阳年生的男性；阴男—阴年生的男性；阳女—阳年生的女性；阴女—阴年生的女性。

命宫的起法，不论男性和女性，都是以生月的月支加临生年的年支位置上。阳男阴女顺排十二支，阴男阳女依次逆排十二支，皆以生时的时支定位命宫。

一例：阳男生于甲寅年、乙亥月、戊子日、壬子时，求其命宫所在位置？

以月支亥加临年支寅的位置上，依次顺排十二地支，如下图：

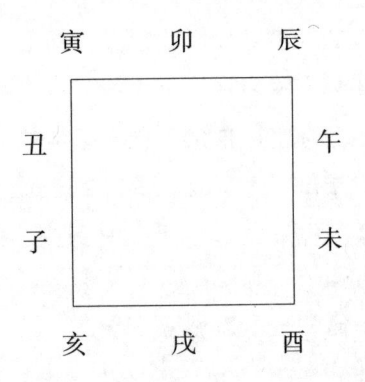

```
      寅   卯   辰

   丑              午

   子              未

      亥   戌   酉
```

此人生时为子时，上图中子加临卯的位置上，所以命宫在卯。

此人十二宫的排列顺序是：命宫卯、兄弟宫辰、夫妻宫巳、子孙宫午、财帛宫未、田宅宫申、官禄宫酉、奴仆宫戌、疾厄宫亥、福德宫子、相貌宫丑、父母宫寅。

二例：阳女生于壬申年、癸卯月、丙午日、甲午时，求其命宫所在位置。

以月支卯加临年支申位上，逆排十二地支，如下图：

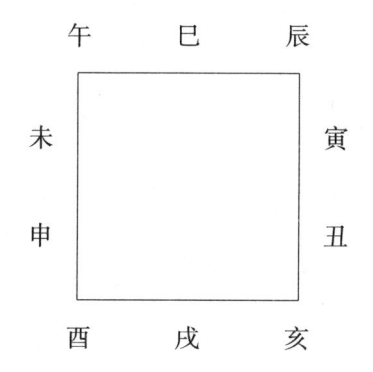

```
       午    巳    辰

   未                   寅

   申                   丑

       酉    戌    亥
```

此人生时为午，上图午加巳位上，所以命宫上巳。

此人十二宫的排列次序是：命宫巳、兄弟宫辰、夫妻宫卯、子孙宫寅、财帛宫丑、田宅宫子、官禄宫亥、奴仆宫戌、疾厄宫酉、福德宫申、相貌宫未、父母宫午。

（2）定身宫

身宫也很重要，可作为命宫的补充和参考。身宫的起法是以所生月的月支加临所生年的年支，阳男阴女顺行，阴男阳女逆行，日支所临之处即为身宫。

一例：阳男生于甲寅年、乙亥月、戊子日、壬子时，求其身宫所在位置？

先以所生月的月支加临所生年的年支上，依次顺排十二地支，以乙亥月的亥支加临甲寅年的寅支位置上，依次顺排十二支，所生日的戊子日的日支，子所临卯位为身宫。如下图：

第三章　四大断法

```
寅  卯  辰  巳

丑          午

子          未

亥  戌  酉  申
```

故此人的身宫为卯位。

二例：阳女生壬申年、癸卯月、丙午日、甲午时，求其身宫所在位置？

以月支卯加临年支申，依次逆排十二支，如下图：

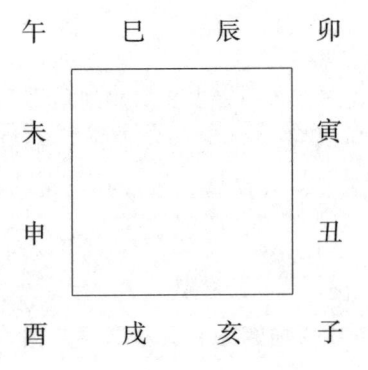

```
午  巳  辰  卯

未          寅

申          丑

酉  戌  亥  子
```

此人生于丙午日，故其身宫为巳。

(3) 定日宫。

日宫起法很容易，不论阳男阴女，阴男阳女，直接取生日的日支，即为日宫。如甲子日生人，子位即是日宫。壬午日生人，午位就是日宫。癸亥日生人，亥就是日宫等。

(4) 定时宫。

时宫起法与日宫起法一致，不论阳男阴女，阴男阳女，直接取所生时的时支，即为时宫。如乙丑时生人，丑就是时宫；甲申时生人，申就是时宫等。

二、定飞禄

飞禄按年干从长生宫算起，阳男阴女顺行；阴男阳女逆行。如甲子年生人，年干甲的长生宫是亥，顺行为：亥、子、丑、寅、卯、辰、巳、午、未、申、酉、戌。又如乙丑年阴男，年干乙的长生宫是未，逆行为：午、巳、辰、卯、寅、丑、子、亥、戌、酉、申、未。飞禄到达官禄宫，居留三年，其它宫都是一年。

三、定飞马

飞马按时干从长生宫算起，飞禄顺行，则飞马逆行；飞禄逆行，则飞马顺行。飞马遇到疾厄宫，居留三年，其它宫都是一年。

四、入式局

断宫法的预测要靠太乙阴阳遁各七十二式局。仅仅知道宫位是无法占断的，这就要解决入太乙式局的问题，就是找出太乙的一个式局，来占断某人的十五宫情况。下面我们以年计入局为例予以说明。

一例：某阳男为农历 1976 年生人，1976 年太乙积年是 10155893。10152893÷72＝……入阳遁五局。则阳遁五局地盘十二支就与此人十五宫的地支相对应。

二例：某阳女生于农历 1995 年，该年太乙积年为 10155912。10155912÷72＝……入阳遁二十四局。则阳遁二十四局地盘十二地支与该人十五宫的地支相对应。

五、一星断

"一星断"就是十六星神中只有一个星神临十六宫某一宫时的吉凶判断。入局后，除与该人十五宫对应地支外，同样与天盘星神对应。星神有吉凶，各有功能不一，所以务必掌握。一是天盘十六宫的每一宫都有五行属性。如寅卯属木，辰戌丑未属土等；十六星神也各有五行属性，如五福属土，始击属火等。以上这些知识都要熟记于心。二是太乙式局不同，十六星神所飞临宫次也不相同，但都有一个和所临宫五行属性的生克关系，这种生克关系体现的是旺相休求囚死以及五行寄生十二宫等状况,这些都十分重要,直接涉及到占断的对错,这些知识要倒背如流。三是占断十六神的要点是:以生、时、身、命四宫断富贵;以五行旺相休求囚死之五态断贫贱。

（1）五福

五福指人有五种福禄:寿、富、保安康、修好德和考终命。《尚书》"洪范"有五福之说。指的是人的五种常福:长寿、富裕、健康安宁、休养美德、老而得善终。是用于劝勉人民的。

五福的旺宫为辰戌丑未,五福临丑之为禄库,临申亥为科名,临辰为入庙。临寅卯二宫,为陷地,化为天解、天医。"陷"是方术家的术语,指衰微,就是五行处于休囚死的状态。天解、天医是丛辰名。"丛辰"是以阴阳五行配合年月日时所定出的各种吉凶神煞,数目繁多,难以尽述。

①五福简论

五福太乙属土,为上天赐福之神,所临分野无盗贼、兵戈、饥馑、疾疫之祸。在人身命日时表示五福兼备,聪敏正直,负挺特之资,秉超卓之气,天才颖悟,学识精微,道德崇高,功业超著。为国柱石,作世范模,负不世才,建非常功,天神不犯,地兵不损。更会吉星,逢旺必大贵。

五福为阳土之精,忌临于寅、卯宫,喜安位于坤、申,逢陷遇亲凶,表示孤贫困苦。逢旺在坤申还集吉为福。德、科名入身命,又正当四季之宫,身多福寿。加官禄宫,还临亥子之位,职掌权衡。见君基,为王侯之位。逢臣基,为宰辅之勋。会民基,祇财厚而难贵。遇飞符,为先兴后衰。同四神,为鄙吝之宿。见天乙,为贪滥之星。逢小游,贵而常保。并地乙,富而不仁。会文昌,贵为卿相。同主大,尊为大臣。遇主参将,则近贵而发。逢客参将,同游宦兴。遇计神,财盈禄厚。同始擎,胆大心英。会客大将于旺宫,宣威沙漠。临官禄之要地,武镇边城。直符冲关,更居陷乡,必行凶而为盗贼。兴始擎会合又临亥子,喜驰骋而多淫。入福德之宫,还多寿考。居疾厄之位,无病终身,流年随宫分发达,大游依岁数升腾。照田宅,进产业。居财帛,添宝珍。

②五福临十二宫判断

子宫五福号天奇,遇之身命日时宜。

祇怕木神相聚合，一生作事不逢时。

提示：五福在子宫，喜生春夏，秀气所钟。秋冬逢陷，穷困夭亡。

丑宫万福最清幽，此位从来拱斗牛。

身命逢之多福寿，管教一世享优游。

提示：丑福在丑宫，表示一生福寿绵长，性格温和。

寅宫五福曰天丧，衷陷难教福孝昌。

若有伐星符会此，纵然富贵亦难长。

提示：五福在寅宫，表示被山林恶物所伤，有脓血之疾，若与地乙同宫，则表示安贫乐道。

卯宫福和号天休，福浅灾深怨与愁。

任是同宫临吉照，资财星散总难留。

提示：五福在卯宫，表示祖业难居身，多流落，虽同吉星，财亦难聚。

辰宫五福号天昌，富贵荣华姓氏香。

若得三基文宿合，青衫脱却换黄裳。

提示"五福在辰宫，辛、壬、丙、午生人遇之必贵显，表示一生少疾病，亦多安乐。

巳宫五福主远游，清闲懒散亦风流。

情和祇是口头恶，离祖方能遂所求。

提示：五福在巳宫，表示离祖发福，丙辛生人则贵。

午宫福到号天明，身命逢之心志宜。

祇为火炎成土燥，得成名处却无成。

提示：五福在午宫，表示远离父母或父母不全。

未宫五福号天权，吉照加时富贵全。

易姓更名定荣显，他年侍御在金銮。

提示：五福在未宫，日生人则贵，夜生人平平，或要更姓改名，申宫五福实为强，若会文昌更显扬。

年少青灯苦勤读，传胪及第锦衣乡。

提示：五福在申宫，表示秉性正直，深谋远虑，化为科名星，若得吉星相聚，则表示黄甲先登，康宁寿考。

酉宫五福号天荣，赫奕声名众所宗。
君宿文星更同住，豹变龙骧上九重。
提示：五福在酉宫，会君基为王侯之尊，会文昌为宰辅之贵。
强星混杂，破格不贵，凶星尤忌。
戌宫五福名极旺，化成大吉号大忠。
不惟名利俱昌大，抑且身安衣禄丰。
提示：五福在戌宫，必得祖宗荫下富贵，名高利厚。
亥宫五福最为安，天门得地乃朝元。
独行定是英雄客，职任元戎镇九边。
提示：五福在亥宫，独行为权谋星，为英雄豪杰，文武全才。最忌飞符始擎混杂，则减福力。

③五福临四卦宫判断。

四卦宫是指乾、艮、巽、坤四宫。
乾宫五福地道安，生灵涂炭是非偏。
艮言五福享福全，却是生死开头显。
巽宫五福落难劫，一岁一枯难求援。
坤宫五福喜家园，四世同堂福禄全。

（2）君基

①君基简论

君基太乙属土。旺宫为辰戌丑未；在申亥为福宫；处寅卯为陷地。又叫贵人星或科名星，为紫微大帝。是诸星之主，君曜之尊，执掌权衡，较量天地人间之事。所在分野无兵戈盗贼，人民安乐，五谷丰登。在人身命日时，表示科甲巍峨，职任清显，尊居宰辅，位列三台，秉性威严，立身纯正，若身命日时无此星，虽贵不能近君，或累举不登科。

四柱相并则福厚，在旺位临年月上则早年发福，临日时上则中晚成名。若与凶星同宫，必然旺中有失，为遁世真仙。

君基为高科贵显。然须要有吉星相辅，方能大贵。若独行无辅，为有君无臣则君命不行而不能贵。如空陷刑克，则为僧道，为九流之命，在陷同凶，为市侩之命。如果福君挟夹身命，或福君朝会，君臣朝元，入十天贵格。

君基为富贵之星，正直聪明，学术精工，遇旺科名贵显，无陷则宰辅公卿，旺地逢凶为清高隐士。若在女命，子贵夫荣。

会五福于申、辰，贵而寿考。同臣基于丑、戌，际会风云。遇民基为财宝之星。庭集珠履行度。在官禄宫之上，名覆金瓯。在伏马，堆金积玉，难言贵照子孙，浮花浪蕊，当反为爱。君基飞符不喜相逢，人有犯上之性。居禄主作叛逆之臣，见身元为克薄之子，逢禄元则死于非命，值福德则亡于恶病，立相貌则五岳有伤，合财帛则一生鄙吝。四神有清修之操相，逢为道荫之星，不是神仙乐道之人，就是温雅幽闲之士。

②君基临十二宫判断

子位君基号正祟，偏生别室喜相逢。

若加叁从同宫位。父正须教母异踪。

提示：君基在子宫，表示科名荣贵，虽无吉星相扶，也是衣禄自丰，又同丑宫论。同文昌，则入相，腰金衣紫清华重禄。

丑位君基号殿元，如心称意足田园。

平生操履元亏欠，夫妇荣华子息全。

提示：君基在丑宫，同文昌，则入相，腰金衣紫清华重禄，无吉星亦衣食丰馀，且有后福。

寅位君基号毛头，家计徒誇富者侍。

始积金珠终久败，更兼名位亦难求。

提示：君基在寅宫，表示秉性刚烈，多在军门横死，有吉星则表示兵权。

卯位君基号天亏，百计俱无亦何施。

名利到头成就晚，亲情不协更分离。

提示"君基在卯宫，表示恩残义薄，喜怒不常，衰废无寿，不利远行。

辰位君基号天璿，清厚为人享福缘。

念寡怜贫犹自可，又能宽大保长年。

提示：君基在辰宫，必是异路聚发，功名久远。

巳上君基号地官，吉照同此性偏宽。

若逢五福来同位，富贵功名声众观。

提示：君基在巳宫，若逢始击，不免劳碌。

午宫君基号天基，兴发从来火旺离。

土到此宫多躁暴，谋心未息贯心机。

提示：君基在午宫，为士子、馆阁、清职、庶人，表示财丰。

未位君基号天垣，素有家资享福缘。

若与文臣相会合，曰名曰禄两俱全。

提示：君基在未宫，表示贵显，食天禄，临事威猛，性情豁达。市井得之，骤发无后。

申位君基号玉堂，官官旺相主文章。

文昌主大相加会，绿鬓声名四海香。

提示：君基在申宫，化为科名贵人，表示必登黄甲。作清华之职，年少即可做宰相。

酉位君基号天罡，秋夜尘人元气强。

志大心劳何日了，尽教名利两相妨。

提示：君基在酉宫，生于夏秋则安宁，春冬劳碌，或为医卜方士丹客。

戌位君基号玉华，谟谋自是合中佳。

吉星相助资财厚，天使声名播远遐。

提示：君基在戌宫，表示资财丰富，清高慕仙，子孙功名福禄，得君王眷顾。

亥上君基号天权，不管人间福禄缘。

若遇周天诸忌宿，又防身寿不长绵。

提示：君基在亥宫，甲、己生人则多福禄。

③君基临四卦宫判断。

乾宫君基主福权，官显达贵衣禄全。

艮宫君基号天眼，贪赃枉尘易变脸。

巽宫君基主大病，久病难医命归泉。

坤宫君基主禄全，扬名天下富谷田。

(3) 臣基

①臣基简论

臣基太乙属土，也叫太阴星或招摇星。此星在紫微垣，辅佐上帝，下辖二十八宿，是上天六宫之长，斡旋造化之机，执持威福之柄。在人身命日时，不克陷，无凶星同宫，则表示为人心性纯朴谨信，临事不苟，聪明正直，英俊文秀，秉超卓之气，立挺特之资，贵极人臣，常亲帝座。最忌五凶同宫，表示文而不秀，更忌小游。得旺，则三室贵显，无陷，则执掌权衡；旺中逢吉，必然卿临郎官。

臣基为阳土，喜临申辰之位，怕立寅卯之宫；会镇星，富贵两全；逢紫微，风云庆会，民基为财宝之宿，同局，有青云平步之才；飞符为凶暴之星，临官禄，遇退职停禄之咎；君基同宫要旺，虽贵而心狠性严；始击同居陷宫，虽强而刑外克内；四神称为孤星，有清修之德，居身命禄元，而有贤节之名。天乙有威武之心，地乙有雄强之性，同照不克且不陷，则有大仁和大德；小游为正直之星，不贪不妒；文昌为文才之曜，最贤最明，有登金门之贵，为秉斧钺之臣。四海皆兄弟，一视而同仁。

主在磁针 为帅门之格，酉宫为节度之框，资质巍峨而才德莫测，文武经纬而英雄始专。主参将为帅府之臣，计神为财库之职，陷宫则无可无否，旺位则有见有职；见官禄，官封海外；遇福德，侯门传师；始击有勇锐之志，其性不良；天乙见身命之官，仁者有勇；客大将则为外帅，最有才德，在朝为令史之官，在外掌按丞之职；客参将有退休之志；命元有慵懒之心，为人无藏否之别，在身时为依附之人；居婚宫不宜外族，立仆位自贱而荣，入福德，福必依倚；临财帛，财发因人。

②臣基临十二宫判断

子宫臣基名天逸，作事疏通亲少力。

纵然名利早如心，不若勤求厚利积。

提示：臣基在子宫，表示富贵、深谋或为寡合。

丑位臣基号碧光，生来荣耀便非常。

身虽闲散心多虑，主作员郎与监郎。

提示：臣基在丑宫，甲己生人贵显，夜生人性不躁，日生人多忧不宁。

寅上臣基木益荣，自如一宿好安身。

半清半浊半文雅，方得平生聚宝珍。

提示：臣基在寅宫，会吉星，男有科名，女有封号，春夏生人长寿，秋冬生人贫夭。

卯位臣基入木宫，秉性原来不众同。

言辞磊落声名秀，祇利移居不利守。

提示：臣基在卯宫，必是早离父母，克害六亲，或刑父母。限数忌之，丧祸之应，中防夭折。

辰宫臣基挂金章，生气相逢喜倍常。

自是精神不尘俗，更逢吉星富田庄。

提示：臣基在辰宫，表示少年势气强，若逢吉星则表示富贵。巳上臣基不合宜，天废为名主目亏。

身命逢之忧血疾，若居疾厄更凶危。

提示：臣基在巳宫，表示当权无功，依享他人之福，至老身心不宁，在身命有血光之疾。

午位臣基对君基，地道无成不得宜。

百倍威风当减等，先虚后实可前知。

提示：臣基在午宫，生于秋冬之间，则贵显，主持帅权。

未上臣基曰贵桓，生来端的是英贤。

吉星相会功名显，飞符始击相逢福力偏。

提示：臣基在未宫，不论男女，都为清孤克子，若会吉星，则贵显。

申位臣基曰黄堂，秉性虚灵终莫强。

声誉蔼然腾海内，女清男贵寿而昌。

提示：臣基在申宫，表示少年发达，三方星杂照作富论。

酉位臣基曰不周，生愁口眼见亏休。

为人作事多成败，且见心高未有头。

提示：臣基在酉宫，会吉星方丰衣食，喜玩好乐。

戌位臣基曰荐文，文昌相会动乾坤。

清闲燕逸无荣辱，权图经邦节钺存。

提示：臣基在戌宫，表示文武兼备，威烈酷刑。

亥位天门臣入宫，营谋指尽满胸中。

若逢君基宿同宫分，清朝早入位三公。

提示：臣基在亥宫，表示刚烈、正直，位极人臣。

③臣基临四卦宫判断。

乾位臣基是非争，惊天动地逞英雄。

艮位臣基主英明，运筹帷幄立功勋。

巽位臣基号施令，失道寡助慕成名。

坤位臣基功禄丰，事事无心名利成。

（4）民基

①民基简论

民基太乙属土，为财富星，为上帝食禄之福，掌管禄库之事，在人身命日时，表示财禄丰盈，金玉堆积，良田千顷，亦可捐钱求名买官，有百年安乐。一生利实名虚，临旺则享福悠长，失陷仅虚名远播。逢吉而名望播扬，逢凶则事多翻覆，田宅财帛逢旺，广厚，寅、卯宫陷，困塞孤寒。

民基身命日时宫，自是家肥福禄丰，若到田财并临旺，大而富贵小从容。仓库富盈巨富翁，田连阡陌粟陈红，陶朱猗顿无奇术，不过民基守命宫。民基难不到官勋，各玉堆金亦可成，能取百年身快乐，更兼身内有虚名。

民基为财富之星，在人为财宝之宿。若临三元之上，必为至富之人；居福德宫，多田广宅；立财帛内，积玉堆金；在田宅宫，三代富足；入宫禄位，一世荣华；会五福，为朝廷之客；遇君基，则辅弼之臣；见臣基，为清高之位；遇飞将，为剥禄之人；在婚宫，刑破而困外；居禄上，财散而可怜；会四神，则为僧道；见天乙地乙，则有悭名；遇小游，财不积，半成半败；同天乙，性好贤有礼有仁；逢文昌，则富贵清显，家丰而好学；会主大将，则田宅丰厚，爱礼而享荣；见主参将，则乐贤好士；遇计神，则多算善营；居旺，所谋必遂；临衰，所望无成；始击，害众成家，易成易败；逢客大将，运船行陆，极昌极荣。会财帛，家兴在外；见官禄，贵不可言；居嗣位，则为过房、庶出；值妻宫，再醮再婚；临父母，则重拜；照相貌，貌必堂堂在仆位，马济蹄轮；临命元，英雄盖世；入禄元，富贵百年；见禄勋而乘旺，仕路亨通；遇刑克，而失位，生涯窘迫。未可一定，须在详推。

②民基临十二宫判断

子位民基号天通，财宝丰盈府库充。

身命日时如相遇，家财山积永无穷。

提示：民基在子宫，表示财禄丰而功名薄。

丑位民基号碧精，平生作事更能成。

福文若也来相会，禄显名高职更清。

提示：民基在丑宫，表示福禄双全，富贵清显。

寅位民基号少财，劳碌身心事难遂。

六亲无靠致奔波，吉星如会亦可贵。

提示：民基在寅宫，表示劳力、劳心，自幼创业，逢吉星亦可小贵。

卯位民基号通疏，满屋金珠莫道无。

祇因刻簿无情义，致令破财室空虚。

提示：民基在卯宫，表示为人刻簿，无情，以致破败，到老无成。

辰位民基号天权，素有家资享福缘。

若得吉星同立旺，必然富贵涉他乡。

民基临辰生六戊，积玉堆金财必厚。

还须身命不空亡，福德之宫福星在。

提示：民基在辰宫，若身命宫不落空，又有吉星照德福宫，则有家财万贯。

巳上民基可安身，地户原来属万民。

名为天通闲宫兮，职掌资财帝阙亲。

提示：民基在巳宫，表示幼年有权职，司财赋，然不免劳心、劳力，祇是有子不得力。

午位民基号土光，精神洒洒秀声扬。

多因征姓成家计，吉耀相扶乃积仓。

提示：民基在午宫，与吉星同宫，表示远徙，虽仕不近君，旅途安康，因微姓人发达。

未位民基守枢宫，多是经邦掌籍官。

外郡亦当为禄吏，君基相助有恩封。

提示：民基在未宫，表示义尊难交，交人不长，忌人不足，小辈反怨，口大心小，言不及行。

申位民基号太常，男人俊秀女人强。

成家多得阴人力，横发资财富贵长。

提示：民基在申宫，表示一生多蒙祖荫，横发富贵。

酉位民基人皆忌，作事无成多困滞。

平生力役尚无寻，更往他乡离祖地。

提示：民基在酉宫，日生人则清秀，近贵发福；夜生人则衣禄不备。

戌位民基名阴晦，作事不成多窒礙。

不惟颠倒任西东，若是子宫忧后代。

提示：民基在戌宫，表示一生劳力，有虚名，女命损胎，男命有腰疾。

亥位民基号天清，作事多应要速成。

俊士过之声价重，帝王亲间用调义。

提示：民基在亥宫，表示祇是多好淫欲，遇灾即解。

③民基临四卦宫判断。

乾位民基戌守城，不战有功名自成。

艮位民基须防门，盗贼小人常犯侵。

巽位民基号风尘，多半馀生名利争。

坤位民基事竟成，劳心费神忌贪淫。

(5) 文昌

①文昌简论

文昌太乙属土。旺宫为辰戌丑未；福宫为申亥；陷宫为寅卯酉。又叫进贤星或称天目，为文明之星，掌判十神之祸福根。在人身命日时，与四柱相并，表示量洪志大，器远机深，学术精微，天资俊逸。抱仁义清高之德，负经纶济世之才，职居文轮，任历清华。此星有吉星相辅，表示事能如愿，若是独行，当在上庠出身，或州县教职。如值空陷，也是文才秀士。若会凶星，多为刀笔之书吏。

文昌贵宿，文华词藻，在人身命，禄寿清高，喜逢五福；为贵为荣，更值君基，作卿作相。臣基为太传之星，民基为官库之象。见飞符乘旺，平步青云，逢恶曜同途，老困沟壑。乘旺乃亥、子之地，居陷是寅、卯之方，非农父之流，必工师之匠。会四神，文章清秀而不俗；见天乙地乙，僧道孤高而可为。居奴仆位上，必刀笔持雄，不是空门之五戒，就是文书之一员。遇小游为学堂博问，得局则丹桂飘香，受制将荒燕门户。主大将作天魁禄主，为衣锦，不为学士之路，也是状元之命。主参将为席专师傅。计神职司诰制。始击浩然其气，禄上壮哉，其财独喜，午戌之宫贵无二位，若临亥、巳之上，禄享三台。客大文章美丽。主大词源沛来。

②文昌临十二宫判断

子位文昌难得逢，君子亨嘉名利通。

若有四神来会合，定当清绝冠文雄。

提示：文昌在子宫，若合照福君、诸吉神，表示文章冠世。

丑位文昌辅帝君，笔端三峡显文明。

更逢春夏旺生处，凌烟阁上立功勋。

提示：文昌在丑宫，若同君基五福在命，为侯伯之贵。喜生春夏，不利秋冬。与小游同宫则文而不秀。

寅上文昌果何如，好学无成未足奇。

若是夜生仍富贵，姓名终必远天墀。

提示：文昌在寅宫，夜生人安享福寿，日生人多忧。再同土神，则六亲离散，财物成败，劳碌苦辛。

卯上文昌未足忻，天败为名志未伸。

主大相扶方吉利，安分方安晚自荣。

提示：文昌在卯宫，表示一生不得志，若过主大将相扶助，为吉。

辰上文昌重阙开，少年平步上云阶。

计神更与同宫分，职掌天书传御才。

提示：文昌在辰宫，表示聪明、英俊，如逢计神，必清贵显达。

巳位文昌天禄名，如逢旺火却光荣。

小游若也来相克，盖世文章总不成。

提示：文昌在巳宫，若出生在春夏则富贵荣还，出生在秋冬则贫贱孤寒带疾。父母宫遇，必先克父。

午位文昌号上班，独得锦绣耀乡 。

四神设要相会立，多好栖身泉石间。

提示：文昌在午宫，夜生人名显，日生人多忧，而病少乐不遂，与四神同宫。多修行之人。

未位文昌最吉样，豹变荣为书锦堂。

若得吉神来聚会，少年高折桂枝香。

提示：文昌在未宫，日生人则智识明远，贵禄重重。

申位文昌都吏名，生平涵养气津津。

福君相会位高显，早发荣华耀二亲。

提示：文昌在申宫，若会君基五福，负不世之才，立非常之功，历任清华。

酉位文昌独自居，自专自是性拘拘。

若无吉宿相次助，至老终为一腐儒。

提示：文昌在酉宫，表示自为妄大，若会福君，仍是大贵，独行必秀而不实。

戌上文昌禁苑称，平生作事速于成。

文章早发闻朝野，岂特青衫遇一经。

提示：文昌在戌宫，夜生人必权贵显达，日生人则破祖劳神，多辛苦。

亥上文昌辅帝王，生来伶俐饱文章。

若得吉星来相助，看取禁身步玉堂。

提示：文昌在亥宫，表示文章冠世，入翰林，精学天文、术九，名利两全，终身富贵。

③文昌临四卦宫判断。

乾位文昌启天门，金榜题名总相应。

艮位文昌门势勇，争名夺利若精进。

巽位文昌主贪欲，仕途多难陷迷离。

坤位文昌执文笔，功名利禄厚丰基。

(6) 计神

①计神简论

计神为财宝星，也叫天机星，为图计之星，是太乙烛龙之神，能量天地人间之事，布算岁月日时，能知风雨雷电，日月盈虚。在朝为度支郎，在野为转运使，在人身命目时为财宝星，表示千变万化，百谋百中，与吉这刘相并，贵显清高；与凶神相会，虚名虚利，一生财物不聚，多能计较度量，至老操持忧虑，劳力劳神，喜立旺官，料事多中，为监司或主财之职，又或转运货物，资生财利，忌临卯寅陷地。

②计神临十二宫判断

子位天机果是奇，吉曜同临世所稀。

金玉满堂还寿考，曰名曰利总相宜。

提示：计神在子宫，表示为人机敏、直捷、又文雅、男女皆然，又表示财禄丰盈，田园广厚，逢吉星大贵。

丑位计神名天侍，计较有馀人莫比。

奉公取利利名荣，更遇吉星尤发贵。

提示：计神在丑宫，秋冬生人聚发荣贵，官高极品，深谋远虑。

寅位计神曰阴鬼，千谋万计不荣身。

祇宜掌握他人物，少年偃蹇不由心。

提示：计神在寅宫，表示谋略、善变，宜付出，忌计较。

卯上计神天耗星，多思多虑漫纷纷。

公私阻厄时时有，亲戚无衣骨肉分。

提示：计神在卯宫，幼年家业失散，作事千谋百变难逃困苦，财散而后聚。

辰位计神最荣昌，入庙安然号月堂。

曰士与农皆吉利，民丰财物士文章。

提示：计神在辰宫，表示机谋远虑，作事聪明，科甲早发，贵显朝堂，必先贫后富。

巳上计神偏不喜，虽曰天聪终有虑。

半生作事一无成，多为终身运数否。

提示：计神在巳宫，表示先成后败，作事奸诈，克妻伤子，晚景悽惶，仕途困穷现贬。

午宫计宿守透宫，名利资财不甚丰。

用尽机谋方吉泰，但交亲友不从容。

提示：计神在午宫，表示孤独歇灭，作事奸巧，见他人之财帛如己物，百计搜求。

未宫计宿号琴堂，富贵名高四海香。

家道兴隆财丰盛，更多权柄服他方。

提示：计神在未宫，表示财物丰盈，利路通达，生有荫庇，至家不艰难，会吉星贵显出众。

申宫计宿偏多福，天庚为名是若何。

富贵不求随分得，英名洋溢遍山河。

提示：计神在申宫，表示科名高显，富贵双全，夜生人多为权帅。

酉宫计宿号淹延，挠乱疑谋在中年。

晚景却教应福寿，其随分富田园。

提示：计神在酉宫，日生人不利，夜生人好，表示财物耗散，家业漂流。心性狂荡，言语不实。

戌宫计宿号都堂，衣禄丰盈姓氏香。

权重志高人钦仰，一生安乐又荣昌。

提示：计神在戌宫，必作财库之职，钱谷之任。日生人不吉，夜生人多富贵。

亥宫计宿拱君壹，动作勤谋事有成。

祇利功名权禄位，百年丰富又光荣。

提示：计神在戌宫，表示机谋出众，为豪杰之士。帝王亲问，名远天廷。

③计神临四卦宫判断。

乾位计神化天机，神出鬼没竟相击。

艮位计神号神台，一生清福享到白。

巽位计神智谋高，才华出众易被埋。

坤位计神多偏财，威名远扬传四海。

(7) 小游

①小游简论

小游为太乙之星。旺宫为亥卯未寅；陷宫为申酉。元始混沌七变而生太乙，太乙又为水星。逢土则止，故不入中宫。九经以统天地之气，变化以测天地之候。化为阳木，为岁星之精，所以旺于东方。在亥为科名，在未为禄库，在寅为入侍，在卯为入庙，于壬生人为天元禄主，在人身命日时，秉旺位，表示文章秀丽，学业精微，功名超著，禄位显达，负不世才，立非常功，立陷宫，多为刀笔之吏，因贵成名，文而不秀，又或头面带破，肢体有伤。

太乙小游为监将，临于寅卯为庙旺，见五福权现归己，遇君基为食禄。若三星合宫，大富大贵。臣基有简介之名，民基有慷慨之度，地乙则秉性执迷，叹一生之多苦，文昌秀而不实。在卯亥达而早阻，照身命不克又不陷，有威仪，多礼而多文。逢主大将为印权，颜子天年何太短，见主参将之辅宿。

遇计神则所谋难就，见始击则操修不贤，见客大将为外帅，表示女人，有权柄；禄元为晚发嗣位，得子迟延。若临福德，贵当专庞，更在禄勋，禄主迁升，联客参将为泛滥之星，会客参将为技术之士；照福德，寄食于外帮，在子孙，为螟蛉之派裔，居财帛为商旅，若陷办为败废，在官禄而秉旺，官居僚佐，照禄主而受克，福为使介，在婚宫，花烛两明，在父母宫，萱堂必再。欲究贵贱，此其大概。

②小游临十二宫判断

子上小游天足名，不清不秀不安平。

化为禄主犹之可，若遇凶星寿早倾。

提示：小游在子宫，春夏生人衣食安宁，若生秋冬，带疾伤神，会吉神，可免凶星口舌。

丑上小游号华堂，中岁功名亦奋扬。

闲暇优游惰性急，衣冠严雅姓名香。

提示：小游在丑宫，表示爱洁净新鲜，好修饰，财物虚耗，，聚散不常，甲己人遇之，头面破相。

小游之星最喜寅，旺相荣华异众人。

且是襟怀不尘俗，功名富贵得全身。

提示：小游在寅宫，日生人贵显，甲第高科，夜生人近贵，掌财招好子。

小游居卯最清奇，金殿文章四海知。

若是禄元万妙甚，荣华挺特应昌期。

提示：小游在卯宫，春夏生人享福、发贵、有权。秋冬生人时逢四墓，表示高寿。若女人身命逢之，好为嬉耻不相宜。

小游辰位碧文星，文学清高过众人。

若是丁壬人值此，中年荣贵作朝臣。

提示：小游在辰宫，日生人清贵发福于异乡。

小游居巳乃为良，景福为名衣禄昌。

若是丁壬值禄位，少年当作紫衣郎。

提示：小游在巳宫，表示有阴权或符法师，鬼神自伏，艺精孤独，秋冬生人力穑辛苦。

小游午上号天章，作事威权一世昌。

举措定教无滞碍，清闲学道也相当。

提示：小游在午宫，表示艺精技巧而孤独，秋冬生人劳碌辛苦。

玉辇未宫遇小游，此宫遇吉主封侯。

权高爵贵人间少，紫绶金章第一流。

提示：小游在未宫，表示权高清善，明刑狱法不乱用，会吉星方大贵。

小游申宫最不喜，金来伐木岂相宜。

淹蹇无聊多执滞，公门休向作生涯。

提示：小游在申宫，表示多是非，不利公门作事，上下不和睦，若天元官星干元星亦可免咎。

小游酉上不堪逢，作事谋为欠始终。

早岁已遭肝肾病，刑流难免贮财空。

提示：小游在酉宫，表示自幼艰难，有肝肾之疾，至老无成，望大心高所行不实。

孤宿游星戌上安，病将为客一般看。

天轮亦化分本宿，少克男儿女不常。

提示：小游在戌宫，常带目疾，智拙多忧，心田暗毒，有不明之祸。

亥上小游天爵名，化作科名尤最妙。

少年平步玉堂中，更喜文昌同入庙。

不游偏喜亥宫临，掌握人间富与贫。

年月日时倘相遇，定为世上个中人。

提示：小游在亥宫，与文昌同功，名贵显，若逢飞符始击终难贵，虽贵亦不佳。

③小游临四卦宫判断。

乾宫小游位居显，争名夺利莫等闲。

艮宫小游主忧烦，恐起事端难平判。

巽宫小游多散乱，飘泊不定离家园。

坤宫小游多磨难，好喜多磨喜成宣。

(8) 主大将

①主大将简论

主大将属阳金。旺宫为巳酉丑申；陷宫为寅午戌。又叫魁星或节钺星，是太乙之精，称上目。未大将生杀之权，掌禁苑侍术之职，为天子之号令。在人身命日时，为秉性果敢，学问高明，智谋敏捷，经略出众，可以安邦建国，破敌术锋。居旺，则文高甲第，武掌兵刑。为守土之方，面屏藩王室，惟威权之服众，勇冠群雄。巳、酉、丑、申号科名，而贵为将相；寅、午、戌位曰蹇滞，而蹭蹬孤贫。恶宿并加，须防兵阵之厄，陷空相遇，梦魂旅捨飘零。

②主大将临十二宫判断

主大子宫是富润，守静安闲是宿缘。

经籍未尝达左右，执持生杀镇三边。

提示：主大将在子宫，掌机密之权，日生人必大贵。

主大丑宫名总持，厚重端严不妄为。

文治邦家武专宠，清名富贵两相宜。

提示：主大将在丑宫，表示镇静之权，与君基、五福同会者，兵权万里。

寅宫主大名天损，纵然先富后须贫。

平生作事多屯蹇，若遇飞符损寿龄。

提示：主大将在寅宫，表示泛滥多贪，离乡之志。凶星冲破则表示水厄。

卯宫主六号天尘，志气飘飘人仰钦。

限遇运逢财禄进，身临坐镇福威深。

提示：主大将在卯宫，表示飘浮不定，若遇吉运，财进荣归之象。

主大辰宫名库珠，富贵荣华可自如。

谋为更改多宜外，暗合那些寄积储。

提示：主大将在辰宫，会吉星，则吉。会凶星，则凶。

主大星居巳上宜，乃文乃武运谋机。

安边镇国成功绩，若见文昌衣锦归。

提示：主大将在巳宫，表示文武两全，贫后富。

主大偏嫌守午宫，若逢飞符始击更加凶。

主客参来人习诡，不犯徒流也是穷。

提示：主大将在午宫，不问男女，表示争门盗伤，身体亏残。

未上名为上吉星，寿龄自是吉相亲。

飞符若不同宫分，名重英豪冠世人。

提示：主大将在未宫，表示聪明智慧，秀气所钟。

主大申宫号紫阳，文居台阁武边疆。

为人多是精神俊，富贵声名远播扬。

提示：主大将在申宫，表示兵权万里，机密生杀之权。

酉宫主六宝堪誇，玉仲为名积富奢。

若遇文昌同此位，香名四海接黄麻。

提示：主大将在酉宫，同五福为两府之格。

主大堪怜在戌方，名为吊客主刑伤。

薄亲损巳多成败，财物犹如雪见汤。

提示：主大将在戌宫，表示破祖离乡，若会凶显，不得善终。

亥宫主大本来佳，益寿令人作享奢。

立德平生多富贵，更兼名利不虚花。

提示：主大将在亥宫，表示子孙成行，贵显。

③主大将临四卦宫判断。

乾宫主大威权显，统领三军戌守边。

艮宫主大道路偏，贫富分化一夜间。

巽宫主大战鼓擂，潇潇洒洒谁怕谁。

坤宫主大号不为，事事端详事不美。

(9) 客大将

①客大将简论

客大将属水。旺宫为申子辰亥；陷宫为戌未丑。吉星。与主将分权治事，戡定祸乱清平海宇，深谋远虑，辅佐圣明。在人身命日时，表示为人刚烈，性快易喜怒，正直公平，口无含伏，心无毒害，好神仙修炼，喜他郎，富贵，宜游宦。临旺宫会吉星，功名超著，显达边邦，或为巨商大贾，游行四方。若丙辛生人，化为天元禄主，福禄更厚，必能定乱平危，安镇边防，而立大功。

亥宫为入侍，申位主科名，入庙须临子，禄库却居长。

远虑添监将，深谋协计神，三基五福助，安险立功勋。

凶神若相犯，须从旺相寻。破家何所有，强项不堪亲。

屡被官刑扰，频遭祸患侵。吉神不得遇，偃蹇过平生。

②客大将临十二宫判断

子宫客大为入庙，英名扬显多荣耀。

君基五福若相逢，将相功勋人罕到。

提示：客大将大子宫，若独行，表示动中有静，静中有动，经商得财，有吉星辅，一品之贵。

丑宫客大名暗陋，作事多疑难辐辏。

奔波劳苦主还移；祖有镃基亦消瘦。

提示：客大将在丑宫，表示其人疑心重，劳苦奔波，退祖之家。

寅宫客大号厄星，平生衣禄仗他人。

一生贫闲无依藉，谋望徒多辛与勤。

提示：客大将在寅宫，表示财帛耗散，多招官非，有耳肾之疾病。若逢飞符始击，则死于非命。

卯宫客大晦多迍，宝镜尘埋不遇春。

暗裹不知人面目，乍与乍废总无成。

提示：客大将在卯宫，表示困穷，言语不实，富而后贫，破祖流落，爷子异姓。会吉星，可保富贵。

辰宫客大称最贤，名显家豪号金鞭。

若无飞符始击同临会，名利俱成福禄全。

提示：客大将在辰宫，逢福君，表示科甲及第，官居鸾台，两府之命，日生人才是，夜生人则不是。

巳宫客大无所利，多动多疑多执滞。

空门若也得逢他，或出或居多得地。

提示：客大将在巳宫，利为僧道，表示强悍，视他人之财如己之物，性偏好胜，成败不一。

午上名为玉辇来，命宫见此喜安排。

随缘名利人多羡，家有珍珠进横财。

提示：客大将在午宫，有非常之名，不测之灾，侍御外帅得权。有心肺之疾，或作九流之业。

未宫客大未为良，百计千谋总未强。

散尽资财还未了。一生奔走受凄凉。

提示：客大将在未客，表示一生困苦，或为僧道，游艺歌舞。

申宫客大号玉堂，还宜出入走江乡。

资财厚载多如意，富贵清高不可量。

提示：客大将在申宫，表示英俊显达，或为边帅，文武全才，一品之贯，文为台谏，武任远方。

酉宫客大不相和，变幻无端号激波。

定有水灾当戒慎，早宜修禳莫蹉跎。

提示：客大将在酉宫，表示日生人吉，夜生人性弱，有始无终。若贵必有大灾。

戌宫客大号平权，遇吉惟须积善缘。

衣禄丰盈名利盛，滔滔安享镇长年。

提示：客大将在戌宫，为四海游说之客，作事成败不长，有始无终。

客大荣居亥上名，生来福禄自相成。

衣冠不但誇鲜丽，马上传呼号玉婴。

提示：客大将在亥宫，表示掌生杀权，抚镇边隅定乱除奸、为当时权帅。

③客大将临四卦宫判断。

乾宫客大降才人，谋恩熟虑办事规。

艮宫客大有灾运，奔走异乡忌陷井。

巽宫客大解困顿，金银财元伤己身。

坤宫客大最显能，灾运连连堪言程。

(10) 主参将

①主参将简论

主参将（也称主小将），属水，吉神。旺宫为申子辰亥；陷宫为戌未丑。实为副帅之星。在人身命日时，表示近贵成名，立业兴财，发福最能，办事便言语。但祸福不能自主，乃因人成事，倚人为生，衣食仰仗于人。临于卯、辰之方，名万水朝东格，贵显。会吉星，为文秀之极，更立旺，则依附贵人成名、发福，或为吏书。申、子、辰、亥生人，表示富贵，大忌与小游、天乙、飞符、始击同宫，多是下贱轻浮之辈，依富得财，因贵得名。若立旺会吉。实有协济匡襄之才，失陷逢凶得中有失，虽有功名，不过偏裨微贱而已。女命逢凶，定是偏房婢妾。

②主参将临十二宫判断

子宫最利是主参，乘旺身居紫绶间。

名利定倚官贵发，文为词节武安边。

提示：主参将在子宫，会五福三基诸吉星，表示登科甲。见凶星，表示武贵。冬生人尤大贵。

丑宫号曰玉门安，祇利于民不利官。

飞始临之为败绝，喜神同处却多欢。

提示：主参将在丑宫，日生人夭折劳苦，夜生人男女皆荣贵。

寅宫参将号超群，到处为家到处亲。

官宦多还民别祖，吉凶还向数中分。

提示：主参将在寅宫，表示刚愎自用，好搬是非。

卯宫参将不宜逢，天晦为名便不终。

凡事多成更多败，可怜骨肉又西东。

提示：主参将在卯宫，阴谋、损官、性僻、执拗，或有破相。若丙辛生人，名万水朝宗，表示贵显。

主参玉辇到辰宫，自是依人得显荣。

若问成家宜在外，不拘南北与西东。

提示：主参将在辰宫，水归东海格，更有吉星相扶，表示掌丝纶之任。会凶星，则贫穷夭折。

主参巳上不曾闲，潦倒营谋道路间。

士庶逢之多废产，先成后败立身难。

提示：主参将在巳宫，表示眼目之疾，是非常有。

午宫水宿喜相随，福禄来亨更足财。

管干多因贵人力，虚而不实行多乖。

提示：主参将在午宫，表示得外财，但为人狂诈不实，亦多心血不足之疾。

主参到未恶难当，孤苦伶仃走异乡。

技艺之能因糊口，贫穷方免入缁黄。

提示：主参将在未宫，表示轻狂，宜背井离乡，方免灾恶。主参最喜入申宫，化了科名福禄荣。

曰武曰文推吉助，五凶最忌与之逢。

提示：主参将在申宫得吉星相辅为贵，遇文星为文遇，武星为武。若舒服凶，则为下贱之格。

主参酉宫名沐浴，阴贵人扶方发福。

虽劳心力福悠长，一见凶神又不足。

提示：主参将在酉宫，表示得阴贵人之力，而享福悠久，祇是身心多操持。

戌宫参将不可居，破祖离乡失所依。

更见始飞同位住，牵连盗贼起灾非。

提示：主参将在戌宫，会吉星，表示得他乡人之力扶持，逢凶星，则有盗贼牵连之害。

翼居亥上号天魁，说道谈元众所推。

自有高人为　拔，敬他妙用好施为。

提示：主参将在亥宫，逢福君，表示科甲之贵，必提携上进，日生人，文武出众；夜生人，贫困夭折。

③主参将临四卦宫判断。

乾宫主参夜生人，福禄智敏尽超人。

艮宫主参难当运，犹疑不决投错情

巽宫主参书生人，平平碌碌行一程。

坤宫主参事难成，科名福禄依人荣。

(11) 客参将

①客参将简论

客参将（也称客小将），属木。旺宫为亥卯未寅，陷宫为申酉。也是副将之星，又叫旅星、孤星、从星、柔弱星、泛滥星。在人身命日时，福力本轻，不能自立，必须依贵发福成名，或是富豪提携引拔，或干吏得官，或为人掌管财物，因而获利。旺则为巨商大贾，得四方之财，或因游艺而得厚利。总之，副参之星，为因人成事之星。

客参将在人身命，宜出游，不宜坐守。若三合会吉，又表示威镇边方，他乡远方富贵。如立陷逢凶，则漂流困苦。若女命临之，他乡远配，若与五福，君基同会亥、卯、未、寅宫，或是木命生人见之，作贵格论。如同立陷宫，则泛滥飘蓬，不能自立，倚人为生，若与四神及天乙地乙或飞符始击，又同立衰乡，则必为盗贼或为乞丐。

②客参将临十二宫判断

客参将临十二宫判断

客参居子名天否，作事无终亦无始。

纵然名利在身宫，多不到头中路止。

提示：客参将在子宫，会吉星，表示近贵发福，上人成就，异路功名。

客参居丑号天轻，足计多谋人所钦。

衣食从容财更足，还因游艺得功名。

参将本来吉，逢凶始见乖，聪明为活计，伶俐作生涯。

提示：客参将在丑宫，表示足智多谋，衣食丰足。逢凶星则言语不实，行为不果，为僭伪之徒。

客参寅位贵而昌，近贵成名号玉堂。

基业本来称富厚，于今名利两相当。

提示：客参将在寅宫，表示英发聪敏，得贵人成就功名。春夏生人则早贵。秋冬生，表示孤独，多疾病。

客参在卯号官星，庙旺何愁不显名。

衣锦不须归故里，东西南北好安身。

提示：客参将在卯宫，表示近贵及出入王侯之家，掌权发号施令，侍从参谋，或为家臣及兵符印信首领之职，喜春夏日间则早贵，忌秋冬夜间则孤独，多疾病。

客参辰位最相宜，立业还宜近水居。

若遇飞符为下贱，瓢流无定总支离。

提示：客参将在辰宫，表示依贵成家，为人聪明利便。但多僭伪之徒，言行不实。

客参巳位曰天伤，祗见萧条不见昌。

困苦多般难度日，仍教流落在他乡。

提示：客参将在巳宫，一生清贫，多恶疾，易流落他乡。

客参午位号天休，百事无成到白头。

淹蹇更多灾与疾，一生衣食无能周。

提示：客参将在午宫，一生碌碌无为，多灾多难。

客参居未号天琼，官贵相扶获显荣。

中末限星临此处，命身凶会必贫穷。

提示：客参将在未宫，表示得贵人之力而获名利，遇凶星则贫穷。

客参临申实可悲，肢体伤残面目亏。

若在九流还不碍，自甘清苦利毛锥。

提示：客参将在申宫，表示肢体有伤，面目不全，或为医卜九流之士。

萍踪四海转飘蓬，盖为参星到酉宫。

祗好作奴常近贵，不然劳碌受孤穷。

提示：客参将在酉宫，表示隶卒近贵，或在市井，碌碌贫苦。

客参福力本无多，戌上安身没奈何。

纵有吉星来护助，平生惟有受奔波。

提示：客参将在戌宫，一生劳苦奔波，处处受困。

客乡居亥福星饶，富贵荣华是尔曹。

公子宴闲谈笑共，要求名利敢辞劳。

提示：客参将在丑宫，表示侍从贵显，或为监押差遣公吏，日生人秀而不实，夜生人贵显智高。

③客参将临四卦宫判断

乾宫客参饶言听，碌碌无为落陷井。

艮宫客参福运少，百事无忧性情傲。

巽宫客参起风饶，福禄双全景不遥。

坤宫客参气血於，百事颓废名利虚。

(12) 始击

①始击简论

始击属火，凶神。又叫伐宿和色星，为灾惑之精，太乙之初，始有其神，实为元始击搏之气。东出曰彗，南出曰始击，西出曰孛，北出曰太乙。临人身命日时，表示性强好杀，多拗口恶，早离父母，幼失祖业，四柱若犯父母，早见刑伤，若临寅、午、戌、巳，必从武途贵显。又当大贵也好声色。如立陷宫，为下贱之辈。乙庚生人逢之，则淫荡狼籍，机诈百出，患疽脓血之疾，和有水灾，或显狂，或因争门犯牢狱之厄，须作福修攘，方可免凶。惟戊癸生人，化为天元禄主，有权贵显，功名远大，陷宫不忌。六子生人遇之，如得五福，则为大救助，虽有厄，终不凶夭。

逢始击，还看大小气数，以年为运，月为气，日为禄，时为马。如日时带禄马，命身无克陷囚迫，在寅、午、戌、巳必大贵。命逢始击者，克亲破祖有刑伤，为异姓、螟蛉、庶出。已庚命遇，必须修攘，戊癸命遇，多招富贵。寅为利名之聚发，戌招财，福自天来，巳为入侍，午为入庙，有出将入相之权。寅、午、戌、巳旺宫，权衡辅佐，日时身命立陷，恶死作刑。

一元分造化，搏击始为初，凶星为第一，临野九州灾须防身与命，更忌日兼时，恃势情多欲，血光疾污身，凶深殃九族，祸浅克双亲。限数若逢此，必为泉下人。官禄疾厄中不宜见，为中风盲聋喑哑，见五福可以免凶。若限数逢之，官员罢职，庶人退财，公吏遭刑。会客大，则更凶，见飞符同限，其年岁终之月，不论老少，必主暴卒，轻则风肿残疾。

②始击临十二宫判断

子宫始击号为囚，身命逢之百种忧。

挠括是非公府患，又防父母不相投。

提示：始击在子宫，表示农业耗散，平生孤苦贫乏，强顽而虚假，阴谋害物，有汤火毒疾。

始击来居丑位中，名为赤道带祥容。

仍防骨肉无恩眷，吉宿相资家道丰。

提示：始击在丑宫，表示财物先见耗散，祖业凋零，一生劳苦，晚年方得资财有馀。

始击偏宜寅上藏，灾凶为吉号黄堂。

不惟禄厚人多福，职显身高意亦强。

提示：始击在寅宫，无其它各星，表示科甲贵显，两府之格，戊癸生人更佳。

始击卯宫号太华，半忧半吉也亨嘉。

不利运逢并限遇，恐防公诉起私家。

提示：始击在卯宫，表示先败后成，早年贫苦，晚景安乐，发财发福。大限临之，孝服连绵。

始击辰宫暴败名，平生多是犯官刑。

若为戊癸夭元主，福禄多应致显荣。

提示：始击在辰宫，表示性傲，无知愚鲁，志大心高，有宫刑之辱，到老无成，戊癸生人，因祸得福。

始击星宜在巳宫，福神添集喜相逢。

仍嫌限数会于此，不免官司口舌中。

提示：始击在巳宫，表示富贵双全，福禄安享。

午上始击号天冲，福禄逢之自显荣。

武镇边疆能保国，化为禄主福尤隆。

提示：始击在午宫，表示功名富贵，骤然而发。

始击未宫不为喜，家资破散馀无几。

蹇滞萧条受苦辛，不是刑妻定克子。

提示：始击在未宫，表示家业耗散，刑妻克子，破败之象。

申宫始击号改端，灾祸临头何日安。

百计千谋总虚假，贪心无厌定遭官。

提示：始击在申宫，表示性情强悍，视他人之才如己物，贪不厌。

酉宫始击未为祥，迟钝多因学不强。

清淡家贫方可守，若还富足主颠狂。

提示：始击在酉宫，表示一生成败不定，作事多虚不实。

始击平安占戌宫，荣华威重号天堂。

吉星相与同宫住，名利相期服四方。

提示：始击在戌宫，表示良田万顷，金玉千箱，富贵两全，更食天禄。

始击之星临亥方，名高业重忌亲房。

是非当见灾危甚，纵读诗书名不香。

提示：始击在亥宫，表示贫贱，一生飘流，多招灾祸，病不离身。

③始击临四卦宫判断

乾宫始击力大耗，一生散乱人折夭。

艮宫始周智取听，为官不被民心举。

巽宫始击主功绩，祸害反昌助安良。

坤宫始击多不详，灾祸随临贫苦秀。

(13) 飞符

①飞符简论

飞符属火，凶神。旺宫为寅午戌巳；陷宫为亥子。也叫困厄星和直符星。照人身命日时，表示破祖离乡身孤，六亲无靠，克害妻子，财物破散，心性慵懒，多学少成，孤贫之命。又为秉性刚暴，不受屈处。若临四火旺也，则武烈英豪，或为边帅。会五福君基，文为台谏，武镇边疆。立陷宫，性僻奸诈，好酒狂诞，难学易忘，处事头绪多端，妨父母，克六亲，心雄胆大，无始终，不守信，纵得五福、三基救助，但免贫困，而富贵不久，祇因此星多刑害。惟有在寅、午、戌、巳宫，则变凶成吉。若在亥、子、卯、酉宫，表示成败飘蓬，多招暗疾，崩内刑伤，如命有胎产之厄，男命有水火之残。

②飞符临十二宫判断

飞符在子名天哭，衣食不多无显禄。

家居改革祖基还，若逢吉宿灾不足。

提示：飞符在子宫，表示离乡背井，六亲无靠。见五福三基，可免凶咎。

飞符入丑最堪娱，天乙为名主身孤。

身若带时血滞疾，或伤脾胃或瘫疽。

提示：飞符在丑宫，表示为小校兵隶或宰杀或是破祖孤独。

飞符寅位号天旋，变祸为祥衣禄全。

运若逢时仍忌扰，或生疮毒苦忧煎。

提示：飞符在寅宫，表示能握总戎之职，日生人功名清显，夜生人夭折多败。

飞符临卯名沐浴，作事不成多不足。

生人身命或逢之，僧道九流妨骨肉。

提示：飞符在卯宫，表示衣食劳碌，歇诚多凶，必遭刑狱挠括；小人侵害。

飞符长上号天滞，是非家计汤浇雪。

若还从参来相会，作事无成又窘迫。

提示：飞符在辰宫，表示熔铸炉冶，得火之利，有刑害，多是非。

飞符巳上号天医，祇利功名不利私。

官贵值之多得意，庶人何以慰心思。

提示：飞符在巳宫，表示兵权骤发，不久即退败或为提调班首。

飞符午上最难逢，元帅威名自不同。

福禄自然天与足，但防骨肉不西东。

提示：飞符在午宫，表示强项威猛，足计多谋，为兵符宣制首领。日生人贵显有权。

飞符未上名天失，作事多废无定目。

宜为僧道方无害，士庶闻之遭辱叱。

提示：飞符在未宫，表示临事不密，能说他人，不能自虑，或为军营书吏司总。

飞符申上号破星，直须仙保全身。

更逢吉星来相助，亦可名为善守人。

提示：飞符在申宫，表示财物破散不常，多成败，若会吉星，表示得外人财帛。

飞符酉上号暗堂，若逢身命有刑伤。

平生多晦何时了，家事浑如雪见汤。

提示：飞符在酉宫，表示身孤离乡。

飞符戌上宝阁称，不惟云祸且荣身。

福君同到尤为吉，作事无疑名利成。

提示：飞符在戌宫，表示为逢帅方面首领。日生人有功名，但不长，多暗昧，子少女多。

飞符亥上多不喜，败坏财物皆如此。

一生作事更多疑，果是凶神名绝体。

提示：飞符在亥宫，表示孤独刑伤，见吉星也难免，纵有二三子，传家祇一个。

③飞符临四卦宫判断

乾宫飞符财物伤，事成事败多灾秧。

艮宫飞符遇事急，虽有疑惑难预防。

巽宫飞符四处走，家基凋零是非有。

坤宫飞符门庭落，大病灾秧祸难挡。

(14) 四神

①四神简论

四神属水，凶星。旺宫为申子辰；陷宫为戌未丑。在人身命日时，表示财物不聚，作事歇诚，孤独无依，为僧道高尚之士。若在家，定是妻迟子晚。或三合对照，会吉星，亦可作贵格论，如立旺地，表示仕宦清贵，多历河海舟船之任。在申、子、辰、亥宫，为宿秀格，表示秉性孤独，纵有心腹之交，不能始终友谊。在卯为万水朝东格，不立旺，也是医术高尚之士，或鱼盐商贾。在沐浴宫，春夏生人，为人花柳，秋冬生，则为渔人，或舟师，在熬位，则为吏人、狱卒、刽子手、屠夫。在陷宫，败财破祖，子身无依，茶坊酒肆之徒。在寅、午、戌、巳方，为克火，是财丰安享之命。得羽音人助力，立旺则显达，能守己，为清高之士。总之，四神为聚散之星，进退无常，九成九败。

②四神临十二宫判断

四神居子号天宜，伶俐聪明性格奇。

更有吉星相聚会，平生衣禄自饶馀。

提示：四神在子宫，表示聪明颖悟，逢五福、三基，则爵禄丰厚，丙辛生人尤美。

四神居丑名天喜，赋性多能復多艺。

若逢吉宿到斯宫，限数逢之身亦贵。

提示：四神在丑宫，表示得商贩鱼之利，及舟船水洋之财。四神寅上不相宜，淹蹇萧條作事迟。

天乙更来同位处，凶行横祸日相随。

提示：四神在寅宫，表示性凶好殺，流落他乡，为修船、补漏、竹木、雇载之工。

四神卯上号烧炉，当改根基另处图。

若是独行无大患，何忧疾病与悲呼。

提示：四神在卯宫，表示得水利及舟船雇员，行商之类。逢飞符始击，则表示痨疾伤残。

四神辰位主荣华，名号金鞍实可誇。

心性聪明人莫及，秖防子息见虚花。

提示：四神在辰宫，会吉星，有调羹之类。表示酒肆、茶盖、巨商、大贾，财富丰盈。

四神巳上号天渊，绝气为名合此言。

不利六亲并子息，宜僧宜道守当年。

提示：四神在巳宫，表示少年离亲随聘或庶出。表示下贱弄巧、歌舞调笔之辈。日生人则为富贵。

四神午位号幽微，水火相和财谷宜。

旺地逢之多显达，文昌到也更何疑。

提示：四神在午宫，利口才舌辩。日生人富贵，惰性忠良，财帛多，为先散后聚。

四神居未不相成，别祖离宗号失荣。

身命逢之多改革，游年当此弟兄分。

提示：四神在未宫，表示裁剪、技巧、匠作，走富贵之家，夜生人辛苦无依，日生人亦贵，相貌异常。

四神申位喜相临，秀气所钟人敬钦。

若是文昌来会合，清闲富贵福悠深。

提示：四审神在申宫，会吉星，功名显达。

四神酉上天月星，多成多败不安宁。

家败散后声名淡，语默施为假似真。

提示：四神在酉宫，表示善言语，作事机巧，贵人敬爱。日生人衣禄绵远，夜生人贫困伤残。

漂蓬无依号天体，戌上四神多诡谋。

祖业行来如瓦解，是非难定莫贪求。

提示：四神在戌宫，表示奔波四方。

亥上四神名本源，初岁伶仃老自安。

若是文昌在三合，骨肉荣华得异缘。

提示：四神在亥宫，表示得近天颜，禄位高显，善谈笑，好下问，临险成福。

③四神临四卦宫判断

乾上四神才显灵，雄才理辩皆聪明。

艮上四神易出行，贵人相助莫起程。

巽上四神耗祖荫，损人利己心不诚。

坤宫四神落陷宫，天灾人祸宜现灵。

(15) 天乙

①天乙简论

天乙属金凶神。旺宫为巳酉丑申；陷宫为寅午。又叫天镇星和天锋星，实为孤独之星。在人身命日时，表示破祖离乡，平生蹇滞，心性耿介，高尚寡合，不和人情，六亲不睦，终身无靠，性强气傲，身孤不苟。又表示刚明果断，所谓仁义而利薄者。在申子辰三方，便合金白水清格，表示近大贵发福，也为有权贵显。在巳酉丑三方，便合才学富贵格，此金神得金局之故。在寅午戌三方，金入火乡为销烁格。表示有疾病是非，不是拮据就是难亲易疏。在亥卯未三方，化为天暗星，则不贵，三合照吉星，亦可富贵。如无吉星，则破祖身孤，与人往来多招是非，不和人情，更见凶星，宜作福修德禳之，方可无大患，而发福也迟。若居旺宫，则武事贵显。在巳丑宫，为将相，申酉宫，果敢功勋。陷地居之，则平生蹇滞，凶星聚会，为僧道清名，吉曜同宫，才名显著，恶绝并立，阵死遭刑。女命逢之，则有产难堕胎之害。

②天乙临十二宫判断

子上名曰天骥星，平生遇著有虚名。

三基五福同三合，富贵荣华驰令名。

提示：天乙在子宫，表示破祖虚花，中年成败，克子刑妻，游方食禄。逢飞符始击诸凶星，则困苦劳神。

丑宫天乙实清奇，天帅威权最所宜。

志气昂昂人敬服，果然豪杰不卑微。

提示：天乙在丑宫，表示武职贵显，阴谋有毒。五金中得利，女命有灾厄。

天乙寅方号怒涛，若同飞始寿难高。

江乡踪迹无依靠，别立门庭方富饶。

提示：天乙在寅宫，表示求谋有利，易得外财。春夏生人，则多富而相貌甚美。会凶星，则漂流下贱。

卯宫天乙名暗财，劳力劳心善作为。

若遇飞始临其地，金谷资财似火吹。

提示：天乙在卯宫，表示技艺及绣造、裁剪、针匠，求利生财。夜生人须谨防因财受害之事，不然则饥寒。

天乙辰宫号天宪，舞文弄法多更变。

若非身病与人伤，终值公非残首面。

提示：天乙在辰宫，表示炉冶得利，或山林采取五金八石生财。会吉星，虽贵但奸猾。

巳宫天乙号金章，百计千谋力量强。

不特声名扬四海，生平浩气姓名芳。

提示：天乙在巳宫，表示秋冬生人气秀，馆阁之贵。表示炉火烧炼，显名成就兴家。

天乙凶星在午方，名为天戮主残伤。

独行自是宜屠宰，若见凶星有祸殃。

提示：天乙在午宫，表示幼失父母，蹇滞憔悴，不得善终。日生人有生杀之权，夜生人贫困夭折。

未为天暴受苦辛，生来成败费经营。

播迁事业方安定，只是为人性不平。

提示：天乙在未宫，表示九流武术，得大人敬爱。然多小人是非，憎嫌、拮据。

天乙申宫号天旌，吉星同会称心情。

边陲武术威名重，千载黄河一鉴清。

提示：天乙在申宫，表示武职边将，会三基五福，表示科甲壹谏。女命春夏生人荣华，秋冬生人偃蹇。

酉宫天乙在金方，凛凛威风肃纪纲。

凶曜不来相混杂，纵有微灾亦吉星。

提示：天乙在酉宫，表示为威镇边疆，武贵之格。

天乙戌宫为望云，生来无利亦无名。

为人狂妄还遭谤，虚诈偏多灾祸侵。

提示：天乙在戌宫，表示幼失父母，克子害妻，老见孤单破相。

亥宫天乙号名星，吉宿如临事事亨。

士宦逢之临大限，前程显耀乐升平。

提示：天乙在亥宫，表示祖业耗散，中年成败。

③天乙临四卦宫判断

乾宫天乙显威神，名利双收踏徽程。

艮上天乙圭生金，无名无利徙劳心。

巽上天乙血光凶，妻儿双亲倍小心。

坤上天乙困贪贫，邻里邻居远隔心。

(16) 地乙

①地乙简论

地乙属土，凶神。旺宫为子丑辰未申；陷宫为寅卯酉。为鳏寡之星。在人身命日时，表示孤僻自强，秉性耿介，奔波劳苦，克妻害子，衣食不周，有刑狱之厄，及痈疽血光之灾。也为好山林，乘旺颇敦厚，重义，异路功名，多骤发，若修德，必至大贵。立陷，表示体亏，手足眼口不全，性恶奔波。若无吉星救解，则多病遭刑，破祖妨亲，不招兄弟。若立旺位，逢五福、三基相助，必主贵人，成就功名，多生财禄，表示爱好天文、地理、术数及明医卜之艺，钦动公卿，但须逢旺才行。地乙之星也表示好争斗，倨傲无情。

地乙之星明历数，数为阴土主坟墓。

阳宫亦解算天文，阴宫地理多奇遇。

地乙凶星悖不和，好行杀戮动干戈。

身命如逢绝陷地，孤贫寒滞奈之何。

②地乙临十二宫判断

子宫地乙号贪官，利己伤人定不安。

还加众恶同相济，难背亲婚祸患牵。

提示：地乙在子宫，日生人贵，夜生人不利，表示精通天文、地理、术数。也与辰宫同论。

转祸为祥丑上安，平生衣禄有何难。

金章紫绶功名显，莫作寒窗冷眼看。

提示：地乙在丑宫，表示因远游发福，或为镇守边隅之职。

寅上名曰厄会孤，宗亲不利叹穷途。

为人性烈多权变，虚诈难交情义疏。

提示：地乙在寅宫，纵见吉星，也为贫困、孤单、多灾疾，或庶出鳏寡。

卯宫地乙最伤心，死别生离祸患侵。

仁义乖疏下流辈，四神若会疾相侵。

提示：地乙在卯宫，表示家破财散，到老辛苦。或劳疾或僧道。会吉星，衣食稍丰。

地乙辰宫玉骑飞，化凶为福理精微。

吉星会也方称妙，不见凶星始道奇。

提示：地乙在辰宫，表示耿介孤高，中年发福，为富贵格，或为守土之官。会凶星，衣食不足。

巳宫地乙谩嗟咨，劳力劳神过虑思。

兄弟不堪情义薄，到头名利晚成迟。

提示：地乙在巳宫，得吉星扶助，当骤发，或为医卜之流，逢凶则无倚。

午宫地乙不宜临，陶铸生涯多苦辛。

若要清闲身自在，不戴黄冠定作僧。

提示：地乙在午宫，表示装塑窑灶，磁器土物。或为僧道医士。

未宫地乙号班头，利己还须苦志求。

竭力经营成事业，从来祖业不曾留。

提示：地乙在未宫，为干办食禄，自立贵显。

地乙居申号紫微，声名不薄少灾非。

若还五福来相会，衣食丰盈造帝扉。

提示：地乙在申宫，表示秉性重厚，能言语，多风流。财帛耗散而不聚。

酉宫地乙名宫怨，妻子不全家业变。

飞符始击或来同，不惟抱疾还贫贱。

提示：地乙在酉宫，表示游艺、流荡、赌嫖、猖狂，刑克妻子，下贱之辈。

戌宫地乙若相逢，玉树为名气象雄。

衣禄到头终有望，也成名利也成功。

提示：地乙在戌宫，表示富厚，财谷丰盈。精通天文地理历数。

亥宫地乙号清台，历数通灵不妄裁。

食禄天厨权职重，吉神聚会乃英才。

提示：地乙在亥宫，为贵显；丰富，若妄自尊大，贪名恋禄，反受辱。

③地乙临四卦宫判断。

乾宫地乙是非频，劳心耗神事不成。

艮上地乙秉性诚，一事多闻是非平。

巽上地乙落陷宫，唯有钱财方解困。

坤上地乙财帛丰，争名夺利懂人伦。

以上天盘16星神，11位吉神，5位凶神。当知其吉凶，明其功能，反复推演,得心应手。此外,"知吉凶"还有先知"宫数易和"。一宫绝阳,二宫绝阴;二宫、八宫叫做易气;三宫、七宫为阴阳和;四宫、六宫为绝气。如果太乙、文昌、始击和大小四将位于绝阴、绝阳、绝气、易气之宫,再碰上掩、迫、囚、击等凶险局面,那就非常危险;只有当三才算和时,才危害较轻。在占断中,这是需要十分谨慎的。

六、二星断

(1) 五福、君基同宫

主功镇天下、扬名海内;如临辰戌丑未申诸宫,必在朝中为大官。临旺宫必会学业有成,福禄显赫,可为将相之才;如果二神拱夹命、申二宫,主有大富贵。同临酉宫,可为王侯之尊,在辰戌丑宫和申位,位居公卿;在亥子巳宫也为富贵命。

(2) 五福、臣基同宫

预示为人纯朴忠厚,性情和蔼。临旺相之地,可入阁拜相;如果官禄宫中有吉神,定为辅政大臣。

(3) 五福、民基同宫

预示发财,在处于旺宫,预示着大富;也可以官至县处级。在寅卯宫等陷地,职卑禄薄,却也无有灾祸。

(4) 五福、文昌同宫

若处于旺宫,定是一代豪杰。如出现在命身宫时,必然学业大成,为国家栋梁之才。

(5) 五福、始击同宫

若同临旺宫,戊癸年出生的人遇之,将名声显赫;官禄宫中再有吉星高照,必官高权重,直上青云。因申宫到丑宫为五福旺乡,从寅宫到未宫为始击旺乡,二神同临旺宫主战斗中建立功业,戊癸年生人遇之,必名声显赫。申酉戌亥子丑为五福旺地、始击衰地,则符合上述说法。申辰为五福旺地,始击衰地,寅巳为始击旺宫,五福衰地。二神同临亥子二宫,预示淫荡。

(6) 五福、计神同宫

五福清华福最高,与计神同宫是英豪。日命宫如果遇之,必富贵双全。加旺地主文章盖世，财富名高，可享极品之荣。

（7）五福、小游同宫

如临旺宫，必为英豪俊杰，必得功名。加旺主科考中第，高显贵及且可常保。在亥子宫主大贵，在寅卯宫为发福，临申酉宫为乐绝陷地，多主刑克或漂流困苦，若再与四神同宫，女命多为婢妾。

（8）五福、主大将同宫

在申宫主科甲高中，在申酉宫也为豪杰。加旺在申酉丑位，主公侯之贵。如遇凶星则为边帅，可减除祸乱保境安民。

（9）五福、客大将同宫

临四水位上可享至厚之福，加旺主必为元帅或宣威沙漠，临官禄之地主武镇边城。

（10）五福、主参将同宫

加旺于四水位上，能助五福之德。若在陷地，主为书吏。

（11）五福、客参将同宫

如临亥卯未宫能助五福之德，福依他人，得贵人助可获财发福。也主他乡成名。于陷地，主破祖离居。

（12）五福、飞符同宫

名利晚年方遂意，可怜困苦在初年。临水位不为良，面目股肱须见伤，虽有吉神来救护，临终难免恶声扬。也主克妻伤子。若在四火位，主先衰而后兴，加旺主武职显赫，临巳午，得贵人助可获财富。若临于命位而天元属水者不长寿。

（13）五福、四神同宫

临旺宫又遇日时身命宫，主经营鱼盐水利之事。临申宫，主为清闲之人或为炼丹之客。临四土宫，主儿孙多疾病，本人也难寿终。在寅卯位主困苦，若有凶星混杂，主多学少成，多为九流僧道。若临身命日时宫且会君基，无凶星，主多贵受福，人高尚受人尊敬；若同主大将同宫，则主掌兵权。

（14）五福、天乙同宫

加旺必于五金中发福得财，在巳酉丑申之宫为从军之相，主有兵权。若居午位，主男偷女盗，多贫贱，或少儿、丧父、失母，或少年夭折，不得善终。

(15) 五福、地乙同宫

加旺宫必在山田中得利发福,或在布帛粮秣中获利。在禄位,必因天文、地理、历数显达扬名,有田园千顷,金玉满堂。忌寅卯宫,如身命吉星兆可安宁,为出家命。

(16) 君基、臣基同宫

二神聚会,世间少见。女人遇之,可做后妃;男人遇之,并在旺宫,定是部长级以上高官。若遇陷宫,逢空亡,福德、官禄二宫没有吉神,预示官职被贬,名声受损,事业萧条。

(17) 君基、民基同宫

同宫且临旺宫,预示着少年发达,官、财两旺。若官禄、福德两宫有吉神,可以捐钱买官。若福德宫空,预示穷困。二神临于未宫,表明有恩怨。

(18) 君基、客参将同宫

二神同临旺宫,会因在外做官而发福,也须依靠贵人的力量获得富贵。如果客参将在四水位,木命人遇到更好。同时预示母亲多有不轨之事。

(19) 君基、始击同宫

二神同宫为掩,主子杀父,臣杀君之事。若同临命身宫,则为人暴躁刚烈,阴损恶德,男贪女色,女好淫荡。逢上限数,可能受刑罚、牢狱的恶运,或者因为女人受流放,血光之灾;乙庚日生人遇到,灾祸更加厉害。只有主大将在福德宫,或命身宫位于酉宫,或是癸戊生人,方可免灾。

(20) 君基、飞符同宫

二神同临旺宫,主心性聪明智慧,果断有为若再有吉星同宫,大贵。若同临陷宫,则性情乖张,荒淫无耻;同临亥子宫,必做盗贼。若遇客大将、客参将,或在战场死于刀兵之下,或因犯法被处死。若逢上凶限又遇煞星更是确凿。若二神会于寅宫,可能生育痴呆儿女。

(21) 君基、文昌同宫

加旺,表示少年甲第,可中状元入相,晚年更加荣耀。在亥子宫,名为帝座，主因文字而立身扬名。若化禄主、干元天星，则为大贵。

（22）君基、计神同宫

加旺，表示其人深谋远虑，料事多中，为人谋言听计从。

（23）君基、小游同宫

加旺，主其人心纯性慧，谋略超群，远见卓识，为国之柱石；然不免心强好胜，在寅卯宫，为恶绝，不宜求取功名。又主妨妻克子，身孤窘迫，若临陷宫，文而不秀，武而不威。

（24）君基、主大将同宫

加旺，表示兵权在握，有封侯之贵。若三合中有五福、文昌，则有名魁天下，出将入相之功勋。如五福在父母宫，主有世禄。

（25）君基、客大将同宫

加旺，有消除祸乱之危，主可认台、省或边帅。在亥子宫，贵显。也主忠直正派。

（26）君基、主参将同宫

加旺，表示近贵发福，借令行权，必依靠贵人成名。也可能成为游说之客。

（27）君基、四神同宫

称为道阴星，必为遁世真仙。不是神仙乐道之人，就是温雅闲居之士。因君基有弃世之心，四神乃孤独之宿，为九流之命。在亥子丑宫，主智慧颖达，文华清秀。如在旺乡，也做贤人命看，终是高尚贵官，学佛修仙。性厚淳朴，轻捷潇洒，会吉星，享福更厚。逢凶星，人骄傲。若立陷空恶弱，会凶星，主贫困。忌土位，为性情悖逆，淫荡狡诈，狂放无耻之徒。不利舟船，多水厄。若遇飞符、始击，有血光之灾，不得善终。

（28）君基、天乙同宫

加旺，表示人刚柔相济，文章独特，科甲高中，在四金位和丑位更好；再得吉星相会，或遇计神，必做高官。如逢主大将，名扬天下，为国建功。临午宫，为奸细小人，狂妄之徒，多死于兵事。遇始击，造刑罚处死，为大忌。

（29）君基、地乙同宫

加旺，为人忠厚纯正，高官得坐。会文昌、五福，为三台之贵。会文昌、计神，主有守边疆之权，但不长久。即在寅卯宫，主为人诡诈。为孤身无子之命。若见小游，必为盗贼。

（30）臣基、小游同宫

同临旺宫，主该人智慧聪明，远见卓识。若在亥子未宫，为清贵之人。在官禄宫中出现文昌，主少见显贵。若处于陷、空、恶、绝之地，临申酉宫，主一生穷困，盲聋喑哑，或为木石所伤，或受官府刑罚，或肝肾有疾。

（31）臣基、客大将同宫

同临旺宫，主官拜边帅，或统领禁军，或是皇帝的亲信近臣。位于陷宫，主为商人。

（32）臣基、主参将同宫

同临旺宫，利于从军或做武将，或依靠贵人获得荣华，或成为王公贵族管家。

（33）臣基、客参将同宫

临旺地，主为中军号令官，或作参谋。临陷宫，主不能自立，依附他人。

（34）臣基、飞符同宫

同临寅午戌巳旺宫，再有吉星辅助，主发财显贵，但要先受穷困而后顺利；且富贵却心地狠毒，性情爆烈。忌讳在亥子辰酉宫，有凶祸。因为是水乘火位，所以主可能为人所害，也可能漂泊无依，克害妻子儿女；女人遇到这种情形，多半难产。

（35）臣基、地乙同宫

同临旺宫，主有雄心壮志，从武途升官，或以天文、地理、术数、医术打动贵人，获得荣耀。性情喜欢山林，是清高之士。如二神临寅卯陷地，主一生饱受忧患，不能施展抱负；又注定有残疾，驼背跛足。

（36）臣基、民基同宫

加旺，主富贵双全。若会文昌、五福，为首辅或英豪。若无文昌，必有禄而不为，为清高之士，有大财。

（37）臣基、文昌同宫

加旺，主科举高中，可任翰林之职，若会四季宫更旺。

(38) 臣基、计神同宫

加旺，表示大富贵，可司户部钱粮，为财库监司，或牧民之任。不可与小游同宫，遇之则文而不秀。若会文昌，临亥子宫，必大贵。得四神，则获鱼盐水利。

(39) 臣基、主大将同宫

加旺，文武全才，国之柱石。乃文精武略，将帅之才。

(40) 臣基、始击同宫

为悖逆格。若在寅午戌巳宫，也有贵秀，然旺中有失，富贵不久。若临陷宫，主有牢狱之灾。始击在火位，戊癸生人遇卯时，则大贵。始击在寅宫，为臣也遭刑狱而亡。臣基在官禄，身命宫有始击，利考试，口舌是非。

(41) 臣基、四神同宫

加旺，主清华富贵，执掌水利。在亥子二宫亦可贵，利为商。大忌土位，若有凶星掩迫，则破祖漂流，男盗女娼，多肝肾疾病，或遇水灾而亡。

(42) 臣基、天乙同宫

喜申酉戌宫，更会吉星主显贵。加旺，在身命宫，主智勇双全，遇事果断。逢天乙相辅而刚明决断，多招刑狱。或有疾病，贫贱，或死于战场。

(43) 民基、计神同宫

同临旺宫，主有田产庄园，为一时豪富，但无官做。若临四季宫，吉神化为禄元，再临旺乡，主有良田万顷，金玉满堂，而且善于谋划经营。若处于衰地，则谋事无成，心地贪婪且嫉妒心重。若临辰宫，吉神化为禄主，主大富。若二神与文昌会合在官禄宫，主少年科甲及第。

(44) 民基、小游同宫

主该人性情慷慨，但成败各半，积累不下财产。若临木局位，主名利双收，或借助贵人的力量获得荣耀；若处恶绝之地，克害亲人，孤独一身，再遇上凶星，主中年横死。

(45) 民基、四神同宫

临旺乡，为经营水利的商人；若与吉星相遇，则能承继祖业，基业丰厚。民基属土,与四神相克,再临丑戌未辰等宫,主流落他乡,无依无靠,一生贫穷,受尽辛苦。二神同临巳午宫,须防盗贼,或因狱讼死于官府;临木位,主得焦渴症。

(46) 民基、地乙同宫

同临四季宫,主财产丰厚,一生豪富;若再与文昌逢于旺宫,必是有名望的学者。二神临寅卯宫,主背井离乡,没有家业可以继承,一生劳苦。

(47) 民基、文昌同宫

加旺,主富且贵,为民父母官,是先富后贵之相。居陷宫则以写作、书写为生。若文昌离陷宫,则发达较晚。在亥宫主早年出名。在妻宫,入庙则因妻而富。

(48) 民基、主大将同宫

主田宅丰厚,爱礼而享荣华。加旺并居官禄宫有掌财之权,为文武双全之俊杰。居陷、逢凶忌,主参加争斗。忌午位,主夭折或漂流不定。

(49) 民基、客大将同宫

临四水宫,主离乡发福,游历外地得禄,喜朋友扶助,或经营水利必为巨商大贾,还得羽音人助力。遇刑克而失位,生活穷困。

(50) 民基、主参将同宫

加旺,做侯门之谋事,富家人之从客,依他人享福。

(51) 民基、客参将同宫

加旺,主远离家乡而发福成家,必依靠他人之才而做商贸生意。

(52) 民基、始击同宫

主害良成家,易成易败,必因管理财务而破家害命。知天命者若能廉洁自守,散财修福,可以免灾。

(53) 民基、飞符同宫

加四火位,主得田宅财宝,若遇吉神,主能文能武富贵双全。

(54) 民基、天乙同宫

主贤惠,有仁有礼。加四金宫,必生育富贵之家,从武贵荣身,得商音人助而发福。

(55) 文昌、始击同宫

于午戌旺宫，为帝王之命；若临寅巳宫，可居三公高位。处于陷地，会因文书、词讼引来杀身之祸。凡事不可出头，只宜保持安静，不见亲属朋友。若始击临妻妾、子孙宫，福德宫中出现天乙、地乙，主将作和尚或道士。

（56）文昌、飞符同宫

同临旺宫，主以文才显扬；如果再遇三基更为吉利，不是统兵将领，就是主掌司法大权。若处陷宫，只能成为刀笔书吏，且为人心机诡诈。

（57）文昌、计神同宫

主僧道寒儒并术士。喜四土，加旺，主学问渊博，计谋超群，为英俊豪杰。在辰宫，必任翰林，清贵显达。居陷宫则难求财。逢孤虚华盖，为僧道或术士。

（58）文昌、小游同宫

加木局位，主学业精通，科甲高显。在卯亥宫可发达，但早年运程有阻。临申酉宫陷绝宫，虽文章盖世，但难免学无所用，穷困潦倒。在四宫则难中第，为秀而不实。

（59）文昌、主大将同宫

主文章华美，加旺，定做文魁，文武全才，为出将入相之官。在巳，表示先贫后富，晚年发迹。在卯宫，若有才华可求荣。在未宫，主有提刑御史之职。

（60）文昌、客大将同宫

主有好文采。加旺，主少年登科甲，可任文武官。居旺宫，为帝王师。居陷宫，有口舌是非。

（61）文昌、主参将同宫

加旺，主做馆教之职，与吉星三合对照，为依贵食禄。在陷宫主科考不中，为刀笔吏，能近贵成名，或为技艺九流之人，或做陶瓷业。

（62）文昌、客参将同宫

主为刀笔书吏，技艺九流之命。为人吝啬，一毛不拔。若以克星三合对照，主借贵人之力可显贵。

（63）文昌、四神同宫

加旺，必因医术荣身，也主文章清秀。若立陷宫有绝技，多为九流之士。在四水位，文名上达，利禄兴报。在申宫主有福泽。在木宫为医生、术士或为贵。四神在亥，三合文昌，主异路功名。

(64) 文昌、天乙同宫

多为僧道之士。加旺，主文明刚烈，临事不惧，好谋而成。居陷宫为刀笔吏或术士。

(65) 文昌、地乙同宫

为僧道之士。加旺，主精通医学、占卜、术数，成名显贵，文秀聪明。

(66) 计神、始击同宫

临旺宫，并化为天元禄主，有被封侯的贵命；临陷宫，则常是害人不成反害己，不得善终。

(67) 计神、小游同宫

加旺，为司法之官。在辰宫，为提刑御史。临衰宫则多思劳神，所谋难成。

(68) 计神、主大将同宫

喜金、水二局，主掌兵权，出将入相。在四季位，主富。计神晦伏主伤身。会天乙、四神，主盲聋哑。会飞符、始击，克六亲。

(69) 计神、客大将同宫

会旺，为边帅，武臣显贵。

(70) 计神、主参将同宫

加旺，为武职。发号施令，近贵成名。立陷宫，权诈不实。会凶星，则为卑贱。

(71) 计神、客参将同宫

加旺，主为游客；会吉星，为承驿之官。

(72) 计神、飞符同宫

加旺，主文而不秀，财务多破败，克六亲。

(73) 计神、四神同宫

加旺，主深谋远虑，足智多谋，得鱼盐舟船之利。逢陷，漂流失业，家道难成，又主萧条。

(74) 计神、天乙同宫

主武职，又表示萧条。加旺，为深谋果断之人。立陷宫主虚名虚利。若得臣基在田宅宫，可富。

（75）计神、地乙同宫

主精通术数、天文、智识不凡，妙算神数，百发百中，贵人皆敬。可得山林土产之利。临旺表示武职，可为边疆统帅。计神居陷，表示萧条。

（76）小游、主大将同宫

二神同宫称为囚，二神相会水火不相容。若同临旺地，又得时运，能免除灾祸；若与太乙同临申酉恶绝之宫，必为土石伤害，面目落下残疾。逢上限数，又遇掩、击、关、囚，并且三才无算，必遭受刑罚，牢狱之灾。若临亏晦之地，为术士，匠人；临午宫，有残疾；主大将遇上飞刀，非常凶险。

（77）小游、主参将同宫

临旺宫，主得贵人扶持，善奉承阿谀。若临陷地，主漂泊不定，上下不睦，乃是非小人。

（78）小游、始击同宫

同临寅午旺宫，主大贵。若在午宫化为羊刃，则主自缢身亡。处陷宫，克妻害子，为下贱不正派之人，大多不得善终。此二神同宫为掩，临旺宫有福；处陷地主有牢狱之灾。

（79）小游、飞符同宫

同临旺宫，主在外突然获得功名，丁壬生人更有厚福；同临陷地，则克害父母双亲。同临巽巳宫，主患疯癫、痨病、残疾。命身宫空亡，作和尚道人。临午宫夭亡。即使天元禄主进入命身日时宫，如遇上限数，也难逃一死。小游在卯宫克命；飞符带羊刃，同临命身宫，主遭雷击而死。

（80）小游、客大将同宫

加旺，主深谋远虑；在陷绝宫，主久病不愈，流落他乡。

（81）小游、客参将同宫

加旺，主在远方发福。立陷宫主一生劳碌。为技艺之士。难和六亲。

（82）小游、四神同宫

加旺，主因医学、占卜、术数发福成名，喜山水清幽，不染尘世。立陷宫，主漂流湖海，小游若在金位，主穷途独居，女命身为婢妾。

(83) 小游、天乙同宫

同宫为贱格。木神忌金星，主无依靠，依靠他人为生，六亲少力。加旺，主刚明果敢，乘旺得时可贵。在申酉宫为陷，若见飞符，主有疯狂瘫痪之疾。在巳午宫受克，主体残克父。

(84) 小游、地乙同宫

主身娇意傲，秉性志迷，一生多苦。乘旺，多得山林田园之力。善推历数，性宽怀广，可运筹帷幄。立陷，必伤手足、损眼目、摔跤受伤。性情多变，衣禄难求，多为背亲忘义之流。

(85) 主大将、客大将同宫

同临亥子申酉宫，主少年英勇，可做戍边将帅；在申辰二宫化为科名星，丙辛生人主手握兵权；在官禄宫化为节钺星；在金局化为将帅星。

(86) 主大将、主参将同宫

主性情喜欢安逸舒适，做事拖拖拉拉，心性拘谨。中年困苦。

(87) 主大将、客参将同宫

二将同宫为关，若临主大将旺宫，福分尚可；若临客参将旺宫，必定孤苦贫寒。若二将同宫，五福、三基又都处于陷地，则是奴仆命；或受人连累损失家财，引来全家埋怨；或争斗是非，以致身体受伤。

(88) 主大将、始击同宫

同临旺宫可以图谋霸业。因为主大将能化解始击带来的凶险，故反而变祸为福。若同临午宫，则主大将不能制服始击，主少年贫困卑微，最终也能富贵；为人阴险诡诈，虚伪不忠。若在申酉丑宫化为禄主，将威震边疆；若同临寅午戌巳宫，不做屠户、酒贩子，就是触犯刑律；若与飞符相遇，大多会犯法处死，尸首不全。始击忌讳在亥子寅辛四宫。

(89) 主大将、飞符同宫

主凡事先失后得。若主大将旺，每因强出头而损财物，多招是非。若飞符旺，又会始击与身命日时宫中，必死军前，不得全尸。如会照与五福庙胜之地，主大将亦旺，一克一泄，化煞化权，可贵为边帅。大忌巳午宫，在戌为亏折。如夹身而命带悬针，主贫贱或触犯刑法。立陷，飞符带羊刃，主裂肤。行年会地乙主破财。

(90) 主大将、四神同宫

主聪明智慧，秉性清奇，得鱼盐舟船之利，可掌兵权卫国。居水命，若立四水位，可增贵。若为僧道，名高服众。立陷宫，必志大谋小。

（91）主大将、天乙同宫

加旺，主英勇过人，扫荡四海。乙庚生人则大贵，化为将帅星。

（92）主大将、地乙同宫

加旺，主可得山林田土，精通术数、天文，先贫后富。立陷功名不成，中年破败，耗散财物。

（93）客大将、主参将同宫

二将同宫为关。主争斗灾伤。还要看二者的算数，和则吉利，不和则凶险；还要根据所处宫的衰旺来推断吉凶祸福。若二将与君基相会，是贵命。

（94）客大将、客参将同宫

二将不宜同宫，若同宫必定是算数进入中宫，主心性不定，度量狭窄，徘徊与成败之间，难以成事。

（95）客大将、地乙同宫

主败坏祖宗基业，奔波外地。经商不成，往往招惹官司是非；还可能是过继之子。若同临寅卯宫，主手眼伤残。

（96）客大将、始击同宫

主性烈、多动，坐不安宁，多过房离祖，若客大将立陷，而始击旺，主破祖身孤，招讼凶亡或战斗而死。同临陷，男淫女娼，不然守寡。会劫杀大凶，主流落他乡，尸骨难觅。

（97）客大将、飞符同宫

主性烈心雄，神术聚而发动人可得富贵，然须水局命方才符合。多险阻艰难，六亲无靠。又主漂泊，雷轰木火焚宅。

（98）客大将、四神同宫

居旺为巨商大贾，游历四方。逢陷则漂泊他乡。会吉星为贵。如果水性太重，主男迷酒色，女陷风尘。若飞马在福德咸池，为孤独入军之命。

（99）客大将、天乙同宫

主刚烈果断，生来孤独，游历四海。逢旺表示坐远官。立陷为九流僧道。若在家，则刑妻克子，至老孤独。

(100) 主参将、始击同宫

主被下人伤害。立陷必是下贱之辈，或为奴仆、兵卒、盗贼。

(101) 主参将、飞符同宫

二神相通，既使出现在三合位上，也是奴仆之命。若同临陷宫，将作乞丐；再碰上四神，必为贼人。

(102) 主参将、客参将同宫

化投军星为关，表示内外不和，多招口舌是非。立旺主得女人财物。在亥上更是如此。会五凶星，为奴仆命。

(103) 主参将、四神同宫

主好酒色，淫欲不正，非贫即夭，立陷则为僧道。

(104) 主大将、天乙同宫

主貌慈心毒，为公门吏书，必先破财后有成就。立旺可因贵得财，衰则奴仆之命。

(105) 主大将、地乙同宫

主近贵成就衣食，看管田庄或坟墓。立陷则卑贱或为兵卒，或为奴婢。

(106) 客参将、始击同宫

主孤独贫穷，虚伪狡诈，心性浮躁，没有主见，不说实话；作和尚道士能修行高尚，获得福分。若同临陷宫，则命运卑微。

(107) 客参将、天乙同宫

为金木相克，主该人不仁不义，阴险狠毒，好搬弄是非，大伤和气。若同临陷宫是卑贱之人，或沦为乞丐；又称孤神，无依无靠。

(108) 客参将、飞符同宫

主不能自力，奔走他乡，为奴婢之格。陷为乞丐，为贼，克妻。立旺会吉星，有贵人扶持而成立。

(109) 客参将、四神同宫

主孤穷行骗，心性流荡，无主见，依靠他人，若为僧道则高尚获福，立衰则贱。

(110) 客参将、地乙同宫

主破祖离乡，贫穷劳碌，妨妻克子。会吉星主有绝艺；立旺则贱。

(111) 始击、飞符同宫

始击又名酒色星，与飞符同宫临旺宫，主从武显贵。逢吉神可能成为医生、术士、九流一类；若同临陷宫，定是卑贱之人。临亥子宫，为贼寇。若飞符化为天元禄主，主改名换姓而得到田庄。流年逢上限数，则大祸降临，或者长辈死亡，或者背井离乡。飞符又叫困厄星，若与命身日时宫相冲，必定四处漂泊。

(112) 始击、四神同宫

主孤独，刑克六亲，是非不断，或为盗贼，因劫夺财宝而死。为僧道则无害。女命宜出家为尼，不然则沦为娼妓。

(113) 始击、天乙同宫

为无主见之人。因天乙能自守，始击易失机，有肺病、痨病或目疾。若命宫在寅卯，不为兵为盗，则犯法。

(114) 始击、地乙同宫

多有肝肾之病，多遭辛苦，或为奴婢，或从军，或作陶瓷业。

(115) 飞符、四神同宫

同临身命宫并和客参将相遇，注定沿街乞讨，受尽辛苦。为人阴险，反毒害自己，能弯曲忍耐，却不能施展抱负。有水火、脓血、官刑之类的灾祸。或被流放，或遭横死。若同临命身日时宫，主成为鳏夫或寡妇，子女也是有无之间。

(116) 飞符、天乙同宫

禄主在身命宫，化为折伤星，主招刑狱之灾。多口舌，常有血光之疾，遭横祸不得善终，或犯大罪，致灭宗族。有五福、君基可化解之。

(117) 飞符、地乙同宫

主财物破散、离乡、贫苦，多气血消渴之疾。

(118) 四神、天乙同宫

主为人孤僻偏执，不通情理，很少交往，不合群，往往招致别人记恨。主为军卒或医生、术士、九流之类。在水位最好，忌临土位，否则医生艰辛。

(119) 四神、地乙同宫

主诡诈不实，多贫苦，远离故土。地乙在卯，主残疾多病。女命身宫逢之，若福德宫再逢五福，主夫荣子贵。

(120) 天乙、地乙同宫

主该人假聪明，伪斯文，做事不实，搬弄是非，困苦漂泊，争强好斗；但精通技艺，尤其是历数、五行。若二神临于子位，前后有飞符、始击夹持，主死于阵前或犯法处死；流年逢上，主遭受刑罚。也主孑然一身，无儿无女，失去官职；或者聋哑失明，半生困顿。

七、三星断

(1) 五福　君基　臣基

提示：三星同宫为吉星荟萃，调之舜禹一堂。

(2) 五福　君基　文昌

五福申位是科名，最喜君星与共明。

天目一星又临照，必然平步到公卿。

提示：三星同在丑为侯伯之贵，在申、酉宫，表示早年发达居公卿之位。如五福位于华盖（即巳酉丑日地支见丑为华盖）文昌阴阳失位，则为作事难遂心愿，宜作僧道。

(3) 五福　君基　计神

荣华富贵度平生，五福君基共计神。

何事不曾沾寸禄，祇因飞伐又临身。

提示：三星同宫表示仕途显赫。如五福在辰宫，君基在子宫，计神在申宫，表示握生死大权。

(4) 五福　君基　小游

五福君基小游同，三吉星临势转雄。

年少声名腾海内，前咱后拥作三公。

提示：三星同宫有三公之贵。

(5) 五福　君基　主大将

五福君基主大高，巍巍科甲必英豪。

更逢申酉同宫位，横发亦须入甄陶。

提示：三星同宫，高中科甲，必为一代英豪，如同临申酉宫，则会骤然发迹，但要经得起陶冶和造就，才能地位显示大贵。

(6) 五福　君基　客大将

提示：三星同宫，客大将子痊为一品贵，在辰亦表示宁台两府。喜日生，忌夜生。

(7) 五福　君基　主参将

提示：三星同宫，主参将在亥，表示科名，日生人贵，夜生人易夭折。

(8) 五福　君基　客参将

提示：三星同宫，在四水位或木命生人遇到，作贵格论。

(9) 五福　君基　始击

始击君基难共居，功成名遄果何如。

祇因五福来相救，变祸为祥福有馀。

提示：三星同宫，表示公卿富贵，见始击，表示终身劳苦。

(10) 五福　君基　飞符

提示：三星同宫，在戌上表示名利成就。

(11) 五福　君基　四神

提示：三星同宫，表示聪敏颖达，丙辛日出生的人水气旺，为水职。五福在申为丹客。有杂星，为九流之命。不犯难，则清贵享福。

(12) 五福　君基　地乙

提示：三星同宫，旺为守土之宫，君基忌寅、卯。

(13) 五福　臣基　民基

提示：三星同宫，立陷，表示有禄无位，文秀之命。

(14) 五福　臣基　主大将

五福臣基主大高，巍巍科甲必英豪。

更逢申酉同宫位，横发亦须入甄陶。

提示：三星同宫，在申、酉、辰，表示科甲高中。

(15) 五福　卧虎藏龙　始击

提示：三星同宫，为吉，无五福，不善终。

(16) 五福　臣基　飞符

提示：三星同宫，表示依贵而富，无五福，则表示受刑法处死。

(17) 五福　民基　计神

五福民基计神来，家业丰盈万贯财。

若在陷宫同一处，财不丰盈却少灾。

提示：三星同宫，在申位，表示富有，在官禄宫有君基表示大贵。

(18) 五福　民基　天乙

提示：三星同宫，为富，如天乙民基在申，而五福在寅，也为富。

(19) 五福　文昌　计神

五福本天禄，那更并文昌，再得计神助，终为馆阁郎。

提示：三星同宫，表示为文职高官。

(20) 五福　文昌　小游

福文游位共居辰，定作皇朝享福人。

一点帝星来子位，此生必定掌丝论。

亥辰一位福文游，三神一处复何忧。

当年若值向科甲，不作公卿定作侯。

提示：三星同宫，为公卿之贵，若限数逢之，必中科甲。

(21) 五福　文昌客大将

提示：三星同宫，化为将帅星。

(22) 五福　小将　始击

提示：三星同宫，小游在子、午、为晦退，是九流之命，五福始击同宫，则作军中教头。

(23) 五福　主大将　客大将

提示：三星同宫，位居高官，可与君王同嬉乐。

(24) 五福　主大将　始击

提示：三星同宫，子年生人遇到，虽有惊而无险。

(25) 五福　主大将　飞符

提示：三星同宫，主大将旺，贵为边帅，为剪除祸乱之人。

(26) 五福　主大将　四神

提示：三星同宫，遇水，表示统兵权。

(27) 五福　主大将　天乙

提示：三星同宫，喜四金位，天乙居旺地，即使三合也表示大贵，主大将得金数也为大贵，居巳午位则贫凶。

(28) 五福　始击　天乙

提示：三星同宫，表示幼年游离。

(29) 五福　飞符　四神

提示：三星同宫，飞符五福同在卯宫，表示有法术，三合四神则有病需用符。

(30) 君基　臣基　文昌

提示：三星同宫，表示文贵，若君基在午宫，臣基在戌宫，文昌在寅宫，也为大贵，如君三合见华盖空亡遇贵者，则为僧道。如再遇主大将在官禄宫，则为金榜题名，位列三台。

(31) 君基　臣基　计神

君臣庆会本为稀，五福奇星喜辅之。

更有计神同此位，明王千载观昌期。

提示：三星同宫，表示吉庆昌明。

(32) 君基　臣基　主大将

提示：三星同宫，表示大贵。

(33) 君基　卧虎藏龙　客大将

提示：三星同宫，可辅助帝王，宰相之命。

(34) 君基　民基　始击

提示：三星同宫，表示可称雄割据一方。或表示五破。

(35) 君基　文昌　计神

君基计神与文昌，旺地逢之不可量。

须要身命临此宿，才兼文武寿元长。

提示：三星同宫，表示文武全才，福寿长。

(36) 君基　文昌　小游

君基小游与文昌，旺位逢之福异常。

若值日时身命上，能文能武福高强。

君基小游值生时，馆阁清华世所稀。

更将文昌同旺地，腰悬金印掌兵机。

小游君宿与文昌，旺地相逢不易量。

香得临身并临命，以文以武福舒长。

提示：三星同宫，表示能文能武，贵为公侯。

（37）君基　文昌　主大将

提示：三星同宫，威镇华夷，若君基在申宫，表示可入相。

（38）君基　计神　小游

君基小游主文章，计神相会愈加昌。

若得临身并临命，非文即武福须彰。

提示：三星同宫，为将相，表示大贵。

（39）君基　计神　天乙

提示：三星同宫，落金位，贵为台谏。

（40）君基　小游　地乙

提示：三星同宫，在寅卯位，表示卑贱或做乞丐。

（41）臣基　主大将　客大将

君基同主客，文宿更居身。

未论三公贵，先看五马荣。

提示：三星同宫，加上文昌在身宫，不论能否居三公位，最低也是太守。

（42）君基　主大将　始击

提示：君基在阳位，主大将在申酉宫，始击在寅宫为三公宰相的大贵命。又身宫在八杀位，始击在官禄宫，表示武贵，有威名。

（43）君基　主大将　天乙

提示：三星同宫，在金位表示威权万里。

（44）君基　客大将　主参将

提示：三星同宫，看二数和不和，以分衰旺祸福。

（45）君基　客大将　四神

君基客大会四神，出世真仙无意名。

挂冠高尚侯难友，天子虽尊岂得臣。

提示：三星同宫，表示无意追求功名，乐道好贫。

（46）君基　始击　飞符

提示：三星同宫，性格叛逆，弑君逆父。

（47）君基　始击　四神

提示：三星同宫，表示富贵。

(48) 君基　始击　天乙

提示：三星同宫，居午位为刑法处死，或残疾，若为僧为道则不忌。

(49) 君基　飞符　地乙

巳酉最无气，君何临此位。

若逢地与符，顽愚凶恶辈。

提示：三星同宫，在巳、酉位，表示顽愚凶恶。

(50) 君基　四神　天乙

君王何事喜神仙，意在蓬莱万万年。

无奈四神居福德，清高天乙又同缠。

提示：三星同宫，在福德宫，修道炼丹最适宜。

(51) 臣基　文昌　计神

臣基亦是贵人星，旺位须教一点明。

臣后君前文计会，便得垂手取功名。

提示：三星同宫，在亥、子宫，必大贵。

(52) 臣基　文昌　小游

提示：三星同宫，为早年发迹位居公卿。臣基在巳，小游在亥，文昌在官禄宫也是如此。三星在申、酉宫的恶绝地，表示残疾，口有伤。如福德宫有君基，表示有声名地位。

(53) 臣基　文昌　主大将

臣基文昌居馆阁，主将貔貅共沙漠。

若逢福德落空亡，无成典吏多贫薄。

提示：三星同宫，表示武贵。福德逢空，则贫薄无成。

(54) 臣基　文昌　客大将

提示：三星同宫，时在戌亥，可为帝王师。

(55) 臣基　文昌　飞符

计俩多端占九流，福文二宿好追求。

臣基不合同居退，汩汩劳生不自由。

提示：三星同宫，而臣君退，表示困苦。

(56) 臣基　文昌　四神

提示：三星同宫，表示富贵。

(57) 臣基　文昌　地乙

提示：三星同宫，臣基为禄主，文昌在亥、子宫，表示大贵。

(58) 臣基　计神　小游

提示：三星同宫为破格，表示不秀。

(59) 臣基　主大将　四神

提示：三星同宫，臣基在申，表示武贵边职。

(60) 臣基　主大将　天乙

提示：三星同宫，居申、酉、戌，则为王侯之贵，有商音人扶助发福，入巳、午、寅宫为卑贱。

(61) 臣基　始击　飞符

提示：臣基在未，表示清孤，克子。会吉星，表示有功名。三方持刃向身宫，表示不得善终。

臣基客参将以下三星合，凶多吉少，不复详列，惟此最凶者，故特表出。

(62) 民基　文昌　计神

提示：三星在宫，喜四季土，表示科甲贵。大游禄马同会表示高中。

(63) 民基　文昌　地乙

提示：三星同宫，逢四季宫，承接祖业而富，忌寅卯宫。

(64) 民基　计神　客大将

提示：三星同宫，喜辰位，表示大富。若官禄宫有文昌，表示少年甲第，入田宅宫，可捐资求名。三星三合也一样。

(65) 民基　计神　始击

提示：三星同宫，表示聚散无常，为贫。

(66) 民基　计神　飞符

提示：三星同宫，化巡检星，表示五破。

(67) 民基　小游客　大将

提示：三星同宫，为强权霸蛮之流。

(68) 民基　小游　四神

职方守土便身亡，身命之宫木宿强。

三合四神光又现，必然消渴致膏肓。

提示：三星同宫，忌土、木，易患重病。

(69) 民基　主大将　始击

提示：民基在旺，主大将在亥、子宫，始击带贵在身宫，表示奉使要荒。

(70) 民基　始击　飞符

提示：三星在宫，若始击为禄主，飞符持羊刃，则为武职，不善终。

(71) 民基　飞符　地乙

提示：三星同宫，有德临身，表示食武禄。

(72) 民基　四神　天乙

提示：三星同宫，助以贵。

(73) 文昌　计神　小游

提示：三星同宫，居寅，入瀚林，在申酉位表示孤苦伶仃。见小游为克，则名利空，遇五凶皆凶。文昌在子，小游在午，计神在身为机匠。

(74) 文昌　计神　主大将

提示：三星同宫，表示极贵。遇孤虚华盖，为僧道术士寒儒。

(75) 文昌　计神　四神

提示：三星同宫，当入翰林。四神居戌困科场，计神在福德宫，擅长丹青。

(76) 文昌　小游客　参将

提示：文昌忌遇小游，表示卑贱。带宫符表示犯法。

(77) 文昌　小游　始击

提示：三星同宫，如始击持飞刃官符在身命，表示刑宪囚徒，有脾胃病。

(78) 文昌　小游　四神

提示：三星同宫，其性顽愚，不秀。又表示易犯法。

(79) 文昌　主大将　客大将

提示：三星同宫，客大将为禄主，表示奉使巡边。

(80) 文昌　主大将　始击

提示：三星同宫，若文昌退晦交亏，必有疾伤生。

(81) 文昌　主大将　四神

四神文昌同失位，医卜羽流并技艺。

当生主将是禄元，薄有财名须遇贵。

提示：三星同宫，主大将为禄主可小贵。

(82) 计神　小游　主大将

提示：三星同宫，禄主在酉，表示升坛为将。如主大将在酉，计神小游在辰，可任御史提刑之职。

(83) 计神　小游　始击

提示：三星同宫，在酉表示消渴早亡。如计神持刃，表示作天元主，又表示战伐受封。

(84) 计神　小游　四神

提示：三星同宫，为贫穷病癈。

(85) 计神　始击　飞符

提示：三星同宫则克六亲。

(86) 计神　四神　天乙

提示：三星同宫，若计神晦伏，表示盲聋哑。

(87) 计神　天乙　地乙

天乙地乙计神同，武断乡方气概雄。

若有君文来救助，诗书亦肯作新功。

提示：三星同宫，表示刚烈雄放。

(88) 小游　主大将　始击

提示：三星同宫，若主大将在午，则死於刀兵剑锋。

(89) 小游　主大将　天乙

提示：三星同在申、酉宫，必损面目，颠狂残疾，如限数逢十格三才无算，必犯法。

(90) 小游　客大将　主参将

提示：三星同宫，表示可为台谏之职。

(91) 小游　客参将　天乙

提示：三星同宫，居旺宫可求财，否则依人而食。

(92) 小游　始击　飞符

提示：三星同在身宫，表示得瘟疫，而不善终。

(93) 小游　始击　地乙

提示：三星同宫，表示幼年失父，或螟蛉庶出。妻子也受刑。

(94) 小游　始击　地乙

提示：三星同在寅、卯宫，表示贫困。

(95) 小游　飞符　天乙

提示：三星同在申、酉宫为陷，表示瘫痪疯狂。天乙在南，又表示损目、小游酉上莫遭逢天乙飞符，若与始击相冲，则有肺痨或常带血光终。

(96) 主大将　客大将　始击

提示：三星同宫，逢旺为奉使，小游为禄主，在子坐官禄宫者应。

(97) 主大将　客大将　飞符

提示：三星同宫，表示身无进地。

(98) 主大将　客大将　四神

提示：三星同宫为僧道高尚。

(99) 主大将　始击　飞符

提示：三星同在巳午宫，居身命日时宫，表示亡死军阵。又表示早年贫贱或遭刑死。

(100) 客大将　主参将　始击

提示：三星同宫，旺，表示为巡边职。

(101) 客大将　始击　飞符

提示：三星同在申、子、辰宫，表示孤立及狱中死亡，在寅位则死於非命，限逢大凶则暴卒，轻则残疾。

(102) 客大将　始击　四神

提示：三星同宫，立旺处表示乖张。戊癸生人在四火位为武贵，其余则表示病废。

(103) 客大将　飞符　四神

提示：三星同宫，表示孤独，倚人为活，平生蹇滞无成。

(104) 主参将　始击　飞符

提示：三星同在丑宫，为败绝，不利於求官。

(105) 主参将　飞符　四神

提示：三星同宫，表示为贼徒。

(106) 客参将　始击　飞符

提示：三星同宫，表示卑贱，漂流无定。

(107) 客参将　飞符　四神

提示：三星同宫，化为乞丐，表示卑贱或为乞丐。

(108) 始击　飞符　四神

行年孝服更离乡，飞伐俱来致不祥。

击星若还同禄主，更名易姓得田庄。

提示：三星同宫，居日时，表示克妻，始击为禄主，又表示更姓改名而获田庄，劳心失利。行年遇之，表示孝服。

(109) 始击　飞符　天乙

天乙飞符始击同，火金相战主凶终。

游年更有凶星到，梁上高悬一定逢。

提示：三星同在巳、午宫，表示犯法，在寅宫夭折，在卯宫则破败，流年遇到，表示自缢、孝服、离乡。

(110) 始击　飞符　地乙

提示：三星同宫，表示残疾或贫困。

(111) 飞符　四神　地乙

提示：三星同宫，表示破败路亡。

八、四星断

(1) 五福　君基　臣基

临丑化三台星大贵

(2) 五福　君基　臣基　计神

主大贵

(3) 五福　君基　臣基　主大

福在父宫君当头立有世禄

(4) 五福　君基　臣基　计神

主贵

(5) 五福　君基　文昌　小游

主文贵

(6) 五福　君基　文昌　主大

有将相之荣建功立业人也

(7) 五福　君基　文昌　飞符

为台谏

(8) 五福　君基　主大　客大

主上贵

(9) 五福　君基　主大　四神

主兵权统众

(10) 五福　君基　始击　飞符

君基亥子身在天位伐前福东时为德乱世英雄

(11) 五福　臣基　民基　文昌

主大贵无文昌乃有禄无位人

(12) 五福　臣基　文昌　小游

主科甲贵陷空功名不顺

(13) 五福　民基　计神　始击

如行年辰亥文游会主登科　计易飞符

(14) 五福　文昌　计神　地乙

主大贵　忌寅卯

(15) 五福　文昌　主大　天乙

主高隐

(16) 五福　计神　主参　飞符

作市井小经纪

(17) 君基　臣基　文昌　计神

在身命化三台如君前臣后功名易得

(18) 君基　臣基　文昌　小游

主贵　君福德小游在命名位假手

(19) 君基　臣基　文昌　主大

位三台　三合见主大在官禄同　君午臣申文在子两府兼兵

(20) 君基　臣基　文昌　飞符

喜巳午戌大贵封侯

(21) 君基　臣基　文昌　主大

易主大为始击应运人君民交亥伐午

(22) 君基　民基　客大　四神

乃汉客星也

(23) 君基　文昌　计神　小游

亥上旺翰林

(24) 君基　文昌　计神　地乙

边塞官

(25) 君基　文昌　小游　天乙

主大贵　见天乙等凶破格因贵成名

(26) 君基　文昌　主参　客参

巡抚贵

(27) 君基　文昌　飞符　地乙

主武职

(28) 君基　计神　主大　客大

主贵　主大天乙同

(29) 君基　小游　始击　飞符

主弑逆

(30) 君基　主大　客大　飞符

如亥子主阵死或法死

(31) 君基　主大　始击　飞符

主武贵

(32) 君基　客大　飞符　四神

主荣华有吉助平地富贵

(33) 君基　始击　飞符　四神

主法死　四神易地乙同

(34) 君基　始击　天乙　地乙

主犯法

(35) 臣基　文昌　计神　小游

四季位主贵

(36) 臣基　文昌　计神　主大

文昌主大计臣同四柱临之在旺宫更逢客大真为贵身列公侯将相中

(37) 臣基　文昌　计神　四神

亥子位见主羽音人扶富贵　文昌三合见亦贵

(38) 臣基　计神　始击　飞符

同在辰戌化

(39) 臣基　小游　始击　飞符

主贵犯法

(40) 臣基　四神　天乙　地乙

主减贵倾荣

(41) 民基　主大　客大　始击

主客皆在刻临身贵　主流年奉使

(42) 民基　始击　飞符　天乙

喜四金位金人利生富若天在午宫主兵亡狱死

(43) 文昌　客大　四神　天乙

主破荡刑伤

(44) 文昌　小游　始击　飞符

主观贵虽贵不佳

(45) 计神　始击　飞符　四神

三方合照主凶少利名

(46) 小游　客大　主参　始击

主巡边

(47) 小游　始击　飞符　天乙

主肺痨血光终

(48) 主大　主参　飞符　始击　客大同

飞始亥方临阵身死沙场

(49) 始击　飞符　天乙　地乙

主恶死　飞始在亥子地在田宅天在官禄命身陷主妾生

九、五星断

（1）五福　君基　文昌　计神　伐星
主文武两全

（2）五福　君基　文昌　计神　地乙
在四季主三台贵

（3）五福　君基　计神　飞符　始击
主无禄

（4）五福　民基　文昌　主大　客大
五福土星最多民基主大亦巍峨文昌客大临身命当作功名第一科

（5）五福　飞符　四神　天乙　地乙
五福符四天地乙僧道医卜并艺术疾宫更有伐星来水底游魂何处觅

（6）君基　臣基　文昌　计神　主大
君臣文计主身命三合逢更得居旺地必是夺魁名

（7）君基　文昌　计神　小游　四神
主贵　君四亥子主智慧

（8）君基　文昌　计神　主大　客大
主公卿

（9）君基　文昌　计神　天乙　地乙
读书亦肯作新功

（10）君基　文昌　小游　始击　飞符
主落职

（11）君基　客大　主参　始击　飞符
主死沙场或犯法

（12）臣基　文昌　计神　主大　客大
主大贵公侯将相

（13）臣基　主大　客大　主参　客参
主武贵

（14）主大　天乙　地乙　飞符　始击
天地乙俱在子飞始前后夹持主阵亡或法死

十、六星断

(1) 五福　君基　民基　文昌　主大　客大
入相

(2) 小游　始击　飞符　四神　天乙　地乙
主形不全　或癫狂心病

(3) 客大　始击　飞符　四神　天乙　地乙
行年凶　到水亡

(4) 客参　始击　飞符　四福　天乙　地乙
同衰乞丐也

(5) 五福　臣基　主大　客大　主参　客参
主武贵权重

(6) 民基　文昌　计神　主大　飞符　始击
飞伐混作常人

十一、三基断

(1) 五福　三基　文昌
五福辰文昌亥必公卿丙辛生人尤贵显

(2) 五福　三基　文昌　计神　主大
会福德宫禄化贵星主名利无初有终三合见无主大亦同

(3) 五福　三基　文昌　计神　客大　飞符　地乙
在官禄化帝座皇后星

(4) 五福　三基　文昌　主大
丑辰位利主贵

(5) 五福　三基　文昌　主大　客大
主食禄　五福在丑辰利

(6) 五福　三基　主大　客参
三基陷下贱　主旺吉客旺凶

(7) 五福　三基　客大
丙辛人贵主安险立功勋

(8) 五福　三基　主参

子宫　主科甲见凶主武贵

(9) 五福　三基　始击　飞符

主名利通

(10) 五福　三基　四神　始击　飞符

主螟蛉不则夭

(11) 五福　三基　天乙

主贵人成就功名财禄

(12) 五福　三基　四神

四神在子贵　丙辛生人尤贵加客参同宫化奴婢星

(13) 三基　文昌

主隐士奇品

(14) 三基　文昌　飞符

主大贵

(15) 三基　飞符

旺主贵

(16) 三基　地乙

主贵忌寅卯

十二、晓三等

　　一个人的命运如何，主要在于身命二宫，此二宫又以命宫最为重要。断命宫的吉凶，第一步，要看所临的主星（所谓主星，就是太乙十六位星神）；第二步，如果命宫中没有主星，可取对宫中之星为主星；第三步，如对宫中也没有星神，可取三合之星为主星。

　　主星所临身命宫的宫位，有强有弱，吉凶程度不一，可分上中下三个等级，下面逐一介绍。

(1) 太乙十六神三等表

神位	五行	上	中	下
五福	土	丑辰申亥	子巳午酉未戌	寅卯
君基	土	丑辰午未戌	子巳申亥	寅卯酉
臣基	土	丑辰未戌	子申亥午	寅卯酉巳
民基	土	子辰申亥	丑巳午未戌	寅卯酉
小游	木	寅卯未亥	子午辰戌	巳申酉丑
文昌	土	丑辰未戌	子巳午申亥	寅卯酉
主大将	金	巳酉丑申	子卯辰未亥	寅午戌
主参将	水	申子辰亥	寅巳午酉	卯丑未戌
计神	土	辰戌丑未	子巳午申酉亥	寅卯
始击	火	寅午戌巳	丑卯	子申酉辰亥未
客大将	水	申子辰亥	巳午酉	丑寅未卯戌
客参将	木	亥卯未寅	丑戌子辰	巳午酉申
四神	水	申子辰亥	酉丑卯午	寅未戌巳
天乙	金	丑申酉巳	子卯辰未亥	寅午戌
地乙	土	辰戌丑未	子巳申亥	寅卯午酉
飞符	火	寅午戌巳	丑未申辰	亥子酉卯

(2) 三等所主简介

①五福

上等：主九星三史，明文晓武，公卿将相，贤良讲师，孝廉正直。

中等：财富充实，福寿康健，文明俊雅，雍容和缓，为民父母。

下等：医术僧道，修合炼丹，吞雾服气，蓬迹山林，亦文亦武。

②君基

上等：主公侯伯子，辅佐天子，治理国家，执掌权谋。

中等：内侍翰林，金玉富厚，州郡刀权，率师兵符。

下等：穿珠带玉，炼金炼银，制作琉璃，珊瑚玛瑙。

③臣基

上等：主辅宰公卿，皇亲帝室，讲读师范，武人将衙。

中等：侍中常侍，负郎卿监，起居给事。

下等：讲演经义，翰林书写，僧画圣象，卜筮巫师。

④民基

上等：主理运财计，掌领户口，田租赋税。

中等：管理漕运，掌管屋宅，典富豪商，采帛金珠。

下等：开张设店，饮食蒸煎，园圃浇灌。

⑤小游

上等：主司马元帅，镇国武臣，守僵统领。

中等：将军吏士，侍卫巡尉。

下等：兵曹小校，总管统辖。

⑥文昌

上等：主宏词广文，贯通古今，当世杰士，为国重器，出将入相。

中等：言成规范，气秉中和，执掌腈纶，管理翰苑。

下等：刀笔吏士，僧道法文。

⑦主大将

上等：主枢辅将臣，三卫统帅，武权之任。

中等：府衙参辅，公门吏士。

下等：军校奴仆。

⑧主参将

上等：主签书提点，参副兵戎。

中等：传发管办，当差走徒。

下等：户编舟网钓仆吏，佣工乐坊妓女。

⑨计神

上等：主总漕传运，掌管财粮，贡赋土地，管领储蓄。

中等：仓库提调，医人儒士，官室司计。

下等：仓库小吏，掌财出入，依附豪贵，公判游艺。

⑩始击

上等：主金吾统帅，神机智勇，刚决果断，文居台翰，武镇边疆。

中等：统兵将佐，参副军谋，财丰禄厚，文武兼备。

下等：四方奔驰，舟水泊路，巫卜江湖。

⑪客大将

上等：主权掌生杀，镇抚边疆，定乱锄奸，为时贤师。

中等：巡尉兵职，六漕吏士。

下等：四方游艺，九流僧道，巫卜江湖。

⑫客参将

上等：主侍贵受名，监押干办，当差吏士。

中等：九流术士，医卜经商。

下等：拥卒奴隶，碌碌贫困。

⑬四神

上等：主聪明谨悟，爵禄丰厚，喝茶网利。

中等：酒坊税场，舟船河渡。

下等：伶伦下流，修船补漏。

⑭天乙

上等：主征伐荣身，五金兴利，经商屠户。

中等：九流巫士，术艺剪裁，熔铸陶冶。

下等：身有残疾，男盗为贼，劳苦奔波。

⑮地乙

上等：主功高将士，镇守边疆。

中等：丸散方脉，僧尼道俗，装塑砖瓦。

下等：猖狂游逸，身体有疾，风尘妓女。

⑯飞符

上等：主都师军队，施武抏勇，边振声名。

中等：军办小校，经营屠户，熔铸铁匠。

下等：离祖背乡，飘零孤独，多受刑克。

十三、记五表

(1) 年干化曜表

曜名＼年干	甲	乙	丙	丁	戊	已	庚	辛	壬	癸
天元官星	天乙	主大	主小	客大	客小	小游始击	飞符	始击	臣基	君基
干元星	小游	客参	始击	飞符	君基	臣基	主大	天乙	客大	主参
父母星	客大	主参	小游	客参	始击	飞符	臣基	民基	主大	天乙

说明：日、月、星都叫曜；日月和金木水火土星合称七曜。这里的"年干化曜"指的是年的天干化成太乙神数的十六星神。其法则为：

①天元官星化法：

辛壬年年干，五福化为天元官星；

乙庚年年干，主大将化为天元官星；

甲丁年年干，小游化为天元官星；

戊年年干，臣基化为天元官星；

癸年年干，始击化为天元官星；

已年年干，民基化为天元官星；

丙年年干，客大将化为天元官星。

②干元星化法：

如戊年，君基化为干元星；

己年，臣基化为干元星；

……

③父母星化法：

如庚年，臣基化为父母星；

辛年，民基化为父母星；

……

第三章　四大断法

· 121 ·

（2）日干化曜表

日干 曜名	甲	乙	丙	丁	戊	已	庚	辛	壬	癸
天元禄主	君基	主大	客大	小游	始击	君基	主大	客大	小游	始击
偏禄	臣基	臣基			民基 地乙	臣基 计神			五福	五福
官星	天乙	主大	四神	客大	客参	小游	飞符	始击	民基	臣基
妻财	臣基	民基	主大	天乙	客大	四神	小游	客参	始击	飞符
忌星	小游	始击	地乙	天乙	四神	小游	始击	地乙	天乙	四神
鬼星	主大	天乙	客大	四神	小游	客参	始击	飞符	计神	地乙

（3）日支化曜表

日支 曜名	寅午戌	巳寅丑	申子辰	亥卯未
地元福星	君基 文昌 四神	民基 主大	客大 客参	臣基 始击
皇恩星	寅	巳	申	亥

（4）诸星入十二宫庙旺表

格局＼宫次	子	丑	寅	卯	辰	巳	午	未	申	酉	戌	亥
入庙	客大 主参 四神	文昌		小游 客参	五福 民基 客大		始击 飞符		客大 主大	主大	君基 计神 臣基 地乙	文昌 计神
入侍	臣基	主大	小游		五福 民基 文昌			客大 地乙 四神			始击	
贵人	君基						君基	臣基	君基 臣基			君基 臣基
科名			飞符 始击			主大 天乙		五福 君基 臣基 民基 文昌 主大 客大 主参 计神 地乙				小游 文昌 客参 计神
禄库					五福 君基	小游		臣基 文昌	小游			
赦文（此帝王格）	小游	文昌	鬼路			地户			人门			天门

说明：

入庙、入侍、贵人、科名、禄库、赦文等均为丛辰名；这里也作为格局的名称，以表明局面的吉凶以及吉凶程度。如入庙，就是指星神登上天宫，就像人出仕为官立于皇宫大殿之中，乃是大吉大贵之格。再如赦文，在古代乃是帝王格，很少出现。

（5）化三十六星表

序号	星名	化法
1	帝座星	五福、三基、计神、客大将、文昌、飞符、地乙在官禄宫化为此星。
2	皇后星	同上。
3	三台星	君基、臣基、文昌、计神同在身命宫；或君基、臣基、五福、文昌、临丑宫，化为此星。
4	将帅星	五福、文昌、客大将同宫；或主大将、天乙同宫；或主大将、客大将同宫，化为此星。
5	词馆星	文昌在时宫化为此星。
6	庆会星	君基在子宫；臣基在午宫，化为此星。
7	魁首星	君基、主大将同宫，化为此星。
8	道荫星	君基、四神同宫，化为此星。
9	科甲星	禄主见禄马，化为此星。
10	财宝星	五福、民基同宫，化为此星。
11	鞭策星	文昌、主大将同宫，化为此星。
12	荐举星	臣基化为此星。
13	节钺星	主大将、客大将在官禄宫；或主大将、客大将在巳酉丑宫，化为此星。
14	掩击星	君基、始击、客大将临午戌宫，化为此星。
15	谏侍星	客大将、君基同宫，化为此星。
16	都监星	四神、民基、计神同宫，化为此星。
17	翰医星	文昌、四神同宫，化为此星。
18	巡检星	飞符、民基、计神同宫，化为此星。
19	武臣星	臣基、天乙同宫并在酉，化为此星。
20	贵星	五福、三基、文昌、计神相会福德宫、官禄宫，化为此星。

序号	星名	化法
21	富星	五福、民基同临财帛宫，化为此星。
22	布衣星	文昌拱命官禄宫，而且遇到凶星，化为此星。
23	僧道星	四神、小游、文昌同宫，化为此星。
24	巫师星	地乙、计神同在身命宫，化为此星。
25	投军星	主参将、客参将同宫，化为此星。
26	贼星	始击、禄主在命宫，化为此星。
27	折伤星	禄主、飞符、天乙在身命宫，化为此星。
28	刮共水疾星	四神、天乙同临午宫；臣基、始击、飞符同在辰戌宫，化为此星。
29	赌博星	天乙在财帛宫，化为此星。
30	盗星	主参将、四神同宫，化为此星。
31	奴婢星	五福、三基、四神、客参将同宫，化为此星。
32	乞丐星	四神、飞符、客参将同宫，化为此星。
33	娼妓星	小游、主参将、客参将在命宫，化为此星。
34	不廉星	飞符、始击同宫，化为此星。
35	婚背星	天乙、地乙同宫，化为此星。
36	妻妾星	文昌、四神入命宫，化为此星。

十四、知三断

（1）诸星在身命宫二十四格之断

①高寿格

高寿格为福星守在福德宫，身命宫只有五福或者小游，而且处于旺宫，没有其他杂星。

②正贵格

君基照临亥子宫，称为居帝座；再有文昌辅佐，主以文晋身，立业扬名。如果化为禄主、干元、官星，主将来地位显赫。

③君臣庆会格

此格为君基、臣基相会在身命宫中，即使赶上陷宫也不错，赶在戌午子亥宫最好。若还有其他三五个星聚拢，主一生碌碌无为。这是因为星神杂乱，无主所致。若二神会于官禄宫，则称上重格，主该人成为一代豪杰。

④君前臣后格

此格君基在子宫，臣基在亥位。在身命宫，主将来入阁拜相，或者担任风宪职位。若君基、臣基位置颠倒，则不是贵命。若三五个星混杂进来，称屯蒙格，不能富贵。

⑤君臣朝会格

又名君臣临朝格。此格君基在子宫，臣基在午宫。若反过来，君基在午宫，臣基在子宫，叫做颠倒，不是贵命。若君基在亥宫，臣基在巳宫，同样是颠倒了，不能显贵。

⑥福君拱夹格

此格命身在亥宫，君基在戌宫，五福在子宫，为福君拱夹格之一种。若君基、五福拱夹的不是身命宫，而是财帛宫，主大富大贵；夹官禄宫也主显贵。

⑦神仙格

此格身命宫中单独出现客大将，且处于旺宫，便是神仙格。若客大将在卯宫，则更好。

⑧历数贵格

此格身命在辰戌丑未诸宫，并会合地乙，若在逢吉神则主大贵。

⑨旺金贵格

此格身命在酉位并遇到主大将。若同时遇到文昌，主科举一定夺魁。三合位出现主大将、文昌也是这样。

⑩三基得用格

君、臣、民三基会合于福德宫，主成为豪门望族座上客。

⑪长生格

小游在亥宫谓之长生。三合见天乙、主大将为吏人；有吉星，主身高。

⑫禄马同临格

飞禄、飞马同临命格，或者同临身宫，都主显贵。

⑬君臣夹福格

五福光临身命宫，君基、臣基在两边拱夹，这是大贵命，很难遇到。

⑭福引尊君格

指命身宫有福星，后一宫见君基。

⑮福君朝元格

指君基在亥，五福在巳。

⑯正重格

指五福在亥，君基、臣基有一位在巳。

⑰铸印威权格

指身命在酉，始击临之。

⑱两府格

指丙辛生人，身命见客大将、文昌且临旺地。

⑲金玉格

指主大将在酉，不问身命，主为豪杰。

⑳金克木格

小游在酉，化天元禄主为金克木格。主为吏。

㉑君臣担负格

君基在戌，臣基在子，身命在亥。若身命有五福，更贵。有三合，有民基更贵。

㉒相辅格

五福、臣基同宫，加上三合君基，主拜相之贵。

㉓孤立格

官禄有飞符，或有君基、臣基，主有极品之贵。

㉔宿秀格

地乙在命宫，主乞丐之命。

(2) 身宫之断

如果身宫位于福德宫，在逢飞禄、飞马，福分最高。

如果身宫临妻妾宫，结婚后男子要入赘女家。

如果位于疾厄宫，一定遭殃。

如果赶上奴仆宫，则男人不能发达，女人品行不端。

如果身宫位于疾厄宫，又有四神来会合，那么虽然自身是医生，也会久病不愈。

最忌讳遇到鬼星，在落空亡。

如果身宫出现地乙，一生为乞丐。

如果身宫位于财帛宫，又有五福高照，则主良田万顷，金玉满堂；但若有始击、飞符出现，则主时运不定，贫富无常。

飞符、始击临身宫，而福德宫又落空亡，多半是奴仆命。若遇上太岁与它们相冲，主有血光之灾。在逢上限数，必遭杀人之祸。

（3）十六神临女人身命日时宫之断

①五福

如果五福临女人时元在申宫，或临在丈夫宫，则芳名流传；再有吉星高照，可册封淑人名号，福分深厚，财产丰盈。如果福德宫中出现五福，可能早年劳苦一些，但中年以后夫荣子贵，必定身处富贵人家，长寿安逸，还能荣封一品夫人。

五福临女人身命或夫位，芳名远扬；若有吉神辅佐，必受朝廷册封，不是因为丈夫显赫，就是因为儿子位尊。飞符再来会聚，则符合在豪门服侍贵人。年轻时能承袭祖荫，一旦遭灾就会夫妻离异。还说，五福临在四土位及亥、子二宫，符合将来守寡。

五福若临旺宫，符合早年辛苦，中年晚景却安逸，终归还是禄寿双全。五福临在寅、卯二宫，再有凶煞混杂，只能聊以保全自身罢了。

②君基

君基和四神同临女人身命日时最吉祥；但如果有始击同临，难免没有丈夫倚靠贵人。如果君基和四神照临身命日时却赶上空亡之宫，也只能是出家做尼姑的命。如果君基临命宫于旺地，符合性格沉静、贤淑、聪明，是治家的好手。如果君基光临福德宫，符合福分悠长，不仅丈夫是贵人，而且儿子也地位显赫。君基临夫位于旺宫，是贵命；也有一说是符合将来淫荡。

③臣基

女人命宫出现臣基最吉祥。如果臣基临身命日时于戌、亥、申、未诸宫，贵不可言，有皇后之象。因为臣基意味着顺从，是为臣的正道；而戌宫、亥宫属乾为天门，未宫、申宫属坤为母道，所以命运极贵。如果臣基遇上凶煞，且临恶绝之地，则只能做小妾或婢女。判断方法须要灵活，不可一成不变。

④民基

女人命宫出现民基，必定掌管家权，能操持，官禄宫中出现民基，则坤道兴盛。如果民基单独出现或伴随有吉星，符合钱财丰厚，且善于操持家务；如果临陷宫并遇凶星，必定成为花魁；若飞临奴仆宫再遇恶煞，则沦落烟花柳巷。

⑤文昌

文昌光临女人身命，符合生在宦门，才德出众；治家公正有方，夫荣子贵，寿命悠长。天生聪明灵巧。

⑥计神

女人命宫中有计神照临，预示性格急躁，是非多；子孙却很出息。到晚年喜欢劳碌，不爱安闲。

⑦小游

女人命宫遇上小游，符合克害子女，欺凌丈夫，无情无义，乙、庚生人遇见小游，一生艰难。脾性急躁，不好奢华。

⑧主大将

主大将临女人身命，符合心性机敏，帮助丈夫，进而独揽夫权。如临在陷宫，要患咳嗽；逢上凶煞，符合难产或投河，自缢而死。要是临在火位，则上述灾祸重叠出现。

⑨客大将

客大将临女人命宫在旺位，预示心灵手巧；丈夫必荣华富贵。如果临于陷地又值凶煞，不是妓女便是尼姑。必须在家吃素敬佛。

⑩主小将

主小将临女人命宫于旺盛之也，符合做偏房，执掌家权，操持家务。

如果遇上吉星必定被扶为正室，或做填房；遇上凶煞，则只能做丫环、仆妇，作妾也名不正，言不顺。如果逢上飞禄、飞马，符合富贵安闲。

⑪客小将

客不将临女人命宫，预示着做妾或填房。临旺地遇吉神，可在宫富贵之家享福，或从偏房扶为正室，执掌家权；若临陷地，则只能是婢女、仆妇的命。遇上飞符、始击，或是沦落烟花柳巷，或是远嫁他乡。

⑫始击

如果始击临女人身命在旺宫，且咸池、主大将出现在丈夫宫，符合沦落烟花柳巷。若是再赶上丈夫宫位逢孤虚，则克宫丈夫。如果始击与贵人、小游相遇，该女将做偏房。如果始击、飞符一同出现，符合克夫，且往往给人做外室；如果更临身命于墓地，符合寄人篱下。命宫碰上羊刃和悬针，则相貌丑陋，没有归宿。如果始击临夫位、文昌在子宫，则戊癸、戊亥生人最吉祥，可有鱼龙之变。

⑬飞符

飞符临亥、子、卯、酉诸宫化为天极，忌讳在身命日时遇见，不然克夫害子还是祸小，更要提防妊娠时气血双亏。女人命宫中出现飞符、天乙、地乙、四神、再逢华盖、空亡，符合少年辛苦，老死闺阁。如果临旺宫再会吉神，还要服侍豪门；也是年轻时辛苦，晚年才有厚福可享。又有一说：飞符临夫位，符合做妾，不正经。

⑭四神

如果四神和文昌在身命，君基在福德，该女必定成为朝廷册封的命妇。四神、地乙是两个凶神，出现在女人身命宫中却是喜事；如果福德宫又遇五福，那么一定夫荣子贵，喜事重重，如果四神临身命于陷宫，应难流落风尘。三合位上出现小游、文昌、主大将，符合亲人离散，不能相见。

四神主本分，不合群；女人身命逢上，一生清白贤惠。

⑮天乙

天乙临女人命宫，可因偷情而做填房。临于旺宫也能财禄丰盈；不在旺宫则倚人为生。女人身命有天乙，预示性格刚烈，能够自立，临陷宫则克害六亲，到老孤独无依。

⑯地乙

女人命宫中有地乙，预示性格严肃沉稳，喜欢专权，也很富裕，只怕寿命不长。若地乙与君基、臣基、飞符同临最好；因为女人以沉静、本分为立德之本，如果君基、臣基、飞符、地乙这四神同临，或出现于三合位，或者散布在身命日时，都符合成为稳重、守本分、有德行的贤惠女人。

十五、四十三论

（1）论空亡

太乙命法中，十二宫落空，一般为凶兆。要知落空，必须了解"六甲空亡"的内容。

"六甲"是指"六甲旬"。六十甲子中，分为甲子旬、甲戌旬、甲申旬、甲午旬、甲辰旬、甲寅旬，称为"六甲旬"。每旬十日，而天干有十位，地支有十二位，天干与地支相配合，则余下二位地支。在天干、地支一轮的配合中，十二地支中无天干的两个地支称为空亡。具体如下：

甲子旬：戌、亥空亡；

甲戌旬：申、酉空亡；

甲申旬：午、未空亡；

甲午旬：辰、巳空亡；

甲辰旬：寅、卯空亡；

甲寅旬：子、丑空亡。

十五宫若加临在空亡位上，即为落空。如命宫加临在空亡位上，为命宫落空。命宫落空是以日干支为依据的，如生日在甲午旬中，若命宫加临辰、巳位上，即为落空。

各旬所含具体日如下：

甲子旬含甲子、乙丑、丙寅、丁卯、戊辰、己巳、庚午、辛未、壬申、癸酉十日；

甲戌旬含甲戌、乙亥、丙子、丁丑、戊寅、己卯、庚辰、辛巳、壬午、癸未十日；

甲申旬含甲申、乙酉、丙戌、丁亥、戊子、己丑、庚寅、辛卯、壬辰、癸巳十日；

甲午旬含甲午、乙未、丙申、丁酉、戊戌、己亥、庚子、辛丑、壬寅、癸卯十日；

甲辰旬含甲辰、乙巳、丙午、丁未、戊辰、巳酉、庚戌、辛亥、壬子、癸丑十日；

甲寅旬含甲寅、乙卯、丙辰、丁巳、戊午、己未、庚申、辛酉、壬戌、癸亥十日。

太乙命法有专论申命诸宫位与星临兆为居空各有所主，但都是相对的，还要看旺陷情况和五行生克等情况，具体问题具体分析。这里介绍的只是一般情况：

命宫空：虚荣伪诈，闲懒磨陀，无依无心，守静守乐。

兄弟宫空：刑害奸诈，妒忌成性，花朋游荡，流落之徒，克薄不义。

夫妻宫空：刑克鳏寡，休离各啬，欺陷瞒昧。

子孙宫空：子孙遭殃，庶出过房，残疾疯狂，不孝不仁，无依无靠。

财富宫空：家计萧索，财富丧失，盗贼劫掠，六畜损害。

田宅宫空：借贷赁居，殿舍不宁，蓬门草舍，火烧水溺，争夺废弃。

官禄宫空：狐假虎威，欺诈百姓，作官不廉。

奴仆宫空：病亡伤败，奸诈侵欺，出灾入祸，颠倒是非。

疾厄宫空：虚传磨难，口腹歪斜，手足麻木，六指唇缺。

福禄宫空：僧尼道俗，巫术游艺，寒伤道士，隐居闲散，逍遥清闲，淡泊名利，依贵托富。

相貌宫空：虚谈空论，孤行独步，多忧多愁，偃塞平生。

父母宫空：父母早逝，不利六亲，过继顽子，奸诈邪伪，隐昧不明。

身宫空：离乡背井，依附草木，孤苦飘零，行止无定，宿食寺观。

日宫空：伤妻损子，碌碌无为，多忧多虑。

时宫空：鳏寡孤独，烦燥忧思，寿无苦终。

（2）论命元

太乙命法算命先看命宫，首先看什么星神照临命宫，旺陷如何；其次，看对宫（又名对照，如子对午，巳对亥等）和三合宫（即地支的三合位，又名三方。十二地支中以三字相合，配以五行，取五行寄生十二宫的生、旺、墓三者来合局，称为三合：申子辰三合为水局；亥卯未三合为木局；寅午戌三合为火局；巳酉丑三合为金局。如辛卯未三合为木局，则生在亥，旺在卯，墓在未，其余类推）看对宫有哪些星神。若命宫中有吉星，对宫和三合宫也都有吉星，这为上等命；若命宫星神立于陷地，对宫和三合宫都是吉神，这为中等命；若命宫是吉星，对宫和三合宫都是凶星，这是寻常命；若命宫星神处于陷地，对宫和三合宫也都是凶神，则是下等命。

（3）论身元

如果身宫处于强宫，那么遇上吉神则吉，碰到凶煞则凶；碰凶煞又落陷地则更凶。如果身宫居旺地而命宫处衰地，这是身好命不好，也算安闲；如果是命宫居旺地而身宫处衰地，就成为卑微的人，或钱财虽多而身体不好，因此身宫为主，命宫次之。

诗曰：身宫要在福德乡，更会禄马最高强，命坐禄马虽身陷，亦不可作寻常断。

（4）论时元

时元是预测晚年情形的，也是预测子孙后代的。逢吉星预示晚年发福，子孙满堂遇凶星预示晚年成就不足。如果身命日时中都是凶星，但于庙旺之地，仍旧可以发福；若再有吉星高照，就可以逢凶化吉。算命先看五福所在，再看君基所在，然后是臣基和民基。有一个说法是以臣基为主。还有说法是，男人算命看五福，女人算命看臣基。

（5）论贵命

首先看天元禄主。天元禄主光临身宫或其对宫或三方位，并为旺宫，则成为入庙、入侍的格局；或者与吉星同处旺宫，身命日时各宫星神都处旺宫；那么无疑是大贵之命。即使没有科甲星而有吉星与天元禄主同宫，也有些贵命；但如果混杂了凶星，就与贵命无缘了。其次看正官星、天元官星、偏禄星、地元福星、干元星。如果它们都聚集在身命日时，或是分散在其中各宫，多半可达二三品官；再乘旺宫就可以做到一品；如果聚在福德宫、官禄宫中，也是贵命。如果命宫的星神不在旺地，只有化星和禄主在官禄宫和福德宫，以及身元日时宫的，也是文人秀士的命；但如果文星、贵星与凶星混杂，则只有去做吏士了。

（6）论巨富命

吉神照临身命宫，四季宫（即辰戌丑未四宫）中没有凶，财富宫中有吉神，此人巨富如邓通。

（7）论富命

命宫中星神处于旺相之地，或民基、禄主、福星进入身命日时宫和田宅、财帛、福德诸宫，不是升官就发财。

诗曰：积玉堆金皆是钱，只缘福德福星缠，民基临命兼财帛，仓库丰盈不计年。五福三基拱命宫，或临财帛并田宅，飞符始击不相和，谷粟金珠容易得。

（8）论寻常命

身命日时旺陷杂，非贵非富非贫贱，若问此命做何断，寻常命里必得见。

（9）论贫命

命宫星神落在陷，或陷绝气贫命现，财富宫中有恶煞，一生贫穷无处怨。

（10）论贱命

身命遇上掩、击、关，囚字格局亦如前，无依无靠寄人下，定是贱命不值钱。

（11）论僧道命

天元官星、地元福星、干元、官星在身命日时宫中一个也没有，而身命宫星神又在陷宫，即为僧道命。若命宫碰上空亡，身宫处在衰地，但有天元禄主者，只能遁入空门，以此为生。

诗曰：四神在命主孤虚，福德宫逢福与基，身在空门终是贵，为僧为道亦有依。

（12）论公侯

五福文昌与小游，三星临旺必王侯，君基计宿来相会，裂土封疆何用愁。

（13）论外相

始击星居四五方，化为禄主又相当，君基主大宫相会，也主声名四海洋。

（14）论边帅

文昌主大同宫旺，必为边帅立殊功，臣基客大相亲处，兵权在握盛世雄。

（15）论文武

臣基天乙喜两方，主将那堪在旺乡，食禄必因征战得，微名显赫镇边疆。

（16）论文武不成

计神文昌落陷宫，为人文武不成功，徒劳主将并基福，白废功夫总是空。

（17）论布衣

布衣换绿应难得，多象官禄凶星克，若是文昌拱命宫，一生常是虚名客。

（18）论为官不终

命宫飞符与天乙，官禄客大四小游，纵有吉星相会合，为官不终皆是休。

（19）论及第不食禄

五福寅宫和卯宫，君臣同陷此宫中，凶星亥子守官禄，主大寅乡午戌同，文昌临在衰宫地，纵有官禄也是凶。

（20）论为官恶死

如何为官却凶亡，盖为飞符入子方，真数若还行到此，定遭王法入泉乡。

（21）论医官

文昌会四神，医术可荣身，天乙同参将，声名也动人。

（22）论医术

四神地乙两争时，主将分权仔细习，身命相逢何以立，不为僧道也为医。

（23）论术数

地乙专为术数显，天文地理好驰名，若逢生旺无刑克，得尽清光致显荣。

（24）论赌博成家

田财宫里逢天乙，平昔有心谈博弈，若逢五福并来临，家道因此常进益。

(25) 论赌钱饮酒

亥子飞符始击星，三方天乙全来临，赌钱饮酒贪老色，飘荡无踪浪费心。四神飞符贪花酒，客大四神情亦坚。

(26) 论盗贼

天乙五福同恶绝，地乙飞符坐日时，出门便是财或客，大得偷牛小偷鸡。主参福将水之精，陷位哪堪逢四神，赌博不思为卒伍，梁上君子是斯人。

(27) 论投军

主参客将遇凶神，龙虎文章刺满身，纵有家财全不顾，甘心要做马人军。

(28) 论边配

官禄宫中水火并，更兼身命两相刑，定配幽囚图圄死，绞斩徒流或犯刑。

(29) 论离祖

飞符始击冲日时，冲命冲身定主离，地乙更兼天地会，飘蓬无依走东西。

(30) 论奴婢

欲知人命去为奴，大将客参同处居，五福三基都临陷，一生必当受人驱。

(31) 论乞丐

身命有飞符，四神同处居，客参更相会，乞食在街衢。

(32) 论手作

小游临陷生日时，磨刀挥斧上扶梯，击符天地临三合，打石扇炉或作泥。客四神同暴败酉，打渔造网或为医，君臣天地居寅卯，瓦匠水泥以类推。

(33) 论公吏

天乙从来是吏星，卯寅亥未不安宁，更逢参从凶星到，致老难逃刻木名。

（34）论好讼

始击文昌居福德，飞符天乙守官宫，从饶只是三方位，朝日宫非说挠中。主参临命位，讼事日相寻，亥子宫乘旺，终须听捷音。

（35）论诡诈

文昌会小游，天乙同五福，地乙与民基，中心多屈曲。君基地乙同，四神符击从。主大逢符击，奸谋人不忠。

（36）论吝啬

五福与小游，主大同始击，天乙会飞符，亲情多不识，四神会民基，小游天乙来，吝心无了日，死后吝啬埋。

（37）论愚蠢

五福寅卯宫，飞符亥子宫，民基巳上见，主大戌中逢。福符子非吉，四神巳不宁。人生如见此，本性定昏蒙。

（38）论吹牛（又名脱空）

四神星与客参同，须知其人喜脱空，万语千言无一实，说从西走又从东。

（39）论路死

身命飞符与小游，行年限值更须忧，他乡卧病难为主，埋骨瓢流客地愁。

（40）论恶死

命宫官禄并田宅，飞始同临天地傍，不是虎伤蛇咬死，定因刀刃阵中亡。

（41）论自缢

天乙飞符始击同，火金相占主凶终，游年更有凶星到，梁上高悬定命凶。

（42）论溺水

客大四神皆入命，击符天地坐身宫，游年暗曜相加至，下水投河换身躯。

（43）论妄生

立身安命在陷宫，击符居北亥方同，更兼地乙居田宅，天乙又逢官禄星。

137

十六、提金赋

"太乙提金赋"共 10 段文字,故称十提金斌。是对太乙十六个主要星神的总论。总论重点突出,言简意赅,简洁实用。尤其是运用五行的生克原理和旺相休囚死、寄生十二宫等五行理论,占断吉凶,回答了吉为何吉?凶为何凶?等问题。务请掌握。

(1) 三基五福

三基是指君基、臣基和民基。三基属土,五福也属土(称为"四土")。由十二地支组成的十二宫,辰戌丑未四宫属土。同类为旺,所以三基、五福若加临辰戌丑未宫为入旺地,主吉。辰戌为阳土,若三基五福加临辰戌宫,主官居极品,有宰相之位。丑未为阴土,若三基、五福加临丑未宫,主位列三公,次于宰相之位。

在《周易》和周易术数学中都讲阴阳,又认为以阳为尊,阴为卑。所以,虽然辰戌丑示都属土,但辰戌阳土要胜于丑未阴土。故三基、五福加临阳土宫极贵,加临阴土宫就次一等。

需要强调和注意的是,虽然三基、五福加临辰戌丑未宫为吉,但必须以同时加临身命二宫为准。

申为长生之位,亥为临官位,所以三基、五福若加临申亥宫,主人聪明,学识过人。

寅卯属木,五行中木克土,三基、五福若加临寅卯宫,土被木克,主凶,一生穷困。

巳午属火,火生土,三基、五福加临巳午宫,为吉,虽不可为官,但可为商,成为巨富之人。

文昌、主大将若与三基、五福同宫,又加临旺地,也是吉象,主有公卿之贵。

(2) 小游

身宫与命宫与小游同宫,为吉。小游五行属木,寅卯属木,同气相应为旺,所以小游加临寅卯宫,主功成名就,事业昭著。

申酉属金,金克木,小游加临申酉宫,主一生不得志。

木长生在亥，又亥子属水，水生木，所以小游加临亥子宫为吉，主学术登科，金榜题名。

小游与飞符、始击同宫，大凶之兆，主身遭横祸。

小游与文昌、五福同宫，主天资聪颖，为人清高。

小游与君基、臣基同宫，主食朝廷俸禄，居庙堂之职。

小游临旺相之宫，为豪杰之士，临衰败之宫，主一生艰险，或遭刑伤。

(3) 文昌

身命二宫若有文昌加临为吉。

文昌临丑未宫，主富贵高明。

文昌同天乙、地乙同宫，主为官之人。

文昌同君基同宫，才高可为文官。

文昌与主大将、客大将同宫，主武职，威镇边疆的将才。

文昌临旺相之宫，为出类拔萃的俊杰，既富又有福。

文昌与飞符、始击同宫，主为官不正之人。

(4) 始击

始击为凶神，属火。身命宫逢始击，加临寅午宫为贵人，加临亥子宫为嫉贤妒能的小人。

君基与始击同宫，为横行霸道不正之人。

计神与始击同宫，为官遭囚。

主参将与始击同宫，主死于非命。

臣基、小游与始击同宫，主为悖逆凶狠之人。

飞符与始击同宫，主克妻损子。

(5) 主大将、主参将

主大将属金，主参将属水。此二将与身命同宫，主威镇边疆之贵。若加临申酉亥子位，皆主高官厚禄。若与君基、臣基、民基同宫，均主公卿之贵。唯不宜与始击同宫，主凡事不顺，为贫贱不正之人。

(6) 客大将、客参将

客大将属水，客参将属木。客大将、客参将加临旺相宫主贵；加临衰弱宫，主一生孤穷。若与文昌同宫，虽读书而终生不得官，若与始击同宫，主读书有成，可得官。

二将若与五福同宫，主逢豪富权贵提拔重用。若与君基同宫，主武官之职。

二将与天乙、地乙同宫，主年幼贫穷，中年后富足。若与臣基、民基同宫，一生顺遂。

(7) 四神

四神为水星凶神。若与身命同宫，加临亥子水位，主清闲富贵。申子辰为三合水局，所以加临申辰位，也可为官显达。因五行土克水，四神若加临戌丑未土位，主离乡背井。若与始击、客大将同宫，皆为凶兆。

(8) 天乙

天乙为金星凶神。若加临丑辰申酉宫，可为将帅，但不能长久。若与飞符、地乙同宫，主克妻害子，破败祖业。若与客大将同宫，主入赘女家。若与五福同宫，为商而富，但不能长久。若加临巳午位上，主惨淡经营，一生艰辛。若与始击同宫，主为杀戮凶恶之人。若与主大将同宫，为威镇边疆之官。

(9) 地乙

地乙为土星凶神。身命宫逢地乙，多为鳏寡孤独之人。加临辰戌位上，主荣华富贵。加临寅卯位上，主一生贫困潦倒。若与主大将、客大将同宫，为军旅从戎之人。若与飞符、始击同宫，主一生贫困不堪。若与五福、君基同宫，可依贵致富。若与主参将、客参将、文昌、小游同宫，男多为奢侈好赌之徒，女为娼妓之辈。

(10) 飞符

飞符属火，寅午戌为三合火局，所以飞符加临寅午戌宫为吉。水火相克，亥子属水，飞符加临亥子宫主克妻。飞符与君基、四神、小游、天乙、主大将同宫，均为不吉。

十七、一字断

太乙命法极重五行理论的应用，如对于五行之旺相休囚死在太乙十五宫中的吉凶祸福，就有"一字之断"，列表于下：

十五宫旺相休囚死所主					
宫名	旺	相	休	囚	死
命宫	深	浅	极	虚	乱
兄弟宫	和	克	害	散	祸
妻妾宫	安	危	灾	休	克
子孙宫	喜	病	伤	死	抛
财帛宫	高	伤	无	陷	散
田宅宫	长	短	失	损	丧
官禄宫	显	退	囚	失	罪
奴仆宫	顺	逆	祸	走	盗
疾厄宫	康	囚	滞	之	哭
福德宫	兴	废	虚	浮	匿
相貌宫	仁	损	崩	愁	疾
父母宫	隆	灾	厄	损	离
身宫	福	疾	无	僧	讼
	寿	病	依	道	狱
日时宫	丰	气	波	绝	伤
	盛	弱	碌	嗣	损

说明：此表为太乙命法十五宫所处旺相休囚死之地时，吉凶祸福的情况，乃一字之断，需加以理解消化。如兄弟宫处旺地则兄弟相亲，一团和气；处相地则兄弟不睦，互相克制；处休地，则兄弟反目互相加害；处囚地则兄弟各奔东西，互相离散；处死地，则兄弟成仇，彼此为祸。

十八、讲技巧

太乙人道命法精妙绝伦，但过于复杂。它给判断带来了难度。断宫之法是太乙人道命法四大法中最重要，也是最为复杂的一种方法。故断之，绝不可眉毛胡子一把抓，应突出重点，抓主要矛盾，讲究技巧。

首先，抓重点，明了"九断"问题。以下的九断只是举例说明，并非全部。

(1) 断诸宫——命身时宫为重点。

一般命法为十二宫，太乙命法多了身时日三宫，实际为十五宫，但重点是命身时三宫。

在命身时三宫中，又以先看命宫为主。一看是何星临之，旺相如何？二看对宫和三合宫的星神。可将命运分为四等来判断。若命宫、对宫和三合宫皆吉，可断为上格命；若命宫星陷，对宫和三合宫得吉，可断为好格命；若命宫星吉，对宫和三合宫皆凶，可断为平常命格；若命宫星陷，对宫和三合宫皆凶，断为下等命格。

次看身宫。身宫若在强宫，遇吉则吉，逢凶则凶。若逢凶星更落陷，则更凶。若身宫旺，有吉星，而命宫衰叫"命否身泰"，也可安闲；若命好而身衰，犹如下贱之人财多，仍不算好命。

第三，看时宫。时宫为人到晚年之象，也是预测子孙后代的。逢吉星主晚年发福，子孙满堂；逢凶星，主晚年光景不好。

如果身命时宫都临凶星，却在庙旺之地，依旧发福；再有吉星扶持则变凶为吉。

(2) 断星神

要先看五福；再看君基；三看臣基；四看民基。

(3) 断男女

断男女之命重点是：男命看五福；女命看臣基。

(4) 断贵人

先看天元禄主。天元禄主临身命宫，且对宫即三合宫旺而入庙、入侍、吉星、旺命。身宫、时宫皆旺则贵。若无科甲星，而有吉星且对宫、三合宫皆为吉星，也可断为贵人。但若有凶星则不能断为贵人。

再看正官星、天元官星、偏禄主、地元福、干元星。若俱在身命宫时或散在身命宫时，多是二、三品官员之贵；若乘旺可有一品之贵；或俱在福德、官禄二宫，也是贵人。若入命宫之星不旺，只化星及禄主，在官禄、福德之宫，或在身日时宫的的，为文秀命。若文星、贵星见凶星，为吏命（这里的"吏"指旧时没有品级的小公务员）。

（5）断富命

必须要看命星之宫旺相如何，或民基、禄主等福星在身命时宫，不贵即富。若身命宫见计神，在四季宫且无凶星，财帛宫有吉神则为巨富格。

（6）断贫命

若命身宫星陷，无气，加之财帛宫逢凶，为贫命之人。

（7）断常命

身命日时命旺陷相杂，非贵非富，非贫非贱，为寻常命。

（8）断贱命

身命二宫逢掩击关囚，为贱命之人。

（9）断僧道

若命宫逢空亡，在衰地，而有天元禄主者，必在空门立身，食僧道禄。

其次，一般情况与个别情况的判断。

凡宇宙间事物皆有一般和个别的辩证关系。在哲学上一般指事物的普遍规律、固有的本性；个别指事物不同于同类事物的特殊规律。马克思主义哲学认为，一般与个别有着差异、对立，但这种差异、对立并不是彼此分立，相互脱离的。一般总是与个别的相联结而存在；一般只能在个别中存在，也只能通过个别而存在。一般与个别又有区别，任何一般都是个别的一部分或本质；任何个别都不能完全地包括在一般之中，辩证逻辑思维形式中个别与一般的辩证法，提示了归纳与演绎相结合的辩证思维方法，为人们的认识提供了科学的逻辑工具。

太乙人道命法就是在认识事物。因此也必须遵循一般与个别的科学认识方法。

所谓断宫法中的一般是指本书前面所阐释的原理、功能等。如太乙十六神的五行属性、功能、三等断、吉凶；各种格局；命身日时宫断等等。所谓断宫法中的特殊情况，大致可分为以下三种情况：

一是表示"凶"的特殊情况。如"一易三绝"，即易气、绝阴、绝阳、绝气。"陷地"五行生克关系；"空亡"的特殊情况；七种命法格局中主凶的情况，等等。

二是表示"吉"的特殊情况。如旺庙入曜；十六神临旺地的特殊情况；二十四种吉格，等等。

三是其它一些特殊情况。如女人身命日时断；男看五福，女看臣基；五福所临五宫所主空间范围；四神、地乙是两个凶神，出现在女人身命宫中却是喜事；五福在兄弟宫反而不好，等等。

在具体预测中，既要应用一般知识，又要时刻注意特殊情况。只要兼顾了一般和特殊两种情况，才能使预测更加精准。

第三，建议在抓重点时使用"六步流程法"。

此法乃笔者个人实战情况的总结，觉得还可以，故推荐给读者朋友。但请朋友注意，这不是占断的全部，如另外十一宫的占断等等。只是重点占断时的步骤而已。

第一步，断身命日时四宫所主；

第二步，男看五福，女看臣基；

第三步，断三基所主；

第四步，断一般星神所主；

第五步，断特殊情况（吉、凶、不吉不凶）所主；

第六步，归纳总结。

此外，占断中要注意运用现成的、精炼的总结成果。如二十四格、四十三论、提金赋等。这些经验不是朝夕就能办到的。而是历代太乙家们辛勤研究的成果，聪明智慧的结晶，高度概括的归纳。熟练地运用之，是条捷径，可收事半功倍之效果。

第二节　断数之法

前面我们介绍了太乙之数。断数之法是在太乙命法中，当算得不同数时的吉凶祸福之占断方法。它有别于断宫法等等太乙命法，也是太乙命法之一。太乙神数中之数，具有十分神奇的作用。它可以反映宇宙自然的运行规律；也可以占断社会历史的盛衰情况；还可以预测人生自我命运的祸福。应该特别强调的是，断数法中之数，皆以主算为准，此点务请注意，否则失之毫厘，当谬以千里。

一、三才无算数

天、地、人为三才。

主算、客算之数中没有10，为无天之算。1、2、3、4、5、6、7、8、9即为无天之算。得无天之算，主少年丧父。破家失业，又不懂礼，为不守正之人。

主算、客算数中没有5，为无地之算。1、2、3、4、11、12、13、14、21、22、23、24、31、32、33、34为无地之算。无地之算主少年丧母，破家产，废田宅，女人无德且损妻丧女。

主算、客算数中没有1，为无人之算。10、20、30、40为无人之算。无人之算主有家不立，有官不正，失人所望，有讼狱之灾，金宝荡散。衣食不足，言而无信。

三才中如缺其二位，求算者命宫虽在高强之位，有福星临之，也不免刑囚之灾或长患疮毒、疾病等。

主算得一数又带囚，为三才无算数，灾凶更甚。

三才无算数，更逢主目掩、格、关和囚所临之地，或逢阳九、百六灾限之年，或君基与始击同宫，又与太岁相并，逢刑克者，定遭刑陷血光之灾，贵人逢之，宜修德积善，弃名利，隐遁以解之。

二、三和数

太乙运行八宫，不入中五宫。八、三、四、九宫为阳宫，二、七、六、一宫为阴宫。太乙在阳宫算得偶数，或太乙在阴宫，算得奇数为阴阳相配，为算和之数；太乙在阳宫算得奇数，或太乙在阴宫算得偶数，为阴阳相亢，为不和之数。算和为吉，不和为凶。

主算得14为上和数。算得上和数，主天地庆会，阴阳交泰，科举中第，宦者显官，庶民则财富充足，田产广置。

主算得23、29、32、36为中和数。算得中和数，主福禄迁荣，灾咎不作。

主算得 12、16、21、27、34、38 为下和之数。算得下和之数，主一生优雅，财禄丰实而少灾。

若得上中下三和之数，虽遇阳九、百六凶灾之陷，也可化凶为吉。

三、重阳数

文昌在八、三、四、九宫，算得 33、39 数为重阳数。算得重阳之数，为人太刚，乃阳之过也。若值运穷、数极，阳九、百六灾限之年，主有横祸，轻则悲哀，重则家破人亡。

四、重阴数

文昌在二、七、六、一宫，算得 22、26 数为重阴数。算得重阴之数，为人太柔，乃阴之过也。若值运穷、数极，阳九、百六灾限之年，主有刑囚徒配、夭伤之祸。女人得之，为不正，或遭盗贼之害。

五、杂重阳数

文昌在地主、和德、大炅、高丛之宫，所得 13、19、30 为杂重阳之数。算得杂重阳之数，为穷酸之人，若值运穷、数极，阳九、百六灾限之年，主有刑狱、温疫之灾，或中疯邪之病。

六、杂重阴数

文昌在大威、太蔟、阴德之宫，算得 24、28 为杂重阴之数，算得杂重阴之数，为漂流不定之人，运穷、数极，阳九、百六灾限之年，主人离财散，有不明之祸，甚至丧命。

七、阴中重阳数

文昌在二、七、六、一宫，算得 11、17 为阴中重阳之数。算得阴中重阳之数，主历经风险，若更带囚、迫，乃疯狂之辈，有牢狱之灾。女人逢之，主产厄血崩。若值阳九、百六灾限之年，其凶祸不可逃也。

第三节　断限之法

　　阳九和百六往往相提并论，称之为阳九之灾，百六之厄。阳九和百六是灾厄的交会之期。凡阳九、百六交会之时，必然产生各种灾害。因此，我们把阳九、百六交会之期称为灾限。阳九、百六始入、将出的灾厄包括宇宙自然、社会历史、个体命运等三个大的方面。笔者在拙著《时空太乙》中已对为什么会有阳九、百六之灾以及阳九、百六交会之时在宇宙自然和社会历史两方面产生的灾难做了阐释。这里的"断限之法"是占断人逢阳九、百六交会之时，所产生的吉凶祸福。有别于预测阳九、百六交会之时在宇宙自然和社会历史方面的灾难。

　　周易以九为老阳之数，六为老阴之数，九为阳之极数，六为阴之极数。《周易》的观点"极则变，变则通，通则久"，"阳极阴生，阴极阳生"；而太乙神数的观点是"极则变，灾祸生"。这是《周易》和《太乙神数》对阳九、百六从不同侧面的阐述，而不是它们观点不一致。《太乙神数》的灾变观点和《周易》"趋吉避凶"的观点，是完全一致的。

　　太乙命法中、有阳九、百六灾限的推演方法。

一、阳九行限起法

　　要掌握阳九行限起法，首先了解五行、天干化合以及五行、天干化合的对应关系。其次还要了解五行寄生十二宫的基础知识。这些，前面有述，此不赘。

　　阳九灾限的起法，需要先确定某人所生之月的月天干，以月干化气五行，从生方起，男顺行，女逆行。

　　甲己化土，土为五数，土生于午，从午上起五岁，男顺行，女逆行，每十岁一限；

　　乙庚化金，金为四数，金生于巳，从巳上起四岁，男顺行，女逆行，每十岁一限；

　　丙辛化水，水为一位，水生于申，从申上起一岁，男顺行，女逆行，每十岁一限；

丁壬化木，木为三数，木生于亥，从亥上起三岁，男顺行，女逆行，每十岁一限；

戊癸化火，火为二数，火生于寅，从寅上起二岁，男顺行，女逆行，每十岁一限。

一例：某男，生于庚子月，求其阳九运限？

乙庚化金，金为四数，金生于四，则此男从四为起四岁，顺行。即：

1 至 4 岁阳九运限在巳宫；

5 至 14 岁阳九运限在午宫；

15 至 24 岁阳九运限在未宫；

25 至 34 岁阳九运限在申宫；

35 至 44 岁阳九运限在酉宫；

45 至 54 岁阳九运限在戌宫；

55 至 64 岁阳九运限在亥宫；

65 至 74 岁阳九运限在子宫；

75 至 84 岁阳九运限在丑宫；

85 至 94 岁阳九运限在寅宫；

95 至 104 岁阳九运限在卯宫；

105 至 114 岁阳九运限在辰宫。

二例：某女，生于癸卯月，求其阳九运限？

戊癸化火，火生二数，火生于寅，自寅上起二岁，逆行。即：

1 至 2 岁阳九运限在寅宫；

3 至 12 岁阳九运限在丑宫；

13 至 22 岁阳九运限在子宫；

23 至 32 岁阳九运限在亥宫；

33 至 42 岁阳九运限在戌宫；

43 至 52 岁阳九运限在酉宫；

53 至 62 岁阳九运限在申宫；

63 至 72 岁阳九运限在未宫；

73 至 82 岁阳九运限在午宫；

83至92岁阳九运限在巳宫；

93至102岁阳九运限在辰宫；

103至112岁阳九运限在卯宫。

二、阳九入初、中、末限所主吉凶

阳九虽是阳数的极限，为灾厄之限，但也要看它的行运的具体情况而定，既可为灾，也可为福，不能一概而论。就如四神和地乙是两个凶神，但出现在女人身命宫中却是喜事一样，必须具体情况具体分析。

太乙命法中规定：

自1岁至25岁，这25年为初限；

自26岁至50岁，这25年为中限；

自51岁至75岁，这25年为末限。

阳九入初限之岁，若临吉星之宫，不为灾而为福，主早年富贵显达。若临在掩、击、关、囚之宫，更会凶星，则主幼年破败祖业，孤苦飘零。若是身命二宫更逢凶星，主幼年遭刑罚牢狱之灾。

阳九入中限之岁，在吉星之宫，不为灾而为福，主中年富贵荣华。若入格、对、迫、击之宫，更会凶星，主中间损伤婚姻和子嗣。若入身命二宫，更逢凶星，则有徒刑伤破之祸。

阳九入末限之岁，若在吉星之宫，不为灾而为福，主晚年富贵享福。若入掩、击、关、迫、易绝之宫，更会凶星，则主晚年婚破身孤。若临身命二宫，又逢凶星恶曜，主身遭不幸，不能善终。

三、断限法入局

凡断限法必须先入太乙阴阳遁各七十二局，否则无法占断。

"四计"入局法皆可以。如取入年局法，某人生于1988年，求其年局？1988年太乙积年为10155905，10155905÷72，入太乙阳遁十七局。

四、百六行限起法

除了前面所述六十甲子纳音等基础知识外，还要了解：

天一生水，地六成之，生成数相加得七数，壬癸亥子纳音水为七数；

地二生火，天七成之，生成数相加得九数，丙丁巳午纳音火为九数；

天三生木，地八成之，生成数相加得十一数，甲乙寅卯纳音木为十一数；

地四生金，天九成之，生成数相加得十三数，庚辛申酉纳音金为十三数；

天五生土，地十成之，生成数相加得十五数，戊己辰戌丑未纳音土为十五数。

百六起限法，可分成五步。

①推受气之数

方法：生日天干、地支、纳音的生成数，加上生时的天干、地支、纳音的生成数；再加天地数55，所得之和除以60（商数到整数），余数为受气之数。

如，丁卯日，辛丑时生人，受气之数计算如下：

天干丁属火，生成数为9；

地支卯属木，生成数为11；

丁卯纳音为火，生成数为9。

丁卯日天干、地支、纳音生成数之和为：9+11+9=29。

辛丑时，天干辛属金，生成数为13；

地支丑属土，生成数为15；

辛丑纳音为土，生成数为15。

辛丑时天干、地支纳音生成数之和为13+15+15=43

天地数：55

以上3项相加：29+43+55=127，127÷60=2……7，所以，受气之数为7。

②推受气之宫

方法：从生日干支开始，以六十甲子为顺序，逆数受气之数，数尽为受气之宫。如：丁卯日、辛丑时生人，已推出受气之数为7，从甲子日开始，逆数六十甲子，第7位为戊午，则戊午为受气之宫。

③推百六行限之宫

方法：受气之宫天干的化气五行，取其长生之地为百六行限之宫。如丁卯日、辛丑时生人，已推出受气之宫为戊午。天干戊与癸化合成火。依五行寄生十二宫，火生长在寅，则地盘十二地支寅位为百六行限之宫。

④推百六大限所在之宫

方法：百六大限10年移1宫。男命顺行，女命逆行。如丁卯日、辛丑时生人，已推出百六行限之宫在地盘寅宫。戊午为受气之宫，戊癸合化成火，五行生数火为二数，火生于寅，寅宫为百六行限之宫，即从寅宫开始定1至2岁。

男命顺推如下：

寅宫：1—2岁；　　卯宫：3—12岁；　　辰宫：13—22岁；

巳宫：23—32岁；　午宫：33—42岁；　　未宫：43—52岁；

申宫：53—62岁；　酉宫：63—72岁；　　戌宫：73—82岁；

亥宫：83—92岁；　子宫：93—102岁；　 丑宫：103—112岁。

女命逆推如下：

寅宫：1—2岁；　　丑宫：3—12岁；　　子宫：13—22岁；

亥宫：23—32岁；　戌宫：33—42岁；　　酉宫：43—52岁；

申宫：53—62岁；　未宫：63—72岁；　　午宫：73—82岁；

巳宫：83—92岁；　辰宫：93—102岁；　 卯宫：103—112岁。

⑤推百六小限所在之宫

方法：百六小限1年移1宫，男命逆行，女命顺行。

如丁卯日、辛丑时生人，寅宫为百六行限之宫。

男命百六小限逆推如下：

寅宫：1—2岁；　　丑宫：3岁；　　　　子宫：4岁；

亥宫：5岁；　　　 戌宫：6岁；　　　　酉宫：7岁；

申宫：8岁；　　　 未宫：9岁；　　　　午宫：10岁；

巳宫：11岁；　　　辰宫：12岁；　　　 卯宫：13岁。

然后，复至寅宫，从14岁开始，周而复始。

女命百六小限顺推如下：

寅宫：1—2岁；　　卯宫：3岁；　　　　辰宫：4岁；

巳宫：5岁；　　　 午宫：6岁；　　　　未宫：7岁；

申宫：8 岁； 酉宫：9 岁； 戌宫：10 岁；
亥宫：11 岁； 子宫：12 岁； 丑宫：13 岁。

然后，复至寅宫，从 14 岁开始，周而复始。

五、百六临宫所主吉凶

百六为不正之气，灾厄之期，所以逢百六主有灾厄。

在太乙命法中，大限灾大，小限灾小，百六大限 10 年移宫，小限 1 年移 1 宫。大限首、尾之年灾重，即大限第 1 年和最后一年灾重；小限第 1 个月和最末 1 个月灾重。大限之末，灾深，小限之末，灾浅，这是仅就大限和小限相比较而言。但世上并无绝对的东西，正如爱因斯坦所说：世界上理解广义相对论的不超过 12 个人，但几十亿人都知道，世上没有什么东西是绝对的。百六也是如此。百六大限临宫逢吉星，可化凶为吉，若遇凶星，就难免其灾了。百六小限也是如此。

第四节　断卦之法

太乙命法把人的一生以及各个阶段，依四柱干支生成、纳音、天地诸数组合成卦，还以值事动爻取变卦，再依卦辞和爻辞来占断吉凶祸福。

出身卦和立业卦，主人之一生的命运；年卦、月卦、日卦、时卦，主人一时（相对而言，"一时"指年月日时）之命运。下面分别叙述。

一、出身卦

(1) 出身卦取法：以人生年月日时四柱干支生成数、纳音数以及天地数之和，除以卦周 64（商数取整数），余数为八卦数。以现行六十四卦次序数入卦之数，数尽所得之卦，即为出身卦。

如一人生于丙戌年、庚子月、丁卯日、辛丑时，求其出身卦？

①年柱。天干丙属火，生成数为 9；年柱地支戌，属土，生成数为 15；年柱丙戌纳音土，生成数为 15。则年柱天干、地支、纳音生成数之和为：
9＋15＋15＝39

②月柱。天干庚，属金，生成数为13，地支子，属水，生成数为7；月柱庚子纳音土，生成数为15。则月柱天干、地支、纳音生成数之和为：13＋7＋15＝35

③日柱。天干丁，属火，生成数为9；地支卯，属木，生成数为11；丁卯纳音火，生成数为9。则日柱天干、地支、纳音生成数之和为：9＋11＋9＝29

④时柱。天干辛，属金，生成数为13；地支丑，属土，生成数为15；辛丑纳音为土，生成数为15。则时柱天干、地支、纳音生成数之和为13＋15＋15＝43。

天地数为55

以上5项数之和：39＋35＋29＋43＋55＝201，201÷64＝3……9，余数为入卦之数，入卦数为9，查表后知，此人出身卦为小畜卦。

(2) 出身卦值事动爻

取值事动爻，应先按日柱、时柱推出受气之宫。若受气之宫为阳辰（支），则从出身卦的阳爻（阴爻不论）自下而上分数十二支，数至受宫辰即为值事动爻。若受气之宫为阴辰（支），则从出身卦的阴爻（阳爻不论）自上而下，分数十二支，数至受气之宫，即为值事动爻。

如，一人四柱为丙戌（年柱）、庚子（月柱）、丁卯（日柱）、辛丑（时柱），已求出其出身卦为小畜卦，受气宫为戊午，午为阳辰，阳辰自下而上如下：

小畜卦

▬▬▬▬▬　　（辰）
▬▬▬▬▬　　（卯）
▬▬　▬▬　　（寅）
▬▬▬▬▬　　（丑）（午）
▬▬▬▬▬　　（子）（巳）

九二爻为值事动爻

二、立业卦

取法：由出身卦的值事动爻变来之卦，即为立业卦。变卦相反而变：阳爻变阴爻；阴爻变阳爻。

如上面例子。该人出生卦为小畜卦，小畜卦九二爻为动爻，九二爻为阳爻，变为后阴爻，这样就变成了另一卦：由小畜卦变成了家人卦。小畜卜为本卦，家人卦为之卦，即变来之卦。

家人卦为立业卦。

推出了出身卦和立业卦，就可以推出身立业之期了。

方法：从出身卦值事动爻开始，值事动爻为阳爻，自下而上，逢阳九为9年之期，逢阴六为6年之期，布满出身卦六爻之后，再入立业卦变来之爻，仍自下而上，逢阳九为9年之期，逢阴六为6年之期，直到布满立业卦六爻为止。如前例。此例出身卦为小畜卦，值事动爻为小畜卦九二爻，立业卦为家人卦。

定其出身立业之期，则从小畜卦初九爻开始。

小畜卦

	（上九爻）	（30—42岁）
	（九五爻）	（25—33岁）
	（六四爻）	（19—24岁）
	（九三爻）	（10—18岁）
	（九二爻）	（1—9岁）
	（初九爻）	（43—51岁）

到51岁已满小畜卦六爻之数，从52岁入立业卦家人卦变来之爻，即家人卦六二爻。

家人卦

	（上九爻）	（80—90岁）
	（九五爻）	（73—81岁）
	（六四爻）	（67—72岁）
	（九三爻）	（58—66岁）
	（六二爻）	（52—57岁）
	（初九爻）	（91—99岁）

推出了出身立业之期，就可以断卦了。

全面分析此人的出身卦、值事动爻，立业卦以及从出身卦的值事动爻开始，分配的出身、立业之期（年），可知此人 51 岁之前行出身卦小畜卦卦运；52 岁以后行立业卦家人卦卦运。

接着就要占断小畜卦和家人卦，以概括其一生之命运。

先看小畜卦。

阴爻居四得位，且与上下的阳爻相呼应，这就是小畜卦。下卦乾为健，上卦巽为顺，所以健而顺；九五爻刚，居中而且立志施展抱负，于是亨通。

卦辞说：亨通。浓云密布却没有下雨，从我西郊的上空压过来。密云不雨，是阳气上升的缘故；浓云从西郊压过来，是阴阳交合之气，刚施行却还没有畅行。故得此卦者，虽有前进之志，但有障碍，不能速进。

该卦说明此人颇有志向，但力量不足，需要积蓄力量，以待时机。

九五爻辞：有孚挛如，富以其邻。是说诚信相连，使邻居也一起富有。给我们的启示是：九五爻能诚心地配合，使六四爻充分发挥作用。说明此人办事周到，很会处理方方面面的关系。

上九爻辞：既雨既处，尚德载，妇贞厉。月几望，君子征凶。说明小畜之道已经到了极盛。说明此人在 34—42 岁的阶段，会得到上级领导的重用，已经施展了一些抱负，有所成就。

上面的简断，是依据《周易》小畜卦的卦辞、爻辞，以及《易传》系辞中有关小畜卦的论述。虽然产生卦的方法不一样，但断卦同一般的六爻、八卦之断法一样。

再占家人卦。

立业卦为家卦，主 52 岁以后的事。

家人卦的断法与小畜卦一样。这里特别指出，家人卦的核心之象是"入海求珠，开花结子"。主该人 52 岁以后不但仍有官运，而且主该人在学术方面将有一番作为。因为海里求珠并非易事，而且是既开花又结子。象征该人或在创新探索上或在著书立说上有所成就。看来，该人一生真正的成就，要在 52 岁以后的晚年。

三、年卦

年卦又叫流年卦、行年卦，就是按人的岁数一年一卦。如某人今年25岁，20岁称为流年，又叫行年。25岁对应的那一卦，就称为年卦。一岁一卦，26岁则对应另外一卦，27岁又换一卦……。

年卦的推演方法较为简单先以四柱推出身卦，出身卦加行年数（岁数），除以卦周64（商数取整数，余数即为年卦之数）。依现行《周易》64卦次序表，即可查出年卦。

如某人行年25岁，已知其出身卦为小畜卦，求其行年卦？

9＋25＝34。查64卦次序表，第34卦为大壮卦。则此人25岁的年卦为大壮卦。

再如，某人60岁，已知其出身卦为恒卦，求其行年卦？

32＋60＝92，92÷64＝1……28。查表后知，第28卦为大过卦。则此人60岁的年卦为大过卦。

年卦的值事动爻，以百六大限所到之宫，阳辰（支）用阳爻（不取阴爻），自下而上，以十二地支顺序为序，数至百六大限所在宫辰为止，即为值事动爻。若百六大限所到之宫为阴辰（支）则取年卦阴爻（不取阳爻）自上而下，仍以十二地支的顺序为序，数至百六大限所在宫辰为止，即为值事动爻。

如年卦为大壮卦，百六大限行至戌宫，戌为阳辰（支），则以筮卦六爻中阳爻（不取阴爻），自下而上，数至戌所在之爻，即为值事动爻。见下图：

大壮卦

▬▬　▬▬　（上六爻）
▬▬　▬▬　（六五爻）
▬▬▬▬▬　（九四爻）　卯　未
▬▬▬▬▬　（九三爻）　寅、午、戌
▬▬▬▬▬　（九二爻）　丑、巳、酉
▬▬▬▬▬　（初九爻）　子、辰、申

以初九爻子开始，戌落九三爻，则九三爻为值事动爻。断年卦之吉凶，以其动爻进行判断，大壮卦当以九三爻进行判断。

四、月卦

月卦是用来占断一个月的吉凶祸福。推月卦的方法，是以年卦数加天正（农历十一月为岁首，称为天正）、地正（农历十二月为岁首的，称为地正）二数为基数，然后再加月数，大于64卦，就用64除之（商数取整数），余数则为月卦数。如年卦为大壮卦（卦序为34），求月卦？

34+2=36（基数）

36+1=37（家人卦，正月卦）

36+2=38（睽卦，二月卦）

36+3=39（蹇卦，三月卦）

36+4=40（解卦，四月卦）

36+5=41（损卦，五月卦）

36+6=42（益卦，六月卦）

36+7=43（夬卦，七月卦）

36+8=44（姤卦，八月卦）

36+9=45（萃卦，九月卦）

36+10=46（升卦，十月卦）

36+11=47（困卦，十一月卦）

36+12=48（井卦，十二月卦）。

月卦的值事动爻阳月（正月、三月、五月、七月、九月、十一月为阳月）取月卦阳爻自下而上，从正月为首数，到本月所应之爻，即为值事动爻。阴月（二月、四月、六月、八月、十月、十二月为阴月）取月卦阴爻自上而下，从正月为首数，到本月所应之爻，即为值事动爻。

如十月月卦为升卦，十月为阴月，则取升卦阴爻，自上而下，数之十月所应之爻，则为值事动爻。见下图：

升卦

▅▅ ▅▅　（上六爻）正月、五月、九月
▅▅ ▅▅　（六五爻）三月、六月、十月
▅▅ ▅▅　（六四爻）三月、七月、
▅▅▅▅▅　（九三爻）
▅▅▅▅▅　（九二爻）
▅▅ ▅▅　（初六爻）四月、八月

升卦六五爻为值事动爻。

一个月之内的吉凶祸福，以月卦的值事动爻进行判断。

五、日卦

日卦主一日之事。推求日卦，应先明了六十甲子次序数。

月卦数加上日干支的六十甲子次序数，满卦周则用64除之（商数取整数），余数则为日卦数。若不满卦周64，直接为六十甲子次序数，即为日卦。

如：月卦为兑卦，兑卦次序数为58，求戊戌日的日卦？

58＋35（戊戌日为35）＝93÷64＝1……29，29为坎卦，那么戊戌日的日卦为坎卦。

日卦的值事动爻，阳日（子寅辰午申戌日）取日卦的阳爻，自下而上，数至日支所到之爻，即为值事动爻。阴日（丑卯巳未酉亥日）取日卦的阴爻，自上而下，数至日支所到之爻，即为值事动爻。

如戊戌日的日卦为坎卦，戊戌日为阳日，则取坎卦阳爻，自下而上，数到戌所到之爻，即为值事动爻。见下图：

坎卦

▅▅ ▅▅　（上六爻）
▅▅▅▅▅　（九五爻）丑、卯、巳、未、酉
▅▅ ▅▅　（六四爻）
▅▅ ▅▅　（六三爻）
▅▅▅▅▅　（九二爻）子、寅、辰、午、申、戌
▅▅ ▅▅　（初六爻）

坎卦的九二爻即为戊戌日的值事动爻。戊戌日的吉凶祸福，则以坎卦的卦辞和九二爻辞进行占断。

六、时卦

时卦的推演方法，是以日卦数加上时辰数，满卦周64，则以64除之（商数取整数），余数则为时卦数。若不到64，则以该数按64卦序直接取卦。

首先要明确十二地支的次序数：子1、丑2、寅3、卯4、辰5、巳6、午7、未8、申9、酉10、戌11、亥12。

如日卦泰，求时卦？

泰卦的序数为11，时卦如下：

11＋1＝12（否卦），子时为否卦

11＋2＝13（同人卦），丑时为同人卦

11＋3＝14（大有卦），寅时为大有卦

11＋4＝15（谦卦），卯时为谦卦

11＋5＝16（豫卦），辰时为豫卦

11＋6＝17（随卦），巳时为随卦

11＋7＝18（蛊卦），午时为蛊卦

11＋8—19（临卦），未时为临卦

11＋9＝20（观卦），申时为观卦

11＋10＝21（噬嗑卦），酉时为噬嗑卦

11＋11＝22（贲卦），戌时为贲卦

11＋12＝23（剥卦），亥时为剥卦。

时卦取值事动爻之法，若时支为阳支，则取时卦阳爻自下而上，数至时支所到之爻，即为值事动爻。若时支为阴爻，则取时卦阴爻，自上而下，数至时支所到之爻，即为值事动爻。

如亥时的时卦为剥卦，求值事动爻？

亥为阴支，则取临卦阴爻自上而下，数至亥即为值事动爻。

见下图：

剥卦

▬▬　　　（上九爻）
▬　▬　　（六五爻）　子、巳、戌
▬　▬　　（六四爻）　丑、午、亥
▬　▬　　（六三爻）　寅、未
▬　▬　　（六二爻）　卯、申
▬　▬　　（初六爻）　申、酉

剥卦六四爻为值事动爻。

时卦主一时之事。一时（指时辰）之内的吉凶祸福，则以时卦的卦辞和时卦值事动爻的爻辞进行占断。

需要强调的是：太乙命法规定了年月日时卦的占断依据。年卦和月卦仅以值事动爻作为占断的依据；而日卦和时卦除了要以值事动爻为占断依据外，还要依日卦或时卦的卦辞综合予以占断。既有相同点，又有区别，务请注意。

第四章　十项事法

十项事法包括的内容广泛，诸事皆可预测，是名副其实的《全息太乙》。在本书只做重点介绍。其原因，一是笔者在拙著《时空太乙》中，已经介绍了一部分太乙事法，而且列举了天灾异变、社会历史和人生命运等三个方面的共360个例证，读者朋友可以参阅。二是就中国最高层次的"三式"来看，太乙神数的重点功能在于探索宇宙自然和人类社会历史两方面的规律，太乙人道命法也是精妙绝伦，奇门遁甲重点功能在军事上；六壬神课的重点功能在预测人间百事。仅就预测人间百事来看，六壬神课信息量大，手段严谨，预测结果精准；太乙神数不如六壬神课系统、细致、包罗万象。基于以上两种原因，本书只重点介绍气象探索、地震探索、诸事探索等十个方面的内容。

第一节　自然灾害

一、气象规律探索

太乙式法探索气象规律是通过"十精星神"，即天皇、帝符、天时、太尊、飞鸟、五行、三风、五风、八风和太乙数的手段来实现的。关于这十精星神的简单情况前面已做了介绍。这里需要补充介绍的是所谓十精星神，实际指的是近现代天文学的恒星和行星。其中涉及到34颗恒星和5颗行星；涉及国际88个星座的30多个星座。下面介绍推演方法。

（1）推天皇星神法

在我国的三垣二十八宿中,天皇的全称是天皇大帝。它位于紫微垣勾陈六星的左边,属于国际全天88个星座的小熊星座。太乙神数认为它是掌管天下生灵和各路神仙的。

天皇与太乙会合在东方,天有日晕大风;天皇与太乙会合在西方,天气多云;会合在南方,天色昏暗;会合在北方,天气阴沉。天皇与飞鸟会合,天阴有雨;与天时会合,天阴昏暗;与天尊会合,天色大阴,日月无光;与五风会合,狂风突起;与太乙数会合,有大风大雨。

(2) 推帝符星神法

天节在二十八宿西方七宿之一的毕宿内,有八颗星;国际88个星座属金牛星座。帝符就是天节的使者。

帝符与太乙合处一宫,日晕大风;与太乙会合在旺相之地,晴转多云,转阴,有小雨;与天月合处一宫,阴天刮风。

(3) 推天时星神法

天时是二十八宿西方七宿之一的昴宿的使者。昴宿的国际88个星座属金牛星座。掌管昼夜,监察天时。每天鸡鸣报晓,人们据此判断昼夜,审查天时。

天时与太乙会合在旺相之宫,或者风云突起,或者阴天下雨。

(4) 推太尊星神法

太尊在紫微垣北斗七星的右边,属国际88个星座的大熊星座。

太尊与太乙合处旺相之宫,天阴有雨;与太乙合处第八宫,太阳有晕;合处第六宫,天色阴暗;合处第二宫,阴暗寒冷;合处第四宫,太阳有晕。太尊与飞鸟合处一宫,气候温暖,有小雨;与帝符合处一宫,阴雨连绵;与天目合处一宫,天阴有雨;

(5) 推飞鸟星神法

飞鸟又称朱雀,是南方七宿的使者。南方七宿跨国际88个星座的20多个星座。

飞鸟与太乙合处于旺相之宫,星斗无光;与天皇会合,有大风大雨;与天时会合,天阴有大风。

(6) 推五行星神法

五行太乙是金星、木星、水星、火星和土星这五大行星的使者。

五行与太乙合处于旺相之宫，有暴风寒流，或者下雨；与天目会合，阴天刮风；与帝符会合，多云刮风；与太尊会合，多云；与天时会合，阴天刮风。

（7）推三风星神法

三风是东方七宿中心宿的使者。心宿在房宿的东面，共有3颗星，所以叫做三风。属国际88个星座的天蝎星座。

三风与太乙合于旺相之宫，日月无光，寒风四起，与天时会合，多云；与飞鸟会合，阴天刮风；与太尊会合，多云有风，与帝符会合，多云；与五风会合，日月无光；与天皇会合，微风；与天目会合，大风下雨。

（8）推五风星神法

五风是东方七宿中箕宿的使者，有的太乙书上说，因为箕宿有5颗星，所以叫做五风。此说欠妥。据《步天歌》（周晓陆著，中国书店出版社，2004年版）和《中国天文学史》（陈遵妫著，上海人民出版社，1998年版），都认为箕宿是4颗星。箕宿4星旁边有1颗糠星，推想，大概是将糠星合计在内了。箕星属国际88个星座的人马星座。

五风与太乙合处旺相之宫，连阴天，有暴雨骤雨。

（9）推八风星神

八风是西方七宿中的毕宿的使者。因毕宿有8颗星，故称八风，属88个国际星座的金牛星座。

八风与太乙会合于旺相之地，多云转阴；会合在阴宫为雨，阳宫为风；与五风会合，天昏地暗有大风；与天时会合，天阴；与天皇会合，阴有风；与帝符会合，阴有雨。

（10）推太乙数法

太乙数就是五子元七十二数。太乙星在紫微垣内天乙星之南。属国际88个星座的天龙星座。

太乙数与太乙会合，日晕、刮大风；数得26，刮风；数得40，阴雨，起黄沙。数得50，再与天目合于旺相之地，日有晕。若天乙数与天乙挟天目，阴天下雨，有大风；太乙数与飞鸟合于6、8、9宫，日有晕，与太乙、飞鸟会合，疾风四起。

气象预测可分三步完成：第一步，入太乙式局。气象预测要用"日计法"。以日计法入太乙式局。第二步，求出十精星神入太乙式局数。第三步，依上面所介绍方法，逐一推演，综合后得出预测结果。

二、地震规律探索

强烈地震破坏巨大，给人类带来巨大的灾难。地震的预报是现代科学技术的一大难题。因为人类对地球内部的了解充其量不过3％—5％。太乙事法中有关于地震方面预报探索的内容。如果把现代的科学技术（阳科学）和周易术数学（阴科学）相结合，共同探索对地震的预报，将如鸟之双翼，车之双轮，必将大有益处。

关于用太乙事法探索地震可包括三个方面。一是可能发生的地震；二是地震发生的可能时间，可以预报到农历月份；三是地震发生的可能空间，可以预报到东西南北中、东南、西南、东北、西北等九个方位的一方。下面分别介绍。

（1）地震发生的可能性

方法一：

太乙事法认为主算或客算为无地之算，或主算、客算同时为无地之算，有可能发生地震。即主算或客算算得1、2、3、4，11、12、13、14，21、22、23、24，31、32、33、34为无地之算。

方法二：

主算或客算杜塞无门，或主算、客算同时为杜塞无门，也有可能发生地震。即主算或客算得5、15、25、35为杜塞无门之算。

这两个方法可行否？如何验证？易学大家、太乙大家杨景磐先生以历史上实际发生过的部分大地震进行了验证。

杨景磐先生依据历史资料，查出我国历史上自1303年到1951年发生8级地震的具体年份，他以历史上12次8级地震和1966年邢台、1976年唐山地震共14例，分别推出每次地震的太乙年局，看每局的主算、客算数等，判断和分析地震发生的可能性及符合率，列了一个表。兹录于下：

年份	震级	太乙积年	太乙局	主客算数		格局	说明
1303	8	10155220	阳52	主算	39		符合
				客算	31	无地之算	
1411	8	10155328	阳16	主算	1	无地、无天之算	符合
				客算	33	无地之算	
1556	8	10155473	阳17	主算	7	无天之算	
				客算	27		
1654	8	10155571	阳43	主算	8	无天之算	
				客算	17		
1668	8	10155585	阳57	主算	10	无人之算	符合
				客算	25	杜塞无门	
1679	8	10155596	阳68	主算	17		
				客算	8	无天之算	
1695	8	10155612	阳12	主算	37		符合
				客算	1	无天无地之算	
1812	8	10155729	阳57	主算	10	无人之算	符合
				客算	25	杜塞无门	
1906	8	10155023	阳7	主算	8	无天之算	符合
				客算	25	杜塞无门	
1920	8	10155837	阳21	主算	2	无地无天之算	符合
				客算	17		
1931	8	10155848	阳32	主算	25	杜塞无门	符合
				客算	8	无天之算	

年份	震级	太乙积年	太乙局	主客算数		格局	说明
1951	8	10155868	阳52	主算	39		符合
				客算	31	无地之算	
1966	6.8	10155883	阳67	主算	25	杜塞无门	符合
				客算	2	无地无天之算	
1976	7.8	10155893	阳5	主算	25	杜塞无门	符合
				客算	14	无地之算	

说明：①在1303年到1976年的674年中，列出了14次大地震。其中11次符合，3次不符合。符合率为78.6%。

②以上请参阅杨景磐先生著《太乙通解》。[①]

笔者拟在杨景磐先生研究的基础上，再深入一步。目的是解决周易术数学在现代的应用问题，为我国防灾减灾服务。

1303年—2013年7级以上地震符合情况表

年份	震级	太乙积年	太乙局	主客算数		格局	说明
1303（癸卯）	8	10155220	阳52	主算	39		符合
				客算	31	无地之算	
1411（辛卯）	8	10155328	阳16	主算	1	无地、无天之算	符合
				客算	33	无地之算	
1556（丙辰）	8	10155473	阳17	主算	7	无天之算	
				客算	27		
1604（甲辰）	8	10155521	阳65	主算	12	无地之算	符合
				客算	34	无地之算	

---

① 甘肃人民出版社，1993年版．

年份	震级	太乙积年	太乙局	主客算数		格局	说明
1654（乙未）	7.5	10155571	阳43	主算	8	无天之算	
				客算	17		
1668（戊申）	8.5	10155585	阳57	主算	10	无人之算	符合
				客算	25	杜塞无门	
1679（己未）	8	10155596	阳68	主算	17		
				客算	8	无天之算	
1695（乙亥）	8	10155612	阳12	主算	37		符合
				客算	1	无天无地之算	
1739（己未）	8	10155656	阳56	主算	15	杜塞无门	符合
				客算	34	无地之算	
1912（壬申）	8	10155729	阳57	主算	10	无人之算	符合
				客算	25	杜塞无门	
1833（癸巳）	8	10155750	阳6	主算	25	杜塞无门	符合
				客算	10	无人之算	
1902（壬寅）	8.2	10155819	阳3	主算	1	无地无天之算	符合
				客算	40	无人之算	
1906（丙午）	8	10155823	阳7	主算	8	无天之算	符合
				客算	25	杜塞无门	
1916（丙辰）	7	10155832	阳16	主算	1	无地无天之算	符合
				客算	33	无地之算	
1918（戊午）	7.25	10155835	阳19	主算	8	无天之算	符合
				客算	32	无地之算	

年份	震级	太乙积年	太乙局	主客算数		格局	说明
1920（庚申）	8.5	10155837	阳21	主算	2	无地无天之算	符合
				客算	17		
1922（壬戌）	7.5	10155839	阳23	主算	16		符合
				客算	23	无地之算	
1925（乙丑）	7	10155842	阳26	主算	8	无天之算	符合
				客算	25	杜塞无门	
1927（丁卯）	8	10155844	阳28	主算	14	无地之算	符合
				客算	9	无天之算	
1931（辛未）	8	10155848	阳32	主算	25	杜塞无门	符合
				客算	8	无天之算	
1932（壬申）	7.6	10155849	阳33	主算	24	无地之算	符合
				客算	3	无地无天之算	
1933（癸酉）	7.5	10155850	阳34	主算	26		符合
				客算	4	无地之算	
1935（乙亥）	7.1	10155852	阳36	主算	25	杜塞无门	符合
				客算	27		
1937（丁丑）	7.5	10155854	阳38	主算	6	无天之算	符合
				客算	35	杜塞无门	
1937（丁丑）	7	10155854	阳38	主算	6	无天之算	符合
				客算	35	杜塞无门	
1941（辛巳）	7	10155858	阳42	主算	27		符合
				客算	12	无地之算	

年份	震级	太乙积年	太乙局	主客算数		格局	说明
1941（辛巳）	7	10155858	阳42	主算	27		符合
				客算	12	无地之算	
1948（戊子）	7.3	10155865	阳49	主算	24	无地之算	符合
				客算	25	杜塞无门	
1949（己丑）	7.25	10155866	阳50	主算	16		符合
				客算	15	杜塞无门	
1950（庚寅）	8.6	10155867	阳51	主算	15	杜塞无门	符合
				客算	13	无地之算	
1951（辛卯）	8	10155868	阳52	主算	39		符合
				客算	31	无地之算	
1951（辛卯）	7.3	10155868	阳52	主算	39		符合
				客算	31	无地之算	
1951（辛卯）	7.3	10155868	阳52	主算	39		符合
				客算	31	无地之算	
1952（壬辰）	7.5	10155869	阳53	主算	38		符合
				客算	25	无地之算	
1954（甲午）	7.3	10155871	阳55	主算	16		符合
				客算	3	无地无天之算	
1955（乙未）	7.5	10155872	阳56	主算	15	杜塞无门	符合
				客算	34	无地之算	
1959（己亥）	7	10155876	阳60	主算	12	无地之算	符合
				客算	13	无地之算	

年份	震级	太乙积年	太乙局	主客算数		格局	说明
1966（丙午）	6.8	10155883	阳67	主算	25	杜塞无门	符合
				客算	2	无地无天之算	
1969（己酉）	7.4	10155886	阳70	主算	30	无人之算	符合
				客算	4	无地之算	
1970（庚戌）	7.7	10155887	阳71	主算	29		符合
				客算	32	无地之算	
1972（壬子）	8	10155889	阳1	主算	7	无天之算	符合
				客算	13	无地之算	
1973（癸丑）	7.6	10155890	阳2	主算	6	无天之算	符合
				客算	1	无地之算	
1975（乙卯）	7.3	10155892	阳4	主算	25	杜塞无门	符合
				客算	17		
1976（丙辰）	7.3	10155893	阳5	主算	25	杜塞无门	符合
				客算	17		
1976（丙辰）	7.8	10155893	阳5	主算	25	杜塞无门	符合
				客算	17		
1976（丙辰）	7.2	10155893	阳5	主算	25	杜塞无门	符合
				客算	17		
1976（丙辰）	6.9	10155893	阳5	主算	25	杜塞无门	符合
				客算	17		
1985（乙丑）	7.4	10155902	阳14	主算	10	无人之算	
				客算	9	无天之算	

年份	震级	太乙积年	太乙局	主客算数		格局	说明
1988（戊辰）	7.6	10155905	阳17	主算	7	无天之算	
				客算	27		
2008（戊子）	8	10155925	阳37	主算	1	无地无人之算	符合
				客算	7	无天之算	
2013（癸巳）	7	10155930	阳42	主算	27		符合
				客算	12	无地之算	

说明：①在1303年到2013年711年中的53次7级（有两次不到7级）大地震中，有48次符合，5次不符合；符合率为90.6%。

②以上地震资料，1988年前的来源于《人类灾难纪典》（范宝俊主编，改革出版社，1998年版）。

③虽然符合率在90.6%，但不能说我们用太乙预报地震的准确率达到90.6%。原因是多方面的。

其一，地震是极其复杂的地球内部运动，目前人类对地球内部情况的了解不过3%—5%。现在我们用科技手段预报地震，主要是依据地震发生时的地震波、火山喷发等间接信息的研究结果。世界上钻探最深的才一万多米，而地球之半径就有6700多千米。故，我们对地震规律的了解少之又少。

其二，地球的环境本身是一个十分庞大的巨系统；是一个高度复杂的非线性系统；同时，地球系统各组成部分的相互作用，是通过物理、化学和生物三大基本过程以及它们之间的相互作用来实现的。因此，地震受内、外因的等多种因素的影响和制约，这是世界科学界正在研究探讨的大课题。

其三，我们逐一分析太乙神数阳遁72个式局（预报地震只用阳遁72局）可知，有59个局的主算、客算数都显示有可能发生地震，只有13个局的主算、客算数显示没有地震发展的可能性。主算、客算数没有显示有地震发生可能性的只占72个阳遁局的18%。此表我们统计的时间是711

年，其中主算、客算显示可能有地震发生可能性的时间约为583年；主算、客算没显示可能发生地震的时间约为128年。这与我们所统计的90.6%的符合率是极不相符的。

其四，我们统计的仅是7级以上地震，因此90.6%的符合率绝不代表发生全部地震的比率。但是，如果把3级以上地震都计算在内，是有可能达到这个符合率的。

从这里我们可以看出地震的复杂性和太乙预报地震的局限性。笔者在《时空太乙》中反复强调，阐明世界上有两种文化，一是科技文化，可称之为阳科学；二是玄学文化，可称之为阴科学。两种文化、两种科学各有其功能，各有其妙用，只有密切结合，才能在探索未来世界中发挥更大的作用。地震也是如此。就目前阶段来说，无论是用太乙还是用现代科技手段，或是两种文化结合预报，都不能说100%的准确。太乙预报有一定的准确性，再加上现代科技文化的预报，有可能使地震的预报更接近实际一些。

方法三：土年发生地震的可能性较大。所谓土年是指辰戌丑未之年。在上表的53次大震中，土年有大震20次，占38%，超$\frac{1}{3}$近$\frac{2}{5}$；木年11次，占21%；火年10次，占19%；水年7次，占13%；金年5次，占9%。预报地震发生的可能性，不限于以上三法，还有一些方法，如戊己岁看客大将在何宫等，不再详述。

(2) 地震发生的空间范围的可能性

①方法。

方法一：看始击临何宫，始击所临之宫往往会发生地震。

如2008年四川汶川发生8级大地震。此年入阳遁37局。始击在坤，坤位西南方位，九州分野为四川、重庆一带，与四川汶川一带相对应。

再如1976年唐山发生7.8级大地震，此年入阳遁5局，始击加临寅位，寅为东北方位，与唐山对应。

在上表53次地震中，空间方位对应的23次，占43.4%；空间方位不对应的占30次，占56.6%。所以此方法对应空间方位上符合率不高，应和方法二互相参照，综合分析，作出判断。

方法二：利用五行生克关系判断地震发生的空间方位的可能性。

在太乙十六位主要星神中，五行属金的二位：主大将、天乙；属木的二位：小游、客参将；属水的三位：客大将、主参将、四神；属火的二位：始击、飞符；属土的七位：君基、臣基、民基、文昌、计神、五福、地乙。我们可以运用它们之间错综复杂的生克关系及其所加临之宫位，来判断地震发生的空间方位的可能性。

其一，火克金

始击与主大将或天乙同宫；飞符与主大将或天乙同宫；始击或飞符与太乙在申酉宫，为火克金，火更旺，主该宫之空间方位可能发生地震。

如已知唐山地震发生在1976年农历7月初2日。7月为丙申，申为金；初2为辛巳，巳为火，火克金，火更旺，主有地震发生。

再如1927年甘肃发生8级地震，入阳28局，飞符在酉，酉为金，火克金，火更旺；且酉在西北，正应甘肃空间方位。

其二，木生火

始击与客参将、小游、太乙同宫或飞符与客参将、小游、太乙同宫；始击或飞符在寅卯宫，为木生火，火势旺，有可能在所加临之宫的空间方位发生地震。

如1976年唐山大地震，始击在寅，寅为木，木生火，火势旺，主可能有地震发生在寅宫，与唐山基本对应。

再如1959年台湾发生7级地震，入阳60局。飞符与太乙同宫在卯，与台湾基本对应。

其三，水火相激

始击或飞符在子亥；始击与客大将、主参将、四神同宫；飞符与客大将、主参将、四神同宫，主该宫可能发生地震。

如1951年西藏发生8级地震，入阳52局。始击与四神同在六宫，九州分野中，六宫主现在的陕西、四川、西藏等地。始击属火，四神属水，水火相克，该宫可能发生地震。

再如2008年四川汶川大地震，入阳37局。始击与客大将同临坤7宫。始击属火，客大将属水，水火相克，主可能有地震。

以上例子如果已知发生地震的时间，也可以反推证明水火相克主有可能发生地震。四川汶川地震发生在 2012 年 5 月 12 日，12 日为农历初 8，初 8 为壬子，子为水，与始击为水火相克。

就预报地震可能的空间方位，这里只介绍两种方法。提醒读者朋友要注意的是，在介绍这两种方法中，用了若干个"可能"，言外之意，不是 100％的准确。把这两种方法巧妙结合运用，可能符合率要高些。这既不是吹嘘，也不是谦虚，而是大实话。这也是客观实际给我们提出的重大问题，也是我们易学研究者须当认真研究的重大课题。

②九州分野

预报地震发生的空间范围的可能性，必须掌握九州分野。中华大地自古有九州之称。古人认为，地上的九州对应天上的星象，这样便产生了分野理论。这种天地相应的分野理论，也就成为了太乙推演的依据之一。

要了解九州分野理论，应先掌握我国古天文学中三垣二十八宿的星象划分。星象是指星空的现象，它表示恒星的分布情况。掌握星象的划分和恒星的方位，是掌握九州分野理论，进行太乙推算的必备的基础知识。

世界近现代天文学把天空划分为八十八个星座。而我国古代天文学对星象的划分是三垣二十八宿。

三垣是环绕着北极和比较靠近头顶天空的星象，包括紫微垣、太微垣和天市垣。

二十八宿分东北西南四个方位。

东方七宿：角、亢、氐、房、心、尾、箕；北方七宿：斗、牛、女、虚、危、室、壁；西方七宿：奎、娄、胃、昴、毕、觜、参；南方七宿：井、鬼、柳、星、张、翼、轸。

关于九州分野知识前面已作介绍，不赘。

(3) 地震发生的可能时间范围

可以探索到农历的月份。

方法一：在太乙式局中以合神顺时针分别加临十二地支，看是否有掩、格等太乙格局，如果有便说明该月有灾变。

具体操作：入太乙式局后依次移动合神，把其对准十二地支，太乙和太乙所在宫星神不动，其它天盘星神随着移动。

如 1902 年新疆阿图什发生 8.2 级地震。此年入阳 3 局。顺时针移动合神，当始击加临子宫时，文昌与太乙同宫，为掩。十二月建中，子代表农历 11 月，故，此震应发生在农历 11 月。

应该说明的是，合神加临十二地支，如果有掩或格，主该月有灾变，而不是专指有地震。灾害是多方面的如洪涝、旱灾、虫灾、泥石流、山体滑坡、火山爆发、海啸、瘟疫等，地震只是其中灾害之一。所以符合率不是很高，但可以和后面的方法二结合使用，以方法二为主，以方法一为参照验证。

方法二：以干支纪月、纪日天干的五行生克关系，来占断地震发生的可能时间范围。

如 1966 年 3 月 8 日（农历 2 月 17 日），河北邢台发生 6.8 级地震，入阳 67 局。该年 2 月为辛卯，17 日为丙寅，辛为金，丙为火，火克金，故地震发生于农历 2 月 17 日。

再如 1949 年 2 月 24 日（农历正月 24 日），新疆轮台发生 7.25 级地震，入阳 50 局。该年正月为丙寅，24 日为乙酉，丙为火，乙为木，木生火，火势更旺，主该日发生地震。

复如 2008 年 5 月 12 日（农历 4 月初 8 日），四川汶川发生 8 级大地震，入阳 37 局。该年 4 月为丁巳，初 8 为壬子。丁为火，壬为水，水火相激，主该日发生地震。

以上我们探索了地震发生的可能性，可能的空间和可能的时间的一些方法。但都加了"可能"二字，这是比较实际的。前面有述，地震问题太过复杂，用太乙探索发生地震的规律，有一定的准确性，但切不可估计过高，否则话就说大了，说悬了。正因为是"可能"，就给我们易学研究者留出了用武的空间。

三、虚实规律探索

推演方法：

（1）用太乙式法格局推算所见所闻之虚实与否，其方法是，如果听到了某件事情，想要判断其是否属实，就用"时局"来进行占断。

如果在太乙式法格局中，文昌、掩、迫太乙则说明听到的坏消息就是真的，而听到的好消息就是假的。

如果在太乙式法格局中为三门具、五将发，则说明听到的好消息是真的，坏消息就是假的。如果天目门不惧、将不发，所闻好消息为虚，坏消息则更坏。

如果在太乙式法格局中出现四郭固或四郭杜，则听到的好消息必定为假的，听到的坏消息不但是真的，而且还会更加凶险。

如果主侠客，闻吉则吉，闻凶则凶。

(2) 用太乙数推算吉凶

如果推算出33、39这两个重阳之数，不但有喜事，而且有加倍的喜庆。如果推算出22、66这两个重阴之数，不但有灾厄，而且会有双倍的灾厄。

四、大旱、火灾规律的探索

推演方法：

太乙八宫以8、3、4、9为阳宫；2、7、6、1为阴宫。这和数的阴阳不一致，是按八卦方位分阴阳，北方、东方为阳；南方、西方为阴，不以宫数分阴阳。

凡是太乙位于阳宫，而算得数为1、3、5、7、9（阳数），就称作重阳，预示有大旱，火灾为害。

如1487年（明宪宗成化二十三年），浙、赣、闽大旱。入阳20局，太乙在八宫，主算7，为无天无地之算，又为重阳主有旱灾为患。

五、大雨、洪灾规律探索

凡是太乙在阴宫，而算数得2、4、6、8、10偶数（阴数），就称作重阴，预示有大雨、洪水为害。

此外，凡庚辛岁，壬癸岁都有发生大的自然灾害的可能性。

如1569年（明朝隆庆三年），海河大水灾，海河流域50多个县受灾。入阳30局，太乙在阴2宫，主算10，为重阴，主有洪涝之灾。

第二节 人间百事

一、诸事成败规律探索

推演方法：

(1) 在太乙事法格局中，如果推算出天目掩太乙，诸事不会成功。

如果推算出三门具，五将发，则阴阳合，百事吉祥；如果三门不具，五将不发，则诸事不顺。

(2) 以太乙的旺相休囚死的状态来占断。太乙五行属木，入时局后，如果太乙居寅卯（旺）、亥子（相），也就是太乙在四宫或八宫时，诸事顺利，为吉。如果太乙居巳午（休）、四季（囚）、申酉（死）时，诸事不顺，为凶。

二、改革、变更规律的探索

欲知国政改革，法令变更，风俗改常，礼仪废坏，吕申加改革的年支，再看太簇酉所临之下所对应之宫，则为国政改革，风俗变化之事。

太阳辰所对应的为纪律荒废，灾害战乱等。

阴主戌所对应的为奸臣匿谋，凶丧祸乱等。

地主子所对应的为礼仪废失，口舌谣言等。

武德申所对应的为迁移异地，创营宫室等。

大义亥所对应的为折损废失，废迟期限等。

推演方法：以当年干支数为准推断。算合而长，事应在远；算短不合，事应在近。算合数长之年，远则90或180年，近则9年或18年。同时还要看太簇、太阳、阴主、武德、大义、地主等所对应的吉凶状况，有无掩、击、囚、迫、格、提挟、四郭固、四郭杜，如遇上这些格局，则改革不善不顺，变更有凶险。

三、年内发生的大事规律探索

推演方法：

(1) 欲知年中灾发之期，则以太岁的合神加在当年的年支上，顺转一圈，看文昌所临对应宫为灾发之期。相冲也是。如，文昌临辰，当年辰三月见灾；九月也同样有灾。

(2) 欲知灾发所起之日，以此月的合神加在当月的月支上，看文昌所对应的宫，即为事情发生之日；相冲之日也是。

(3) 以年支的合神加在年支上。如文昌临阳宫，则表示年内有旱灾；在阴宫则年内有大水。如加在太乙宫，或掩、击、迫、格、提携之间，其年君臣不协，岁内不平稳。

四、将相贤否规律的探索

推演方法：

(1) 吕申加太岁，如文昌在旺相之地，主辅相忠良，有王佐之略。如文昌临休囚之乡，主辅臣奸佞。

(2) 以吕申加太岁，如主大将临旺相之地，主将帅智勇，战必胜。如主大将临休囚之方，主将帅弱而无谋，战必败。

五、举荐人才规律的探索

推演方法：

欲推荐国家需要的人才，要看岁计三才的算数推断。如岁计算得 16 以上之数，为三才具备，可以推荐。如果岁计算得 9 以下，就不宜举荐了。

第三节　判断技巧

在太乙式法中我们也应该研究判断的技巧问题。

一、太乙判断事物的趋势

趋势指事物发展的动向。这是从比较宏观的方面来推断事物。

太乙五将为：太乙监将、文昌上将、始击上将、主参将和客参将。太乙监将统领十六神，表示天地气运盛衰流转，为大势所向。

因此，判断事物总的性质趋向，应看太乙监将与所在宫的旺相休囚。太乙若在阴绝、阳绝、易气之宫，则不利。算合则凶浅，不合则凶深。太乙助主之时，于客不利；太乙助客之时，于主不利。明太乙则可调和人事的动作谋为，变主为客或易客为主。

二、其它各将为事物性质的具体反映

其它各将为应势气分，明内外，定主客，为气数运化之相对平衡力量的产生及其发展，是变化的具体反映。犹如太极生两仪，两仪生四象，静生重力，重力趋静，动静相兼，交合生化，演绎万象，围绕共同的时轨震律而纵横古今。

太乙五将和主算、客算、定算都是由共同的太乙积年，根据其不同的运行周期计算出来，它们之间有着本质的联系，并由此产生不同的气运场，在五行生克循环回应、交错、相动相冲的运动过程中，形成关系密切，相互制约，相互影响的能对事物起关键作用的总向力导和分向应势。

文昌、始击定内外、明主客、分动静。它们和主算、客算的阴阳和合则可以定吉凶胜负。主方看主算，客方看客算。数和则吉。文昌与主算，始击与客算的阴阳和与不和也能更进一步的明了双方力量对比的差距。

三、正确判断太乙数的功能、变化

太乙神数通过数的分析反映天道、地道、人道的变化规律。

算中无十，为无天之算，就是不得天时。指外界环境，如上级领导，主导大事的条件还不具备。算中无五，为无地之算，就是不得地利。有地震、水旱等自然灾害发生，或下层、基础力量不得利。算中无一，为无人之算，就是不得人和。指孤立无援、各自为政、勾心斗角等。

数长事缓，数短事急，长胜短负。数之上和、次和、中和之分，反映谋事条件的具备程度。重阳、重阴、杂重阳、杂重阴之数又对事物有程度不同的阻力、影响。单阳、单阴、孤阳、孤阴之数于主客胜负也有影响。

四、格局的判断分析可纵观事态进行的状态

太乙的格局是通过太乙五将在十六宫中的不同空间位置关系而形成的，它对事物发展过程中主客观方的利弊、力量强弱进行全面分析。如文昌或始击与太乙同宫为掩，乃阴盛阳衰之象。反映了主要人物不得利，权移他手，有谋篡之意。文昌在太乙前后为迫，有外迫、内迫之分，外迫为外来的不利因素，内迫则是由内起。太乙格局将事态进行中的主客方向、气数格局等反映出来，结合阴阳五行，总括整个信息轨迹的走向，使人很

明确的把握全局，进而调整自身，以趋利避害。如对三门具不具、五将发不发的判断，则可以决定行为动向，选择有利的空间方位、时间，以便更顺利的行事。

5、太乙五将与十六星神五行旺相休囚与其所落宫之关系，决定其作用的最终发挥

太乙五将分属五行，起大运导大势，应天和地。十六星神也分吉凶，也各有五行所属，其所主之天道、地道、人道也各有分类，并且和它们的五行属相密切相关。如始击属火，主火、旱灾和激进勇猛之势。四神属水，其性漂游不定，主水涝洪灾和破财之事。这些星神所临之宫与其自身五行属相的相生相克，以及它们自身五行运转周期的旺相休囚，则对它们主导事情的影响程度，所处格局所起的作用，是一个重要的制约条件。处旺相之时，临相生之地，则性随境生，气助力导，加强了星神自身属性的活跃性。若处休囚之时，作用发挥必然受到影响，临相克之地，吉则减吉，凶则更凶。

六、各星神运行周期理天、理地、理人的分析判断

太乙和各星神运行十六宫，都有自己的运行周期。因此每位星神在宫中所留时间，可为理天之年，理地之年，理人之年的判断，应看星神入宫的年份，再结合数的天地人状况，可准确的判断出是天时、地利、人和哪一方面的问题为主。

七、多方入手，紧扣重点

要先看趋势。即太乙监将的气运盛衰，所临之宫旺相休囚与三算的和与不和；次看文昌、始击与主算、客算的关系，以断主客吉凶胜负；第三看太乙格局，从主客观与所具备的有利和不利条件判断吉凶。

推测天灾人祸，要看太乙各星神的临宫与其五行所属的关系。

第五章　应用初探

本章主要是解决太乙人道命法和太乙事法的应用问题。前面我们从理论到方法进行了探索。下面就应用问题在比较详细地举点实例，以便让读者朋友更加直观、具体地了解太乙人道命法和太乙事法。

第一节　经典案例

一、推演先生某甲之命运

乾造：丙戌、庚子、丁卯、辛丑，用太乙命法探索某先生之流年大运。

(1) 断宫之法。

可分四步完成。第一步，定十五宫。

①定十二宫。

以月支子加临年支戌位上，以生时的时支定为命宫。此求测者为阳男，故顺排十二支：

```
未 申 酉 戌
午         亥
巳         子
辰 卯 寅 丑
```

命　宫：亥　　奴仆宫：午
兄弟宫：子　　疾厄宫：未
妻妾宫：丑　　福德宫：申
子孙宫：寅　　相貌宫：酉
财帛宫：卯　　父母宫：戌
田宅宫：辰　　官禄宫：巳

②定身宫

以所生月的月支加临所生年的年支，顺行，日支所临之处即为身宫。从上图可知日支卯加临丑位，故丑为身宫。

③定日宫

日宫不论阳男阴女，阴男阳女，取地盘生日的日支即为日宫，故卯为日宫。

④定时宫

也不论阳男阴女，阴男阳女，取地盘所生时的时支即为时宫，故丑为时宫。

第二步，入太乙局

太乙积年为10155863，入阳四十七局。如下图。

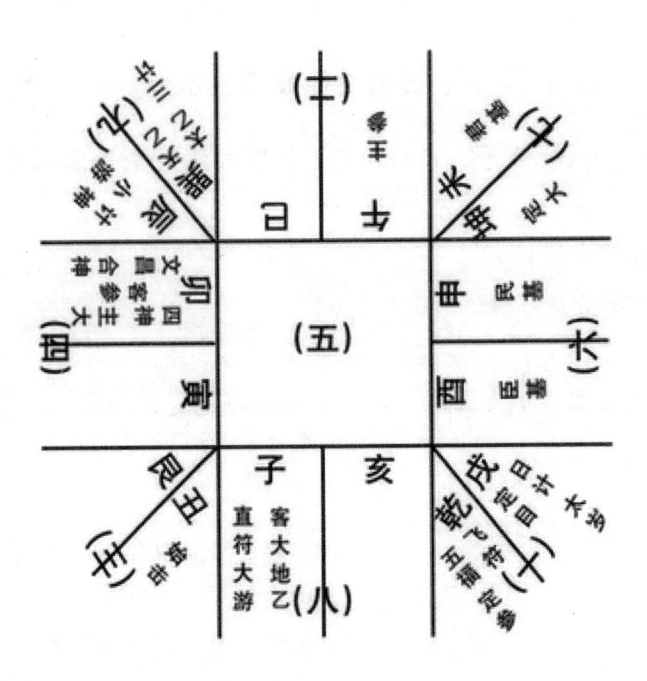

第三步，断命身日时宫所主。

①命宫（亥）

亥宫无星神。先看对宫巳宫，也无星神；再看三合宫之星神。亥卯未为三合，则取卯宫之星为主星。卯宫为五神同宫：文昌、主大、四神、合神、客参。文昌、主大、客参、合神四星神为吉星；四神为凶星；首先，从星神之吉凶数量来看，当属吉少凶多。其次，就旺相看，亥为冬季。文昌五行属土，土在冬季的状态为囚。主大五行属金，金的冬季状态为休。四神五行属水，冬季状态为旺。客参将五行属木，冬季状态为相。若以旺陷分析，文昌、主大将虽为吉星，但因处休囚状态，故吉的程度有限。四神为凶星，又处旺的状态，故凶的程度增大。客参将属吉星，又处相的状态，吉的程度增大。总之，该求测者吉凶皆有，以吉为主。

第三，三合宫见主大将，有坎坷。

太乙命法格局认为，小游遇文昌在左右宫辰为迫。此局，小游在文昌前一辰，为外辰迫。文昌遇客参将同宫为关。所以此局有太乙命法七种格局的关、迫两种格局。加之四神为凶星，虽处休的状态，但虎老雄风在，尚有余威。以上三个方面皆为不吉利之兆，该求测者此生必有一些坎坷和磨难。

第四，文昌在亥为入庙，乃大吉大贵之格。文昌在亥为科名，客参将在亥也为科名。科名指榜上有名，而不是名落孙山。旧指从隋唐到清朝，朝廷通过分科考试，选拔官吏的制度。这里的科名一指上学考试成绩优良；二指为领导干部。这就大大减弱了四神凶星的程度。太乙命法认为"亥上文昌翰墨荣，天文术数悉精通"。又，文昌在亥为上等，为"宏词论"，贯通古今，当世杰士。主大将在亥宫，为"亥宫主大本来荣，平生富贵享荣华"。主大将在亥为中等，为"府衙参辅，公门吏士"。"客参居亥福星绕，富贵荣华是尔曹"，客参在亥为上等，侍贵受名，监押干办。四神临亥为"幼岁伶仃，老自安闲"。四神临亥为上等，主"聪明谨语，爵禄丰厚"。以上与该求测者用西方星象学预测的核心结论"先知"完全吻合。与用"诸葛神算"所测"行路难，行路难，今日方知行路难，前程广大何足虑，琼力今朝度此滩"，完全一致。

第五，三合宫未宫中，君基降临。君基五行属土，临未是贵人星，也叫科名星。主求测者富且贵。但只是单星飞临，身边无人辅佐，故不能大富大贵。

实际情况：① 某先生于 2001 年进行卜算。该人老家在农村，为国家正处级干部。分别在县和地级市工作，从政和教学。与以上分析相对应。尤精哲学、天文、宇宙学、术数、易学、历史和地理等。晚年清幽安闲、颐养天年，尽享清福。与文昌、客参将的两个科名对应，该人曾以在县、地市两个第一成绩考入高中和大学（文化大革命结束后的 1977 年考）。

该人阅历比较复杂，坎坷磨难不少，尤其反映在青年时期。主要有以下四个方面。

其一，考大学无望。1963 年该人以全地区第一的优异成绩考入省级重点中学读高中。到 1966 年 6 月高中届满，高中毕业考试已经结束，正在抓紧复习准备高考。因该人学习成绩优异，且为学校学生干部，故校方决定，报考大学的志愿不用本人填写，最后由校长、班主任、政治、语文教师共同研究后，第一志愿报考北京大学哲学系。但很快就搞起了文化大革命，全国高考停止，考北京大学哲学系的梦想化为泡影。

其二，莫须有受行政处分。1968 年重点中学给某先生行政处分。给出的所谓理由是保皇派。其实就是看不惯造反派的打砸抢，做了一些逆潮流的事，成了派性斗争的牺牲品，直到 1973 年才撤销处分。

其三，从政受排挤。某先生在县政府工作期间，由于思路清晰，魄力大，方法多，能力强，政策水平高，清廉勤政，成绩突出，群众口碑极好。1997 年上级考核时，绝大部分人认为应该提升某先生为县长或县委书记。也正因此誉，而功高盖主，遭妒忌和排挤，不但没有升职，反而平调到了地级市的一个局里工作。

其四，遭诬陷挨告。由于在市局工作期间成绩突出，被提为正处级干部，调到了新的工作岗位。在新单位又因工作上的严格要求而影响了个别人的利益，个别人就以匿名信的形式告发到了市纪律检查委员会。纪检会查后结论是子虚乌有。

以上四个方面虽不是大的坎坷，但也使该人之身心受到了一定程度的打击。这也正合四神凶星在命宫和命宫有关、迫两种太乙命法格局。

某先生命运发展变化规律，命宫是主要矛盾，分析透彻了命宫，就占

---

① 本书所谓"实际情况"，皆为求测者已经经历了的实际情况。

断出了一个人一生的概况情况。

②身宫（丑）

始击降临丑宫。太乙命法认为"始击来居丑位中，少年困苦老年丰"。

实际情况：少年家庭贫苦，经济拮据。1963年考上省级重点中学，因凑不齐学费，晚报到3天。晚年妻子儿女均为国家公务员，经济条件比较优裕，与身宫所主吻合。

③日宫（卯）

客参将临卯为入庙，乃大吉大贵之格。文昌临卯，主"卯上文昌莫求名，守分安命晚自荣"；主大将临卯，主"卯上主大号无尘，志气飘飘人仰钦"；四神居卯主得舟船之利，实际情况皆与日宫所主吻合。

④时宫（丑）

时元既是预示晚年情况，又是预言子孙后代的。太乙命法认为，时元逢吉星，预示晚年发福，子孙满堂。始击为凶星，加临丑，本为凶。但是丑宫土为旺，始击五行属火，此处火为休，故凶的程度很弱；加之，该人为土命，处旺地，仍旧可以发福，子孙满堂。

实际情况：退休时为正处级领导干部，且在学术上颇有建树，因实行计划生育，故该人只有一子一女，儿子亦有一子，可谓子孙满堂，也可谓儿孙绕膝，尽享天伦之乐。

第四步，男看五福

男人除了先看命身日时宫外，主要看五福。此局五福降临戌宫。太乙命法认为"戌宫五福名极旺，化成大吉号元忠，不唯名利俱昌大，抑且身安衣禄丰"。

实际情况：名声之事已有一些应验。但按前面四宫所断和五福情况，今后将有大的名望，应该反应在学术方面。至于"身安禄丰"，也已经证明了一部分，随着年龄的增长，势必会进一步证明。

第五步，断十一宫

○1 兄弟宫（子）

客大将临兄弟宫，主兄弟二人，与实际情况相符。

○2 妻妾宫（丑）

始击临丑宫，主夫唱妇随，与实际情况相符。

○3 子孙宫（寅）

此局寅宫没有主星。可取迎宫之对宫酉宫的主星臣基为主星。人道命法认为"臣基主女多男少、女长男小为宜"。因为实行计划生育，所以女多男少已无法预测。先生实际有一女一男，女长男小。

○4 财帛宫（卯）

卯宫主星有三个：文昌、主大将和客参将。文昌临财帛宫主"因文字生财"。前面有述，求测者高中毕业后本来转家为农，后来就是因为笔杆子硬，才走上了从政之路。主大将主"财发如涌泉"，就目前看经济上倒也宽裕，但"涌泉"之事有待证明。客大将主"游商得外财，经营得厚利，或伙计生财"。此点目前尚不应验，先生既没有游商，也没有经营、合伙。

○5 田宅宫（辰）

计神临田宅宫，主"宅舍华丽美观，资业兴隆"。与事实基本相符，虽非华丽，但却适用。

○6 官禄宫（巳）

巳宫无主星，可取对宫子宫中的客大将和小游为主星。客大将主"游宦发福，或任边隅之官"。先生虽未任边隅之官，但可算游宦发福。小游主"禄位悠长，但不得大显，必文武双全"。先生为一七品官，故不为大显。

○7 奴仆宫（午）

主参将临奴仆宫。主参将五行属水，临午为夏，夏囚，为陷地，故先生既不得仆人之力，又没有亲友相助，所取得的一切成绩，完全靠自己的努力

○8 疾厄宫（未）

君基临未宫，主"一生安康，灾除疾去，逢难即解"。先生身体素质好，体魄健康，与所断相符。

○9 福德宫（申）

民基临申宫，民基为吉星，故先生一生幸福。

○10 相貌宫（酉）

臣基临酉宫，臣基为吉星，所主与先生相符。

○11 父母宫（戌）

父母宫无主星，对宫巽宫也无主星，其三合宫为寅午戌，寅宫无主星，午宫主星为主参将，可取为主星。"父母宫逢主星双亲全，不至早逝；逢凶星主幼丧父母"，主参将为吉星，先生父母双全。

第六步，断空亡

先生为甲申旬，午未二宫为空亡。具体分析可知，空亡之灾的程度会大大减弱。其原因，一是二吉星临二宫。主参将临午宫，君基临未宫。二是主参将五行属水，午为火，水克火，压制住了大部分空亡之灾；君基乃执掌大权，巡察天地八方，治国安民的大吉星，也可减弱空亡之灾。但先生一生曲折、艰难、坎坷，当与空亡有关。

第七步，宫断结论

先生此生命运不错，可算上等命。人才杰出，既富且贵。文采出众，饱学之士。尤精传统文化，将有重大创新与发展，贡献颇大，成就突出。子孙满堂，家庭幸福，美满和谐。

但此生阅历复杂，艰难曲折，坎坷不少，磨难较多。磨难将集中在青年时期；少年较贫苦。

（2）铁板神数验证

①皇极经世法

第一，排四柱：先生四柱为丙戌、庚子、丁卯、辛丑。

第二，配太玄数

$$7\ 8\ 6\ 7$$
$$5\ 9\ 6\ 8$$

第三，求元会运世之数

元数：年干太玄数（7）＋年支太玄数（5）＝12

会数：月干太玄数（8）＋月支太玄数（9）＝17

运数：日干太玄数（6）＋日支太玄数（6）＝12

世数：时干太玄数（7）＋时支太玄数（8）＝15

第四，求元会基本数和运世基本数

元会基本数：元数作前两位，会数做后两位，得1217

运世基本数：运数的十位和个位颠倒，做前两位；世数的十位和个位颠倒，做后两位，得2151。

第五，求基本数一

元会基本数的千位＋年干太玄数，得出基本数：8217

第六，求条文数

基本数的百位上加月干太玄数：8217＋800＝9017

基本数的十位上加日干太玄数：8217＋60＝8277

基本数的个位上加时干太玄数：8217＋7＝8224

基本数的个位上加日干太玄数：8217＋6＝8223

第七，求基本数二

运世基本数的千位加年干太玄数，得出基本数二：2151＋7000＝9151

第八，求条文数

基本数二的百位上加月干太玄数：9151＋800＝9951

基本数二的十位上加日干太玄数：9151＋60＝9211

基本数二的个位上加时干太玄数：9151＋7＝9158

基本数二的个位上加日干太玄数：9151＋6＝9157

第九，查找条文

说明：铁板神数还有一个修正的法则，即在查找条文时，应以得出的基本数查找，看是否与所测之人的经历相符，如不符合，在基本数上递加或递减30，直到符合为止。

9017：夫小二年，姻缘注定。此条不符合，进行修正。9017＋30×10＝9317（46、47岁）：衣食丰足，家门大吉。此年，儿子考上大学，该人提职为副处级干部。

8277：伯道无儿天道绝……。此条不符合，进行修正。8277＋30×3＝8367：振祖父之基业，启后生之事业。

8224：条文不符。8224－30×4＝8104：知君老至精神壮，运求晚运事辉煌。

8223：条文不符。8223－30×4＝8103：中运时来自坦夷，凯然春色满皇洲。该人53岁升职为正处级。

9951：升官得子，家门之兴。符合。

9211：条文不符。9211＋30＝9241（38岁）：名登金榜。该人38岁考上大学。

9158：条文不符。9158－30＝9128：家庭和气兴。符合。

9157：条文不符。9157＋30×14＝9577：有禄有财过晚景，无忧无虑乐平平。符合。

分析：前面我们用八卦加则法进行推演，基本上准确；但此处用元会运世法则基本不准确。大部分条文在递加或递减30后，才基本符合。如果给人预测，是断未来之事，如何知道符合不符合？因此，此法有待进一步深入探讨。

元会运世法取法还有另外一种运算模式。排四柱、为四柱配太玄数，求出元会基本数和运世基本数后，元会基本数的千位加年干太玄数，得出一个数，以此数查找条文。如果符合所测之人的情况，则以此数为基本数进行后面的预算。如果不符合，则递加或递减30，直到符合为止，由此求出基本数一。基本数一的百位加月干太玄数，得到一个条文数，基本数的百位加月支太玄数，得到一个条文数。

然后求基本数二。基本数一的十位加日干太玄数，个位加日支太玄数，得到基本数二。再求出基本数二的两个条文数。

求基本数三、四及其四个条文数的方法也同上。

此法比我们上面所用之法稍微稳妥一点，具有调节功能。但是随机性太大，因而充满了可能性，这能叫预测吗？假如是新生小孩，还没有阅历，如何预测？显然这是个大问题。因此所谓铁板神数的神奇，是有条件的，有局限性的。不认识这一局限性，盲目的到处应用，必然会碰钉子。

②八卦滚取数法

八卦滚法是通过基本卦的连续变化来取数的方法。八卦滚法是检验预测者是否真正懂得《铁板神数》的试金石。

第一，排四柱：该人四柱为丙戌、庚子、丁卯、辛丑。

第二，配太玄数：

7　8　6　7

5　9　6　8

第三，以数化卦

上卦：干支化数的奇数相加：$7＋7＋5＋9＝28 > 8$，$28÷8＝3……4$，

对应巽卦（指后天八卦）。

下卦：干支化数的偶数相加：8＋6＋6＋8＝28，也对应巽卦。

则基本卦为巽卦：

第四，查六十四卦基本数序表，得出基本数为4950。

第五，用基本卦进行滚动。求第一卦：基本卦的互卦为火泽睽卦：

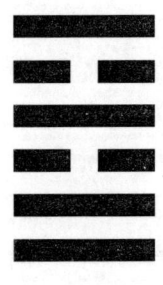

第六，求第二卦

看所测之人处生在上元甲子或中元甲子还是下元甲子。

规则：A、在上元甲子出生的，年干×10，年支×1；

B、在中元甲子出生的，可分两种情况：

a、阳男阴女，年干×100，年支×10；

b、阴男阳女，年干×10，年支×100。

步骤：此例求测者为中元甲子出生，为阳男。依规则年干×100，年支×10：7×100＝700；5×10＝50。

根据公式：(基本卦数＋年干乘数＋年支乘数)÷9，所得余数为动爻数。

规则：A、余数为几，则几爻动。

B、当余数为7时，第一卦中一爻和四爻同时变。

C、当余数为8时，第一卦中二爻和五爻同时变。

D、当余数为0时，第一卦中三爻和六爻同时变。

步骤：依公式（基本数＋年干乘数＋年支乘数）÷9＝（4950＋700＋50）÷9＝633……3，余数为3，根据规则A，第一卦中第三爻变。

第一卦为火泽睽卦，第三爻变，为火天大有卦。

第七，求第三卦。

规则：由第一卦错卦，变为第三卦，为水山蹇卦：

第八，求第四卦。

由第二卦错卦变为第四卦：水地比卦：

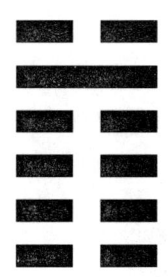

第九，求第五卦。

规则：依据公式（基本卦数＋年干乘数＋年支乘数）÷6，所得的余数为第一卦的动爻数。动爻数变后之卦，然后再上下颠倒，即得第五卦。

步骤：（4950＋700＋50）÷6＝950……0

依据规则，当余数为0时，第一卦中三爻和六爻同时变。第一卦为火泽睽卦，三爻、六爻变后为雷天大壮卦，再上下卦颠倒变为天雷无妄卦：

第十，求第六卦。

规则：上式中的三爻、六爻加到第二卦中，爻数变后之卦，在上下颠倒称为第六卦。

步骤：第二卦为火天大有卦，第三爻、六爻变后为雷泽归妹卦，再上下颠倒成为泽雷随卦：

第十一，求第七卦。

规则：以第九式的动爻数加到第三卦中，动爻数变后所成之卦，再上下颠倒成为第七卦。

步骤：第三卦为水山蹇卦，第三爻、第六爻变后为风地观卦，再上下颠倒成为地风升卦：

第十二，求第八卦。

规则：以第九式的动爻数加到第四卦中，动爻数变后所成之卦，再上下颠倒成为第八卦。

步骤：第四卦为水地比卦，第三爻、第六爻变后为风山渐卦，再上下颠倒成为山风蛊卦：

第十三，把得到的八个卦化为数，计算条文数。

规则把求得的八个卦分别查如下三表：《六十四卦先天数理表》、《六十四卦后天洛书数理表》、《六十四卦先天洛书数理表》[①]，把每一卦查三表所得数用 A、B、C 代入表示：

公式：$A×100+B=$ 所求条文数

$A×100+C=$ 所求条文数

$B×100+A=$ 所求条文数

$B×100+C=$ 所求条文数

$C×100+A=$ 所求条文数

$C×100+B=$ 所求条文数。

每一卦六组，八个卦即有四十八组。

步骤：第一卦为火泽睽卦，查表得出三个数为 $A=32$，$B=97$，$C=34$。

代入公式：$32×100+97=3297$

$32×100+34=3234$

$97×100+32=9732$

$97×100+34=9734$

$34×100+32=3432$

[①] 参见《铁板神数预测学》，金泉编著，中国国际广播音像出版社，2006年版。

34×100＋97＝3497

第二卦为火天大有卦，查表得出三个数为 A＝31，B＝96，C＝39。

代入公式：31×100＋96＝3196

31×100＋39＝3139

96×100＋31＝9631

96×100＋39＝9639

39×100＋31＝3931

39×100＋96＝3996

第三卦为山水蹇卦，查表得出三个数为 A＝67，B＝18，C＝76。

代入公式：67×100＋18＝6718

67×100＋76＝6776

18×100＋67＝1867

18×100＋76＝1876

76×100＋67＝7667

76×100＋18＝7618

第四卦为水地比卦，查表得出三个数为 A＝68，B＝12，C＝71。

代入公式：68×100＋12＝6812

68×100＋71＝6871

12×100＋68＝1268

12×100＋71＝1271

71×100＋68＝7168

71×100＋12＝7112

第五卦为天雷无妄卦，查表得出三个数为 A＝14，B＝63，C＝98。

代入公式：14×100＋63＝1463

14×100＋98＝1498

63×100＋14＝6314

63×100＋98＝6398

98×100＋14＝9814

98×100＋63＝9863

第六卦为泽雷随卦，查表得出三个数为 A＝24，B＝73，C＝48。

代入公式：24×100＋73＝2473

24×100＋48＝2448

73×100＋24＝7324

73×100＋48＝7348

48×100＋24＝4824

48×100＋73＝4873

第七卦为地风升卦，查表得出三个数为 A＝85，B＝24，C＝12。

代入公式：85×100＋24＝8524

85×100＋12＝8512

24×100＋85＝2485

24×100＋12＝2412

12×100＋85＝1285

12×100＋24＝1224

第八卦为山风蛊卦，查表得出三个数为 A＝75，B＝84，C＝62。

代入公式：75×100＋84＝7584

75×100＋62＝7562

84×100＋75＝8475

84×100＋62＝8462

62×100＋75＝6275

62×100＋84＝6284

第十四，查找条文。

第一卦：

3297：日月相照，光于四海。

3234：祸福相攻，疾风暴雨少从容。

9732：绿竹林中花出色，白莲池上蕊生香。

9734：父龙母猪，先天定数。

3432：出淤泥而玉洁冰清。

3497：虽失东北一隅，还有西南可峙。

第二卦：

3196：事占高魁。

3139：前妻生三子，后妻生二儿。

9631：幼年造化奇，一天星斗正光辉。

9639：兄弟虽多，易数只有其二。

3931：陌头杨柳青，阁中人断魂。

3996：远近依依物有情，花好开向值清明。

第三卦：

6718：妻生儿子，妄自无儿。

6776：快乐无极，毫无费力。

1867：黄花开晚节，翠竹茂松林（67、68岁）。

1876：恩星相照，当贡之期。

7667：园林春花，红紫生辉。

7618：韶光明媚，物色更新。

第四卦：

6812：时逢大有，内外安宁。

6871：享平安之福，绝门外之器（73、74岁）。

1268：寒暖无常，留心动静（85、86岁）。

1271：一阳初动，梅花几点绽寒头（26、27岁）。

7168：不幸二亲欠俱寿，自成自力苦伶仃（父早逝）。

7112：壬子之科，乡试中式。

第五卦：

1463：几番雨打柳花球，一阵风吹上舞楼。

1498：班师皆相庆，人民颂太平。

6314：乡试中式。

6398：唯听鸟燕啼，春雨泪沾衣。

9814：父马母羊，易数之数。

9863：兄弟一人，数中注定。

第六卦：

2473：两妻已死，三妻上午而亡。

2448：灾之未已，伤之有失。

7324：官至八品。

7348：点灯照路，来往无疑。

4824：财帛辐辏暗中来，坦然安乐笑颜开。

4873：财帛破耗，留之不住。

第七卦：

8524：子乃克济。

8512：无是无非，伏游禅室。

2485：花枝凋零怕东风，秋雨吹残满地中。

2412：寒虫苦唧唧，助人之叹息（75岁）。

1285：五更鸡鸣早，姓字达天聪。

1224：知君寿数高，一百还有余。

第八卦：

7584：风传刻漏星河落，月上梧桐雨露清。

7562：若问平生名利事，标名光耀国学中。

8475：闻道东君尚未回，水流花谢雨相催。

8642：无端春雨催春去，落尽枝头桃李花。

6275：荣枯损失皆前定，何必怨天又怨人。

6284：数有偏枯，事当发疾。

③铁板神数验证结论

这里只谈八卦滚取数法之结论。

在四十八个条文中，有三十五个已被求测者的实况证明吻合，占73％；有四个不符合求测者的实况，占8.3％；还有九个是求测者尚未经历的事，如"知君寿数高，一百还有余"；想平安之福，绝门外之嚣；寒暖无常，留心动静等，占18.7％。总的看，在求测者的命运的主要方面，断宫法和八卦滚取数法与求测者的实际情况，是吻合的。

下面简述综合验证法的好处。

前面已述，探索个体命运发展规律，必须要以人为本，要以高度负责的精神，小心谨慎的态度，精细周到的预测和准确无误的判断来从事之。最终的目的是准确无误。为此，我们在太乙命法中增加了"综合验证法"。通过以上预测的实践可知，确有其长处。

一是，相互验证。比如太乙命法和奇门遁甲、铁板神数、河洛参评秘诀都判断求测者少年困苦，老而有福，杰出人才，即富且贵，长寿，在国学上有大的贡献等。虽然各种预测手段用语不尽相同，方式有别，但判断的结果具有一致性。如果出现不一致，便是不能互相验证，则要重新占断，从而避免或减少误判。

二是，增加信息。多种预测手段并用，可增加信息量，增加信息精度，可使预测内容更加充实、具体、准确。如该人长寿，铁板神数条文是"知君寿数高，一百还有余"。

三是，补充完善。太乙命法推演结果有一条是"老来好"、"学问大"、"贡献多"、"亥上文昌翰苑荣，天文术数悉数通"；河洛参评秘诀是"寒光有重焰"；诸葛神算是"行路难，行路难，今日逢之行路难，前程远大何足虑，琼力今朝度此滩"；西方星象学判断是"先知"；而铁板神数是"若问平生名利事，标名光耀国学中"。在判断该人对国学的重大贡献，可以青史留名，光宗耀祖方面，各种手段既互相验证，又彼此补充完善。

据此，我们认为，多法并用，综合验证，乃是预测者必备之素质。

二、推演先生某乙之命运

乾造，甲寅、乙亥、戊子、壬子，试推其一生大运流年。

（1）断宫法

第一步，断十五宫。

①定十二宫：

以月支亥加临年支寅上，以生时的时支为命宫，顺排十二支，可排出：

```
寅 卯 辰 巳
丑         午
子         未
亥 戌 酉 申
```

命　宫：卯　　官禄宫：酉
兄弟宫：辰　　奴仆宫：戌
夫妻宫：巳　　疾厄宫：亥
子孙宫：午　　福德宫：子
财帛宫：未　　相貌宫：丑
田宅宫：申　　父母宫：寅

②定身宫：

以所生月支，加临所生年的年支，顺行十二支，日支所临之宫即为申宫。从上图可知，日支子加临卯位，故卯为申宫。

③定日宫：子为日宫。

④定时宫：子为时宫。

第二步，入太乙局。

入太乙阳遁第三局，如下图：

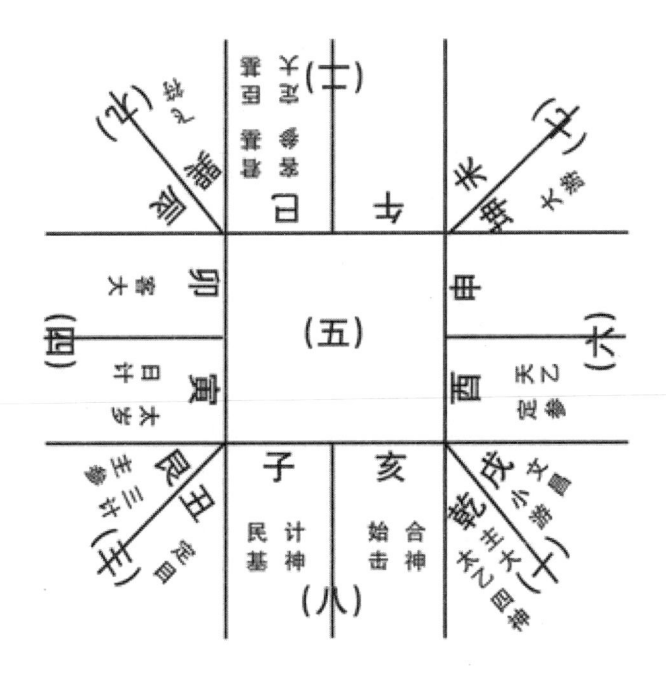

第三步，断命时宫

①命宫（卯）

客大将临卯宫。客大为吉星，五行属水。太乙命法认为如身命单见客大，临旺是也。又云：客大在卯，云可步也。称为"神仙格"。求测者命宫卯只有客大一个星神；客大临卯为水生木，为我生者相，乃旺地也。如果客大将在卯宫，那么就要驾云飞腾了。是指大吉大贵之格，主求测者官场如意，平步青云。求测者必定是为官之人。另，日支子化曜，客大为地元福星。求测者当为又富又贵,有福之人。

②时宫(子)

民基星神临子宫。太乙命法"诸星入十二宫庙旺"认为子宫有民基入侍,也是又富又贵之格。还认为"子位民基好天通,财宝丰盈库府充"。又,民基在子为上等,主"理运财计"。即为理财之人,正应求测者在银行部门工作。按此断,此人一生都要从事理财工作。计神在子宫,"子位天机果是寿,财禄丰盈世所稀"。以此断之,该求测者必然经济充裕,存款较多。民基为吉神。太乙命法认为时宫"逢吉星预示晚年发福,子孙满堂"。求测者求测时40岁,实行计划生育,只生一子。故该人晚年可享清福,也可尽享天伦之乐。

求测者为甲寅旬,子丑为空亡,子又为时宫,本是极为不吉之事。但民基、计神五行皆属土,子为水土和水,而且是双克。故空亡之灾大大减弱,主要以民基和计神所主为主。

实际情况:求测者在省会银行工作,40岁升职副处级;生有一子;家庭富裕,美满和谐。

求测者年干化曜,客大为父母星,主在一定程度上富贵得益于父母,并主父母皆长寿(求测之年,父71岁,母70岁)。

太乙命法格局认为,"小游遇文昌,主客大小将有一同宫为囚"。此局,小游与文昌同宫,为囚。又认为"小游左右宫辰遇始击为击"。此局,小游临一宫,始击临八宫,为外宫击。囚和吉都是不吉之兆,故该求测者一生虽然既富又贵,但不是一帆风顺的,要有艰难坎坷。

实际情况:40岁的求测者在25岁大学毕业后,工作上一直不顺利。始则地市级银行借调近十年,却不能正式调入,干的是科长的事,当的是大头兵。到35岁才正式调到地市级银行。此十年颇为不顺,按断宫法分析,该人在今后的人生中将继续经历坎坷,但无大的不吉之事。

(2) 断卦法

①求立身卦。该求测者四柱为甲寅、乙亥、戊子、壬子。

年柱甲寅:天干甲属木,生成数为11;地支寅属木,生成数11;甲寅纳音为水,生成数为7。三项之和为11+11+7=29。

月柱乙亥:天干乙为木,生成数为11;地支亥为水,生成数为7;乙亥纳音为火，生成数为9。三项之和为11＋7＋9＝27。

日柱戊子：天干戊为土，生成数为15；地支子为水，生成数为7；戊子纳音为火，生成数为9。三项之和为15＋7＋9＝31。

时柱壬子：天干壬为水，生成数7；地支子为水，生成数为7；壬子纳音为木，生成数为11。三项之和为7＋7＋11＝25。

天地数：55。

29＋27＋31＋25＋55＝167，167÷64＝2……39。

查今本六十四卦排列次序表知：39为蹇卦：

略解蹇卦：水山为蹇卦。山上有水，山重水复，险象环生，举步维艰，进退两难。得此卦时，求财难成；身心痛苦，陷入困境，事业骑虎难下。蹇卦为四大难卦之一（另三个难卦是：坎卦、屯卦、困卦）。

此相主求测者在立身阶段很困难。前面已述，该人在立身阶段有十年不顺，当应此卦。蹇卦的启示之象是：知难而上，相时而动。知险而能止，不去冒险，相时而动，则可以最终脱离险境。宇宙间的事没有绝对的。蹇卦一方面是四大难卦之一，使诸事不顺；但从历练人的角度看，使人有了客服困难的毅力、勇气、信心，实际是增长了智慧，锻炼了忍性。这些对今后的人生是宝贵的财富。该人的实际情况正是如此。但蹇卦六二爻居中而得位，象辞说虽然困难重重，但最终不会有过失。可见求测者在此艰难时期做到了谨慎小心，不怕艰难，于35岁左右度过了此道难关，步入了吉利顺畅的时期。这一时期应该是求测者的黄金时期。

②求出身卦值事动爻。

所求结果是（过程略）：蹇卦九三爻为值事动爻。

③求立业卦：蹇卦九三爻变后为水地比卦：

全息太乙

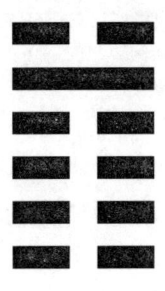

④求出身立业之期。

从出身卦值事动爻开始，值事动爻为阳爻，自下而上，逢阳九为九年之期，逢阴六为六年之期，布满出身卦六爻后，再入立业卦变来之爻，仍自下而上，逢阳九为九年之期。逢阴六为六年之期，直到布满立业卦六爻为止。

若值事动爻为阴爻，阴爻自上而下，逢阳九为九年之期，逢阴六为六年之期，布满出身卦六爻后，转入立业卦变来之爻，仍自上而下，逢阳九为九年之期，逢阴六为六年之期，直到布满立业卦六爻为止。

出身立业之期先从立业卦蹇卦开始：

上六　六年　（25—30 岁）
九五　九年　（16—24 岁）
六四　六年　（10—15 岁）
九三　九年　（01—09 岁）
六二　六年　（37—42 岁）
初六　六年　（31—36 岁）

到 42 岁已满蹇卦六爻之数，从 43 岁开始入立业卦变来之爻，即六三爻。

上六　六年　（64——69 岁）
九五　九年　（55——63 岁）
六四　六年　（49——54 岁）
六三　六年　（43——48 岁）
六二　六年　（76——81 岁）
初六　六年　（70——75 岁）

略解比卦：比卦总的看是吉祥卦。得此卦者适合从事竞争性行业。比卦上坎下坤，中存艮，山中地，地中山，正类兼光日益。山地之上皆水草，未受润。上险下顺，外纵凶险，内顺从之，其险何所施？纵或为险，又知所止，无非柔顺和乐。为众星拱北之卦，水形地上之象。

202

但此卦有两个阶段不吉祥，应高度注意。一个是六三爻。象辞说，与盗匪结交，怎能不受到伤害呢？六三爻处境很不妙。初六、六二、六三、六四都想亲附唯一的阳爻九五。其中六二与九五有正应关系，六四与九五有亲比关系，条件都十分有利。初六虽然与九五没有正应、亲比关系，但是初六处于初级阶段，甚至可能有吉。最糟糕的就是六三爻，与九五既无正应和比邻关系，又没有捷足先登的机会。凶吉仍未定，只有静以待变。

二是上六爻。象辞说，结交不到首领，不会有善终。上六爻位以高而自傲，开始是不愿与九五亲比，迟疑观望没有诚意，直到大家都纷纷亲附于九五爻，上六爻孤立无援才被动的求比，但为时已晚，错过了机会。

六三爻之象，主求测者交友不慎，反受其害。该人在43－48岁期间，当高度警惕，慎重择友，慎重交友，多与贤良者交往。

上六爻之象，主求测者没有搞好与上级领导的关系，使自己陷于极为被动的境地。该人在64－69岁之间，应该高度重视并处理好与领导（包括董事长、经理等）的关系。

（3）综合验证

①称骨法验证。称骨法称该人之命格为"乃文武才能，钱谷丰盛之人也"。诗曰："此相最聪明，为人实公平；一生多快活，到处人钦敬。"

②相学验证。

首先，面相。人的眼睛被誉为灵魂之窗，"看贵在眼"。眼睛作为五官之首，成为面相学重点内容。根据面相学，通过观察眼睛的各种情况，包括大小、位置、形状、眼神等，能够推断出一个人的性格和品质，以及命运的轨迹，其中包括学业、事业、交友、感情、婚姻等方面。此人为鹤形眼。指眼睛黑白分明，富有色彩，上眼皮很长达到奸门部位，尽显清秀之气。此种眼相之人中年时事业、财运会滚滚而来，到老也会地位显达，光宗耀祖。"看富在鼻"。鼻子为截筒鼻。方正笔挺，鼻头圆润，山根略远，年上和寿上丰满。主发富稍晚，到中年后才会财富临门。"看禄在口"。口为方口。口方阔，红润有光泽，像朱砂，笑不露齿，牙齿洁白，主富贵。"看福在耳"。通过观察耳朵，不仅能看出一个人幼年的运势、家境的好坏、教育的程度、心性的好坏，更能知道他将来的事业和婚姻，甚至一生最终的结果。可以说，一个人一生成长过程都记录在耳朵上。该求测者，双耳贴脑，耳朵顶端比眉高。主智商高，学习和创造能力很强，能得到很好的后天教育，容易获得社会地位和名声。耳廓清晰、明显，主聪明能干，判断力强，且十分理智。耳垂朝口，有福气，有贵人运。"看名在眉"。一个人运势的好坏，个性的优劣也会在眉头上有所表现。同时人际关系的情况，包括父母、兄弟、姐妹之间的关系，配偶子女之间的关系等等，也都在眉上有所表现。两条眉毛之间的距离，一般以一个手指头为计量单位。相学认为，距离为一个半手指为标准距离。眉毛间距过短不好，太长也不好。该人眉毛正好为一个半手指，符合标准。其眉毛为新月眉，主有艺术家的气质，考虑问题周到，人际关系不错，事业上有所成就。

乙先生面三停比较匀称，乃富贵平稳之相。

其次，手相。先看掌纹。看手相的基础是掌纹。掌纹乃"人生轨迹之密电码"，即人生的轨迹全在掌纹上。但是，不会翻译"密电码"，便不能识人。掌纹有五条主要线最关键。生命线：开始于食指根部，环绕大拇指的那条线，它代表生命中的重要历程和一个人的健康状况。感情线：学术界认识并不一致，主流观点认为是指始于掌外缘（小指下方），向食指方向延伸的那条主线。它代表爱和被爱的能力以及对爱情的态度。智慧线：是手掌上最重要的线，开始于拇指与食指之间，向月丘延伸的那条线。它代表着人的智慧水平和思维方式。命运线：始于金星丘、月丘或二者之间的位置，向中指方向延伸。它代表一个人的人生方向、事业的运程和他人对自己的影响，是手掌上最引人注目的一条线，又叫做事业线。婚姻线：是出现在小指根部和感情线之间的短线。它暗示了恋爱和婚姻的信息。

该求测者生命线较长，主身体良好，健康长寿。感情线朝食指、中指方向弯曲，主有同情心，对感情忠贞不二。智慧线较长，主智慧水平和能力较强，做事全力以赴，往往名利双收。命运线从智慧线向上延伸，主可以通过与智慧有关的活动把握机会，大多中年后事业有成。

再看掌指。看掌指，皆以中指与掌幅和掌长做为观察比较的依据。掌指长度约为身高的。就医学而论，指掌也有一定的生理比例。一般而论，中指长度等于掌幅；等于掌长的。食指长度以达到中指第一指节的为标准；无名指长度以达到中指第一指节的为标准；拇指自然并拢，以达到食指的第三指节的为标准；小指尖以达到无名指第一指节纹为标准。掌指太长、太短都有相法。该求测者食指长 7cm，无名指 6.5cm，主平生近贵。食指圆满，傍贴中指，主衣食丰足。中指端正，无名指与食指左右紧贴，主高尚有为。无名指明净，紧贴中指，主财禄丰盈。小指清秀，长而不秃，主才艺超群。中指长度（8cm）等于掌幅，短于掌长（9.5cm），属宽掌型，是道地的乐天派，从来不知忧愁烦恼为何滋味。凡事漫不经心，拿得起，放得下，一旦下定决心，绝不轻易更改志向，一般能百折不挠的直到成功为止。

第三，骨相。人身以骨为主体，肉为客体，骨与肉相辅为贵。人类骨骼系统，分头颅、躯干、上下肢三大部分，共有 270 根骨头，随着年龄的增长，若干骨头逐渐合并，到老死时变成 206 根。相骨之法，一般认为是春秋时期鬼谷子所创。笔者认为，此法以民国相学大师陈公笃最精。有《公笃相法》一书传世，论骨 34 式，最为详尽，最为精到。

相骨之法，一般认为有四：一相、二摸、三量、四称。

一相。凭肉眼从外形观察骨头的方圆、曲直、高低等，这些均有吉凶之断。

二摸。指用手触摸骨头之大小、长短、粗细等。

三量。主要指骨头的长短、大小。如求测者龙骨和虎骨的长度分别为 28cm 和 25cm。从胳膊到肘部为龙骨，以长、粗为好。从肘部到手腕部为虎骨，长得短而细为好（指与龙骨相比较而言）。再如量求测者之面三停。上停 8cm，中停 8cm，下停 8.1cm，面三停比较均匀。复如量求测者之身三停。人的整个身体也被分为三停：头和颈为上停；肩到腰部为中停；腰部到脚为下停。求测者身高 173cm。上停长 27cm；中停长 80cm；下停长 66cm，所占比例为吉。

四称。《麻衣神相》说："骨以重贵"。骨头的轻重有称重之法。其法分人之骨重从一两一钱到六两七钱。可分为贵、贱两部分：从一两一钱到二两五钱为贱命；从二两六钱到六两七钱为贵命。该求测者之骨重为五两一钱，属上等命之"三品"（相学一般把命分为一、二、三三个等级，每等三品，共九品）。

通过以上相学三个方面的简单验证，可以清楚的知道，与太乙命法占断的该人命运优势的方面相符。至于该求测者的人生劣势方面，从相学上也有显示和分析，同太乙命法之预测也符合，限于篇幅，不再赘述。

三、推演某女士之福泽

某女士，太乙积年为 10155888，入太乙阳 72 局。太乙命法断数法认为，太乙命法只取主算。此局主算为 29。主算得 23、29、32、36 为中和之数。故该求测者得中和之数，主富康迁荣，灾咎不作。

用称骨法称之："乃禄厚官职，荣华富贵之命也。"诗曰："此命最贤良，资财福寿昌；若无官贵压，父母早年亡。"实际情况：该求测者在地市级电业局工作，工资、福利俱优厚；到求测时（45 岁），平安顺利。

四、推演某男士之财富

某男，太乙积年为 10155916，入太乙阳 28 局。此局主算得 14。太乙命法认为主算得 14 为上和之数。主天地庆会，阴阳交通，士人高中，官者显贵，庶民则财富丰足，田产广益。

实际情况：求测者为庶民。1985 年建一商贸公司，年平均利润在百万元以上。到求测时（2008 年）已开设 23 年。确是"财富丰足"。

五、推演"神九"发射、运行、回收成功否

据报道：2012 年 6 月 16 日 18 时 37 分我国发射神舟九号宇宙飞船。

2012 年 6 月 16 日上午 9 时开始，笔者特邀 11 人共同预测、见证"神九"发射、运行、回收成功否？

（1）入局

用太乙时局预测。2012 年 6 月 16 日 18 时 37 分，四柱为壬辰、乙巳、戊申、辛酉。求 2012 年 6 月 16 日 18 时 37 分的太乙时局？

①先求 2011 年冬至日子时入局数。

2011 年 12 月 22 日冬至，为辛亥日、戊子时。

甲子岁积年＝29277＋2011＝31288（年）

冬至日积日＝31288×365.2425＝11427707（日）

冬至日积时＝11427707×12＝137132484（时辰）

137132484÷72＝1904617……60

60＋1＝61（局），为2011年冬至日子时入局数，为阳61局。

②求预测日辛酉时入局数。

先计算预测日与冬至日相距天数：

2011年12月22日（冬至）到31日为9日；

到2012年6月12日为：31＋29＋31＋30＋31＋16＝168（天）；

9＋168＝177（天）。

177×12＝2124（时辰）；

2124÷72＝29……36

预测日子时局数＝（61＋36）－72＝25（局），预测日子时为25局，丑时为26局……酉时为阳34局。因此应入阳遁34局。如下图：

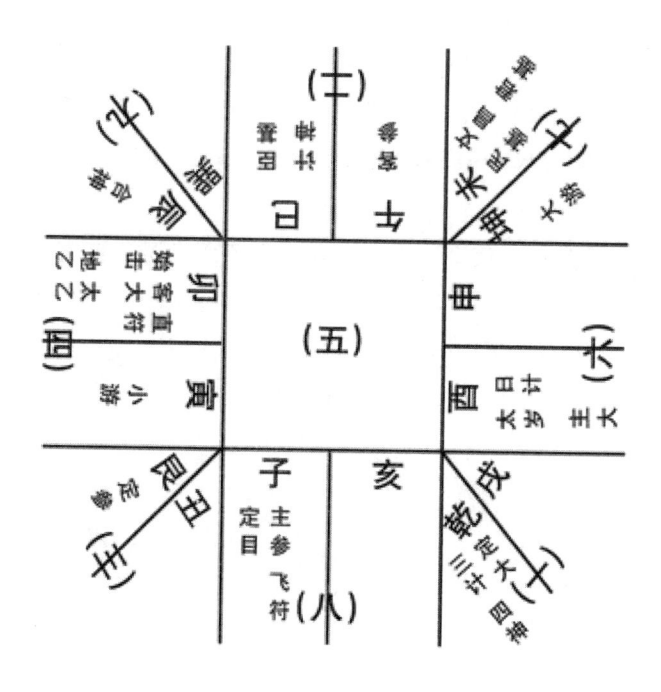

(2) 断局

①基本格局：太乙在四宫理天；计神在大神；主目文昌在天道；主算26，三才俱足之算；主大将六宫，主参将八宫；客目始击在高丛；客算4，单阴，无地无天之算；客大将四宫，客参将二宫。

②太乙神数认为"安平之世，先举兵者为主"。发射神九，发射方为

主。此局太乙在四宫，太乙在天内助主。有太乙在天内助主，神九的发射、运行、回收必然成功。

③主算 26，为天地人三才俱足之算。此为太乙神数最为吉利之数，谋此一算足矣。百事皆吉。而且算长，长则缓利深入，算长为胜，算短为负。故，万事俱备，发射、运行、回收必然成功。

④单阳、孤阴不利于主，此局没有；重阳不利于主，此局也没有。以此排除法，也主成功。

⑤如果文昌掩太乙，所闻善事为虚，所闻不善之事为实。此局文昌不掩太乙，故所闻善事为实。即神九发射、运行、回收成功是必然的。

⑥此局文昌发、主大将发，极为利主。发为兵强将勇，发必中，举必成，战必胜。亦主成功。

⑦太乙时计八门冬至后用阳遁局，阳遁局值事门为开门、生门、惊门和休门。甲日子时起开门值事。此局从甲辰日子时到戊申日 18：37 分共 46 个时辰，30 个时辰一换门，故戊申日辛酉时为生门值事。生门为大吉之门。

另外，戊申日惊门值事，以惊门加临太乙所在的震四宫，则八门位置如下图：

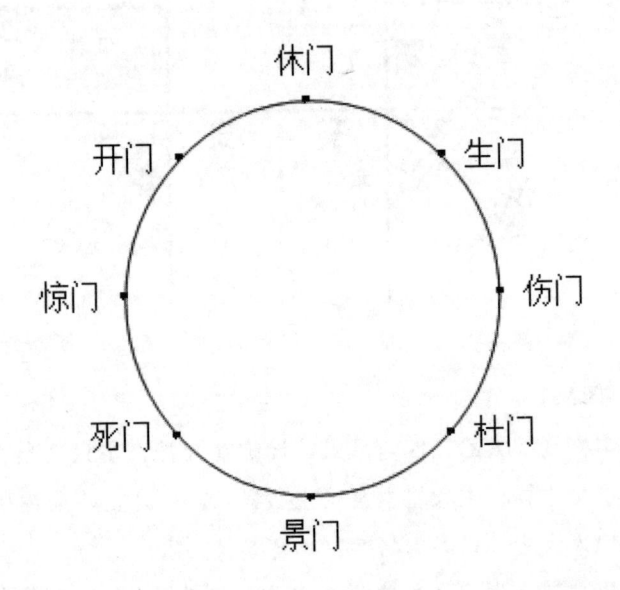

主目文昌在坤七宫就是神九发射之宫。坤七宫为生门，生门主生育万物，乃大吉之门。

综合以上七条，可断为：神九发射、运行、回收成功。

实际情况：神九发射成功，运行良好，于2012年6月29日10点03分安全回收。至此，神九的发射、运行、回收圆满成功。预测与实际情况完全吻合。

六、推演美国挑战者号航天飞机

以下推演美国东部时间1986年1月28日11：38分发射挑战者号航天飞机失事的原因。此次挑战者号发射，仅历73.02秒，便机毁人亡，7名宇航员全部遇难。我们用太乙式法推演一下失事的原因。

（1）此例入太乙年局15局（过程略）。基本格局是：太乙在六宫理人，太乙在天外助客；计神在地主；文昌临大威；主算9，单阳，算短；主大将九宫，主参将七宫；始击在大武；客算7，单阳，算短；客大将七宫，客参将一宫。如下图：

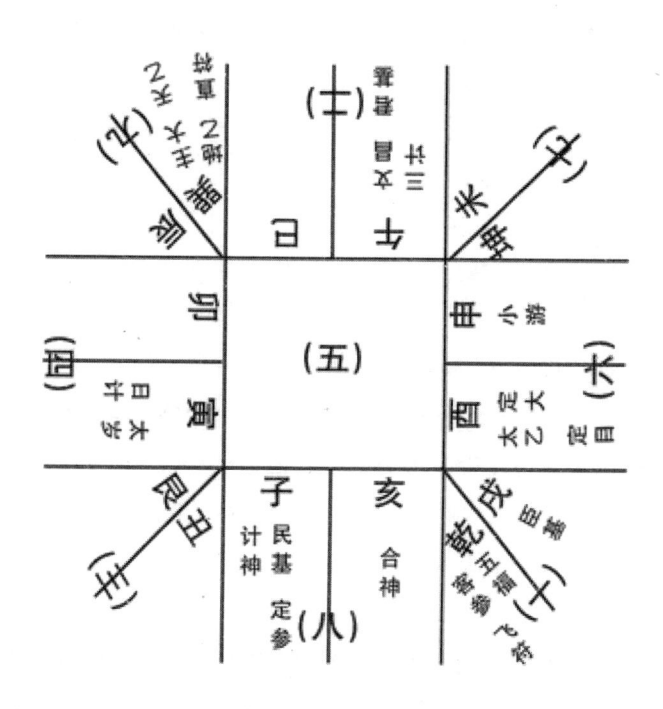

（2）太乙在六宫，始击、客大将以主参将相关共迫太乙宫，此格局为四郭固。所谓四郭固，既是指国都四面皆有城墙，宜坚壁固守，不易出击，以防灾变。凡遇此格常有大的灾祸发生。太乙式法认为如果格局中出现四郭固或四郭杜，那么听到的好消息必然是假的，再次也就是指挑战者号发射不可能成功。这就从大的格局上决定了发射必然会失败。

（3）始击在太乙后一宫，为内宫击，主航天飞机失事为内部机器事故所致。

挑战者号飞机失事后，经过大量调查表明：其所以爆炸，完全是航天飞机内部机械故障。首先是"右侧固体火箭助推器"起火，瞬间大火大大增强。其次是固体火箭发动机压力偏离。第三是固体火箭助推器前部连接点显示强烈的白光；且白光强度逐渐大大加强。第四是又导致二号、三号和一号主发动机，由于超过警戒温度而相继关闭。第五是右边火箭助推器被安保系统引爆；左边助推器 RSS 也被破坏。

（4）太乙在酉神，为更易肃杀之神，为凶。且太乙在六宫为绝气之宫，也为凶。

（5）客大将七宫内迫，为暗迫，即灾害在暗处，人不知，来的相对较慢，出了事故才知道。暗迫主灾重而疾。

（6）人为主动发射为主，主算9，单阳，算短，算长为胜，算短为负。太乙在天外助客，主凡事不吉。

依太乙事法以上六条理由，可断为：发射不成功，必出重大事故。

实际情况：在发射73.02秒后，挑战者号航天飞机爆炸；七名宇航员全部遇难。

这里顺便还要说一件事。

笔者曾见一本奇门遁甲的书，也以美国东部时间1986年1月28日11时38分发射挑战者号飞机失事为案例。他是用五行生克道理来占断的。

此例四柱为乙丑、己丑、壬申、丙午。该书作者认为日支和时支恰好是"五不遇时"，日干壬为水，克时干火，故发射必然失败。

此占断不妥。

"五不遇时"为奇门遁甲常用二十八种凶格之一。是指用事时的时辰天干克当日的日干，而且必须是阳克阳，阴克阴。从年干数到被克的时干，正好是第七位，故四柱预测学上叫"七煞"。天干与天干的顺序正好隔五位，故谓之"五不遇"（如阳金克阳木：庚、辛、壬、癸、甲，从庚到甲正好五位）。主要有甲日庚午时、乙日辛巳时、丙日壬辰时、丁日癸卯时、戊日甲寅时、己日乙丑时、庚日丙子时、辛日丁酉时、壬日戊申时和癸日己未时。此时事多不顺，但不一定都是凶，还要看格局的好坏，星和门的吉凶。

应该注意的是"用事时的时辰天干克当日的日天干"，而不是用事时的日天干克时辰的天干。

挑战者号发射时天干为丙，为火，日天干为壬，为水，是日天干水克时天干火，而不是时天干火克日天干水。可能是作者弄混了。

为了让读者朋友加深印象，我们再举一个实际例子。

1995年1月25日晚上，中央电视台新闻联播节目预告，我国西昌卫星发射中心将于明天即1月26日凌晨6：40分，用我国制造的长城二号捆绑火箭，发射美国休斯公司研制的HS601型亚太二号通讯卫星，届时将现场直播。

预测方法：奇门遁甲。具体为：

（1）五行生克关系。

1995年1月26日凌晨6：40分，即农历甲戌年，丁丑月，丁巳日，癸丑时。丁巳日，癸丑时，正是奇门遁甲择时最忌讳的五不遇时：时干癸水克日干丁火，阴克阴，大凶。但凡是都是相对的，虽然为凶，但不一定就凶，还要看格局好坏等因素。

（2）奇门格局占断

用阳九局，局图如下：

辅 壬 杜 蓬 己 九地	英 戌 景 任 乙 九天	禽癸芮庚 子 冲 辛 直符
冲 辛 伤 心 丁 朱雀		柱 丙 惊 辅 壬 腾蛇
任 乙 生 柱 丙 勾陈	蓬 己 休 禽癸芮庚 六合	心 丁 开 英 戌 太阴

①天冲星为直符，伤门为值使。

②直符天冲星落五宫寄生二宫，辛加癸为"天牢华盖"，主日月失明，误入天网，主大凶。辛加庚为"白虎出力"，刀刃相接，主客相残，退让稍可，强劲血溅衣衫。

③值使伤门又落回三宫，伤加伤，成伏吟格，也主凶。

④再看八神。以九天为用，此局九天下临九宫，形成乙加戌格局，利阴害阳，破财伤人。

据以上推断：此次发射不但失败，而且要破财伤人。

实际情况：第二天、第三天接连报道了卫星发射失败，星箭爆炸，破财伤人，美国休斯公司索赔，太平洋保险公司为亚太二号卫星发射提供了1.6亿美元的保险。星箭爆炸坠落，伤及当地居民，死6人，伤23人。

断奇门遁甲的吉凶，除了从时间上选择外，还要从方位上选择。择时间、择方位必须综合运用门、奇、星、仪是吉是凶，还必须结合解令和所临宫位看其旺相休囚。

七、推演2015年世界自然灾害示例

2015年较正常年份（指一般年份所发生的自然灾害的平均值）的自然灾害相对较多，灾情严重，破坏性较大。自然灾害年年有，所以只能是相对的比较。

（1）入太乙局。

①2015年太乙积年为10155932，入太乙阳44局。

②基础格局：太乙在八宫理地，太乙在天内助主；计神在天道；文昌在阳德；主算33重阳，无地之算，长而不和；客算14，上和，无地之算；主大将三宫，主参将九宫；客大将四宫，客参将二宫。

③事法格局：文昌外辰迫太乙；主大将外宫迫太乙；客大将四宫发；主大将、主参将挟客大将；客参将二宫格太乙。

（2）具体推演。

①2015年为乙未年，为土年。太乙神数认为，凡辰戌丑未年为土年，与土有关，则多发生与土相关联的自然灾害。如地震、山体滑坡、泥石流、洪灾、龙卷风、飓风等。

②太乙数主要预测天运变异，即大自然的变异和灾害的。此局主算44，客算14都是无地之算。太乙数认为："算中无五者为无地，地有变，山崩地震"。

③此年为太乙理地之年，理地之年却得无地之算，主有大的自然灾害。

④太乙数中关于预测地震的六种主要方法。

第一，太乙理地，却得无地之算。

第二，主算或客算，或主客算为无地之算。

第三，《太乙秘书》认为："始击在戊己岁，土为始击，主中宫扰，土工兴，山崩地动"。戊己岁之戊是指戊辰、戊寅、戊子、戊戌、戊申、戊午之年；戊己岁之己是指己巳、己卯、己丑、己亥、己酉、己未之年。

第四，《太乙秘书》认为客大将在房、心之间地动。若临太乙，在三宫、七宫或于主大将同宫者，也主地震。房、心是指我国古天文学二十八

宿房宿和心宿，九宫分野在豫州（五宫）。

第五，太乙数认为主算或客算得 5、15、25、35，为杜塞无门之算，可能有大的自然灾害发生。

第六，凡辰戌丑未土年，有发生破坏性地震的可能性。

根据以上情况推断，2015 年发生大的、破坏性的自然灾害的可能性很大。

（3）实际情况

2015 年世界自然灾害数量多，危害大，创下了很多历史新的记录。地震频发，震级较大，破坏严重；厄尔尼诺现象较历史上的十五次均严重。这里只重点介绍地震和厄尔尼诺两项自然灾害。

①地震情况

据不完全统计，乙未年发生 6.5 级以上的地震至少 22 次，其中 7—8 级 4 次，8 级以上 4 次：

1）2015 年 4 月 25 日，尼泊尔发生 8.1 级强烈地震；

2）2015 年 5 月 12 日，尼泊尔又发生 7.5 级大地震；

3）2015 年 5 月 30 日，日本附件海域发生 8.5 级强烈地震；

4）2015 年 5 月 30 日，日本小笠原群岛发生 8.0 级地震；

5）2015 年 9 月 17 日，智利圣地亚哥发生 8.4 级强烈地震；

6）2015 年 10 月 26 日，阿富汗北部发生 7.8 级强烈地震；

7）2015 年 12 月 7 日，塔吉克斯坦发生 7.4 级地震。

8）2016 年 1 月 30 日，俄罗斯东部勘察加半岛海域发生 7.0 级地震。

此外，在 2016 年 2 月 6 日（乙未年腊月 28 日）台湾高雄发生 6.7 级地震。

②厄尔尼诺现象是指靠近秘鲁和加拉帕戈斯群岛的东太平洋洋面出现升温的现象。会在全世界造成洪水、旱灾、大火和传染病等。2015 年尤其严重。厄尔尼诺一般在圣诞节左右发生。但 2015 年到 8 月底就已经形成，年底更加强烈，被称为"超级厄尔尼诺"。其表现，一是 2015 年海水升温与前十五次厄尔尼诺现象中，海水升温最高的 1997 年（丁丑年，土年）相当；二是全球平均最高温度创历史记录；三是全球平均最低温度，也创历史记录；四是连阴天、雾霾天气创历史新高。11 月 2 日到 11 月 25 日，河

北中北部、京津地区连续24天阴天，有时还有雾霾天气；五是到10月底，已有21个四级或五级热带气旋在北半球生成，打破了2004年全年18个的历史最高记录；六是地震、泥石流、滑坡、洪涝等灾害也是历史上最高的年份之一。如5月16日到20日，福建、广东、广西、湖南、台湾、海南岛出现一次大的降雨过程，绝大部分必须降雨量创历史新高，比常年多五成到两倍；1到4月份北方超常年雨量5成以上。再如印度5月份高温曾达47摄氏度，到5月31日统计有2200多人死于高温。我国许多地区的高温天气打破历史记录。如北京高达42.2摄氏度，河北省有十个县最高温度超40摄氏度，新疆7月13日到22日高温超40摄氏度，乃有气象记录以来温度最高，持续时间最长的记录。到6月25日，南方已进入第十三轮强降雨，北方也多地出现强降雨，造成泥石流、滑坡、农田被淹、道路中断、房屋倒塌等多项自然灾害。入冬以来，雾霾天气肆虐，时间之长，污染之严重，均创历史之最。如自12月5日到12月13日，华北、黄淮地区连续9天雾霾天气，多数地区为严重污染。中央气象台发布了大雾黄色预警和霾橙色预警；北京市于12月7日第一次发布了最高级别的霾红色预警。到12月18日，北京已有七次重度霾过程。12月19日到12月26日，华北黄淮地区又连续出现了八天重度雾霾天气。有20个市发出了预警。北京12月21日到22日的霾重度污染达5—6级。

③罕见沉船。6月1日晚，从南京开往重庆的一艘载有456人的旅游客轮，晚21：28分在长江（属湖北省监利县境）突遇12级龙卷风而翻沉，遇难442人，仅14人幸免，实属罕见。

（4）历史佐证

没有比较就没有鉴别。以下我们用2015年以前某些年份内，世界各地自然灾害发生情况做一比对，以加深对这一推演的认识（如读者朋友有兴趣，也可以用2015年以后年份世界发生的大的自然灾害予以佐证）。

①地震情况

前面有述，根据对我国从130年有详细地震记录开始，到2013年所发生的53次7级以上地震的统计研究，土年发生破坏性地震率近40%。

②泥石流情况

泥石流是指松散岩石体和水的混合体在重力作用下，沿自然坡面或沿沟谷流动的现象。

据《人类灾难纪典》和其它有关资料的统计，从1949年到2014年的65年间，世界共发生大的破坏性泥石流5894次，其中发生在土年的有2093次，占35.5%。

③滑坡、崩塌情况

据《人类灾难纪典》和有关资料的统计，从1949年到2014年的65年间，世界共发生大的破坏性的滑坡、崩塌1345次，其中发生在土年的有457次，占34%。

第二节　古代案例

我国的正史、别史、野史、地方志等以及文艺作品中，有一些运用太乙神数推演的实例，今略举几例，予以推演。

一、诸葛亮推演庞统之死

《三国演义》第六十三回的题目是："诸葛亮痛哭庞统，张翼德义释严颜"。书的前面说，刘备以庞统为军师，正在取西川。忽报：荆州诸葛亮军师特遣马良奉书到此。玄德召入问之。马良礼毕曰：荆州平安，不劳主公忧念。遂呈上军师书信。玄德拆书观之，略云：亮夜观太乙数，今年岁次癸巳，罡星在西方。又观乾象，太白临于雒城之界，主将帅身上多凶少吉。切宜谨慎。此外《诸葛丞相集》对此案例也有记载。诸葛亮上先主书曰："亮算太乙数，今年岁次癸巳，罡星在西方。又观乾象，太白临于雒城之分，主于将帅多凶少吉。"《太乙飞铃》也载："先主自涪攻雒城，亮遣马良上先主书，已而，军师庞统中流矢死"。刘备攻西川，庞统是实际上的元帅，结果，庞统未听诸葛亮之言，在落凤坡死于乱箭之下。

此事诸葛亮用了太乙神数和星象学两种手段进行推演。我们试着推演一下。

首先，观太乙数。

庞统（179—214年），取西川为军师，当为主大将。故事发生在公元

214年，为甲午年，此年太乙积年为10154131年，入阳局第四十三局。如下图：

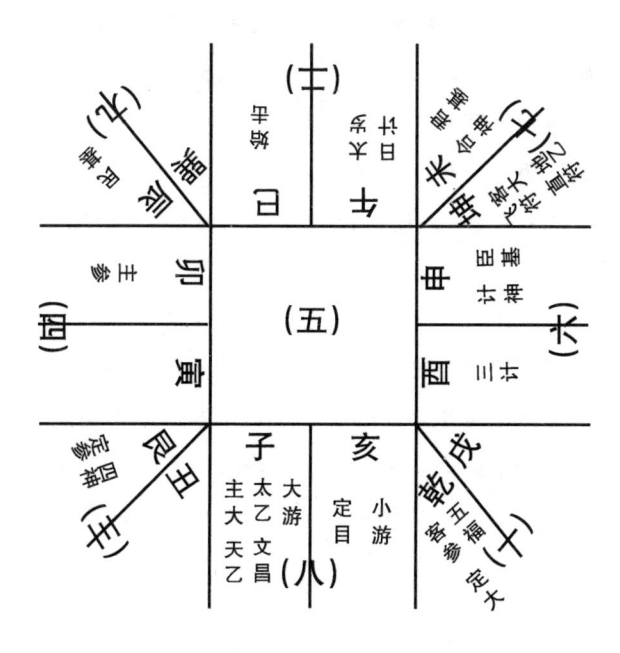

(1) 太乙在八宫，主算八，为无天之算，兴师不利于刘备一方，于主将不利。

(2) 主算、客算十一以上为长，单九以下为短。长宜缓利深入，短宜疾利浅入。此局主算八，为短，而刘备却长途奔袭，攻取西川，极为不利。

(3) 八宫文昌掩太乙，这就象日食一样，太阳被掩去半边，为不吉不兆；文昌、主大将囚太乙，不利为主，只宜固守，不宜先举兵。

(4) 太乙行八宫，只有二、八宫有杀戮或损将相之事，此局太乙正在八宫。

(5) 主大将在子宫，子为坎，为窃，主西川张任埋伏在山中之事；为血，主庞统之死。坎宫之窃、血可断为：中埋伏（即所谓暗箭伤人）有血光之灾。

据以上5条可推演为：主大将多凶少吉，且凶到有血光之灾，正应庞统军师中埋伏死于乱箭之下。

其次，观乾象。

诸葛亮信中所说"又观乾象"之乾象即指古代星象学。诸葛亮所说"太白"指金星。在古代星象学中，用金木水火土五大行星预测，金星掌管征伐之事。如果金星在西方出现，运行与常轨有误，则预示交战国外国失利（取西川刘备为外国）。金星的运行与月亮重合，隐没不见，预示有大将要阵亡。如果用金星预测，诸葛亮应该看到了上面所说金星的两种运行状况。如果以"五星断"，还可以观木星。古代星象学认为，木星运动的天区，所对应的分野之国是不可以征伐的，但是可以讨伐别的国家。如果运行提前到达，叫作赢；如果运行迟后到达，叫作缩。出现赢的情况，主木星所在天区对应的分野之国，出征的军队不利，不能班师回朝；出现缩的情况，则预示这个国家必有隐患，军队的将领会战死。如果诸葛亮以五星断，则必然看到木星出现了"缩"的情况。

如果按照二十八宿断，参宿对应益州（西川）。此断较为复杂，不再讨论。

二、推演桓玄逼宫

原文：《南齐书·高帝本纪》史臣曰："晋元兴二年，太乙在七宫，太乙为帝，天目为辅佐，迫胁太乙，是年帝为桓玄所逼出宫；大将在一宫，参将在三宫，格太乙，《经》言格者，已立政事，上下格之，不利有为，安居之世，不利举动。""晋元兴二年"：晋指东晋，元兴为东晋安帝第二个年号，二年指公元403年。岁次癸巳。太乙积年为10154320，当入第十六阳局。如下图：

析局：

（1）太乙在七宫，第一年为理天之岁。主算1，单阳，为无天无地之算。客算33，为杂重阳之数，长而不和。

（2）文昌在七宫，为内辰迫太乙。

（3）客大将在三宫，格太乙。

推演：

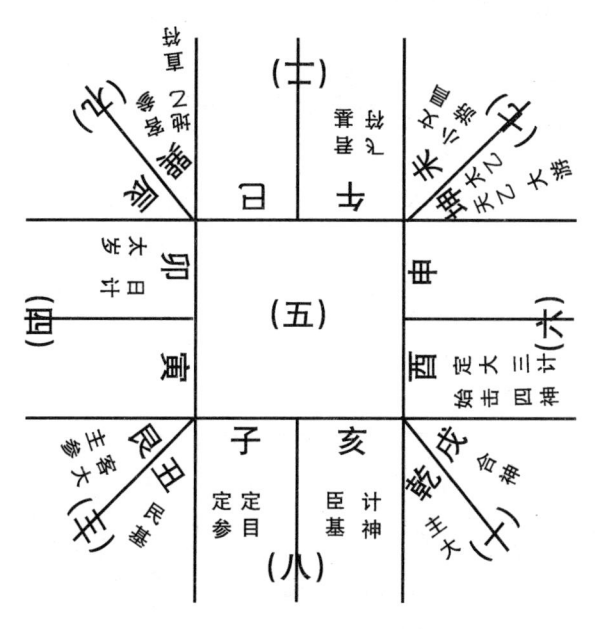

（1）太乙在理天之岁而得无天之算，主臣欺主，有不臣之心，于皇帝不利；

（2）李淳风说，内迫为暗迫，主权臣窃柄，也是于皇帝极为不利；

（3）格是变革的意思，又有僭凌抗衡，正是上下不通之相，还是于君不利。

综观之，此局的每一种太乙格局都对皇帝不利，文昌在内辰暗迫太乙，为最严重之凶兆，预示有大臣逼迫皇帝出宫之象。

史实：

东晋安帝司马德宗是历史上有名的白痴皇帝。孝武帝司马曜死后，司马德宗以长子继位，朝政由司马道子和司马元显父子把持。

安帝元兴元年（公元402年）3月，被封为楚王的桓玄率兵攻入建康（今南京），先后杀掉了司马元显和司马道子，独霸朝纲。

元兴二年（公元403年）11月，安帝被迫写下禅位诏书，被迫离宫，被迁到浔阳（今江西九江市），封为固安王。12月桓玄称帝，改国号为楚。

桓玄，桓温之子。司马道子执政时，与殷仲堪、杨佳琪等人响应王恭起义，被推为盟主。后吞并各起义势力，兵马日盛。公元403年，自立为帝。未几，北府将领刘裕等起兵声讨，乃出走江陵，兵败被杀。

此局格局与历史事实相符。

三、推演刘裕败桓玄

原文：《南齐书·高帝本纪》史臣曰："元兴三年，太乙在七宫，刘裕破桓玄"。

东晋安帝元兴三年（公元404年），岁次甲辰，太乙积年为10154321，当入第十七阳局。如下图：

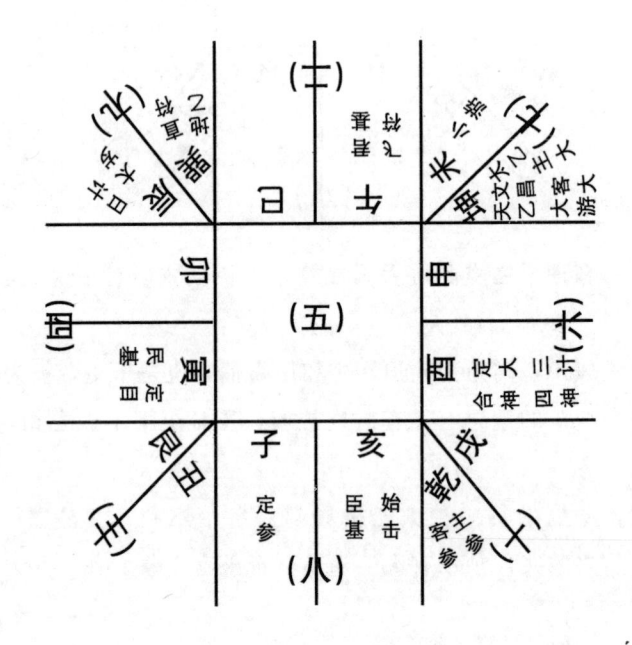

析局：

（1）文昌与太乙同宫，并与主大将同宫为四郭固，有拘执被败事，乃大凶之格局。

（2）文昌临太乙宫为掩，有掩袭截杀的意思，为不吉之兆。

（3）客大将、主大将与太乙同宫为囚，主大将、客大将同宫为关，就像一林有二虎，一泉有二蛟，相斥争锋、势不两立。主有崩亡篡杀之事，有逃亡之祸。

推演：

以上三条皆为大凶之兆，主有失败被杀之祸。

史实：

桓玄于东晋安帝元兴二年11月篡晋称帝，建国号为楚。但是，时局与桓玄大为不利，他还没有坐稳皇帝宝座，于元兴三年2月，刘裕（即建立南朝宋的宋武帝）领兵攻入建康，杀了桓玄及其全族。第二年东晋安帝回建康复位。

此历史事实与太乙阳十七局吻合。

四、推演耶律楚材谏元太宗

原文：《元史·耶律楚材传》："（岁辛丑）冬，11月4日，帝将出猎，楚材以太乙数推之，亟言其不可。左右皆曰：'不骑射无以为乐'。猎五日，帝崩于行在所。"

《元史·太宗本纪》也载："十三年辛丑，十一月丁亥，大猎；庚寅，还至胡兰山，奥都剌合蛮进酒，帝欢饮，极夜乃罢；辛卯迟明，帝崩于行殿。"

上述元史所说辛丑年为南宋淳祐元年（公元1241年），也就是元太宗窝阔台十三年。

"淳祐"为南宋理宗皇帝第五个年号；窝阔台，元朝第三帝，1229到1241年在位。

公元1241年农历11月甲申朔，初四日丁亥，太宗出猎，初八日辛卯迟明，元太宗崩于出猎途中居住的行殿。耶律楚材（1194到1244年），在元太宗朝中任中书令，颇受窝阔台器重。曾定君臣礼，随窝阔台灭金，定天下赋税。上《时务十策》：信赏罚、正名分、给俸禄、官功臣、兴科举、君科差、选工匠、务农桑、定土贡、立漕运，多被采用。编印儒家经典，多所贡献。

从历史记载中可以看出，此案是以太乙日局推演的。

下面就以太乙日局予以推演：

元太宗窝阔台十三年是1241年。以北魏太武帝始光元年（公元424年）为元首算起，到元太宗十三年共818年。

1241－424＝818（首尾各算一年）。

818×12＝9816（月数）。

9816÷32.57＝301.3817（取整数），32.57 为闰月法。

9816＋301＝10117（实际积月数）。

10117×29.5306＝298761.0802（实际积日数，取整数），29.5306 为朔策。

298761÷60＝4979……21（甲申）。

甲申日为该年十月晦或十一月朔。查表之甲申日为元太宗十三年岁次辛丑十一月初一日，初四日为丁亥日。故

298761＋3＝298764（为太乙历元到该年十一月初四丁亥日实际积累日数）。

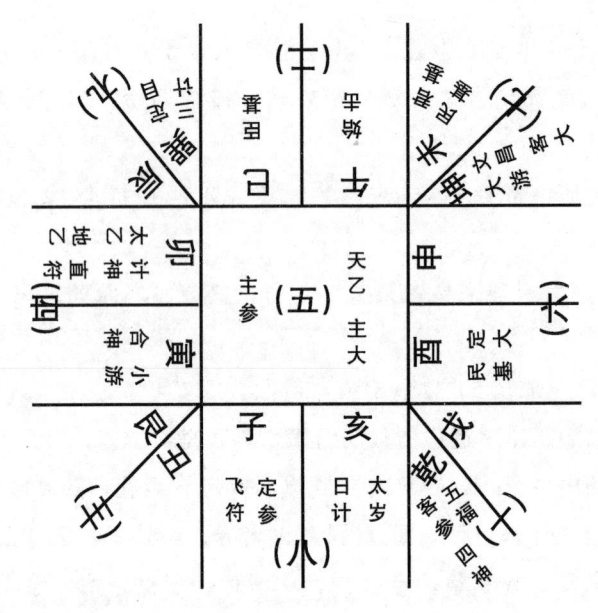

298764÷360＝829……324，324÷72＝4……36。

当入太乙阳局第三十六局。如下图：

析局：

（1）此局，太乙在四宫第三年理人。主算 25。

（2）主大将、客参将皆不出中五宫。

断局：

（1）在太乙理人之年，主算却得 25，为主人杜塞无门，主人即为元太

宗窝阔台，主大凶兆。

（2）主大小二将不出中五宫，主只宜固守，不宜动作，更不宜外出。如外出，主大凶之兆。

史实：

耶律楚材正是据此推演谏止太宗不可出猎。元太宗没有采纳耶律楚材的意见，于四日（丁亥日）出猎，八日（辛卯日）迟明死于行在。史实符合了此局。

五、推演万历十年大事

原文：

《浙江通志》："程山人，自玉泉山来，精《太乙》、《六壬》之数。

万历辛巳，有问岁事者。山人曰'明年五福在燕，太子生；建德大将冲文昌，主将相失位，女主宠，阉官去，主水灾。'

是年生皇储，而张居正、冯保俱罢，岁又逢潦，其术悉验，后归隐，不知所终。"

此案例明显是用太乙神数推演的。下面根据案例所提供的时间，具体推演如下：

明代万历辛巳岁的次年，为万历十年（公元1582年）岁次壬午，太乙积年为10155499，当入太乙阳遁第四十三局。如下图： 析局：

（1）文昌八宫掩太乙；

（2）主大将八宫囚太乙；

（3）客参将一宫迫太乙，为内宫迫；

（4）主大将与太岁相冲；

（5）主算8，单阴，算短；

（6）五福在黄秘宫（乾）第14年。

断局：

（1）太乙临坎宫，为天子面难而治理天下之象。如果二月大小将囚、对，又有大臣被诛杀之象。此局文昌、主大将皆囚。故程山人占断为"主将相失位"。

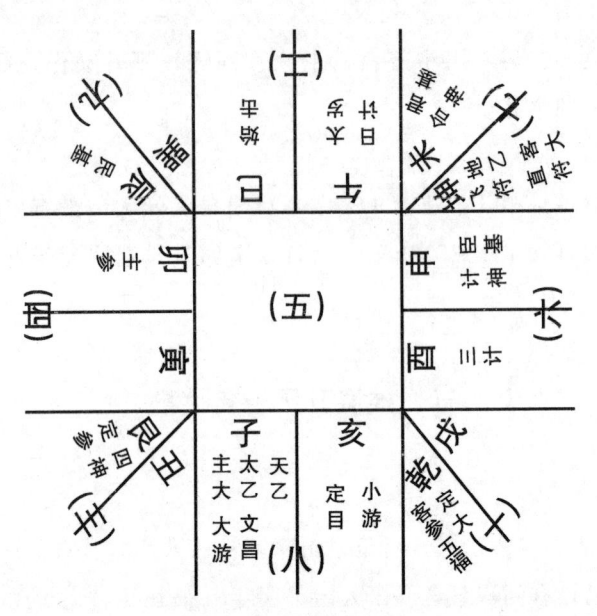

（2）主算 8 为单阴、算短不和又无大将（太乙数规定 10 为将，8 不满 10，故称无将），文昌和主大将都因在太乙宫，于将相为凶兆。主参将虽然在四宫发，成旺气（主参将五行属水，在卯宫，卯为木，为水所生，为相，故为旺气），但也只能是自身免祸，不能营救文昌和主大将。故程山人断为"主将相失位"。

（3）太岁后两位为太阴。此局太岁在午，故辰为太阴。太阴为女后之相。太阴五行属金，辰五行属土，土生金，太阴受生，为女后受宠之相。故程山人断为"女主宠"。但是，凡事都不是绝对的。辰为天罡凶神，太阴受天罡凶神之生，虽主女主一时得宠，但最终不吉。

（4）五福为吉神。明万历十年壬午岁，五福临乾一宫第 14 年。算法：至上元积年以来到开元十二年甲子岁积得 13331 年。万历十年，即 1582 年，太岁积年为 14189 岁。14189÷225＝63……14。五福自乾宫开始，按乾、艮、巽、坤、中宫的顺序移位，每 45 年移一宫。14 年不满 45 年，故五福在乾一宫。按太乙九宫分野，乾主冀州。但是，程山人却断为"五福在燕，太子生"，不太准确。因为五福不在燕，而在乾宫。按九州分野，燕在艮宫，冀在乾宫。乾宫为黄秘官，而艮宫为黄始宫。故，此断似可商榷。

(5) 太岁又称岁君，为人君之相。此局，主大将以太岁相冲，就是站在了人君的对立面去了，主凶。故程山人断"建德（即太岁）大将冲文昌，主将相失位"。

(6) 此局太乙临八宫坎，又在第一年理天之岁，坎为北方水位，主其年多水灾。另外，主算 8 为无天之算，也主天有变异。

史实：

万历皇帝（1573—1619 年，在位 48 年，是明朝在位时间最长的皇帝）。他 10 岁登基，由陈、李二位皇后听政，首辅张居正总揽朝政，使万历朝经历了 10 年国泰民安的好时光。那么，万历十年究竟发生了哪些大事，值得术数家程山人预测？

万历十年 6 月，张居正去世。一向被万历帝宠信的掌印太监冯保被逐出宫殿，并抄没了其家产。张居正死后，很快被万历帝夺官职、抄家产；许多文武大臣也因张、冯而受到牵连。这就是程山人所断"建德大将冲文昌，主将相失位"之应。

万历十年，20 岁的万历皇帝亲政。这就是太乙在八宫坎，主天子面南背北而治的符合之一。二是水灾。此断似可商榷。据《人类灾难纪典》载：发大水是在 1583 年（万历 11 年），汉口水灾。此年汉口流域发生了历史罕见的大水灾，为 900 年来汉江流域最大的一次。沿江上下，千余公里，所有城镇皆遭水灾。范围之广，灾情之重，危害之大，为历史少见。程山人所断 1852 年"有水灾"并没有符合。1852 年不但没有闹水灾，而且是大旱。黄河中上游的甘肃、山西、陕西以及河北、北京的 67 个县最为严重。大旱、大饥、大疫，饿殍千里，人相食。

程山人所断 1852 年有水灾，所以没有符合，主要是程山人没有全面考虑多种因素，只凭一种因素所断而致。阳四十三局，太乙在八宫子，其灾情应该与太乙所在宫之五行有关。子为水，按说应该与水有关。但是我们全面分析可知：文昌掩太乙，主大将囚太乙，在这两种太乙格局下，太乙还能有多大作为？此局，始击在巳，始击五行属火，正临旺地，其火正旺。太岁在午，午为火。故此局是火上加火，焉能不旱？1583 年为什么有大水灾？该年入阳四十四局。其一，太乙在子，灾害当与水有关；其二，太乙在八宫理地；其三，主算 33，客算 14，皆为无地之算。故发生水灾应该是必然的。

上面对程山人之断提出了两个可商榷之处，也请专家、学者以及读者朋友一起讨论，务求甚解。

万历十年 8 月 11 日，皇长子朱常洛出生。按照封建社会无嫡立长的规定，朱常洛最终被立为太子。朱常洛为宫女王氏所生，母以子贵就在万历十年宫女王氏跃升为才人、恭妃。但真正受宠的却是郑贵妃，王恭妃没有等到太子登基就忧郁而死。"五福在燕，太子生"、"女主宠"尽皆符合。

在万历朝的中后期经过长达 15 年的立储之争，朱常洛终于登上皇帝宝座。但就在他继位先后，皇宫出现了著名的"挺仗"、"红丸"、"移宫"晚明 3 大奇案，朱常洛仅在位 27 天就驾崩了。

程山人所断与部分历史吻合。

第六章　太乙演局

为读者朋友应用方便计，每一太乙局均加以提示，内容包括基本格局，命法格局和事法格局三部分。提示的这三种格局仅是主要的格局，并非全部格局，故请注意。

一、太乙阳遁七十二局

太乙阳遁七十二局图式是按照太乙运式方法推演而成，太乙年局、月局，日局取用阳遁七十二局图式，太乙时局冬至后至夏至前也取用阳遁局图式。

阳遁第一局

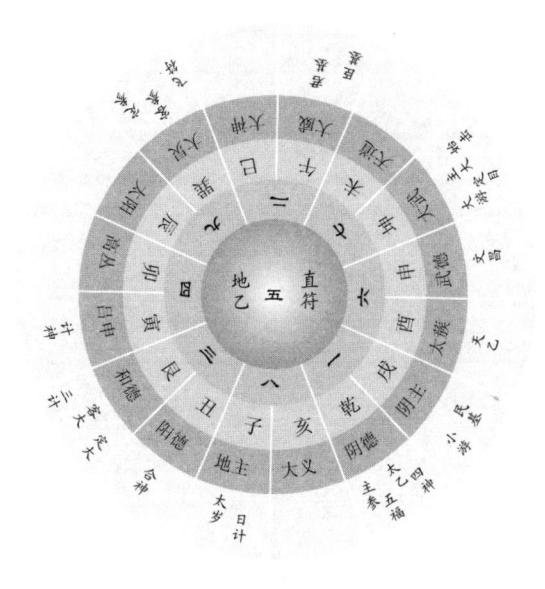

提示：

（一）基本格局

1、甲子1局，丙子73局，戊子145局，庚子217局，壬子289局；

2、太乙在一宫理天，太乙在地内助主；

3、计神在吕申；

4、文昌在武德，始击在大武；

5、主算7，单阳，算短不和，无天之算；客算13，杂重阳，不和，无地之算；

6、主大将七宫，主参将一宫；

7、客大将三宫，客参将九宫；

8、小游在一宫。

（二）命法格局

1、小游对宫见客参将，为格；

2、始击与主大将同宫，为关；

（三）事法格局

1、主参将与太乙同宫，为囚；

2、客参将与太乙宫相对，为格；

3、门将俱发。

阳遁第二局

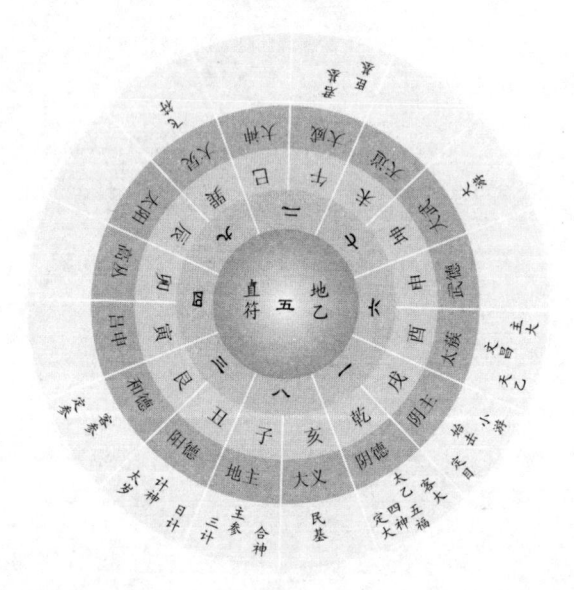

提示：

（一）基本格局

1、乙丑2局，丁丑74局，乙丑146局，辛丑218局，癸丑290局；

2、太乙在一宫理地，太乙在地内助主；

3、计神在阳德；

4、文昌在太蔟，始击在阴主；

5、主算6，纯阴，不和，无天之算；客算1，杂阳，不和，无天无地之算；

6、主大将六宫，主参将八宫；

7、客大将一宫，客参将三宫；

8、小游在一宫。

（二）命法格局

1、小游与始击同宫，为掩；

2、文昌在小游右边，为内辰迫。

（三）事法格局

1、文昌在太乙后一宫，为内宫迫；

2、始击在太乙后一辰，为内辰击；

3、主参将八宫外迫；

4、客大将一宫囚太乙；

5、客大将一宫囚；

阳遁第三局

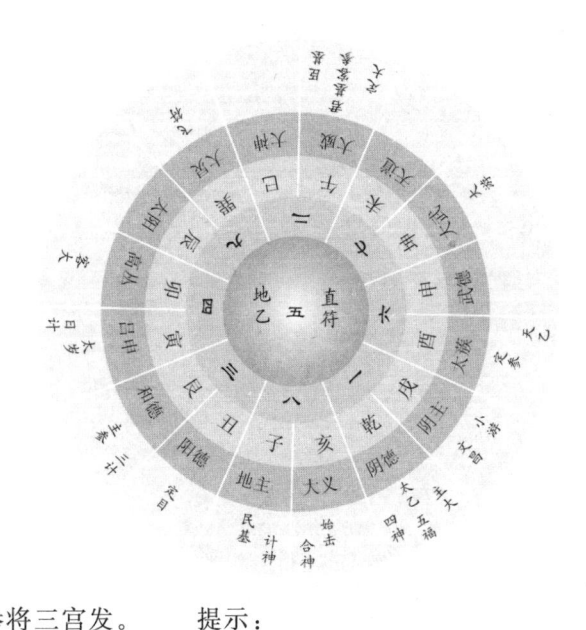

6、客参将三宫发。　　提示：

（一）基本格局

全息太乙

1、丙寅3局，戊寅75局，庚寅147局，壬寅219局，甲寅291局；

2、太乙在一宫理人，太乙在地内助主；

3、计神在地主；

4、文昌在阴主，始击在大义；

5、主算1，单阳不和，无天无地之算；客算40，孤阴不和，无人之算；

6、主大将一宫，主参将三宫；

7、客大将四宫，客参将二宫；

8、小游在一宫。

（二）命法格局

1、小游左宫遇始击，为外宫击；

2、小游与文昌同宫，为囚。

（三）事法格局

1、文昌内辰迫；

2、主大将一宫囚；

3、主参将三宫发，客大将四宫发，客参将二宫发；

4、始击外辰击。

阳遁第四局

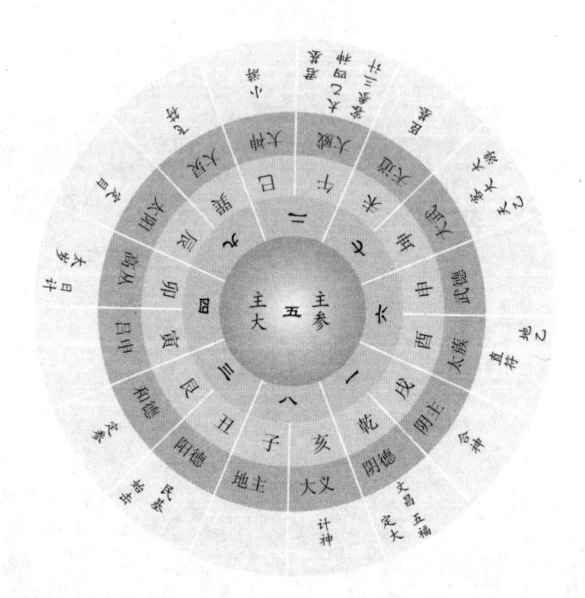

提示：

（一）基本格局

1、丁卯4局，己卯76局，辛卯148局，癸卯220局，乙卯292局；

2、太乙在二宫理天，太乙在天外助客；

3、计神在大义；

4、文昌在阴德，始击在阳德；

5、主算25，杜塞无门；客算17，重阳不和；

6、主大将中宫，主参将主宫；

7、客大将七宫，客参将二宫；

8、小游在二宫。

（二）命法格局

文昌与客参将同宫，为关。

（三）事法格局

1、主大将、主参将不出中宫；

2、客大将七宫外迫；

3、客参将一宫发。

阳遁第五局

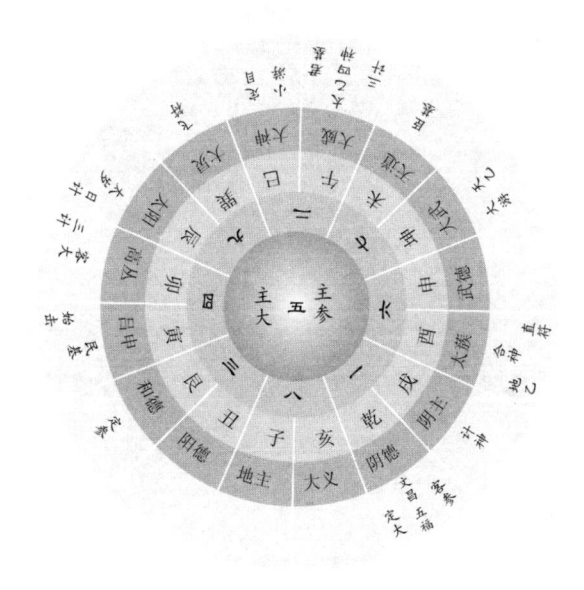

提示：

（一）基本格局

1、戊辰5局，庚辰77局，壬辰149局，甲辰221局，丙辰293局；

2、太乙在二宫理地，太乙在天外助客；

3、计神在阴主；

4、文昌在阴德，始击在吕申；

5、主算25，杜赛无门；客算14，上和，无地之算；

6、主大将中宫，主参将中宫；

7、客大将四宫，客参将二宫；

8、小游在二宫。

（二）命法格局

（三）事法格局

1、主大将、主参将不出中宫；

2、客参将二宫囚；

3、客大将四宫发。

阳遁第六局

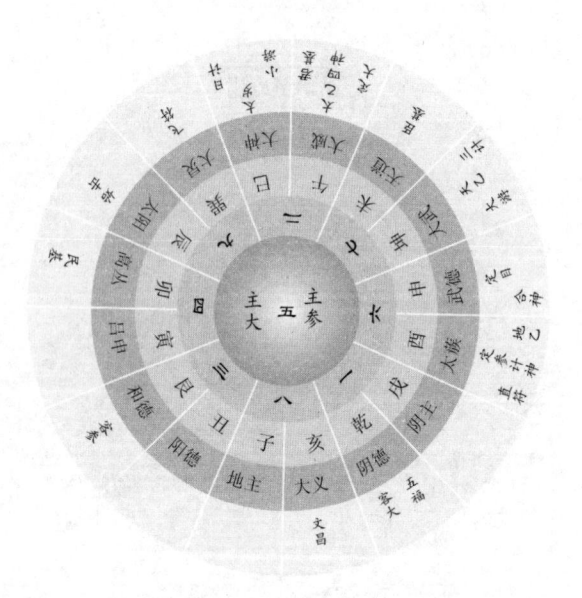

提示：

（一）基本格局

1、己巳6局，辛巳78局，癸巳150局，乙巳222局，丁巳294局；

2、太乙在二宫理人，太乙在天外助客；

3、计神在太蔟；

4、文昌在大义，始击在太阳；

5、主算25，杜赛无门；客算10，孤阳，无人之算；

6、主大将中宫，主参将中宫；

7、客大将一宫，客参将三宫；

8、小游在二宫。

（二）命法格局

1、小游对宫见文昌，为对；

2、小游左宫遇始击，为外宫击。

（三）事法格局

1、主大将、主参将不出中宫；

2、客大将一宫发，客参将三宫发；

3、文昌与太乙对宫，为对。

阳遁第七局

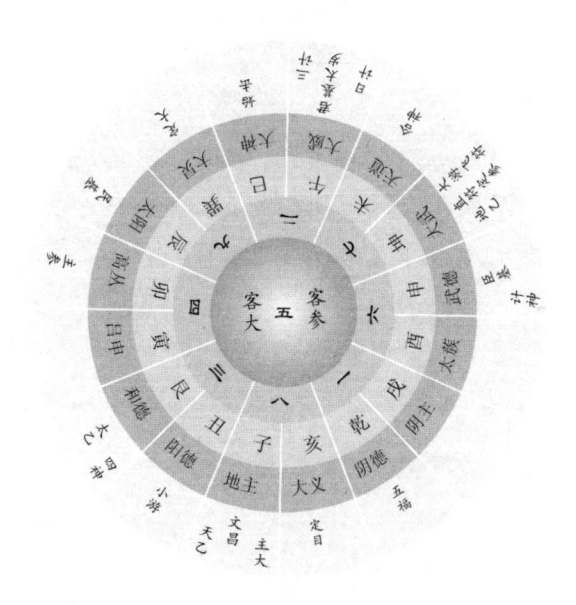

提示：

（一）基本格局

1、庚午7局，壬午79局，甲午151局，丙午223局，戊午295局；

2、太乙在三宫理天，太乙在地内助主；

3、计神在武德；

4、文昌在地主，始击在大神；

5、主算8，单阴，无天之算；客算25，杜塞无门；

6、主大将八宫，主参将四宫；

7、客大将中宫，客参将中宫；

8、小游在三宫。

（二）命法格局

文昌在小游右辰，为内辰迫。

（三）事法格局

1、客大将、客参将不出中宫；

2、主大将八宫内迫；

3、主参将四宫外迫；

4、文昌内宫迫。

阳遁第八局

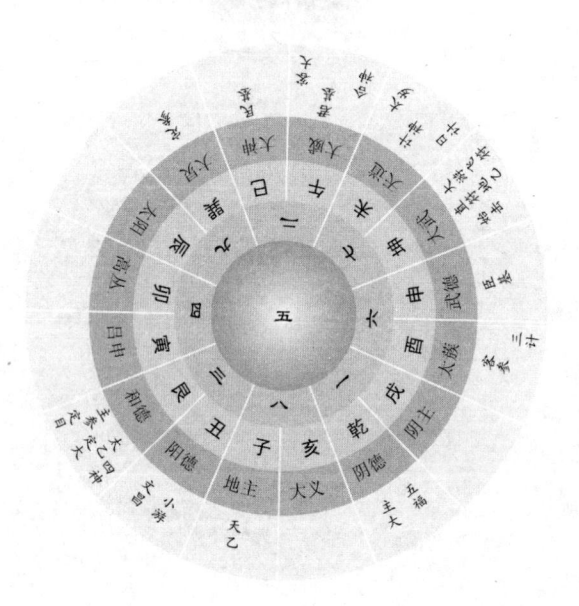

提示：

（一）基本格局

1、辛未8局；癸未80局，乙未152局，丁未224局，己未296局；

2、太乙在三宫理地，太乙在地内助主；

3、计神在天道；

4、文昌在阳德，始击在大武；

5、主算1，算短，单阳，无地无天之算；客算22，算长，重阴不和，无地之算；

6、主大将一宫，主参将三宫；

7、客大将二宫，客参将六宫；

8、小游在三宫。

（二）命法格局

小游与文昌同宫，为关。

（三）事法格局

1、主参将与太乙同宫，为囚；

2、文昌内辰迫；

3、始击与太乙宫相对，为格；

4、主大将一宫发，客大将二宫发，客参将六宫发。

阳遁第九局

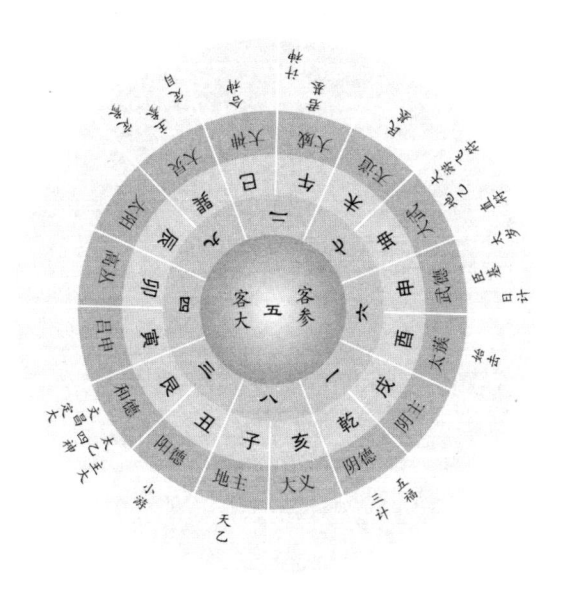

提示：

（一）基本格局

1、壬申 9 局，甲申 81 局，丙申 153 局，戊申 225 局，庚申 297 局；

2、太乙在三宫理人，太乙在地内助主；

3、计神在大威；

4、文昌在和德，始击在太蔟；

5、主算 3，单阳，算短，不和，无地无天之算；客算 15，杜塞无门；

6、主大将三宫，主参将九宫；

7、客大将中宫，客参将中宫；

全息太乙

8、小游在三宫。

（二）命法格局

小游左辰遇文昌，为外辰迫。

（三）事法格局

1、客大将、客参将不出中宫；

2、文昌掩太乙；

3、主大将囚太乙；

4、主参将九宫发。

阳遁第十局

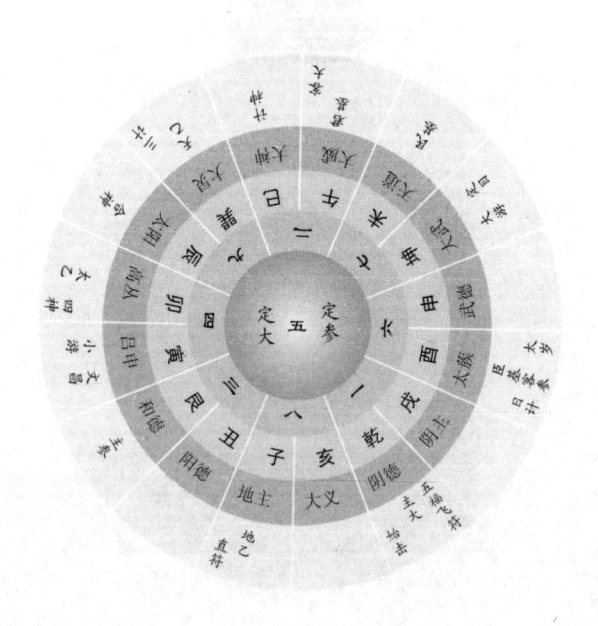

提示：

（一）基本格局

1、癸酉10局，乙酉82局，丁酉154局，己酉226局，辛酉298局；

2、太乙在四宫理天，太乙在地内助主；

3、计神在大神；

4、文昌在吕申，始击在阴德；

5、主算1，单阳，算短，和，无地无天之算；客算12，长和，无地之算；

6、主大将一宫，主参将三宫；

7、客大将二宫，客参将六宫；

8、小游在四宫。

（二）命法格局

1、小游与文昌同宫，为囚；

2、小游对宫见客参将，为格。

（三）事法格局

1、文昌内辰迫太乙；

2、主参将内宫迫太乙；

3、主大将一宫囚。

阳遁第十一局

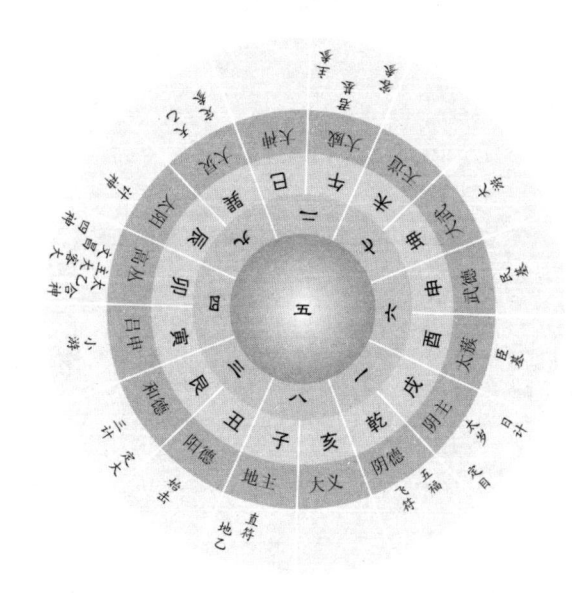

提示：

（一）基本格局

1、甲戌11局，丙戌83局，戊戌155局，庚戌227局，壬戌299局；

2、太乙在四宫理地，太乙在地内助主；

3、计神在太阳；

4、文昌在高丛，始击在阳德；

5、主算4，单阴，无地无天之算；客算4，单阴，无地无天之算；

6、主大将四宫，主参将二宫；

7、客大将四宫，客参将二宫；

8、小游在四宫。

全息太乙

（二）命法格局

1、小游右宫遇始击，为击；

2、文昌与客大将同宫，为关；

3、小游遇文昌在左边宫，为外宫迫。

（三）事法格局

1、文昌加临太乙宫，为掩；

2、主大将、客大将四宫关；主参将、客参将关，文昌掩太乙，故为四郭固；

3、客大将与客参将同在文昌左右，为客挟主。

阳遁第十二局

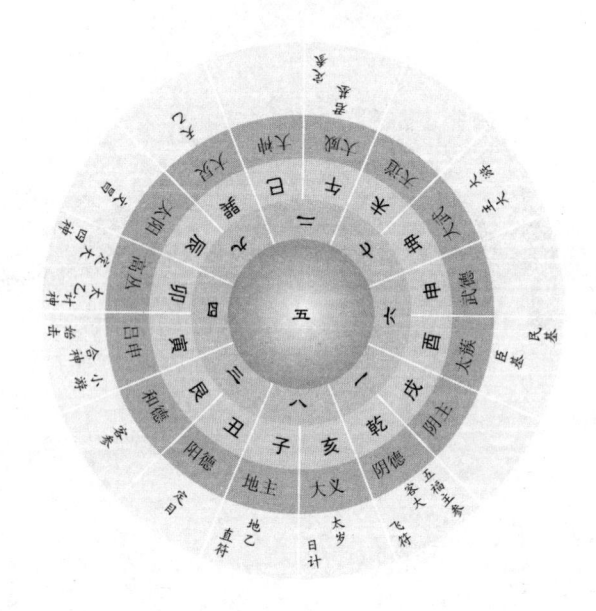

提示：

（一）基本格局

1、乙亥12局，丁亥84局，己亥156局，辛亥228局，癸亥300局；

2、太乙在四宫理人，太乙在地内助主；

3、计神在高丛；

4、文昌在太阳，始击在吕申；

5、主算37，长和，三才俱足之算；客算1，单阳，无地无天之算；

6、主大将七宫，主参将一宫；

7、客大将一宫，客参将三宫；

8、小游在四宫。

（二）命法格局

1、小游与始击同宫，为掩；

2、小游遇文昌在左边宫，为外宫迫。

（三）事法格局

1、始击在太乙右辰，为内辰击；

2、文昌在太乙左辰，为外辰迫；

3、客参将三宫内迫；

4、主大将七宫发，主参将一宫发，客大将一宫发。

阳遁第十三局

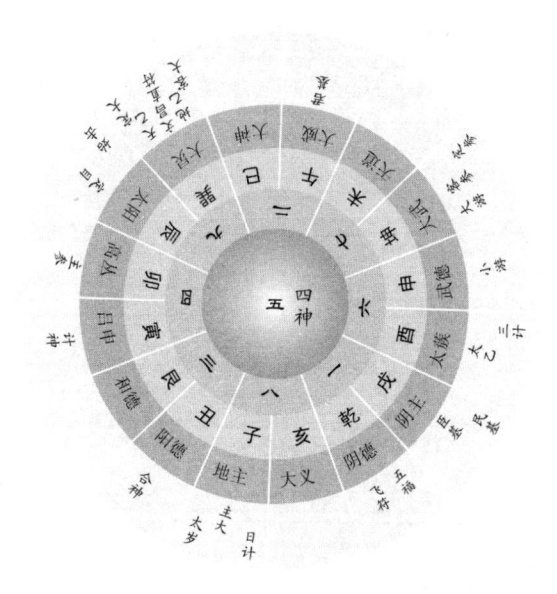

提示：

（一）基本格局

1、丙子13局，戊子85局，庚子157局，壬子229局，甲子301局；

2、太乙在六宫理天，太乙在天外助客；

3、计神在吕申；

4、文昌在大炅，始击在太阳；

5、主算18，上和，三才俱足之算；客算19，长和，三才俱足之算；

6、主大将八宫，主参将四宫；

7、客大将九宫，客参将七宫；

8、小游在六宫。

（二）命法格局

1、小游对宫见主参将，为对；

2、文昌遇客大将同宫，为关。

（三）事法格局

1、主参将四宫格；

2、主大将八宫发，客大将九宫发，客参将七宫发。

阳遁第十四局

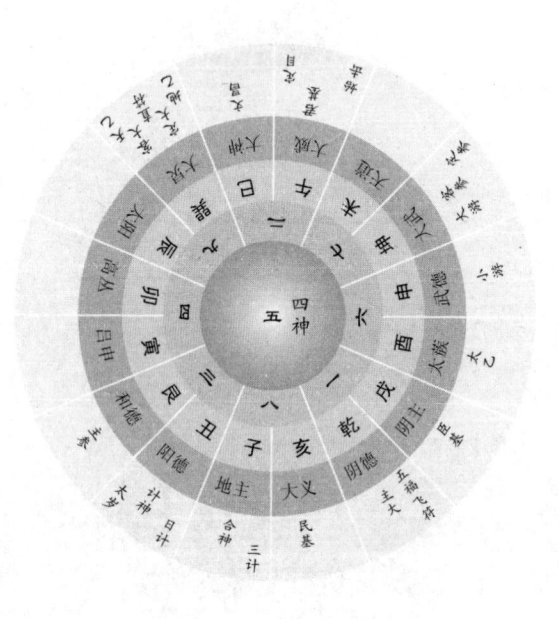

提示：

（一）基本格局

1、丁丑14局，己丑86局，辛丑158局，癸丑230局，乙丑302局；

2、太乙在六宫理地，太乙在天外助客；

3、计神在阳德；

4、文昌在大神，始击在大威；

5、主算10，孤阳，无人之算；客算9，单阳，无天之算；

6、主大将一宫，主参将三宫；

7、客大将九宫，客参将七宫；

8、小游在六宫。

（二）命法格局

（三）事法格局

1、主大将一宫外迫；

2、主参将三宫发，客大将九宫发；

2、客参将七宫内迫。

阳遁第十五局

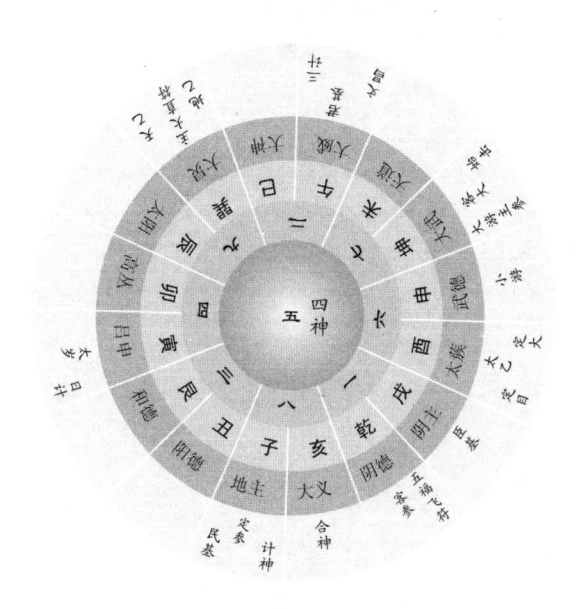

提示：

（一）基本格局

1、戊寅15局，庚寅87局，壬寅159局，甲寅231局，丙寅303局；

2、太乙在六宫理人，太乙在天外助客；

3、计神在地主；

4、文昌在大威，始击在大武；

5、主算9，单阳，算短，和，无天之算；客算7，单阳，无天之算；

6、主大将九宫，主参将七宫；

7、客大将七宫，客参将一宫；

8、小游在六宫。

（二）命法格局

1、小游左宫遇始击，为外宫击；

2、始击遇主参将同宫，为主关客；

（三）事法格局

全息太乙

1、始击在太乙宫后一宫，为内宫击；

2、主参将七宫内迫；

3、客大将七宫内迫；

4、主大将九宫发。

阳遁第十六局

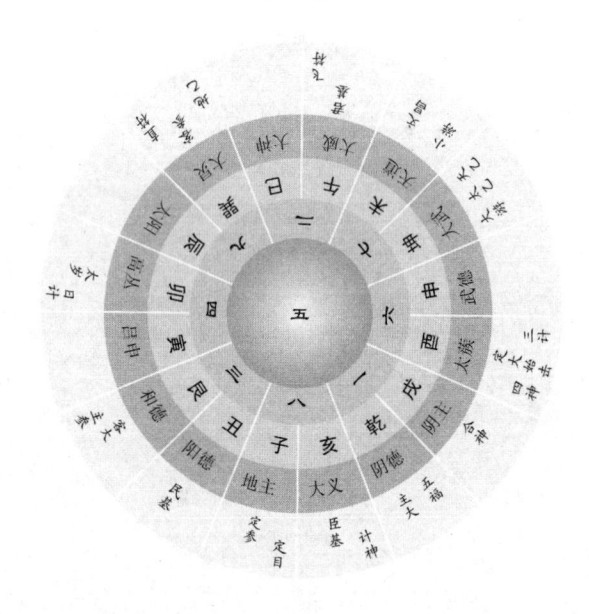

提示：

（一）基本格局

1、己卯16局，辛卯88局，癸卯160局，乙卯232局，丁卯304局；

2、太乙在七宫理天，太乙在天外助客；

3、计神在大义；

4、文昌在天道，始击在太蔟；

5、主算1，单阳，算短，无地无天之算；客算33，重阳，无地之算；

6、主大将一宫，主参将三宫；

7、客大将三宫，客参将九宫；

8、小游在七宫。

（二）命法格局

1、小游遇文昌同宫，为囚；

2、小游对宫见主参将，为对；

3、小游对宫见客大将，为格。

（三）事法格局

1、客大将与太乙宫相对，为格；

2、文昌在太乙宫后一辰，为内辰迫；

3、主大将一宫发，客参将九宫发。

阳遁第十七局

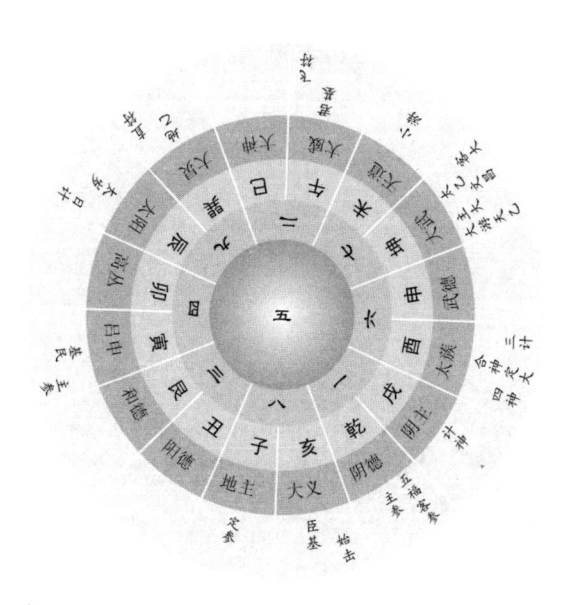

提示：

（一）基本格局

1、庚辰17局，壬辰89局，甲辰161局，丙辰233局，戊辰305局；

2、太乙在七宫理地，太乙在天外助客；

3、计神在阴主；

4、文昌在大武，始击在大义；

5、主算7，单阳不和，无天之算；客算27，下和，三才俱足之算；

6、主大将七宫，主参将一宫；

7、客大将七宫，客参将一宫；

8、小游在七宫。

（二）命法格局

1、文昌遇客大将同宫，为关；

2、小游遇文昌在右辰，为外辰迫。

（三）事法格局

全息太乙

1、文昌七宫掩太乙，主大将、客大将关，为四郭固；
2、主大将七宫囚；
3、客大将七宫囚；
4、主参将一宫发，客参将一宫发。

阳遁第十八局

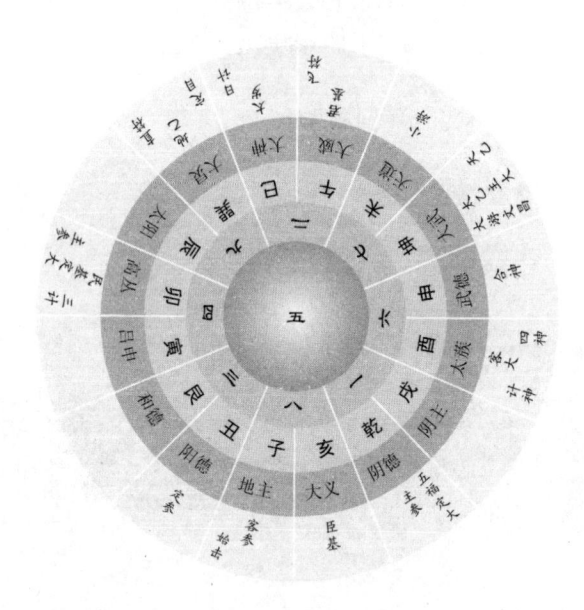

提示：

（一）基本格局

1、辛巳18局，癸巳90局，已巳162局，丁巳234局，已巳306局；

2、太乙在七宫理人，太乙在天外助客；

3、计神在太蔟；

4、文昌在大武，始击在地主；

5、主算7，单阳，算短，无天之算；客算26，重阴，三才俱足之算；

6、主大将七宫，主参将一宫；

7、客大将六宫，客参将八宫；

8、小游在七宫。

（二）命法格局

小游遇文昌在右辰，为内辰迫。

（三）事法格局

1、文昌七宫掩太乙；

2、主大将七宫囚太乙；

3、主参将一宫发，客参将八宫发；

4、客大将六宫外迫。

阳遁第十九局

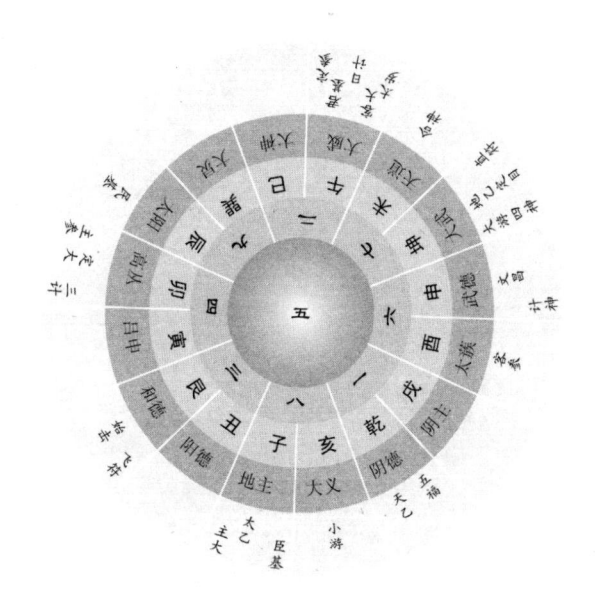

提示：

（一）基本格局

1、壬午19局，甲午91局，丙午163局，戊午235局，庚午307局；

2、太乙在八宫理天，太乙在地内助主；

3、计神在武德；

4、文昌在武德，始击在和德；

5、主算8，单阴，不和，无天之算；客算32，长和，无地之算；

6、主大将八宫，主参将四宫；

7、客大将二宫，客参将六宫；

8、小游在八宫。

（二）命法格局

1、小游对宫见客大将，为格；

2、小游左宫见始击，为外宫击。

（三）事法格局

1、主大将八宫囚太乙；

全息太乙

2、始击在太乙前一宫，为外宫击；
3、客大将二宫格太乙；
4、主参将四宫发，客参将六宫发。

阳遁第二十局

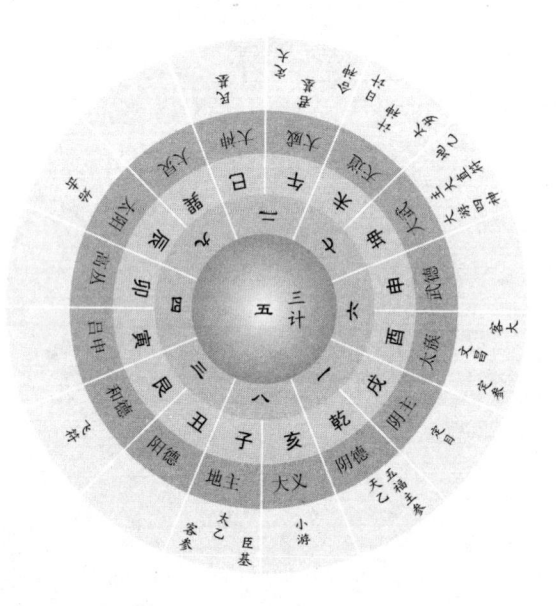

提示：
(一) 基本格局
1、癸未20局，乙未92局，丁未164局，己未236局，辛未308局；
2、太乙在八宫理地，太乙在地内助主；
3、计神在天道；
4、文昌在太蔟，始击在太阳；
5、主算7，不和，无天之算；客算26，三才俱足之算；
6、主大将七宫，主参将一宫；
7、客大将六宫，客参将八宫；
8、小游在八宫。
(二) 命法格局
文昌六宫遇客大将，为关。
(三) 事法格局
1、客参将八宫囚太乙；
2、客大将六宫挟；

246

3、客大将、客参将挟主参将；

4、主参将一宫内迫；

5、主大将七宫发。

阳遁第二十一局

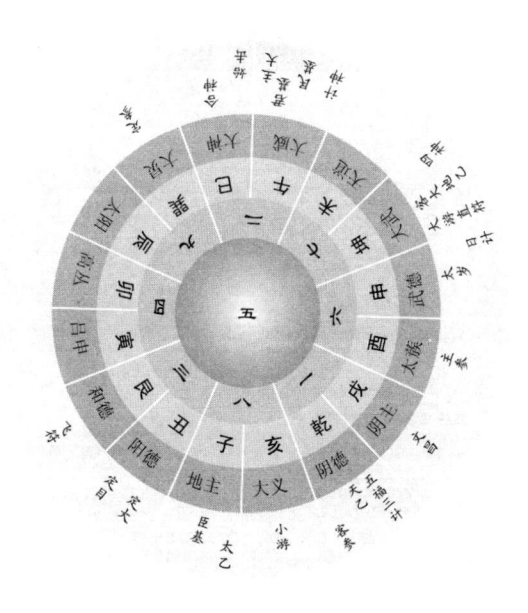

提示：

（一）基本格局

1、甲申21局，丙申93局，戊申165局，庚申237局，壬申309局；

2、太乙在八宫理人，太乙在地内助主；

3、计神在大威；

4、文昌在阴主，始击在大神；

5、主算2，单阴，算短，无地无天之算；客算17，长和，三才俱足之算；

6、主大将二宫，主参将六宫；

7、客大将七宫，客参将一宫；

8、小游在八宫。

（二）命法格局

1、小游对宫见主大将，为对；

2、小游对宫见始击，为格；

3、小游右宫见文昌，为内宫迫。

全息太乙

（三）事法格局

1、始击二宫格太乙；

2、文昌一宫迫太乙；

3、主参将六宫发，客参将一宫发；

4、客参将一宫内迫。

阳遁第二十二局

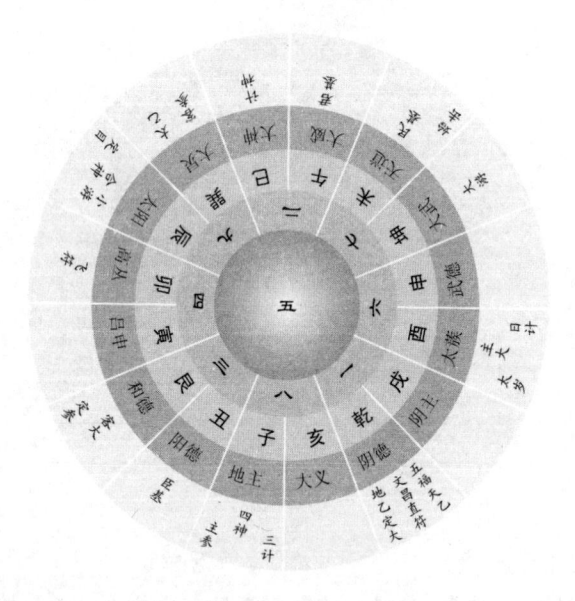

提示：

（一）基本格局

1、己酉22局，丁酉94局，己酉166局，辛酉238局，癸酉310局；

2、太乙在九宫理天，太乙在天外助客；

3、计神在大神；

4、文昌在阴德，始击在天道；

5、主算16，下和，三才俱足之算；客算30，不和，无人之算；

6、主大将六宫，主参将八宫；

7、客大将三宫，客参将九宫；

8、小游在九宫。

（二）命法格局

小游对宫见文昌，为对。

（三）事法格局

1、文昌与太乙所在宫相冲，为对；
2、客参将与太乙同宫，为因；
3、主大将六宫发，主参将八宫发，客大将三宫发。

阳遁第二十三局

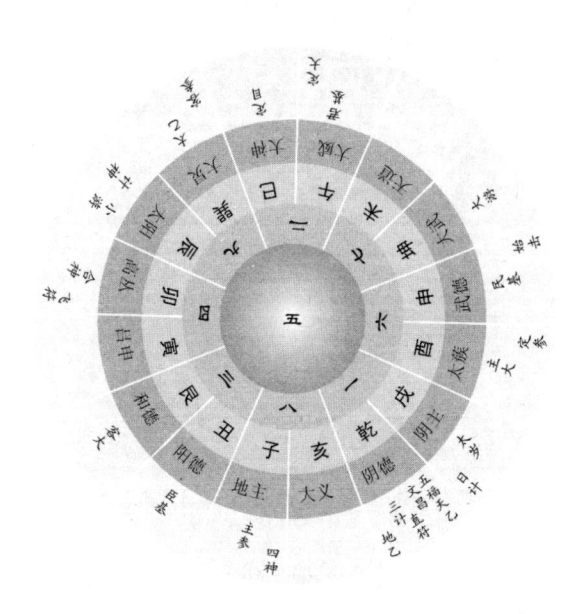

提示：

（一）基本格局

1、丙戌23局，戊戌95局，庚戌167局，壬戌239局，甲戌311局；

2、太乙在九宫理地，太乙在天外助客；

3、计神在太阳；

4、文昌在阴德，始击在武德；

5、主算16，下和，三才俱足之算；客算23，中和，无地之算；

6、主大将六宫，主参将八宫；客大将三宫，客参将九宫；小游在九宫。

（二）命法格局

小游对宫见文昌，为对。

（三）事法格局

1、客参将九宫囚；

2、文昌与太乙所在宫相冲，为对；

3、主大将六宫发，主参将八宫发，客大将三宫发。

阳遁第二十四局

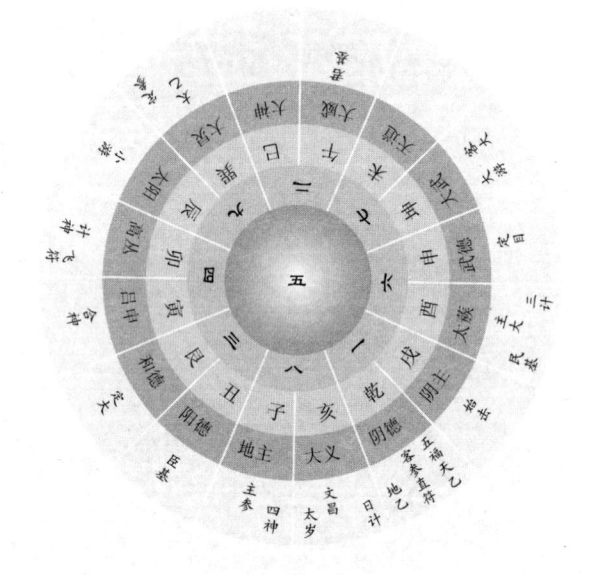

提示：

（一）基本格局

1、丁亥24局，己亥96局，辛亥168局，癸亥240局，乙亥312局；

2、太乙在九宫理人，太乙在天外助客；

3、计神在高丛；

4、文昌在大义，始击在阴主；

5、主算16，下和，三才俱足之算；客算17，长和，三才俱足之算；

6、主大将六宫，主参将八宫；

7、客大将七宫，客参将一宫；

8、小游在九宫。

（二）命法格局

1、小游对宫见始击，为格；

2、小游对宫见主大将，为对。

（三）事法格局

1、始击与太乙宫相对，为格；

2、客参将一宫格；

3、主大将六宫发，主参将八宫发，客大将七宫发。

阳遁第二十五局

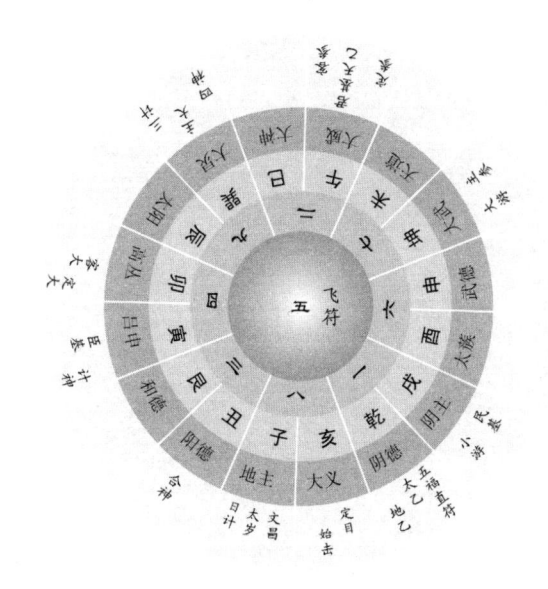

提示：

（一）基本格局

1、戊子25局，庚子97局，壬子169局，甲子241局，丙子313局；

2、太乙在一宫理天，太乙在地内助主；

3、计神在吕申；

4、文昌在地主，始击在大义；

5、主算39，重阳，不和；客算40，孤阴，无人之算；

6、主大将九宫，主参将七宫；

7、客大将四宫，客参将二宫；

8、小游在一宫。

（二）命法格局

1、小游对宫见主大将，为对；

2、小游左宫见始击，为外宫击。

（三）事法格局

1、主大将九宫对；

2、始击在太乙左辰，为外辰击；

3、客大将、客参将挟主大将，为客挟主；

4、客大将四宫发，客参将二宫发。

阳遁第二十六局

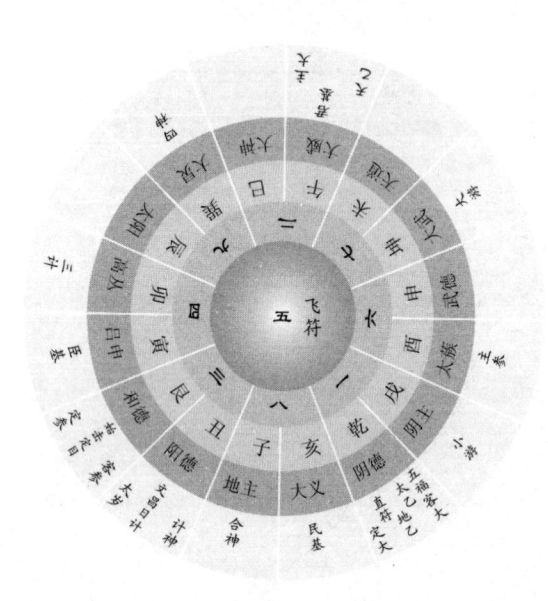

提示：

（一）基本格局

1、己丑26局，辛丑98局，癸丑170局，乙丑242局，丁丑314局；

2、太乙在一宫理地，太乙在地内助主；

3、计神在阳德；

4、文昌在阳德，始击在和德；

5、主算32，中和，为无地之算；客算31，杂重阳，不和，无地之算；

6、主大将二宫，主参将六宫；

7、客大将一宫，客参将三宫；

8、小游在一宫。

（二）命法格局

1、小游与客大将同宫，为囚；

2、文昌与客参将同宫，为关。

（三）事法格局

1、太乙与客大将同宫，为囚；

2、主参将六宫内迫；

3、主大将二宫发，客参将三宫发。

阳遁第二十七局

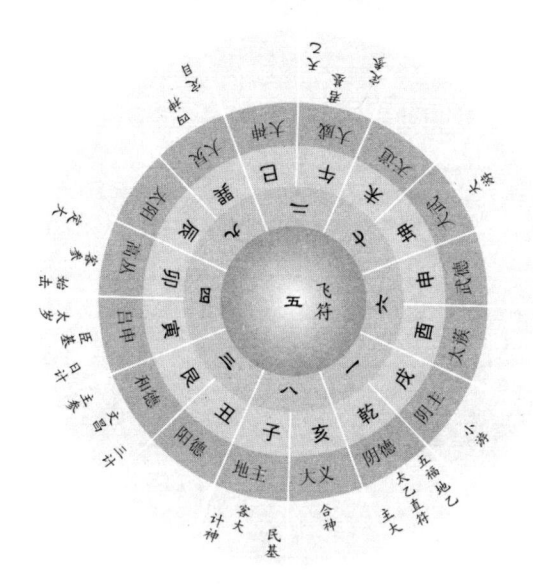

提示：

（一）基本格局

1、庚寅27局，壬寅99局，甲寅171局，丙寅243局，戊寅315局；

2、太乙在一宫理人，太乙在地内助主；

3、计神在地主；

4、文昌在和德，始击在高丛；

5、主算31，杂重阳，不和，无地之算；客算28，杂重阴，不和，三才俱足之算；

6、主大将一宫，主参将三宫；

7、客大将八宫，客参将四宫；

8、小游在一宫。

（二）命法格局

主文昌与主参将同宫，为囚。

（三）事法格局

1、主大将一宫囚太乙；

2、主参将三宫囚太乙；

3、主大将、主参将挟客大将，为主挟客；

4、客大将、客参将挟主参将，为客挟主；

5、客参将四宫发。

阳遁第二十八局

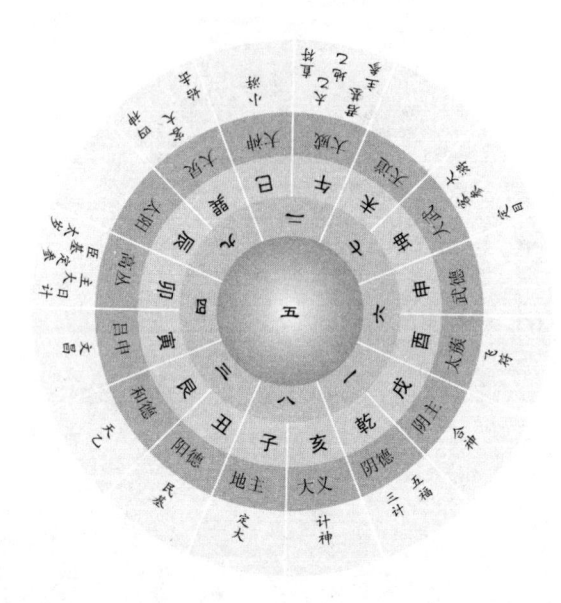

提示：

（一）基本格局

1、辛卯28局，癸卯100局，乙卯172局，丁卯244局，己卯316局；

2、太乙在二宫理天，太乙在天外助客；

3、计神在大义；

4、文昌在吕申，始击在大炅；

5、主算14，上和，无地之算；客算9，单阳，不和，无天之算；

6、主大将四宫，主参将二宫；

7、客大将九宫，客参将七宫；

8、小游在二宫。

（二）命法格局

小游左辰遇始击，为内辰击。

（三）事法格局

1、主参将二宫囚太乙；

2、客大将九宫内迫；

3、主大将、主参将挟客大将，为主挟客；

4、客大将、客参将挟主参将，为客挟主；

5、主大将四宫发，客参将七宫发。

阳遁第二十九局

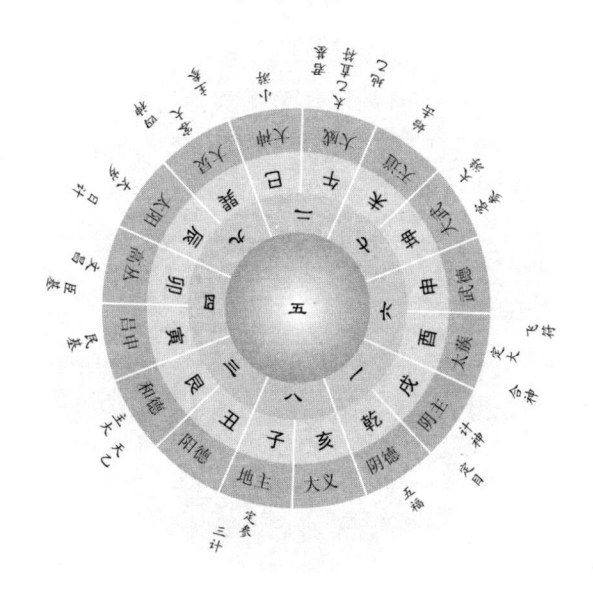

提示：

（一）基本格局

1、壬辰29局，甲辰101局，丙辰173局，戊辰245局，庚辰317局；

2、太乙在二宫理地，太乙在天外助客；

3、计神在阴主；

4、文昌在高丛，始击在天道；

5、主算13，重阳，无地之算；客算39，重阳，三才俱足之算；

6、主大将三宫，主参将九宫；

7、客大将九宫，客参将七宫；

8、小游在二宫。

（二）命法格局

始击在小游右宫，为外宫击。

（三）事法格局

1、始击在太乙前一辰，为外辰击；

2、客大将与主参将同宫，为关；

3、主参将九宫外迫；

4、客大将九宫内迫；

5、客参将七宫外迫；

6、主大将三宫发。

阳遁第三十局

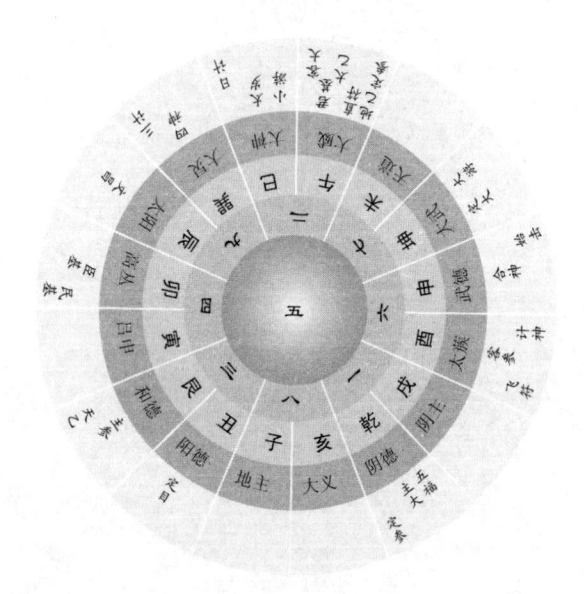

提示：

（一）基本格局

1、癸巳30局，已巳102局，丁巳174局，已巳246局，辛巳318局；

2、太乙在二宫理人，太乙在天外助客；

3、计神在太蔟；

4、文昌在太阳，始击在武德；

5、主算10，孤阳，无人之算；客算32，算长，中和，无地之算；

6、主大将一宫，主参将三宫；

7、客大将二宫，客参将六宫；

8、小游在二宫。

（二）命法格局

文昌在小游左边宫，为内宫迫。

（三）事法格局

1、客大将二宫囚；

2、主大将一宫发，主参将三宫发，客参将六宫发。

阳遁第三十一局

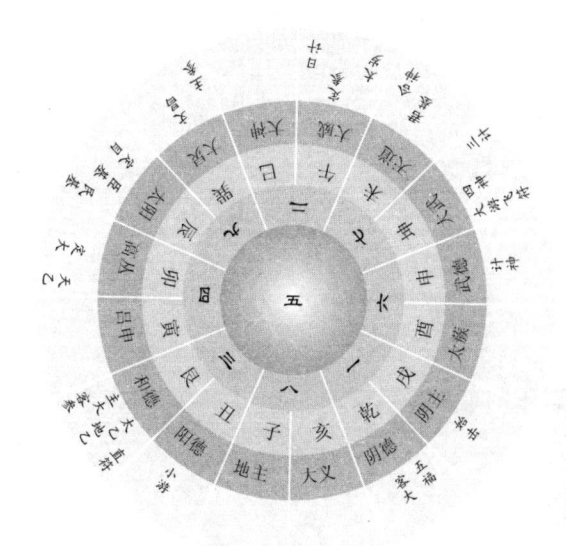

提示：

（一）基本格局

1、甲午 31 局，丙午 103 局，戊午 175 局，庚午 247 局，壬午 319 局；

2、太乙在三宫理天，太乙在地内助主；

3、计神在武德；

4、文昌在大炅，始击在阴主；

5、主算 33，重阳，不和，无地之算；客算 10，孤阳，无人之算；

6、主大将三宫，主参将九宫；

7、客大将一宫，客参将三宫；

8、小游在三宫。

（二）命法格局

（三）事法格局

1、主大将三宫囚；

2、客大将、客参将挟主大将，为客挟主；

3、主参将九宫与文昌囚；

4、客大将一宫发。

阳遁第三十二局

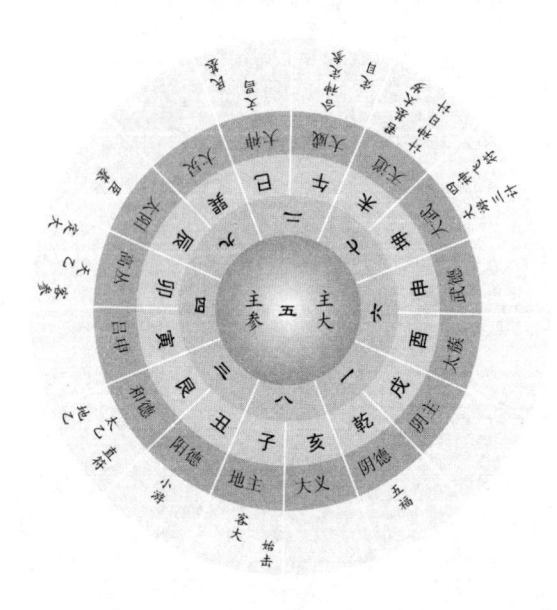

提示：

（一）基本格局

1、乙未32局，丁未104局，己未176局，辛未248局，癸未320局；

2、太乙在三宫理地，太乙在地内助主；

3、计神在天道；

4、文昌在大神，始击在地主；

5、主算25，杜塞无门；客算8，单阴，无天之算；

6、主大将中宫，主参将中宫；

7、客大将八宫，客参将四宫；

8、小游在三宫。

（二）命法格局

小游右辰遇始击，为内辰击。

（三）事法格局

1、主大将、主参将不出中宫；

2、始击内宫击；

3、客大将八宫内迫；

4、客参将四宫外迫。

阳遁第三十三局

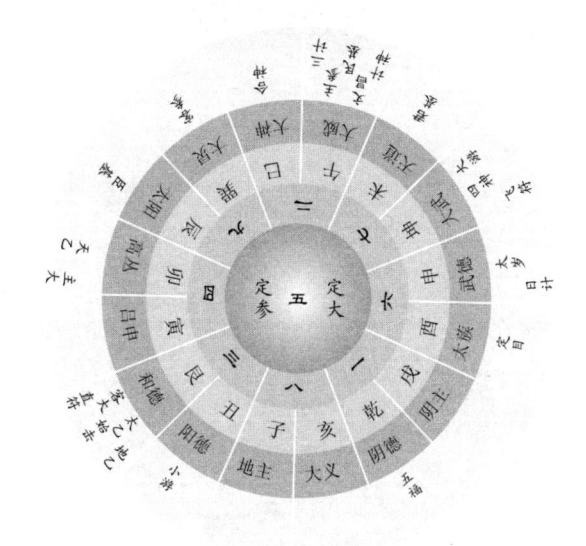

提示：

（一）基本格局

1、丙申33局，戊申105局，庚申177局，壬申249局，甲申321局；

2、太乙在三宫理人，太乙在地内助主；

3、计神在大威；

4、文昌在大威，始击在和德；

5、主算24，杂重阴，无地之算；客算3，算短，单阳，无地无天之算；

6、主大将四宫，主参将二宫；

7、客大将三宫，客参将九宫；

8、小游在三宫。

（二）命法格局

始击在小游左辰，为外臣击。

（三）事法格局

1、始击三宫掩；

2、客大将三宫囚；

3、主大将四宫外迫；

4、主参将与文昌囚；

5、客大将、客参将挟主大将，为客挟主；

6、主大将、主参将挟客参将，为主挟客。

阳遁第三十四局

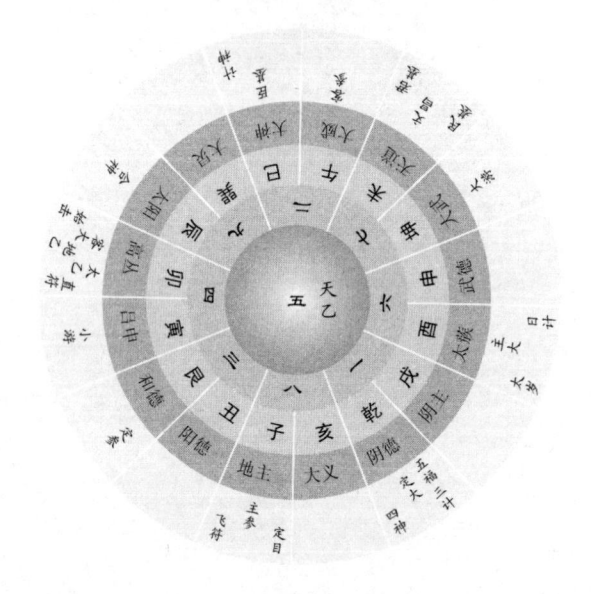

提示：

（一）基本格局

1、丁酉34局，己酉106局，辛酉178局，癸酉250局，乙酉322局；

2、太乙在四宫理人，太乙在地内助主；

3、计神在大神；

4、文昌在天道，始击在高丛；

5、主算26，三才俱足之算；客算4，单阴，无地无天之算；

6、主大将六宫，主参将八宫；

7、客大将四宫，客参将二宫；

8、小游在四宫。

（二）命法格局

1、小游对宫见主大将，为对；

2、小游左辰见始击，为外臣击。

（三）事法格局

1、主大将六宫格太乙；

2、始击掩太乙；

3、客大将四宫囚太乙；

4、主参将六宫发，客参将二宫发。

阳遁第三十五局

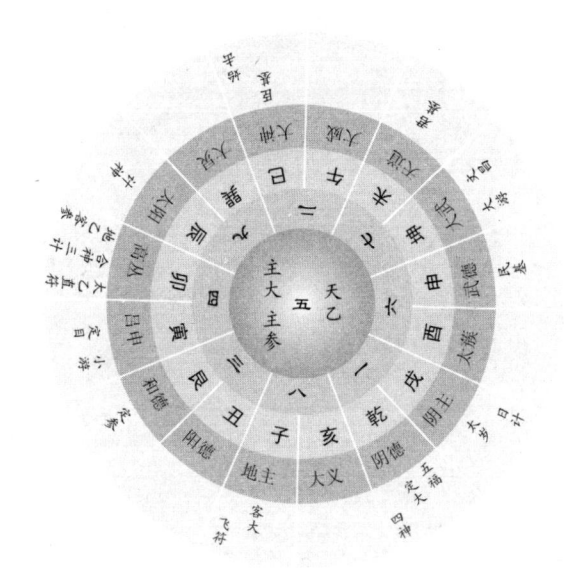

提示：

（一）基本格局

1、戊戌35局，庚戌107局，壬戌179局，甲戌251局，丙戌323局；

2、太乙在四宫理地，太乙在地内助主；

3、计神在太阳；

4、文昌在大武，始击在大神；

5、主算25，杜塞无门；客算28，杂重阳，三才俱足之算；

6、主大将中宫，主参将中宫；

7、客大将八宫，客参将四宫；

8、小游在四宫。

（二）命法格局

（三）事法格局

1、主大将、主参将不出中宫；

2、客参将四宫囚太乙；

3、客大将八宫发。

阳遁第三十六局

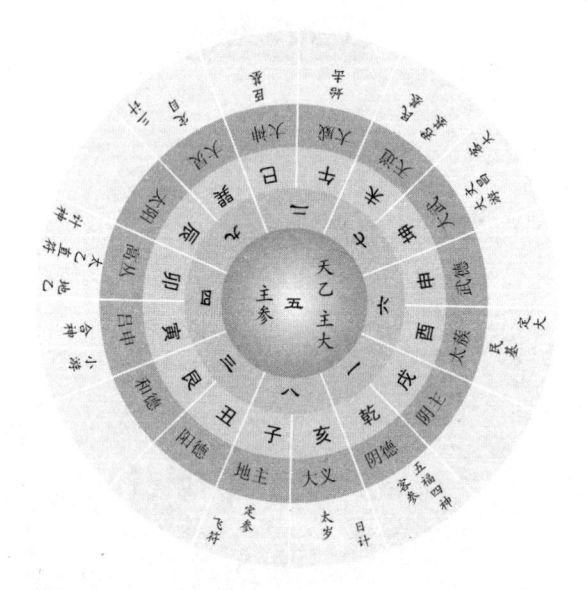

提示：

（一）基本格局

1、己亥36局，辛亥108局，癸亥180局，乙亥252局，丁亥324局；

2、太乙在四宫理人，太乙在地内助主；

3、计神在高丛；

4、文昌在大武，始击在大威；

5、主算25，杜塞无门；客算27，下和，三才俱足之算；

6、主大将中宫，主参将中宫；

7、客大将七宫，客参将一宫；

8、小游在四宫。

（二）命法格局

文昌与客大将同宫，为关。

（三）事法格局

1、主大将、主参将不出中宫；

2、客大将七宫囚；

3、客大将七宫发，客参将一宫发。

阳遁第三十七局

提示：

（一）基本格局

1、庚子37局，壬子109局，甲子181局，丙子253局，戊子325局；

2、太乙在六宫理天，太乙在天外助客；

3、计神在吕申；

4、文昌在武德，始击在大武；

5、主算1，单阳，无地无天之算；客算7，单阳，不和，无天之算；

6、主大将一宫，主参将三宫；

7、客大将七宫，客参将一宫；

8、小游在六宫。

（二）命法格局

1、文昌六宫囚；

2、小游左辰遇始击，为外辰击。

（三）事法格局

1、文昌内辰迫；

2、主大将一宫外迫；

3、始击内击太乙；

4、客大将七宫内迫；

5、客参将一宫外迫；
6、文昌与太乙同宫，客大将、客参将同在文昌左右，为挟。

阳遁第三十八局

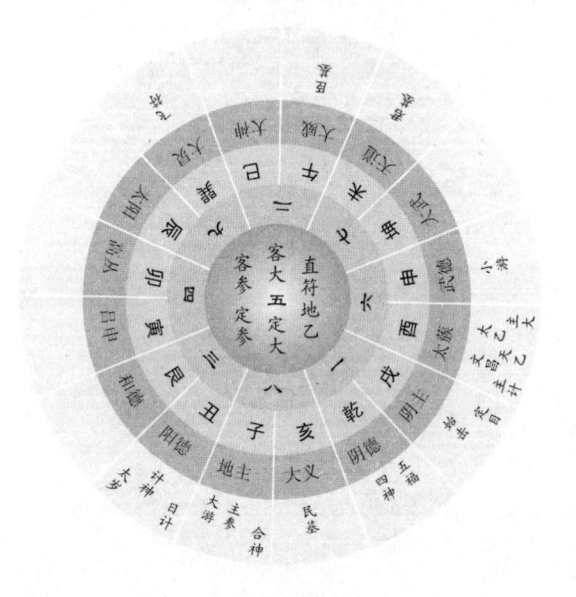

提示：
（一）基本格局
1、辛丑38局，癸丑110局，乙丑182局，丁丑254局，己丑326局；
2、太乙在六宫理地，太乙在天外助客；
3、计神在阳德；
4、文昌在太蔟，始击在阴主；
5、主算6，算短，单阴，不和，无天之算；客算35，算长，杜塞无门；
6、主大将六宫，主参将八宫；
7、客大将中宫，客参将中宫；
8、小游在六宫。

（二）命法格局
1、小游遇文昌、主大将同宫，为囚；
2、小游右辰遇文昌，为内辰迫；
3、小游右宫遇始击，为内宫击。

（三）事法格局
1、文昌掩太乙；

2、主大将囚太乙；

3、始击内辰击太乙；

4、主参将八宫发；

5、客大将、客参将不出中宫。

阳遁第三十九局

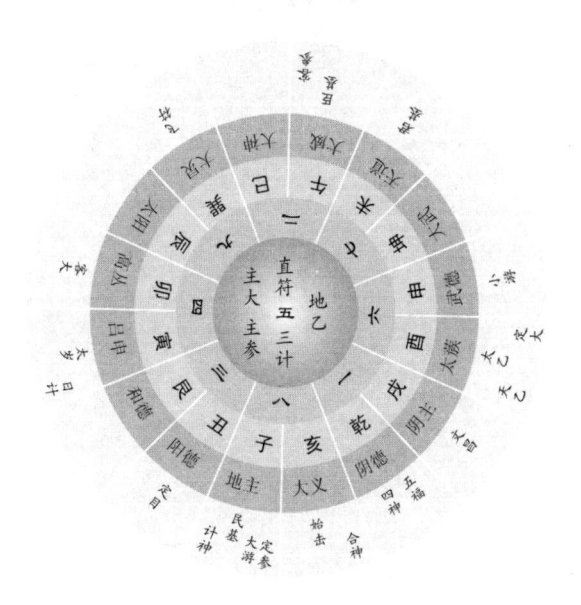

提示：

（一）基本格局

1、壬寅39局，甲寅111局，丙寅183局，戊寅255局，庚寅327局；

2、太乙在六宫理人，太乙在天外助客；

3、计神在地主；

4、文昌在阴主，始击在大义；

5、主算35，杜塞无门；客算34，算长，下和，无地之算；

6、主大将中宫，主参将中宫；

7、客大将四宫，客参将二宫；

8、小游在六宫。

（二）命法格局

1、小游对宫见客大将，为格；

2、小游右宫见文昌，为内宫迫。

（三）事法格局

1、文昌内辰迫太乙；

2、客大将四宫格太乙；

3、客参将二宫发；

4、主大将、主参将不出中宫。

阳遁第四十局

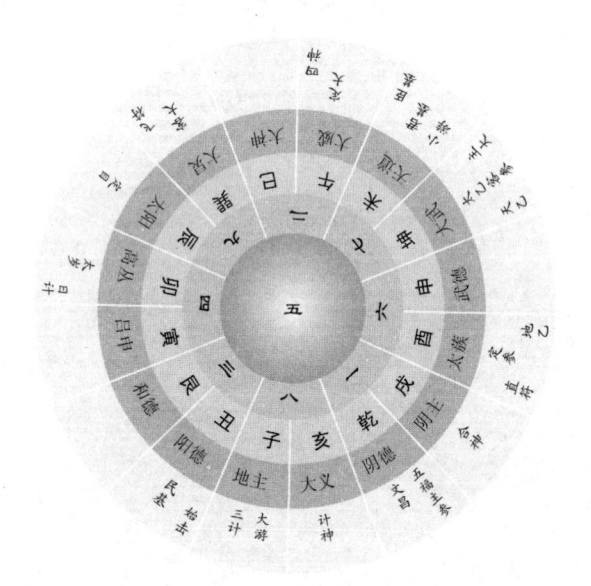

提示：

（一）基本格局

1、癸卯40局，乙卯112局，丁卯184局，已卯256局，辛卯328局；

2、太乙在七宫理天，太乙在天外助客；

3、计神在大义；

4、文昌在阴德，始击在阳德；

5、主算27，长和，三才俱足之算；客算19，长和，三才俱足之算；

6、主大将七宫，主参将一宫；

7、客大将九宫，客参将七宫；

8、小游在七宫。

（二）命法格局

小游对宫见始击，为格。

（三）事法格局

1、主大将七宫囚；

2、客参将七宫囚；

3、主参将一宫发，客大将九宫发；

4、主大将、客参将同宫、并囚，为四郭杜。

阳遁第四十一局

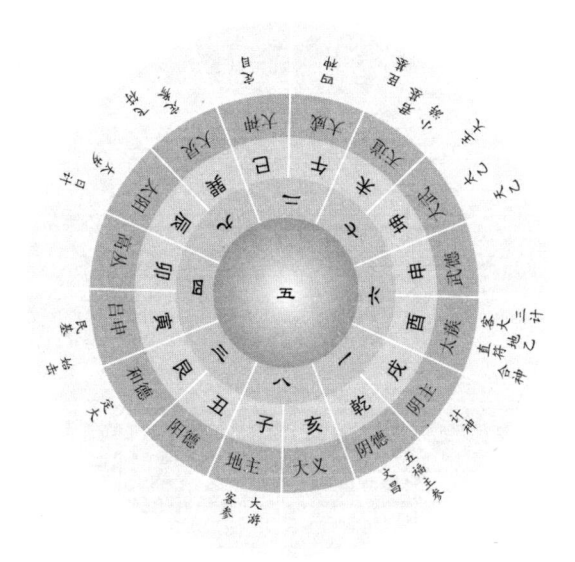

提示：

（一）基本格局

1、甲辰41局，丙辰113局，戊辰185局，庚辰257局，壬辰329局；

2、太乙在七宫理地，太乙在天外助客；

3、计神在阴主；

4、文昌在阴德，始击在吕申；

5、主算27，长和，三才俱足之算；客算16，长和，三才俱足之算；

6、主大将七宫，主参将一宫；

7、客大将六宫，客参将八宫；

8、小游在七宫。

（二）命法格局

（三）事法格局

1、主大将七宫囚；

2、客大将、客参将挟文昌，为客挟主；

3、主参将囚；

4、客大将六宫外迫；

5、主大将、主参将挟客大将，为主挟客；

6、客参将八宫发。

阳遁第四十二局

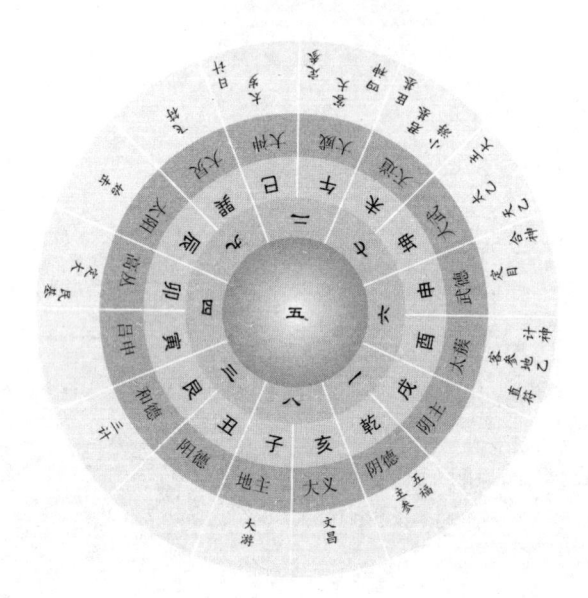

提示：

（一）基本格局

1、乙巳42局，丁巳114局，己巳186局，辛巳258局，癸巳330局；

2、太乙在七宫理人，太乙在天外助客；

3、计神在太蔟；

4、文昌在大义，始击在太阳；

5、主算27，长和，三才俱足之算；客算12，不和，无地之算；

6、主大将七宫，主参将一宫；

7、客大将二宫，客参将六宫；

8、小游在七宫。

（二）命法格局

（三）事法格局

1、主大将七宫囚；

2、客大将、客参将双挟太乙、主大将；

3、主大将、主参将挟客参将；

4、客大将二宫内迫；

5、客参将六宫外迫；

6、主参将一宫发。

阳遁第四十三局

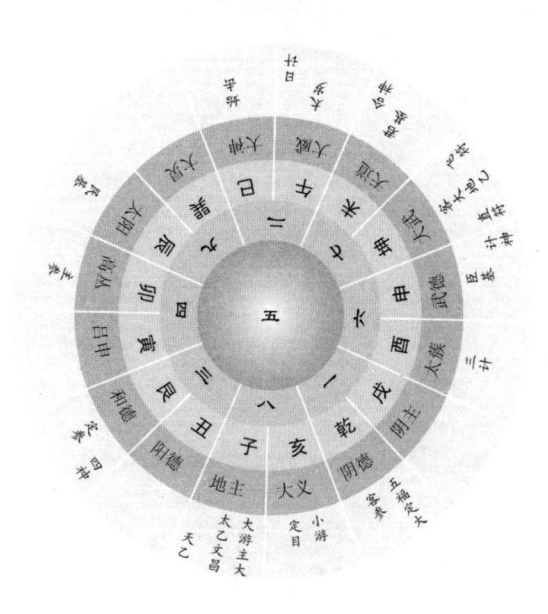

提示：

（一）基本格局

1、丙午43局，戊午115局，庚午187局，壬午259局，甲午331局；

2、太乙在八宫理天，太乙在地内助主；

3、计神在武德；

4、文昌在地主，始击在大神；

5、主算8，算短，单阴，无天之算；客算17，重阳，长和，三才俱足之算；

6、主大将八宫，主参将四宫；

7、客大将七宫，客参将一宫；

8、小游在八宫。

（二）命法格局

1、小游对宫见始击，为格；

2、小游遇文昌在左辰，为外辰迫。

（三）事法格局

1、文昌八宫掩太乙；

全息太乙

2、主大将八宫囚太乙；

3、客参将一宫内迫；

4、客大将七宫发，主参将四宫发；

5、主大将与太乙同宫，主大将、主参将挟文昌于正宫，称为提挟。

阳遁第四十四局

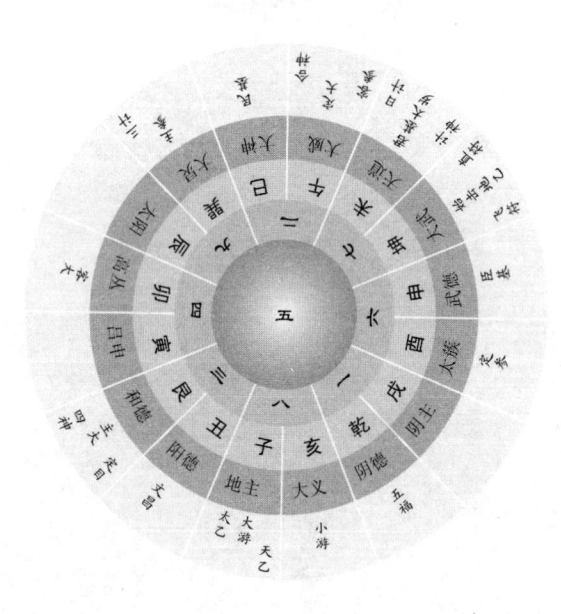

提示：

（一）基本格局

1、丁未44局，己未116局，辛未188局，癸未260局，乙未332局；

2、太乙在八宫理地，太乙在地内助主；

3、计神在天道；

4、文昌在阳德，始击在大武；

5、主算33，重阳，长而不和，无地之算；客算14，上和，无地之算；

6、主大将三宫，主参将九宫；

7、客大将四宫，客参将二宫；

8、小游在八宫。

（二）命法格局

1、小游对宫见客参将，为格；

2、小游左宫见文昌，为外宫迫。

（三）事法格局

1、文昌外迫；

2、主大将三宫外迫；

3、主大将、主参将挟客大将，为主挟客；

4、客大将、客参将挟主参将，为客挟主；

5、客参将二宫格，客大将四宫发。

阳遁第四十五局

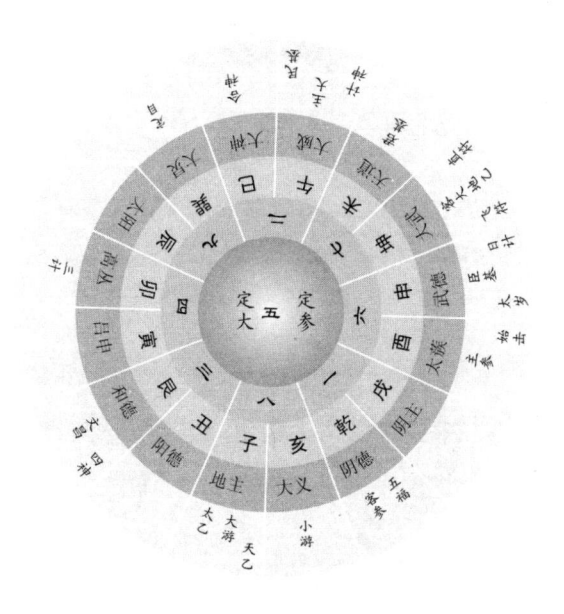

提示：

（一）基本格局

1、戊申 45 局，庚申 117 局，壬申 189 局，甲申 261 局，丙申 333 局；

2、太乙在八宫理人，太乙在地内助主；

3、计神在大威；

4、文昌在和德，始击在太蔟；

5、主算 32，算长，中和；客算 7，单阳不和，无天之算；

6、主大将二宫，主参将六宫；

7、客大将七宫，客参将一宫；

8、小游在八宫。

（二）命法格局

1、小游对宫见主大将，为对；

2、始击与主参将同宫，为关。

全息太乙

(三) 事法格局

1、文昌外宫迫；

2、主大将二宫格；

3、主大将、主参将挟客大将，为主挟客；

4、主大将、主参将挟始击于正宫，为提挟；

5、主参将六宫发，客参将一宫发；

6、客参将一宫内迫。

阳遁第四十六局

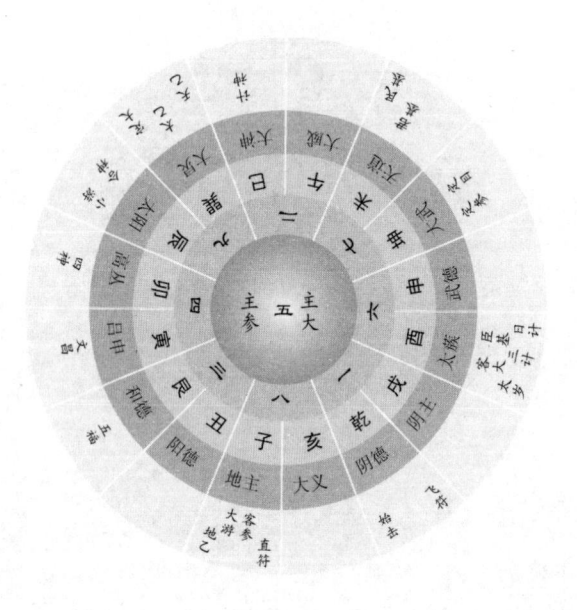

提示：

(一) 基本格局

1、己酉46局，辛酉118局，癸酉190局，乙酉262局，丁酉334局；

2、太乙在九宫理天，太乙在天外助客；

3、计神在大神；

4、文昌在吕申，始击在阴德；

5、主算5，杜塞无门；客算16，长和，三才俱足之算；

6、主大将中宫，主参将中宫；

7、客大将六宫，客参将八宫；

8、小游在九宫。

(二) 命法格局

1、小游对宫见始击，为格；

2、小游左宫见文昌，为外宫迫。

（三）事法格局

1、主大将、主参将不出中宫；

2、文昌四宫内迫；

3、客大将六宫发，客参将八宫发。

阳遁第四十七局

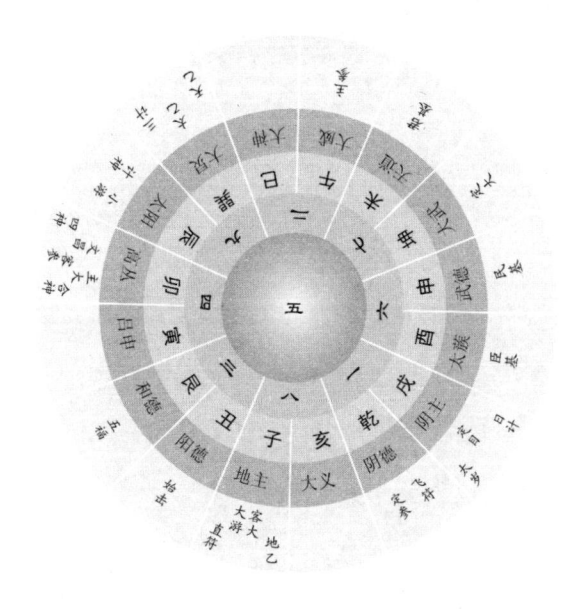

提示：

（一）基本格局

1、庚戌47局，壬戌119局，甲戌191局，丙戌263局，戊戌335局；

2、太乙在九宫理地，太乙在天外助客；

3、计神在太阳；

4、文昌在高丛，始击在阳德；

5、主算4，单阴不和，算短，无地无天之算；客算8，单阴不和，算短，无天之算；

6、主大将四宫，主参将二宫；

7、客大将八宫，客参将四宫；

8、小游在九宫。

（二）命法格局

1、小游左宫见文昌，为迫；
2、小游遇文昌与主大将、客参将同宫，为囚。
(三) 事法格局
1、文昌四宫迫；
2、主大将四宫内迫；
3、主参将二宫外迫；
4、客参将四宫内迫；
5、客大将八宫发。

阳遁第四十八局

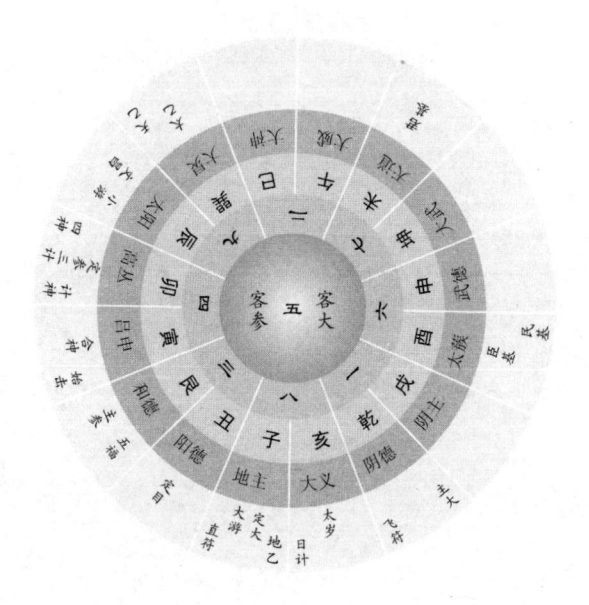

提示：
(一) 基本格局
1、辛亥48局，癸亥120局，乙亥192局，丁亥264局，己亥336局；
2、太乙在九宫理人，太乙在天外助客；
3、计神在高丛；
4、文昌在太阳，始击在吕申；
5、主算1，算短，单阳不和，无地无天之算；客算5，杜塞无门；
6、主大将一宫，主参将三宫；客大将中宫，客参将中宫；小游在九宫。
(二) 命法格局
1、小游与文昌同宫，为囚；

2、小游对宫见主大将，为对；

3、始击为内宫击。

（三）事法格局

1、主大将一宫格太乙；

2、文昌内辰迫太乙；

3、始击内宫击太乙；

4、主参将三宫发；

5、客大将、客参将不出中宫。

阳遁第四十九局

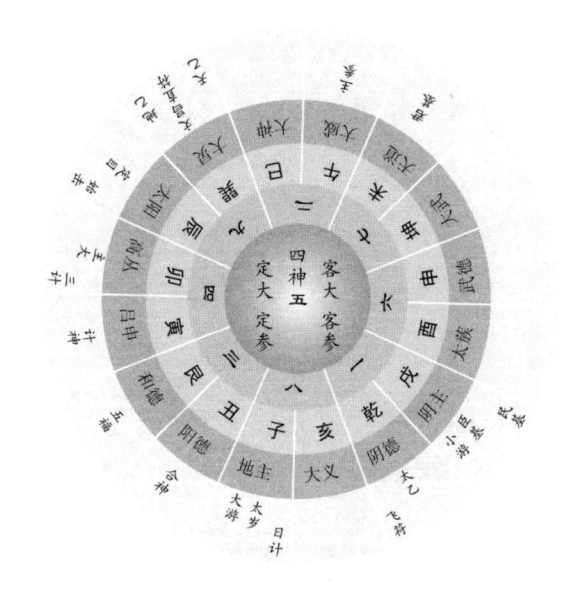

提示：

（一）基本格局

1、壬子49局，甲子121局，丙子193局，戊子265局，庚子337局；

2、太乙在一宫理天，太乙在地内助主；

3、计神在吕申；

4、文昌在大炅，始击在太阳；

5、主算24，长和，无地之算；客算25，杜塞无门；

6、主大将四宫，主参将二宫；

7、客大将中宫，客参将中宫；

8、小游在一宫。

全息太乙

（二）命法格局

1、小游对宫见文昌，为对；

2、小游对宫见始击，为格。

（三）事法格局

1、文昌与太乙所在宫相冲，为对；

2、始击与太乙宫相对，为格；

3、主大将四宫发，主参将二宫发；

4、客大将、客参将不出中宫。

> 阳遁第五十局

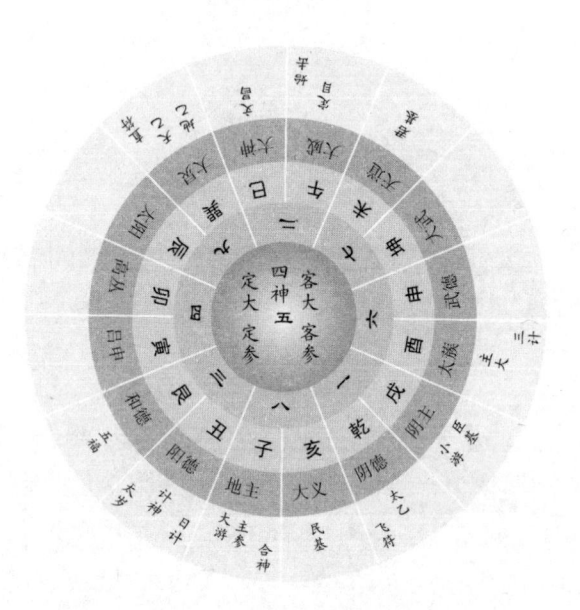

提示：

（一）基本格局

1、癸丑50局，乙丑122局，丁丑194局，己丑266局，辛丑338局；

2、太乙在一宫理地，太乙在地内助主；

3、计神在阳德；

4、文昌在大神，始击在大威；

5、主算16，长和，三才俱足之算；客算15，杜塞无门；

6、主大将六宫，主参将八宫；

7、客大将中宫，客参将中宫；

8、小游在一宫。

（二）命法格局

（三）事法格局

1、主大将六宫内迫；

2、主参将八宫外迫；

3、客大将、客参将不出中宫。

阳遁第五十一局

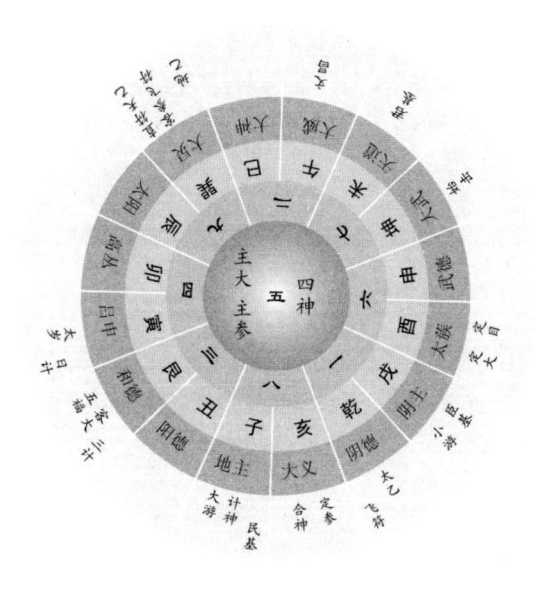

提示：

（一）基本格局

1、甲寅51局，丙寅123局，戊寅195局，庚寅267局，壬寅339局；

2、太乙在一宫理人，太乙在地内助主；

3、计神在地主；

4、文昌在大威，始击在大武；

5、主算15，杜塞无门；客算13，重阳不和，无地之算；

6、主大将中宫，主参将中宫；

7、客大将三宫，客参将九宫；

8、小游在一宫。

（二）命法格局

小游对宫见客参将，为格。

（三）事法格局

全息太乙

1、客参将九宫格；

2、客大将三宫发；

3、主大将、主参将不出中宫。

阳遁第五十二局

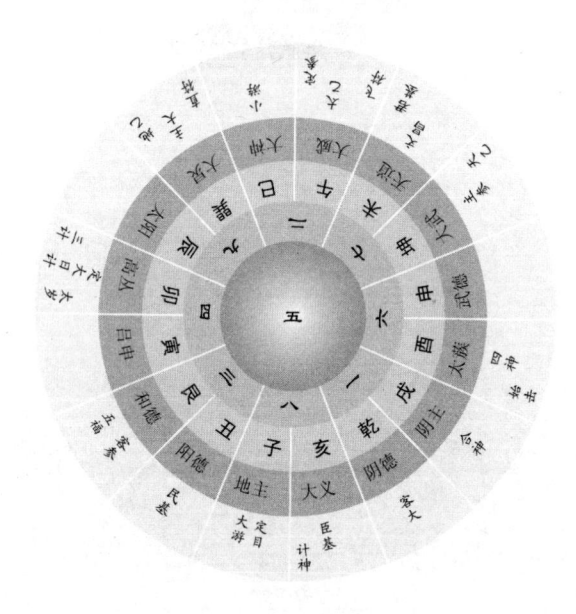

提示：

（一）基本格局

1、乙卯52局，丁卯124局，己卯196局，辛卯268局，癸卯340局；

2、太乙在二宫理天，太乙在天外助客；

3、计神在大义；

4、文昌在天道，始击在太蔟；

5、主算39，重阳，算长，三才俱足之算；客算31，重阳，算长，下和，无地之算；

6、主大将九宫，主参将七宫；

7、客大将一宫，客参将三宫；

8、小游在二宫。

（二）命法格局

文昌在七宫迫。

（三）事法格局

1、文昌辰迫太乙；

2、客大将一宫发，客参将三宫发。

阳遁第五十三局

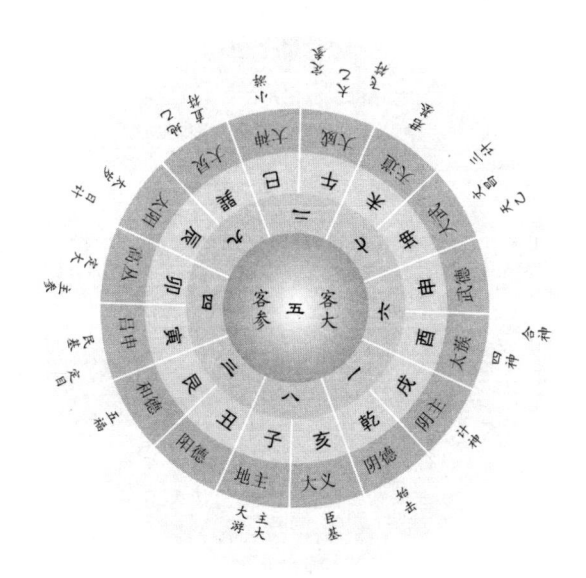

提示：

（一）基本格局

1、丙辰53局，戊辰125局，庚辰197局，壬辰269局，甲辰341局；

2、太乙在二宫理地，太乙在天外助客；

3、计神在阴主；

4、文昌在大武，始击在阴德；

5、主算38，长和，三才俱足之算；客算35，杜塞无门；

6、主大将八宫，主参将四宫；

7、客大将中宫，客参将中宫；

8、小游在二宫。

（二）命法格局

1、小游对宫见主大将，为对；

2、文昌在小游右宫，为内宫迫。

（三）事法格局

1、主大将八宫格；

2、文昌迫太乙；

3、主参将四宫发；

4、客大将、客参将不出中宫。

阳遁第五十四局

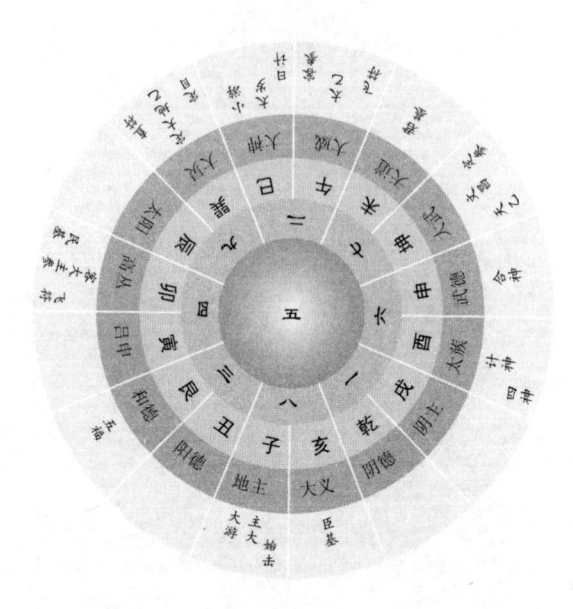

提示：

（一）基本格局

1、丁巳54局，己巳126局，辛巳198局，癸巳270局，乙巳342局；

2、太乙在二宫理人，太乙在天外助客；

3、计神在太蔟；

4、文昌在大武，始击在地主；

5、主算38，长和，三才俱足之算；客算24，和；

6、主大将八宫，主参将四宫；

7、客大将四宫，客参将二宫；

8、小游在二宫。

（二）命法格局

1、小游对宫见始击，为格；

2、小游对宫见主大将，为对；

3、文昌七宫迫；

4、小游与客参将同宫，为因。

（三）事法格局

1、文昌迫太乙；

2、主大将八宫格；

3、客参将三宫囚太乙；

4、主参将四宫发，客大将四宫发。

阳遁第五十五局

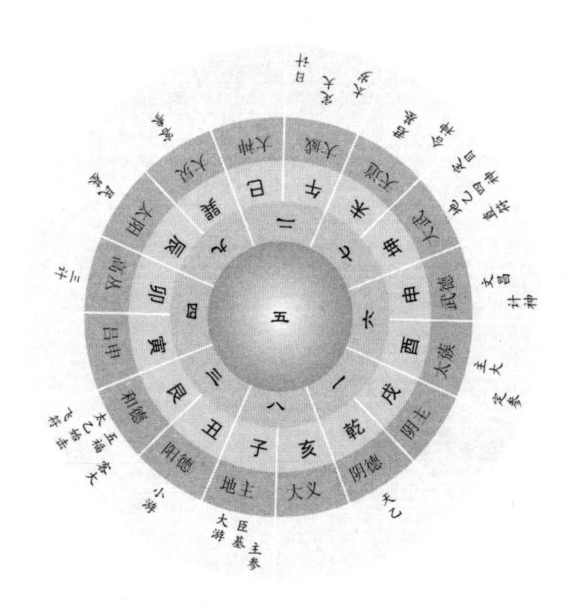

提示：

（一）基本格局

1、戊午55局，庚午127局，壬午199局，甲午271局，丙午343局；

2、太乙在三宫理天，太乙在地内助主；

3、计神在武德；

4、文昌在武德，始击在和德；

5、主算16，长和，三才俱足之算；客算3，算短，单阳不和，无地无天之算；

6、主大将六宫，主参将八宫；

7、客大将三宫，客参将九宫；

8、小游在三宫。

（二）命法格局

小游与始击同宫，为掩。

（三）事法格局

1、始击与太乙同宫，为掩；

全息太乙

2、主参将八宫内迫；

3、客大将三宫囚；

4、主大将六宫发，客参将九宫发。

阳遁第五十六局

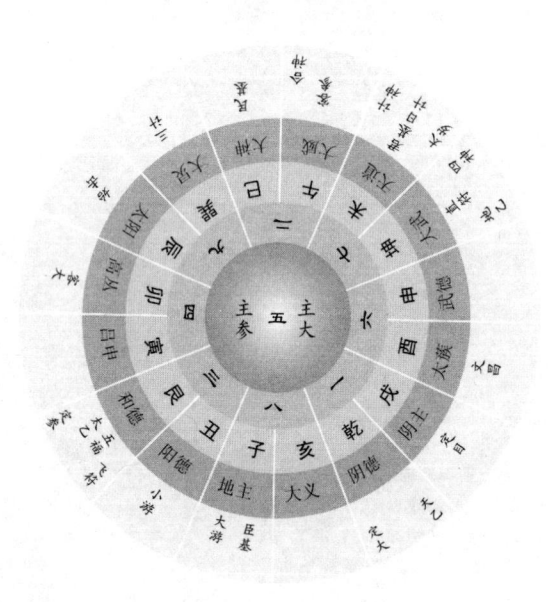

提示：

（一）基本格局

1、己未 56 局，辛未 128 局，癸未 200 局，乙未 272 局，丁未 344 局；

2、太乙在三宫理地，太乙在地内助主；

3、计神在天道；

4、文昌在太蔟，始击在太阳；

5、主算 15，杜塞无门；客算 34，长和，无地之算；

6、主大将中宫，主参将中宫；

7、客大将四宫，客参将二宫；

8、小游在三宫。

（二）命法格局

（三）事法格局

1、客大将四宫外迫；

2、客参将二宫发；

3、主大将、主参将不出中宫。

阳遁第五十七局

提示：

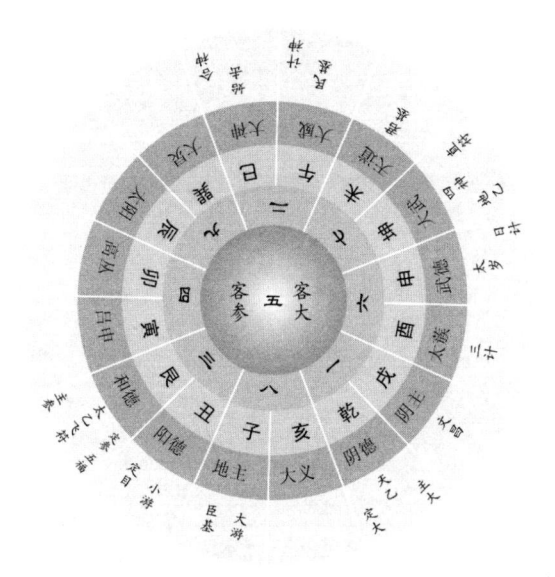

（一）基本格局

1、庚申57局，壬申129局，甲申201局，丙申273局，戊申345局；

2、太乙在三宫理人，太乙在地内助主；

3、计神在大威；

4、文昌在阴主，始击在大神；

5、主算10，孤阳，无人之算；客算25，杜塞无门；

6、主大将一宫，主参将三宫；

7、客大将中宫，客参将中宫；

8、小游在三宫。

（二）命法格局

（三）事法格局

1、主参将三宫囚；

2、主大将一宫发；

3、客大将、客参将不出中宫。

阳遁第五十八局

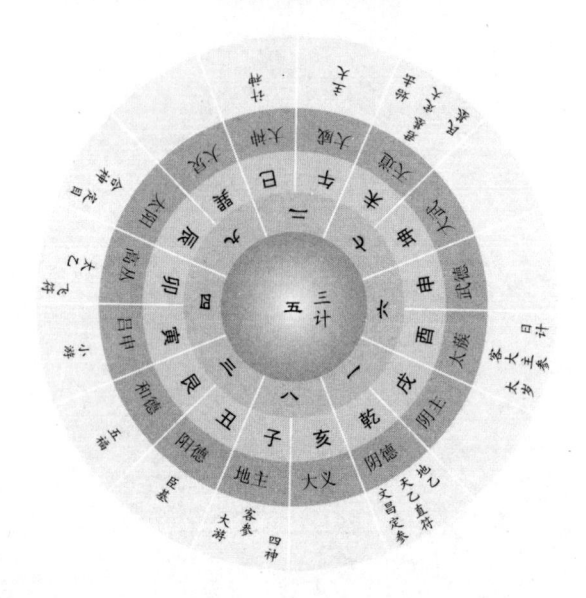

提示：

（一）基本格局

1、辛酉58局，癸酉130局，乙酉202局，丁酉274局，己酉346局；

2、太乙在四宫理天，太乙在地内助主；

3、计神在大神；

4、文昌在阴德，始击在天道；

5、主算12，下和，无地之算；客算26，算长，不和，三才俱足之算；

6、主大将二宫，主参将六宫；

7、客大将六宫，客参将八宫；

8、小游在四宫。

（二）命法格局

1、小游对宫见客大将，为格；

2、小游对宫见主参将，为对。

（三）事法格局

1、客大将六宫格；

2、主参将与客大将关；

3、主大将二宫发，客参将八宫发；

4、客大将、主参将并而格之，为四郭杜。

阳遁第五十九局

提示：

（一）基本格局

1、壬戌 59 局，甲戌 131 局，丙戌 203 局，戊戌 275 局，庚戌 347 局；

2、太乙在四宫理地，太乙在地内助主；

3、计神在太阳；

4、文昌在阴德，始击在武德；

5、主算 12，下和，无地之算；客算 19，重阳，长和，三才俱足之算；

6、主大将二宫，主参将六宫；

7、客大将九宫，客参将七宫；

8、小游在四宫。

（二）命法格局

1、小游对宫见主参将，为对；

2、小游对宫见始击，为格。

（三）事法格局

1、太乙对宫见始击，为格；

2、主参将六宫格；

3、客大将、客参将挟主大将，为客挟主；

4、主大将、主参将挟客参将，为主挟客；

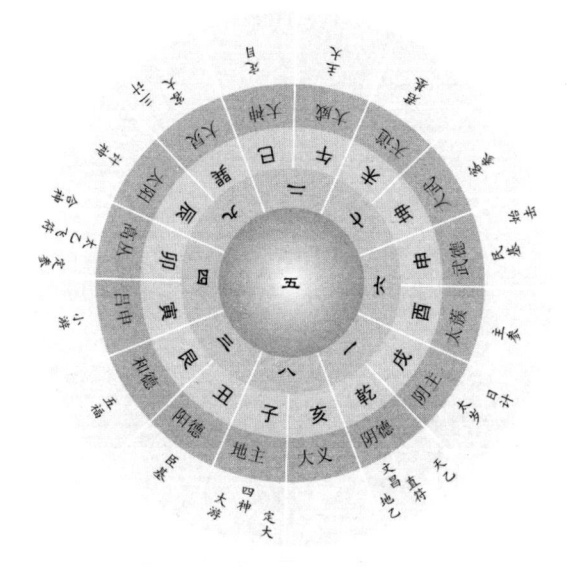

5、客大将九宫外迫，

阳遁第六十局

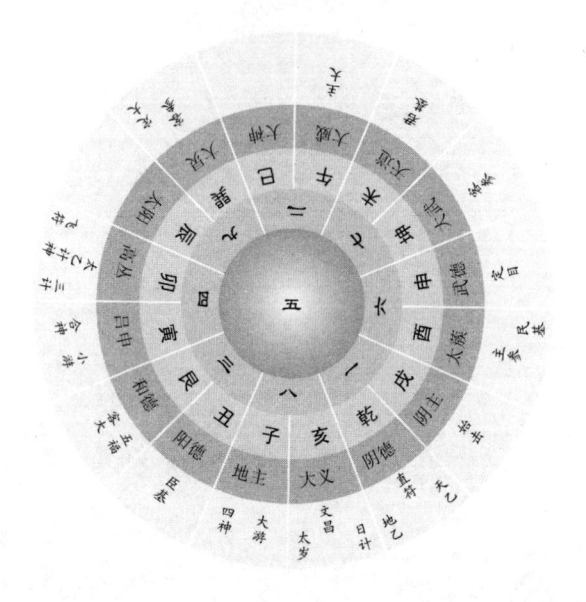

提示：

（一）基本格局

1、癸亥60局，乙亥132局，丁亥204局，己亥276局，辛亥348局；

2、太乙在四宫理人，太乙在地内助主；

3、计神在高丛；

4、文昌在大义，始击在阴主；

5、主算12，下和，无地之算；客算13，重阳，算和，无地之算；

6、主大将二宫，主参将六宫；

7、客大将三宫，客参将九宫；

8、小游在四宫。

（二）命法格局

小游对宫见主参将，为对。

（三）事法格局

1、主参将六宫格；

2、客大将、客参将挟太乙；

3、主大将二宫发。

阳遁第六十一局

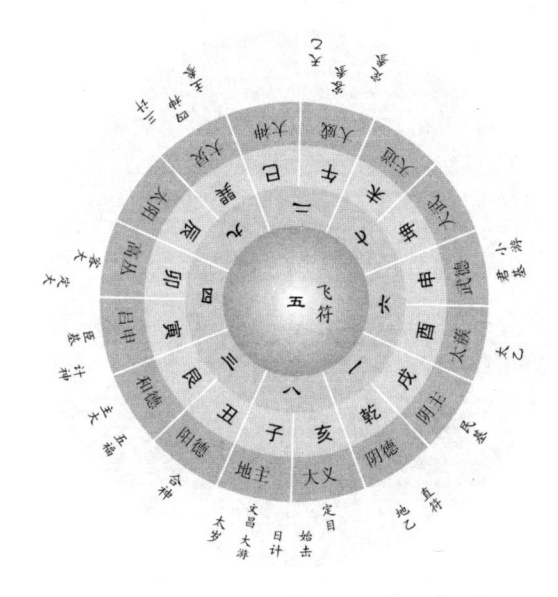

提示：

（一）基本格局

1、甲子 61 乙，丙子 133 局，戊子 205 局，庚子 277 局，壬子 349 局；

2、太乙在六宫理天，太乙在天外助客；

3、计神在吕申；

4、文昌在地主，始击在大义；

5、主算 33，长而不和，无地之算；客算 34，长和，无地之算；

6、主大将三宫，主参将九宫；

7、客大将四宫，客参将二宫；

8、小游在六宫。

（二）命法格局

小游对宫见客大将，为格。

（三）事法格局

1、客大将四宫格太乙；

2、主大将三宫发；

3、主大将、主参将挟客大将，为主挟客；

4、客大将、客参将挟主参将，为客挟主；

5、客参将二宫发。

阳遁第六十二局

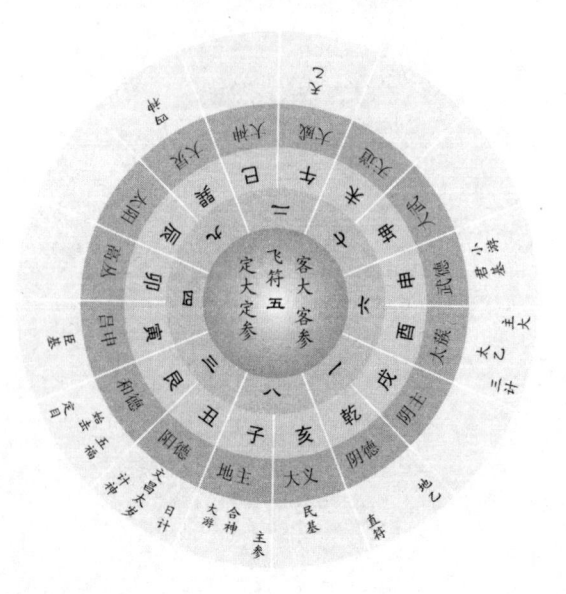

提示：

（一）基本格局

1、乙丑62局，丁丑134局，己丑206局，辛丑278局，癸丑350局；

2、太乙在六宫理地，太乙在天外助客；

3、计神在阳德；

4、文昌在阳德，始击在和德；

5、主算26，长而不和，三才俱足之算；客算25，杜塞无门；

6、主大将六宫，主参将八宫；

7、客大将中宫，客参将中宫；

8、小游在六宫。

（二）命法格局

（三）事法格局

1、主大将六宫囚；

2、主参将八宫发；

3、客大将、客参将不出中宫。

阳遁第六十三局

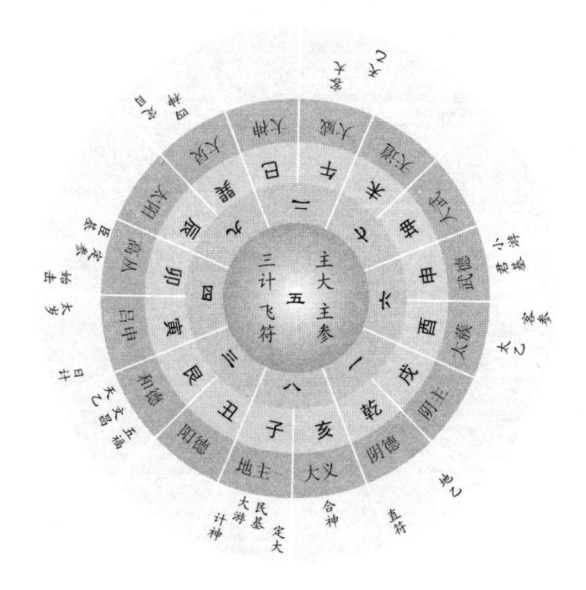

提示：

（一）基本格局

1、丙寅63局，戊寅135局，庚寅207局，壬寅279局，甲寅351局；

2、太乙在六宫理人，太乙在天外助客；

3、计神在地主；

4、文昌在和德，始击在高丛；

5、主算25，杜塞无门；客算22，算长，无地之算；

6、主大将中宫，主参将中宫；

7、客大将二宫，客参将六宫；

8、小游在六宫。

（二）命法格局

小游对宫见始击，为格。

（三）事法格局

1、客参将囚太乙；

2、始击与太乙宫相对，为格；

3、客大将二宫发；

4、主大将、主参将不出中宫。

阳遁第六十四局

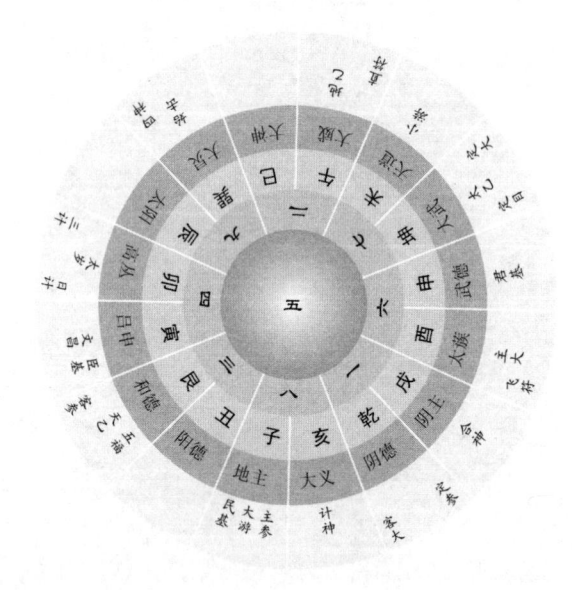

提示：

（一）基本格局

1、丁卯64局，己卯136局，辛卯208局，癸卯280局，乙卯352局；

2、太乙在七宫理天，太乙在天外助客；

3、计神在大义；

4、文昌在吕申，始击在大炅；

5、主算16，长和，三才俱足之算；客算11，重阳，不和，无地之算；

6、主大将六宫，主参将八宫；

7、客大将一宫，客参将三宫；

8、小游在七宫。

（二）命法格局

小游对宫见客参将，为格。

（三）事法格局

1、主大将六宫外迫；

2、主参将八宫发；

3、主大将、主参将挟客大将，为主挟客；

4、客参将三宫格。

阳遁第六十五局

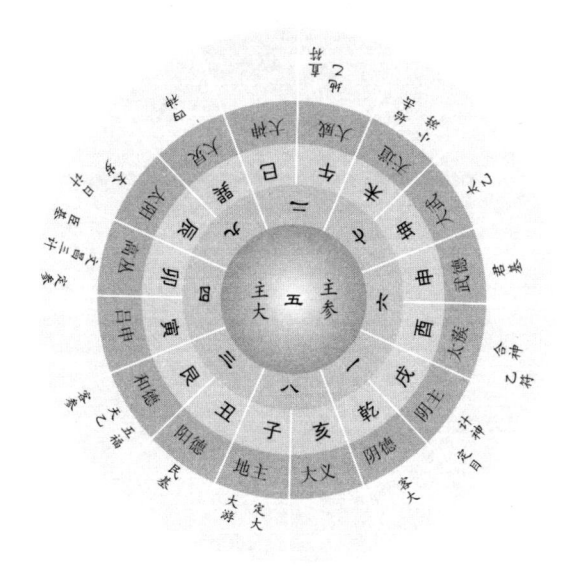

提示：

（一）基本格局

1、戊辰65局，庚辰137局，壬辰209局，甲辰281局，丙辰353局；

2、太乙在七宫理地，太乙在天外助客；

3、计神在阴主；

4、文昌在高丛，始击在天道；

5、主算15，杜塞无门；客算1，算短，单阳，无地无天之算；

6、主大将中宫，主参将中宫；

7、客大将一宫，客参将三宫；

8、小游在七宫。

（二）命法格局

1、小游遇始击同宫，为掩；

2、小游对宫见客参将，为格。

（三）事法格局

1、始击击太乙；

2、太乙对宫见客参将，为格；

3、客大将一宫发；4、主大将、客大将不出中宫。

全息太乙

阳遁第六十六局

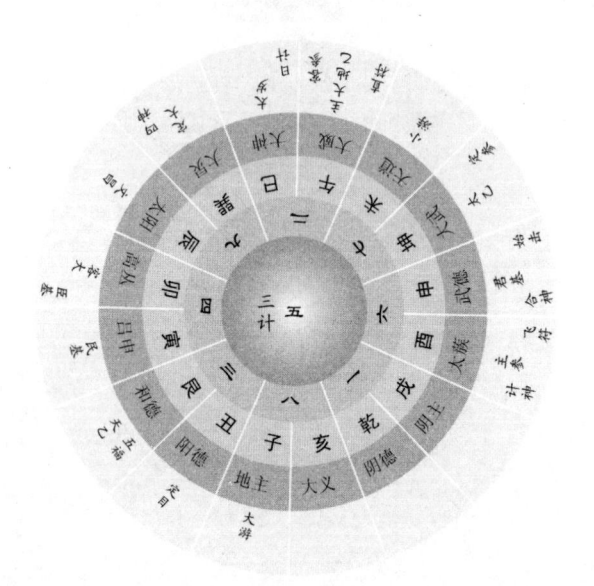

提示：

（一）基本格局

1、己巳66局，辛巳138局，癸巳210局，乙巳282局，丁巳354局；

2、太乙在七宫理人，太乙在天外助客；

3、计神在太蔟；

4、文昌在太阳，始击在武德；

5、主算12，下和，无地之算；客算34，长和，无地之算；

6、主大将二宫，主参将六宫；

7、客大将四宫，客参将二宫；

8、小游在七宫。

（二）命法格局

始击外宫击。

（三）事法格局

1、主大将二宫内迫；

2、主参将六宫外迫；

3、主大将、主参将挟太乙；

4、始击击太乙；

5、客参将二宫内迫；

6、客大将四宫发。

阳遁第六十七局

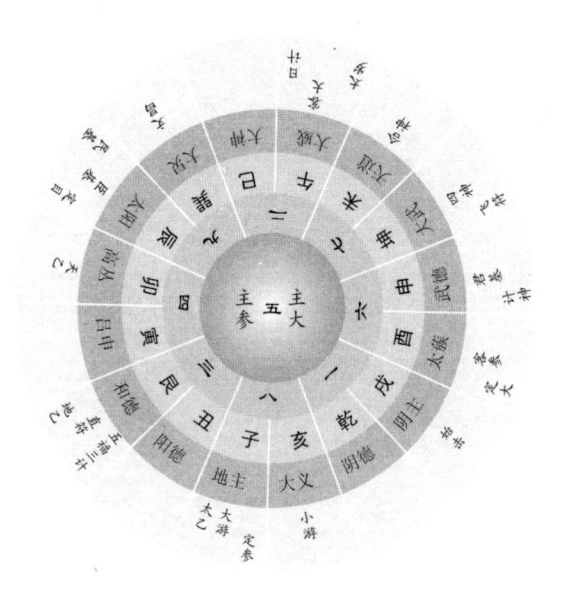

提示：

（一）基本格局

1、庚午67局，壬午139局，申午211局，丙午283局，戊午355局；

2、太乙在八宫理天，太乙在地内助主；

3、计神在武德；

4、文昌在大炅，始击在阴主；

5、主算25，杜塞无门；客算2，算短，单阴不和，无地无天之算；

6、主大将中宫，主参将中宫；

7、客大将二宫，客参将六宫；

8、小游在八宫。

（二）命法格局

1、小游对宫见客大将，为格；

2、始击一宫击。

（三）事法格局

1、始击内宫击太乙；

2、客大将二宫格；

3、客参将六宫发；

4、主大将、主参将不出中宫。

阳遁第六十八局

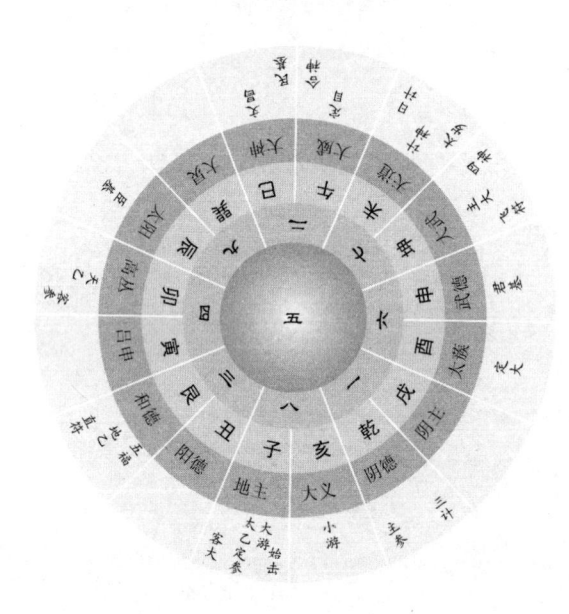

提示：

（一）基本格局

1、辛未68局，癸未140局，乙未212局，丁未284局，己未356局；

2、太乙在八宫理地，太乙在地内助主；

3、计神在天道；

4、文昌在大神，始击在地主；

5、主算17，重阳，三才俱足之算；客算8，单阴，无天之算；

6、主大将七宫，主参将一宫；

7、客大将八宫，客参将四宫；

8、小游在八宫。

（二）命法格局

1、小游与始击同宫，为掩；

2、小游与客大将同宫，为囚；

3、小游对宫见文昌，为对。

（三）事法格局

1、始击临太乙宫，为掩；

2、客大将与太乙同宫，为囚；

3、主参将一宫内迫；

4、主大将七宫发，客参将四宫发。

阳遁第六十九局

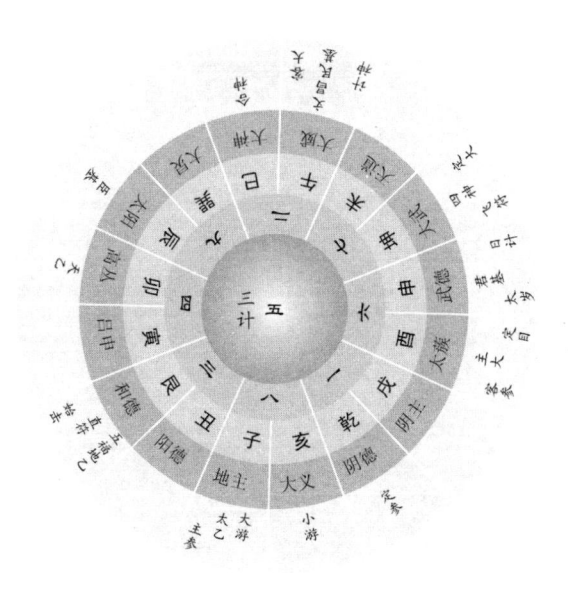

提示：

（一）基本格局

1、壬申69局，甲申141局，丙申213局，戊申285局，庚申357局；

2、太乙在八宫理人，太乙在地内助主；

3、计神在大威；

4、文昌在大威，始击在和德；

5、主算16，长和，三才俱足之算；客算32，长和，无地之算；

6、主大将六宫，主参将八宫；

7、客大将二宫，客参将六宫；

8、小游在八宫。

（二）命法格局

1、小游对宫见文昌，为对；

2、小游对宫见客大将，为格；

3、文昌与客大将同宫，为关。

（三）事法格局

全息太乙

1、主参将八宫囚；

2、客大将二宫格；

3、始击三宫击；

4、文昌与太乙宫相冲，为对；

5、主大将与客参将同宫，为关；

6、主大将六宫发，客参将六宫发。

阳遁第七十局

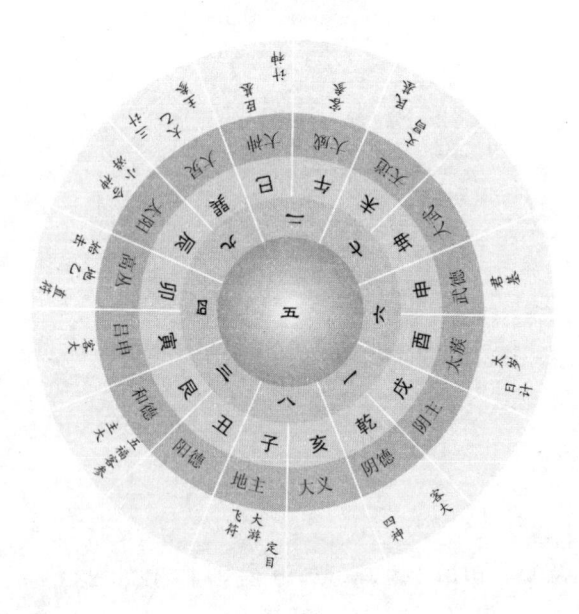

提示：

（一）基本格局

1、癸酉70局，已酉142局，丁酉214局，已酉286局，辛酉358局；

2、太乙在九宫理天，太乙在天外助客；

3、计神在大神；

4、文昌在天道，始击在高丛；

5、主算30，孤阳，算长，无人之算；客算4，算短，不和，无地无天之算；

6、主大将三宫，主参将九宫；

7、客大将四宫，客参将二宫；

8、小游在九宫。

（二）命法格局

始击四宫击。

（三）事法格局

1、主参将九宫囚；

2、客大将四宫内迫；

3、客参将二宫外迫；

4、主大将三宫发；

5、主大将、客参将同宫，为关。

阳遁第七十一局

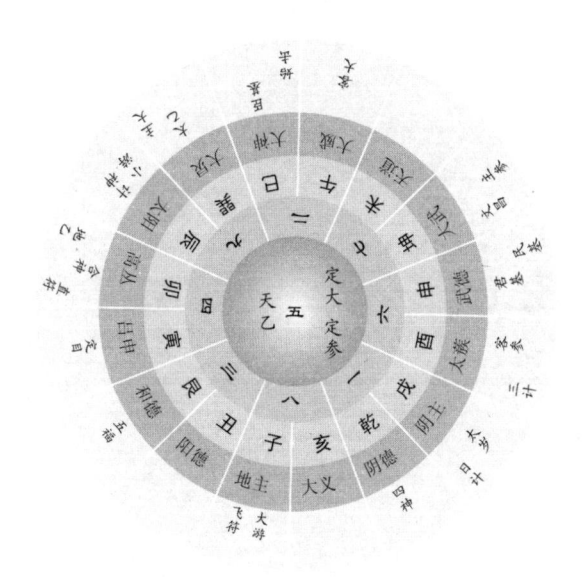

提示：

（一）基本格局

1、甲戌71局，丙戌143局，戊戌215局，庚戌287局，壬戌359局；

2、太乙在九宫理地，太乙在天外助客；

3、计神在太阳；

4、文昌在大武，始击在大神；

5、主算29，长和，三才俱足之算；客算32，长和，无地之算；

6、主大将九宫，主参将七宫；

7、客大将二宫，客参将六宫；

8、小游在九宫。

（二）命法格局

全息太乙

（三）事法格局

1、主大将九宫囚；

2、客大将、客参将挟主参将，为客挟主；

3、始击外宫击；

4、客大将二宫外迫；

5、客参将六宫发。

阳遁第七十二局

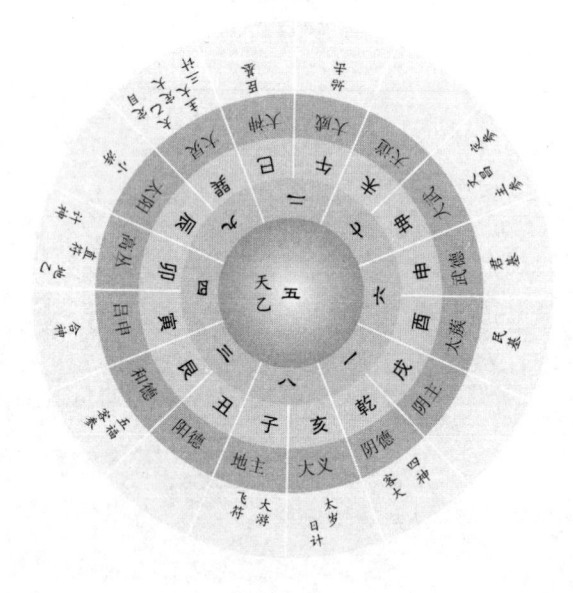

提示：

（一）基本格局

1、乙亥72局，丁亥144局，己亥216局，辛亥288局，癸亥360局；

2、太乙在九宫理人，太乙在天外助主；

3、计神在高丛；

4、文昌在大武，始击在大威；

5、主算29，算长，中和，三才俱足之算；客算31，长而不和，无地之算；

6、主大将九宫，主参将七宫；

7、客大将一宫，客参将三宫；

8、小游在九宫。

（二）命法格局

1、小游对宫见客大将，为格；
2、始击二宫击。
（三）事法格局
1、主大将九宫囚；
2、主参将七宫与文昌囚；
3、始击外宫击；
4、客大将一宫格；
5、客参将三宫发；
6、主大将、主参将挟始击，为主挟客。

二、太乙阴遁七十二局

太乙阴遁七十二局图式是按照太乙运式方法推演而成，太乙时局夏至后至冬至前取用阴遁局图式。

阴遁第一局

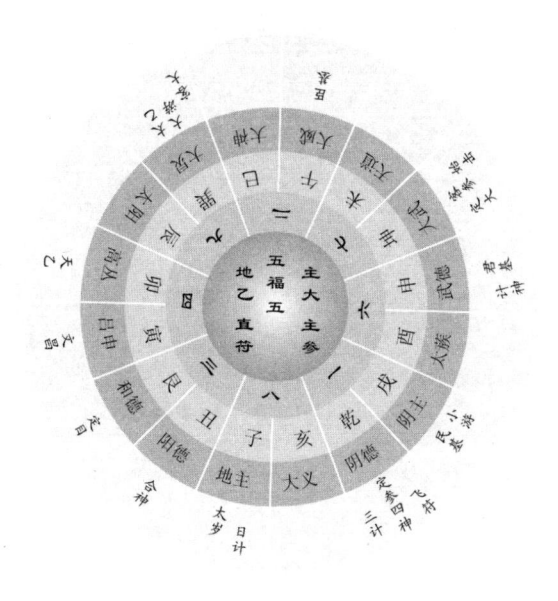

提示：
（一）基本格局
1、甲子1局，丙子73局，戊子145局，庚子217局，壬子289局；

2、太乙在九宫理天，太乙在天外助客；

3、计神在武德；

4、文昌在吕申，始击在大武；

5、主算5，杜塞无门；客算29，长和，三才俱足之算；

6、主大将中宫，主参将中宫；

7、客大将九宫，客参将七宫；

8、小游在一宫。

（二）命法格局

小游对宫见客大将，为格。

（三）事法格局

1、客大将九宫囚；

2、主大将、主参将不出中宫。

阴遁第二局

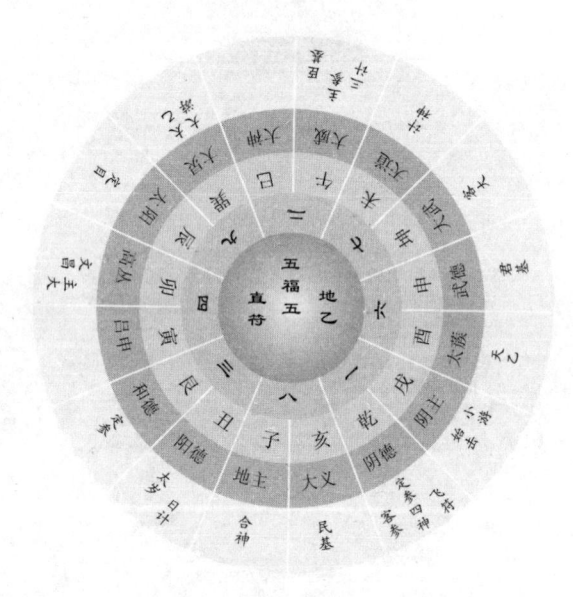

提示：

（一）基本格局

1、乙丑2局，丁丑74局，己丑146局，辛丑218局，癸丑290局；

2、太乙在九宫理地，太乙在天外助客；

3、计神在天道；

4、文昌在高丛，始击在阴主；

5、主算 4，算短，单阴，无地无天之算；客算 17，重阳，长而不和，三才俱足之算；

6、主大将四宫，主参将二宫；

7、客大将七宫，客参将一宫；

8、小游在一宫。

（二）命法格局

1、小游与始击同宫，为掩；

2、始击与客参将同宫，为关。

（三）事法格局

1、文昌四宫迫太乙；

2、主大将四宫内迫；

3、主参将二宫外迫；

4、客参将一宫格；

5、客大将七宫发。

阴遁第三局

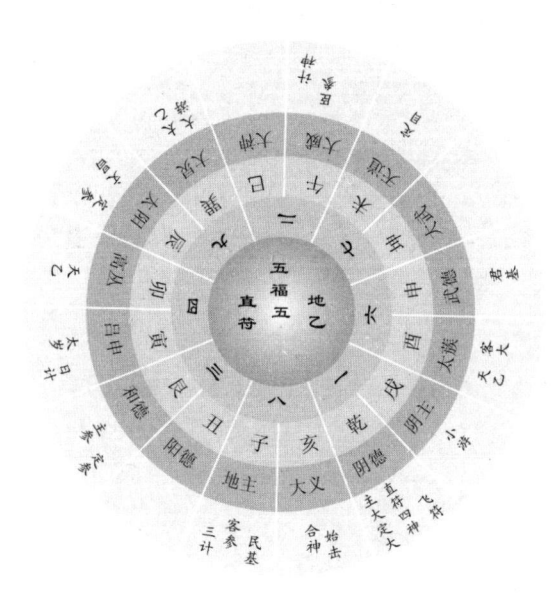

提示：

（一）基本格局

1、丙寅 3 局，戊寅 75 局，庚寅 147 局，壬寅 219 局，甲寅 291 局；

2、太乙在九宫理人，太乙在天外助客；

3、计神在大威；

4、文昌在太阳，始击在大义；

5、主算1，算短，单阳不和，无地无天之算；客算16，长和，三才俱足之算；

6、主大将一宫，主参将三宫；

7、客大将六宫，客参将八宫；

8、小游在一宫。

（二）命法格局

（三）事法格局

1、文昌内辰迫；

2、主大将一宫格；

3、主参将三宫发，客大将六宫发，客参将八宫发；

4、主大将、主参将挟客参将，为主挟客。

阴遁第四局

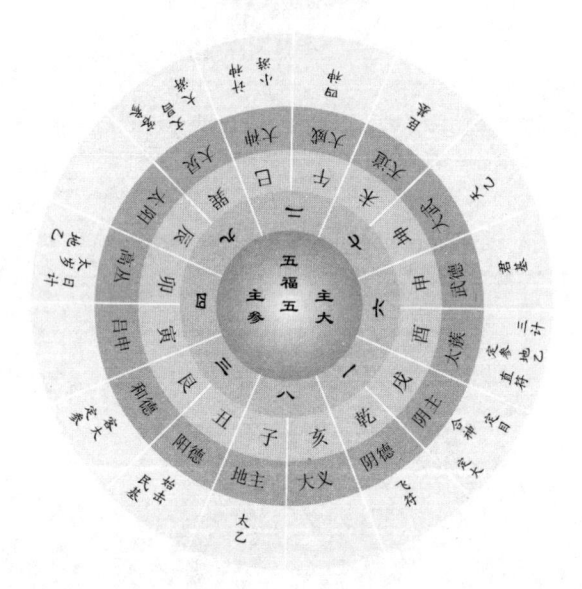

提示：

（一）基本格局

1、丁卯4局，己卯76局，辛卯148局，癸卯220局，乙卯292局；

2、太乙在八宫理天，太乙在地内助主；

3、计神在大神；

4、文昌在大炅，始击在阳德；

5、主算 25，杜塞无门；客算 33，重阳，长而不和；

6、主大将中宫，主参将中宫；

7、客大将三宫，客参将九宫；

8、小游在二宫。

（二）命法格局

1、文昌九宫内迫；

2、文昌与客参将同宫，为关。

（三）事法格局

1、客大将三宫外迫；

2、始击三宫外击太乙；

3、客参将九宫发；

4、主大将、主参将不出中宫。

阴遁第五局

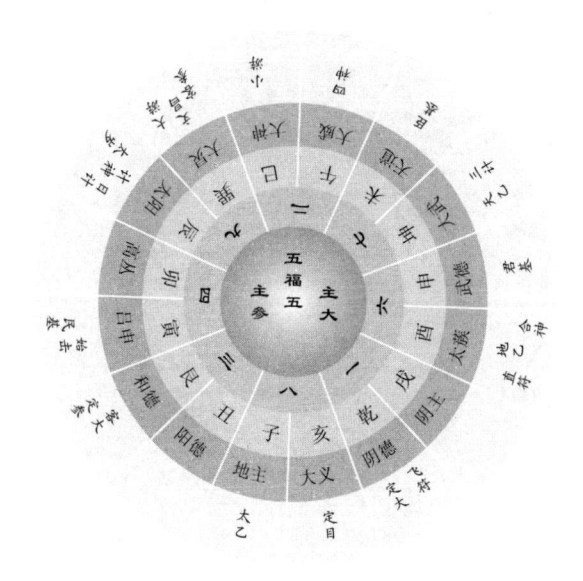

提示：

（一）基本格局

1、戊辰 5 局，庚辰 77 局，壬辰 149 局，甲辰 221 局，丙辰 293 局；

2、太乙在八宫理地，太乙在地内助主；

3、计神在太阳；

4、文昌在大炅，始击在吕申；

5、主算 25，杜塞无门，客算 30，孤阳，长而不和，无人之算；

6、主大将中宫，主参将中宫；

7、客大将三宫，客参将九宫；

8、小游在二宫。

（二）命法格局

文昌九宫内迫。

（三）事法格局

1、客大将三宫外迫；

2、客参将九宫发；

3、主大将、主参将不出中宫。

阴遁第六局

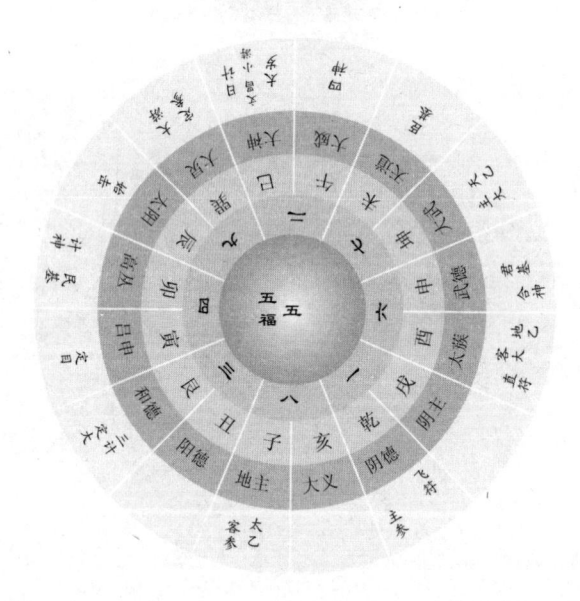

提示：

（一）基本格局

1、己巳 6 局，辛巳 78 局，癸巳 150 局，乙巳 222 局，丁巳 294 局；

2、太乙在八宫理人，太乙在地内助主；

3、计神在高丛；

4、文昌在大神，始击在太阳；

5、主算17，重阳，长而不和，三才俱足之算；客算26，重阳，长而不和，三才俱足之算；

6、主大将七宫，主参将一宫；

7、客大将六宫，客参将八宫；

8、小游在二宫。

（二）命法格局

小游对宫见客参将，为格。

（三）事法格局

1、客参将八宫囚；

2、文昌与太乙宫相冲，为对；

3、客大将、客参将挟主参将，为客挟主；

4、主大将、主参将挟客大将，为主挟客；

5、主大将七宫发。

阴遁第七局

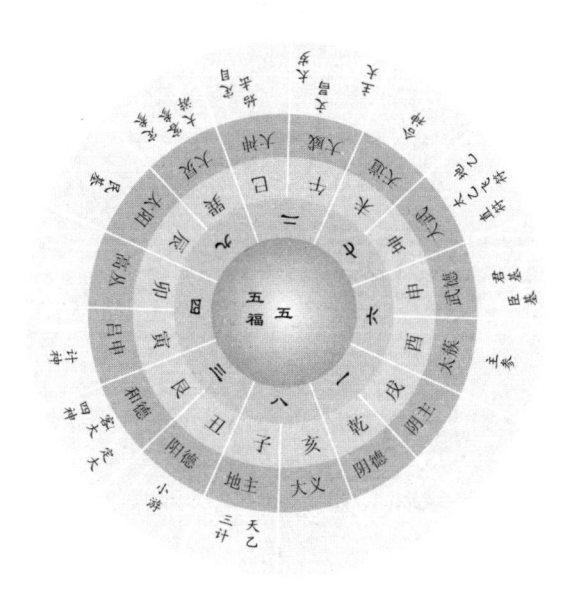

提示：

（一）基本格局

1、庚午7局，壬午79局，甲午151局，丙午223局，戊午295局；

2、太乙在七宫理天，太乙在天外助客；

3、计神在吕申；

4、文昌在大威，始击在大神；

5、主算2，算短，单阴不和，无地无天之算；客算3，算短，单阳不和，无地无天之算；

6、主大将二宫，主参将六宫；

7、客大将三宫，客参将九宫；

8、小游在三宫。

（二）命法格局

始击与主大将同宫，为主关客。

（三）事法格局

1、客大将与太乙宫相对，为格；

2、主大将二宫内迫；

3、主参将六宫外迫；

4、客参将九宫发。

阴遁第八局

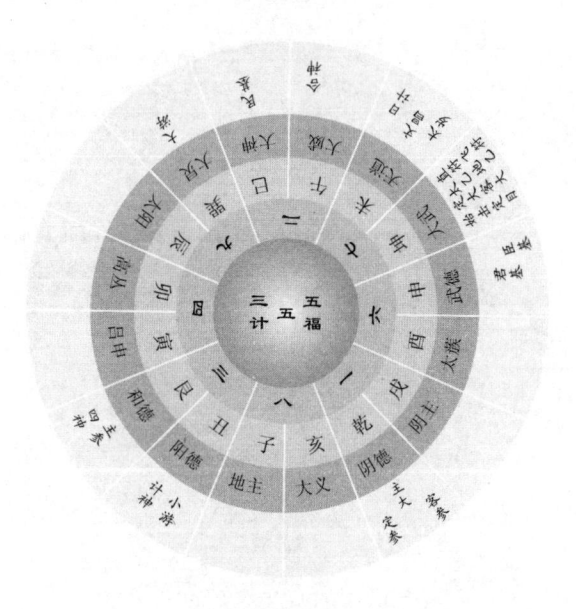

提示：

（一）基本格局

1、辛未8局，癸未80局，乙未152局，丁未224局，己未296局；

2、太乙在七宫理地，太乙在天外助客；

3、计神在阳德；

4、文昌在天道，始击在大武；

5、主算1，单阳，短而不和，无地无天之算；客算7，单阳，短而不和，无天之算；

6、主大将一宫，主参将三宫；

7、客大将七宫，客参将一宫；

8、小游在三宫。

（二）命法格局

1、小游对宫见客大将，为格；

2、文昌与客大将同宫，为关，为客关主。

（三）事法格局

1、始击七宫掩太乙；

2、客大将七宫囚太乙；

3、文昌迫太乙；

4、主大将与客参将同宫，为关；

5、主参将三宫格。

阴遁第九局

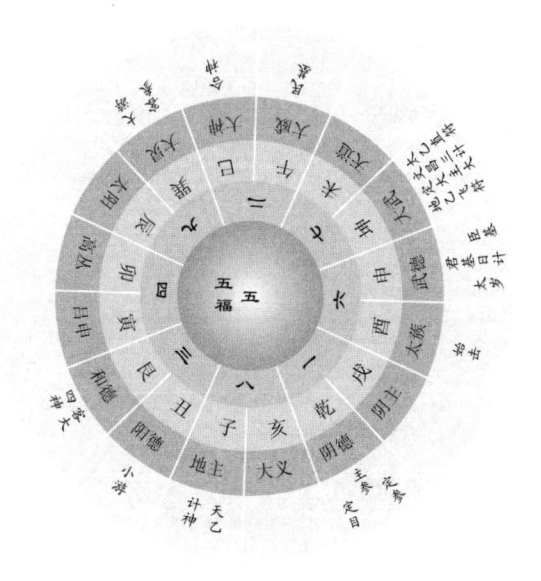

提示：

（一）基本格局

1、壬申9局；甲申81局，丙申153局，戊申225局，庚申297局；

全息太乙

2、太乙在七宫理人，太乙在天外助客；

3、计神在地主；

4、文昌在大武，始击在太蔟；

5、主算 7，单阳，短而不和，无天之算；客算 33，重阳不和，无地之算；

6、主大将七宫，主参将一宫；

7、客大将三宫，客参将九宫；

8、小游在三宫。

（二）命法格局

小游对宫见主大将，为对。

（三）事法格局

1、文昌掩太乙；

2、主大将七宫囚太乙；

3、始击六宫击太乙；

4、客大将三宫格；

5、主参将一宫发，客参将九宫发。

阴遁第十局

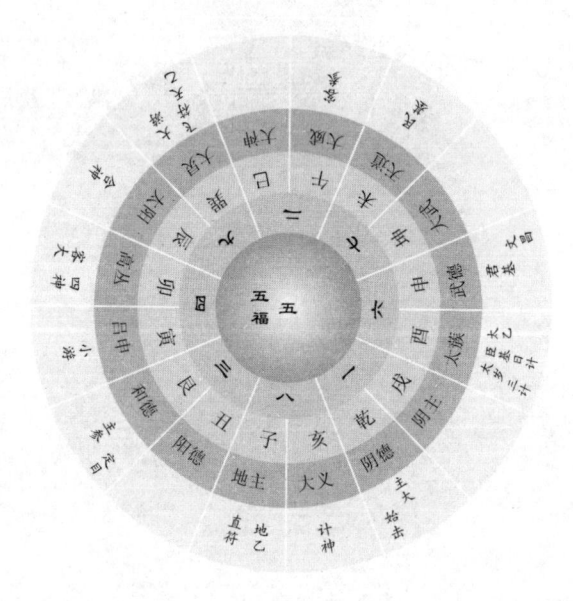

提示：

（一）基本格局

1、癸酉10局，已酉82局，丁酉154局，已酉226局，辛酉298局；

2、太乙在六宫理天，太乙在天外助客；

3、计神在大义；

4、文昌在武德，始击在阴德；

5、主算1，单阳，短而不和，无地无天之算；客算34，长和，无地之算；

6、主大将一宫，主参将三宫；

7、客大将四宫，客参将二宫；

8、小游在四宫。

（二）命法格局

1、小游与客大将同宫，为因；

2、始击与主大将同宫，为关，为主关客。

（三）事法格局

1、客大将四宫格；

2、主大将一宫外迫；

3、主参将三宫发，客参将二宫发；

4、始击外宫击；

5、文昌内辰迫太乙。

阴遁第十一局

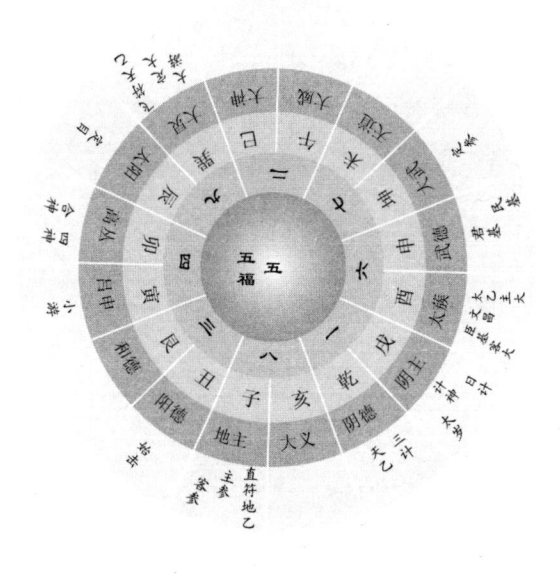

提示：

（一）基本格局

1、甲戌 11 局，丙戌 83 局，戊戌 155 局，庚戌 227 局，壬戌 299 局；

2、太乙在六宫理地，太乙在天外助客；

3、计神在阴主；

4、文昌在太蔟，始击在阳德；

5、主算 6，单阴，短而不和，无天之算；客算 26，长而不和，三才俱足之算；

6、主大将六宫，主参将八宫；

7、客大将六宫，客参将八宫；

8、小游在四宫。

（二）命法格局

1、小游对宫见主大将，为对；

2、小游对宫见客大将，为格；

3、文昌与客大将同宫，为关，为客关主；

4、始击三宫内击。

（三）事法格局

1、文昌掩太乙；

2、主大将六宫囚；

3、客大将六宫囚；

4、主参将与客参将关；

5、主大将与客大将关。

阴遁第十二局

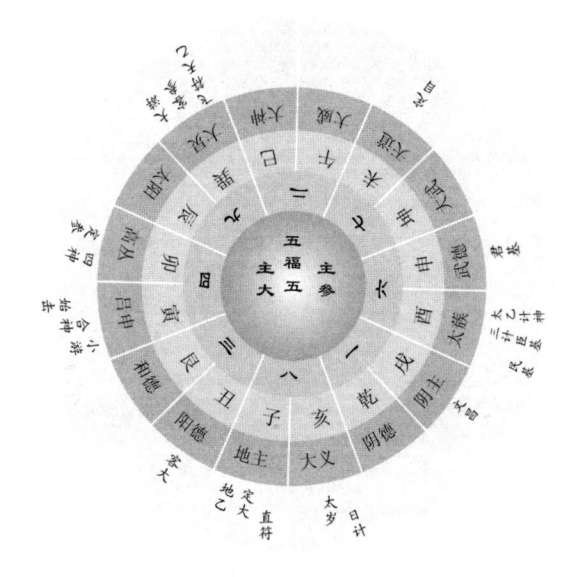

提示：

（一）基本格局

1、乙亥12局，丁亥84局，己亥156局，辛亥228局，癸亥300局；

2、太乙在六宫理人，太乙在天外助客；

3、计神在太蔟；

4、文昌在阴主，始击在吕申；

5、主算35，杜塞无门；客算23，长和，无地之算；

6、主大将中宫，主参将中宫；

7、客大将三宫，客参将九宫；

8、小游在四宫。

（二）命法格局

始击与小游同宫，为掩。

（三）事法格局

1、文昌外辰迫太乙；

2、始击与太乙宫相对，为格；

3、客大将三宫发，客参将九宫发；

4、主大将、客大将不出中宫。

全息太乙

阴遁第十三局

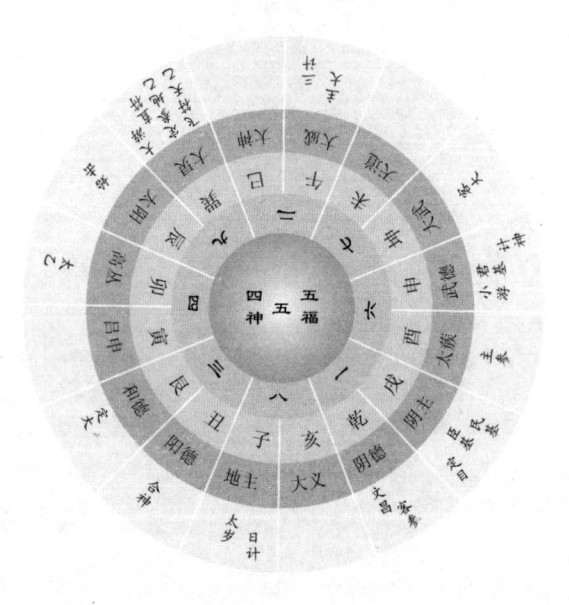

提示：

（一）基本格局

1、丙子13局，戊子85局，庚子157局，壬子229局，甲子301局；

2、太乙在四宫理天，太乙在地内助主；

3、计神在武德；

4、文昌在阴德，始击在太阳；

5、主算12，上和，无地之算；客算37，重阳，长而不和；

6、主大将二宫，主参将六宫；

7、客大将七宫，客参将一宫；

8、小游在六宫。

（二）命法格局

1、文昌与客参将同宫，为关，为客关主；

2、文昌与客参将同宫，为囚。

（三）事法格局

1、始击外辰击太乙；

2、主大将、主参将挟客大将，为主挟客；

3、客大将、客参将挟主参将，为客挟主；

4、主大将二宫发，客参将一宫发。

312

阴遁第十四局

提示：

（一）基本格局

1、丁丑14局，己丑86局，辛丑158局，癸丑230局，乙丑302局；

2、太乙在四宫理地，太乙在地内助主；

3、计神在天道；

4、文昌在大义，始击在大威；

5、主算12，长和，无地之算；客算27，长和，三才俱足之算；

6、主大将二宫，主参将六宫；

7、客大将七宫，客参将一宫；

8、小游在六宫。

（二）命法格局

始击与主大将同宫，为关，为主关客。

（三）事法格局

1、客大将、客参将挟主参将，为客挟主；

2、主大将、主参将挟客大将，为主挟客；

3、主大将二宫发，客参将一宫发。

全息太乙

阴遁第十五局

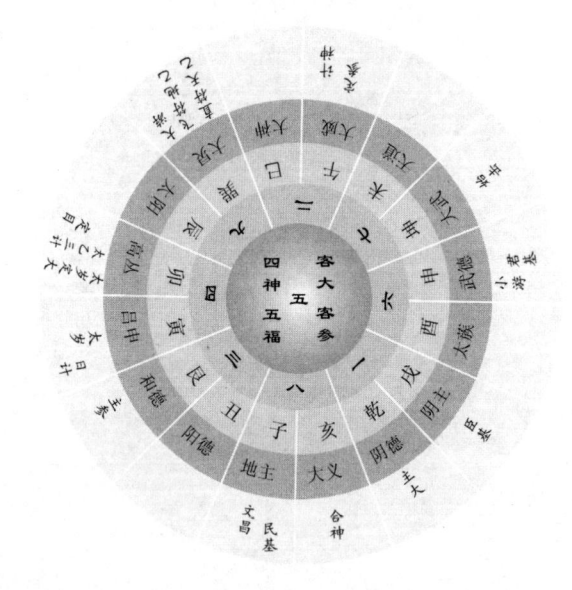

提示：

（一）基本格局

1、戊寅15局，庚寅87局，壬寅159局，甲寅231局，丙寅303局；

2、太乙在四宫理人，太乙在地内助主；

3、计神在大威；

4、文昌在地主，始击在大武；

5、主算11，重阳不和，无地之算；客算25，杜塞无门；

6、主大将一宫，主参将三宫；

7、客大将中宫，客参将中宫；

8、小游在六宫。

（二）命法格局

始击为内辰击。

（三）事法格局

1、主参将三宫内迫；

2、主大将一宫发；

3、客大将、客参将不出中宫。

阴遁第十六局

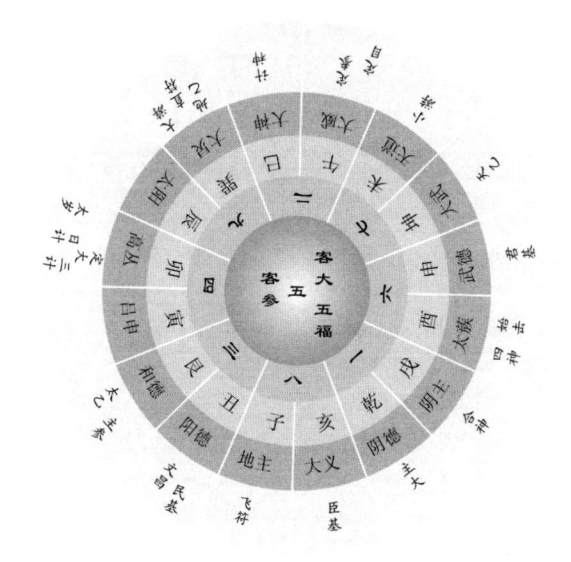

提示：

（一）基本格局

1、己卯16局，辛卯88局，癸卯160局，乙卯232局，丁卯304局；

2、太乙在三宫理天，太乙在地内助主；

3、计神在大神；

4、文昌在阳德，始击在太蔟；

5、主算1，单阳不和，无地无天之算；客算15，杜塞无门；

6、主大将一宫，主参将三宫；

7、客大将中宫，客参将中宫；

8、小游在七宫。

（二）命法格局

1、小游对宫见主参将，为对；

2、始击六宫外击。

（三）事法格局

1、文昌内辰迫太乙；

2、主参将三宫囚；

3、主大将一宫发；

4、客大将、客参将不出中宫。

阴遁第十七局

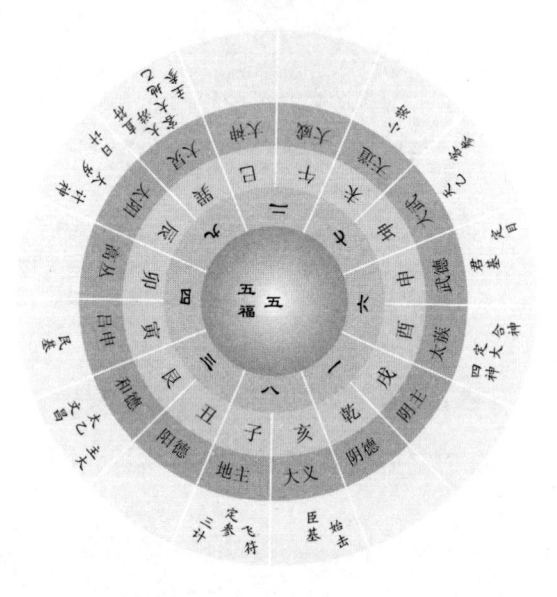

提示：

（一）基本格局

1、庚辰17局，壬辰89局，甲辰161局，丙辰233局，戊辰305局；

2、太乙在三宫理地，太乙在地内助主；

3、计神在太阳；

4、文昌在和德，始击在大义；

5、主算3，算短，不和，无地无天之算；客算9，单阳不和，无天之算；

6、主大将三宫，主参将九宫；

7、客大将九宫，客参将七宫；

8、小游在七宫。

（二）命法格局

小游对宫见主大将，为对。

（三）事法格局

1、文昌三宫掩太乙；

2、主大将三宫囚太乙；

3、客大将与主参将同宫，为关；

4、客参将七宫格。

阴遁第十八局

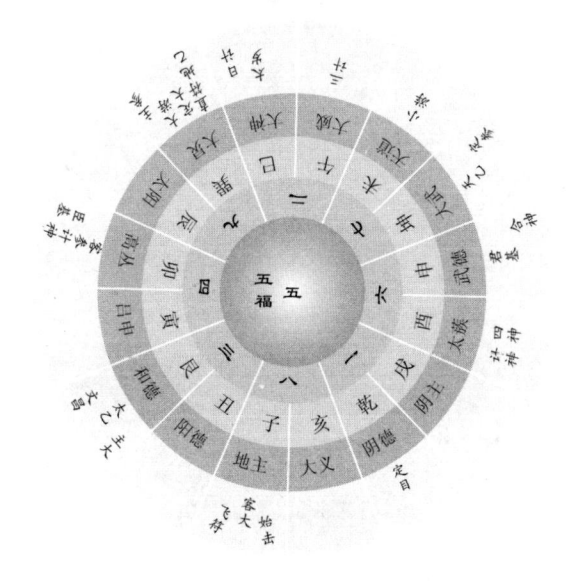

提示：

（一）基本格局

1、辛巳18局，癸巳90局，乙巳162局，丁巳234局，己巳306局；

2、太乙在三宫理人，太乙在地内助主；

3、计神在高丛；

4、文昌在和德，始击在地主；

5、主算3，单阳不和，无地无天之算；客算8，单阴不和，无天之算；

6、主大将三宫，主参将九宫；

7、客大将八宫，客参将四宫；

8、小游在七宫。

（二）命法格局

小游对宫见主大将，为对。

（三）事法格局

1、文昌在三宫掩太乙；

2、主大将三宫囚；

3、客大将、客参将挟主大将，为客挟主；

4、始击八宫击太乙；

5、客大将八宫内迫；

6、客参将四宫外迫。

阴遁第十九局

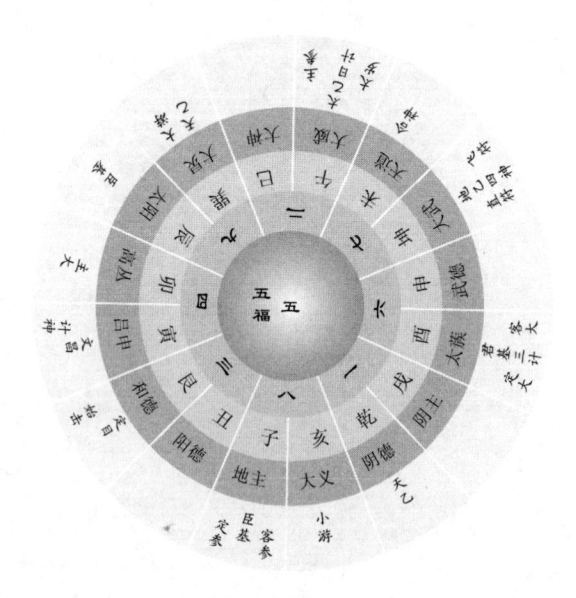

提示：

（一）基本格局

1、壬午19局，甲午91局，丙午163局，戊午235局，庚午307局；

2、太乙在二宫理天，太乙在天外助客；

3、计神在吕申；

4、文昌在吕申，始击在和德；

5、主算14，上和，无地之算；客算16，长和，三才俱足之算；

6、主大将四宫，主参将二宫；

7、客大将六宫，客参将八宫；

8、小游在八宫。

（二）命法格局

1、小游对宫见主参将，为对；

2、始击三宫外击。

（三）事法格局

1、主参将二宫囚；

2、客参将八宫格；

3、主大将四宫发，客大将六宫发。

阴遁第二十局

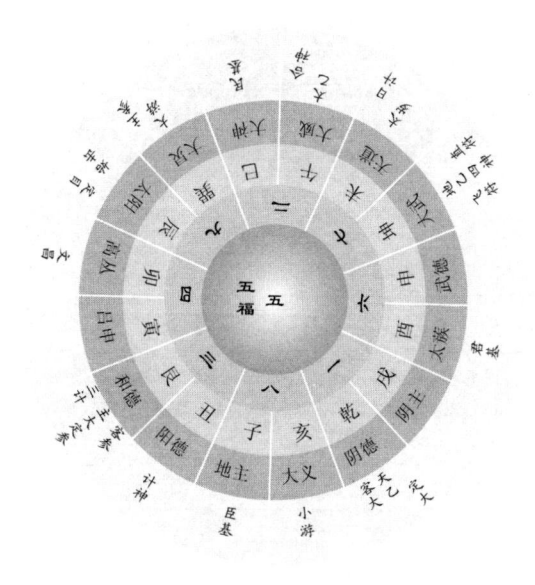

提示：

（一）基本格局

1、癸未20局，乙未92局，丁未164局，己未236局，辛未308局；

2、太乙在二宫理地，太乙在天外助客；

3、计神在阳德；

4、文昌在高丛，始击在太阳；

5、主算13，重阳不和，无天之算；客算10，孤阴不和，无人之算；

6、主大将三宫，主参将九宫；

7、客大将一宫，客参将三宫；

8、小游在八宫。

（二）命法格局

始击与主参将同宫，为关，为主关客。

（三）事法格局

1、始击九宫内击；

2、主大将三宫与客参将关；

3、主参将九宫内迫；

4、客大将一宫发。

阴遁第二十一局

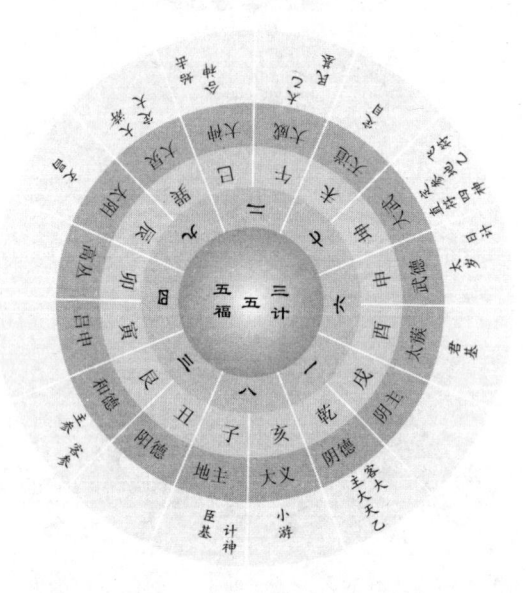

提示：

（一）基本格局

1、甲申21局，丙申93局，戊申165局，庚申237局，壬申309局；

2、太乙在二宫理人，太乙在天外助客；

3、计神在地主；

4、文昌在太阳，始击在大神；

5、主算10，孤阴不和，无人之算；客算1，单阳，算短不和，无地无天之算；

6、主大将一宫，主参将三宫；

7、客大将一宫，客参将三宫；

8、小游在八宫。

（二）命法格局

小游对宫见始击，为格。

（三）事法格局

1、主大将一宫与客大将关；

2、主参将三宫与客参将关；

3、始击内辰击；

4、文昌九宫内迫。

阴遁第二十二局

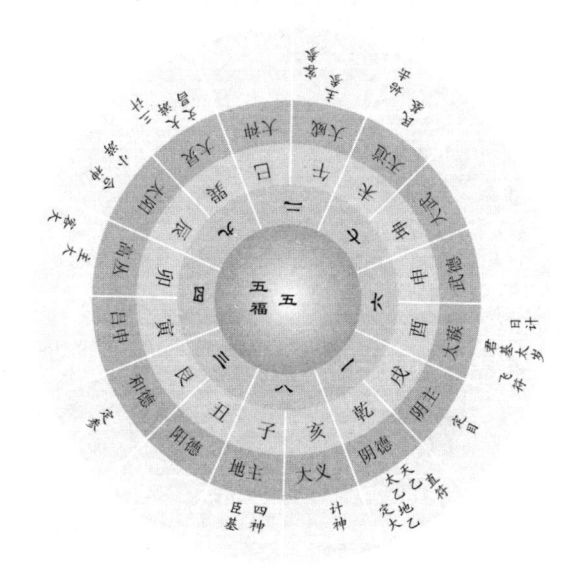

提示：

（一）基本格局

1、乙酉22局，丁酉94局，己酉166局，辛酉238局，癸酉310局；

2、太乙在一宫理天，太乙在地内助主；

3、计神在大义；

4、文昌在大炅，始击在天道；

5、主算24，长而不和，无地之算；客算14，上和，无地之算；

6、主大将四宫，主参将二宫；

7、客大将四宫，客参将二宫；

8、小游在九宫。

（二）命法格局

小游与文昌同宫，为囚。

（三）事法格局

1、文昌与太乙宫相冲，为对；

2、主大将四宫迫；

3、客大将四宫迫；

4、主大将、客大将关；

5、主参将、客参将关。

阴遁第二十三局

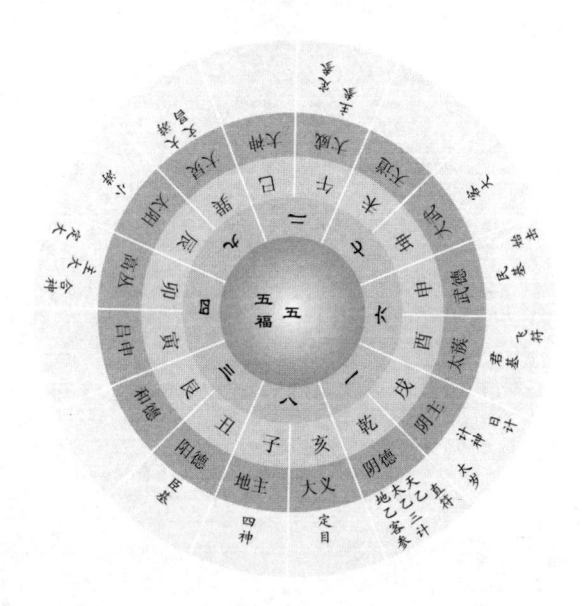

提示：

（一）基本格局

1、丙戌 23 局，戊戌 95 局，庚戌 167 局，壬戌 239 局，甲戌 311 局；

2、太乙在一宫理地，太乙在地内助主；

3、计神在阴主；

4、文昌在大炅，始击在武德；

5、主算 24，重阴，长而不和，无地之算；客算 7，算短，单阳不和，无天之算；

6、主大将四宫，主参将二宫；

7、客大将七宫，客参将一宫；

8、小游在九宫。

（二）命法格局

1、小游对宫见客参将，为格；

2、小游与文昌同宫，为囚。

（三）事法格局

1、客参将一宫囚；

2、始击内宫击太乙；

3、文昌与太乙宫相冲，为对；

4、主大将四宫发，主参将二宫发，客大将七宫发。

阴遁第二十四局

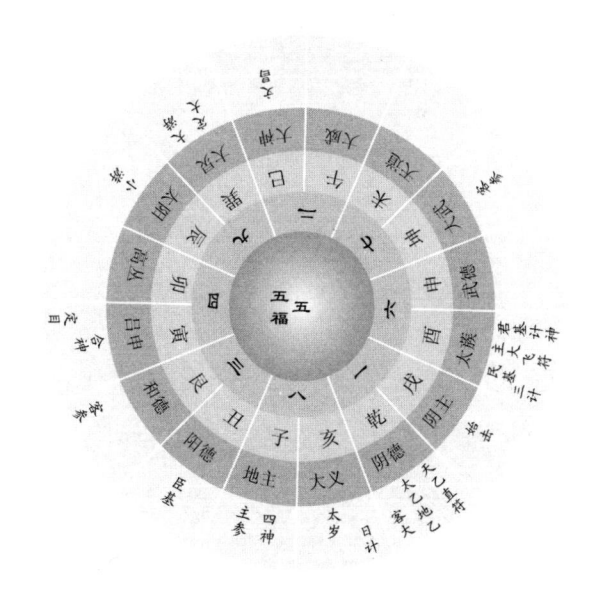

提示：

（一）基本格局

1、丁亥24局，己亥96局，辛亥168局，癸亥240局，乙亥312局；

2、太乙在一宫理人，太乙在地内助主；

3、计神在太蔟；

4、文昌在大神，始击在阴主；

5、主算16，长和，三才俱足之算；客算1，算短，单阳不和，无地无天之算；

6、主大将六宫，主参将八宫；

7、客大将一宫，客参将三宫；

8、小游在九宫。

（二）命法格局

小游对宫见客大将，为格。

（三）事法格局

1、主大将六宫内迫；

全息太乙

2、主参将八宫发，客参将三宫发；
3、客大将迫；
4、主大将、主参将挟客大将，为主挟客。

阴遁第二十五局

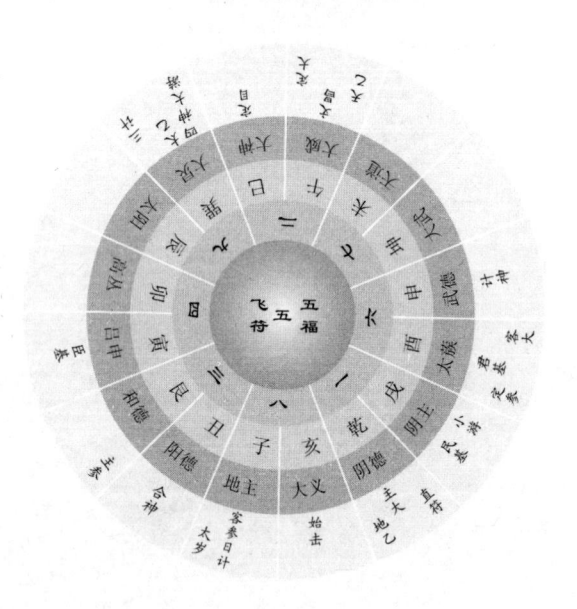

提示：

（一）基本格局

1、戊子25局，庚子97局，壬子169局，甲子241局，丙子313局；
2、太乙在九宫理天，太乙在天外助客；
3、计神在武德；
4、文昌在大威，始击在大义；
5、主算31，重阳，长而不和，无地之算；客算16，长和，三才俱足之算；
6、主大将一宫，主参将三宫；
7、客大将六宫，客参将八宫；
8、小游在一宫。

（二）命法格局

1、始击八宫外击；
2、小游与主大将同宫，为囚。

（三）事法格局

1、文昌二宫迫太乙；

2、主大将一宫格；

3、主大将三宫发，客大将六宫发；

4、主大将、主参将挟客参将，为主挟客；

5、客大将、客参将挟主大将，为客挟主。

阴通第二十六局

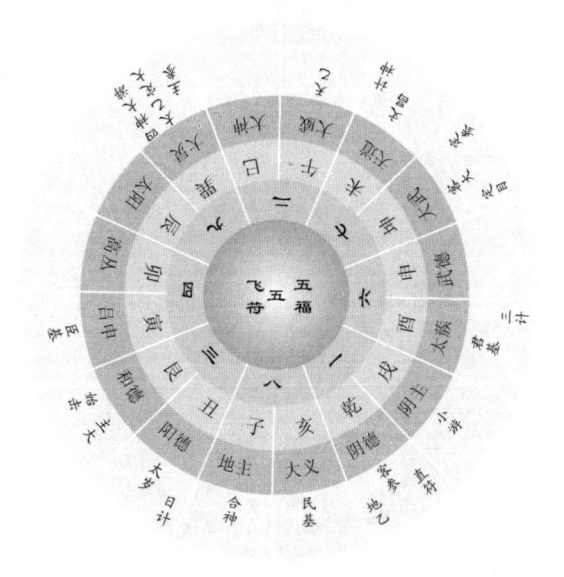

提示：

（一）基本格局

1、己丑26局，辛丑98局，癸丑170局，乙丑242局，丁丑314局；

2、太乙在九宫理地，太乙在天外助客；

3、计神在天道；

4、文昌在天道，始击在和德；

5、主算30，孤阳，长而不和，无人之算；客算7，算短，单阳不和，无天之算；

6、主大将三宫，主参将九宫；

7、客大将七宫，客参将一宫；

8、小游在一宫。

（二）命法格局

1、小游对宫见主参将，为对；

2、始击与主大将同宫，为关，为主关客；
3、文昌与客大将同宫，为关。
（三）事法格局
1、客参将一宫格；
2、主大将三宫始击掩；
3、主参将九宫囚；
4、客大将七宫发。

阴遁第二十七局

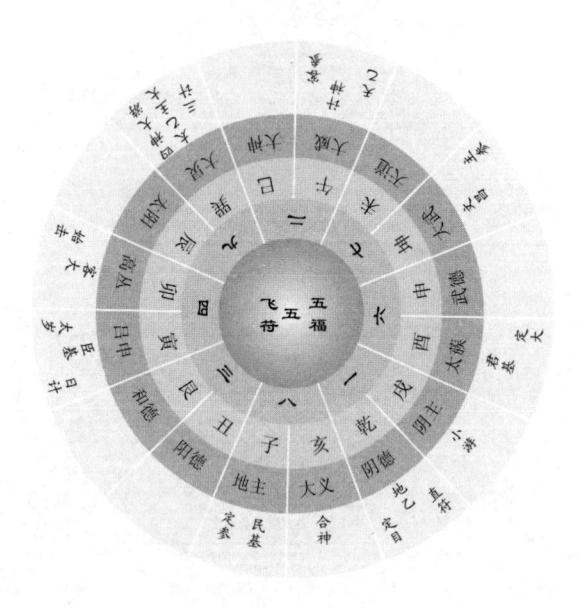

提示：
（一）基本格局
1、庚寅27局，壬寅99局，甲寅171局，丙寅243局，戊寅315局；
2、太乙在九宫理人，太乙在天外助客；
3、计神在大威；
4、文昌在大武，始击在高丛；
5、主算29，长和；客算4，算短，单阴不和，无地无天之算；
6、主大将九宫，主参将七宫；
7、客大将四宫，客参将二宫；
8、小游在一宫。
（二）命法格局

小游对宫见主大将，为对。

（三）事法格局

1、主大将囚；

2、主参将与文昌囚；

3、主大将、主参将挟客参将，为主挟客；

4、客大将、客参将挟主大将，为客挟主；

5、始击四宫击太乙；

6、客大将四宫掩始击。

阴遁第二十八局

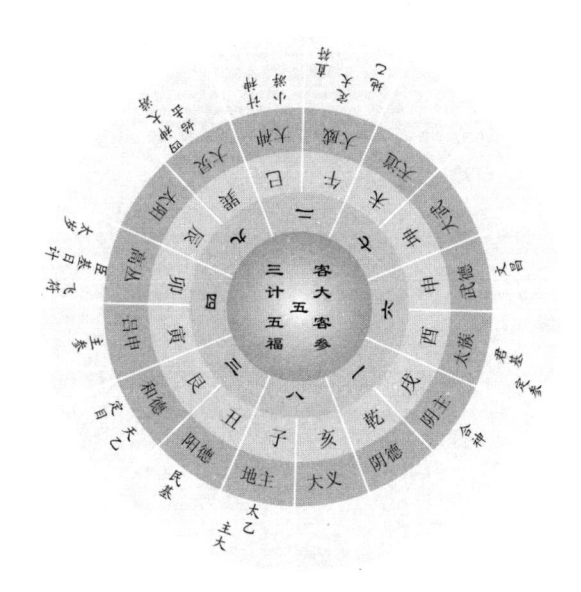

提示：

（一）基本格局

1、辛卯28局，癸卯100局，乙卯172局；丁卯244局，己卯316局；

2、太乙在八宫理天，太乙在地内助主；

3、计神在大神；

4、文昌在武德，始击大炅；

5、主算8，算短，单阴不和，无天之算；客算25，杜塞无门；

6、主大将八宫，主参将四宫；

7、客大将中宫，客参将中宫；

8、小游在二宫。

（二）命法格局

1、小游对宫见主大将，为对；

2、始击内击。

（三）事法格局

1、主大将八宫囚；

2、主参将四宫发；

3、客大将、客参将不出中宫。

阴遁第二十九局

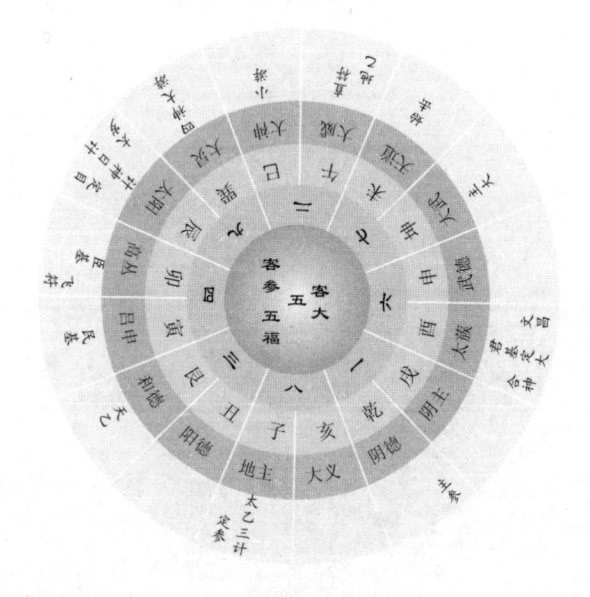

提示：

（一）基本格局

1、壬辰29局，甲辰101局，丙辰173局，戊辰245局，庚辰317局；

2、太乙在八宫理地，太乙在地内助主；

3、计神在太阳；

4、文昌在太蔟，始击在天道；

5、主算7，算短，单阳不和，无天之算；客算15，杜塞无门；

6、主大将七宫，主参将一宫；

7、客大将中宫，客参将中宫；

8、小游在二宫。

（二）命法格局

始击七宫外击。

（三）事法格局

1、主大将七宫发；

2、主参将一宫内迫；

3、客大将、客参将不出中宫。

阴遁第三十局

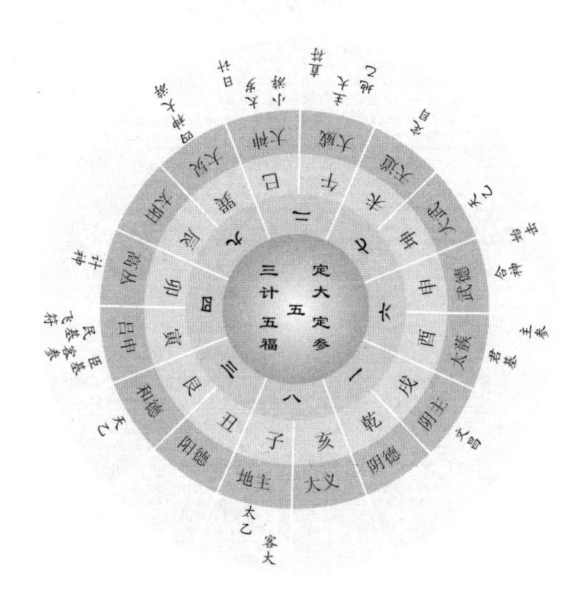

提示：

（一）基本格局

1、癸巳30局，乙巳102局，丁巳174局，己巳246局，辛巳318局；

2、太乙在八宫理人，太乙在地内助主；

3、计神在高丛；

4、文昌在阴主，始击在武德；

5、主算2，算短，单阴不和，无地无天之算；客算8，算短，单阴不和，无天之算；

6、主大将二宫，主参将六宫；

7、客大将八宫，客参将四宫；

8、小游在二宫。

（二）命法格局

1、小游对宫见客大将，为格；

全息太乙

2、始击与主参将同宫，为关，为主关客。

（三）事法格局

1、文昌一宫内迫；

2、主大将二宫格；

3、主大将六宫发，客参将四宫发；

4、客大将八宫囚。

阴遁第三十一局

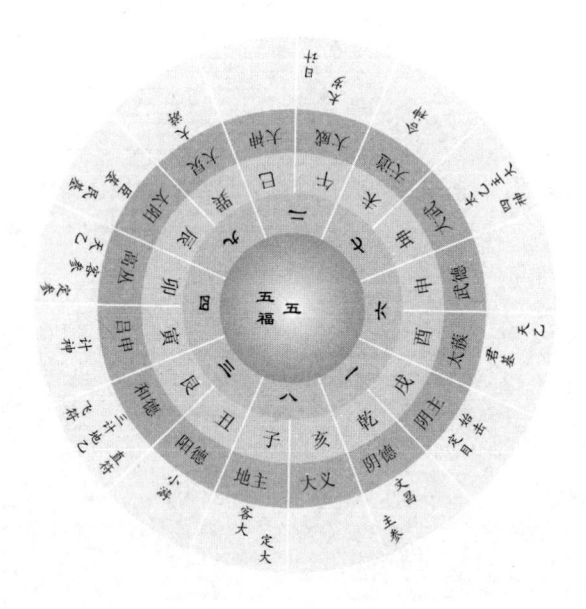

提示：

（一）基本格局

1、甲午31局，丙午103局，戊午175局，庚午247局，壬午319局；

2、太乙在七宫理天，太乙在天外助客；

3、计神在吕申；

4、文昌在阴德，始击在阴主；

5、主算27，长和，三才俱足之算；客算28，长而不和，三才俱足之算；

6、主大将七宫，主参将一宫；

7、客大将八宫，客参将四宫；

8、小游在三宫。

（二）命法格局

小游对宫见主大将，为对。

（三）事法格局

1、主大将七宫囚；

2、主参将一宫与文昌囚；

3、客大将八宫发，客参将四宫发。

阴遁第三十二局

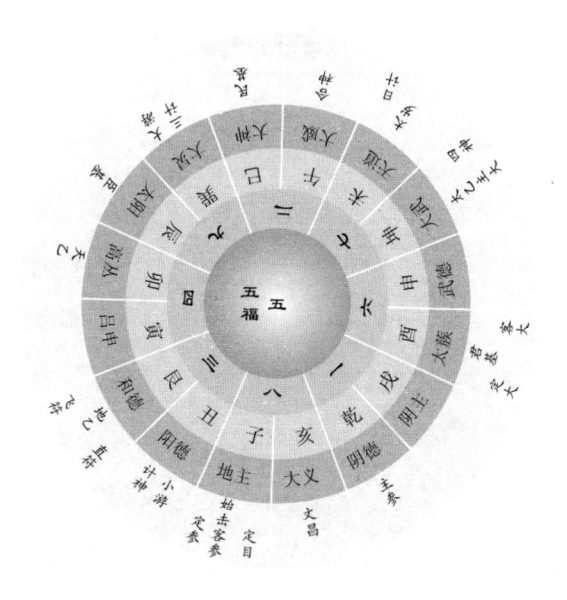

提示：

（一）基本格局

1、乙未32局，丁未104局，己未176局，辛未248局，癸未320局；

2、太乙在七宫理地，太乙在天外助客；

3、计神在阳德；

4、文昌在大义，始击在地主；

5、主算27，长和，三才俱足之算；客算26，长而不和，三才俱足之算；

6、主大将七宫，主参将一宫；

7、客大将六宫，客参将八宫；

8、小游在三宫。

（二）命法格局

1、始击内宫击；

2、小游对宫见主大将，为对。

（三）事法格局

1、主大将七宫囚；

2、主大将、主参将挟客大将，为主挟客；

3、客大将六宫外迫；

4、客大将、客参将挟主参将，为客挟主；

5、客参将八宫始击掩。

阴遁第三十三局

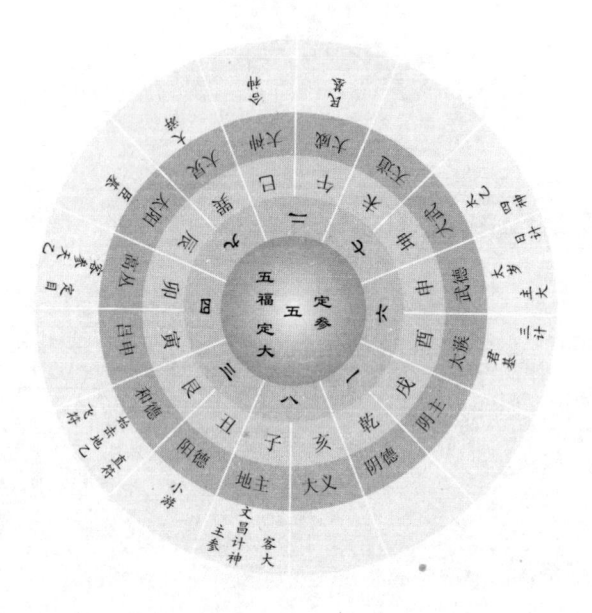

提示：

（一）基本格局

1、丙申33局，戊申105局，庚申177局，壬申249局，甲申321局；

2、太乙在七宫理人，太乙在天外助客；

3、计神在地主；

4、文昌在地主，始击在和德；

5、主算26，重阴，长而不和，三才俱足之算；客算18，长和，三才俱足之算；

6、主大将六宫，主参将八宫；

7、客大将八宫，客参将四宫；

8、小游在三宫。

（二）命法格局

1、小游与始击同宫，为掩；

2、文昌八宫内迫。

（三）事法格局

1、始击与太乙宫相对，为格；

2、主大将六宫外迫；

3、主参将八宫与客大将关；

4、客大将八宫与主参将关；

5、客参将四宫发；

6、主大将、主参将挟客大将，为主挟客；

7、客大将、客参将挟主参将，为客挟主。

阴遁第三十四局

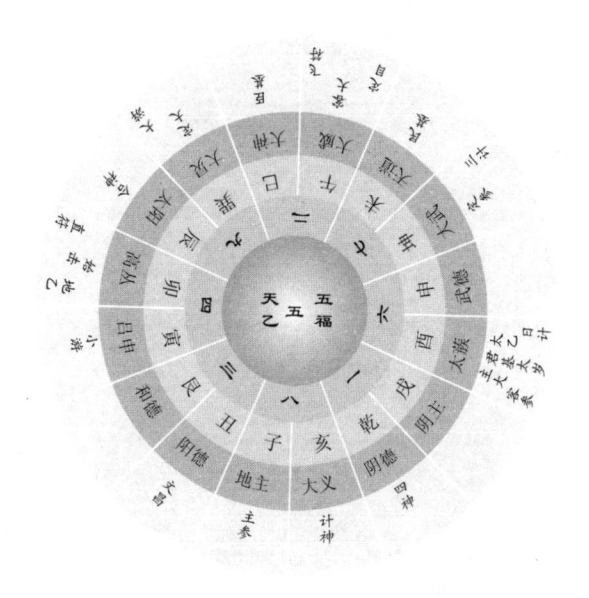

提示：

（一）基本格局

1、丁酉34局，己酉106局，辛酉178局，癸酉250局，乙酉322局；

2、太乙在六宫理天，太乙在天外助客；

3、计神在大义；

4、文昌在阳德，始击在高丛；

5、主算 26，重阴不和，三才俱足之算；客算 22，重阴不和，无地之算；

6、主大将六宫，主参将八宫；

7、客大将二宫，客参将六宫；

8、小游在四宫。

（二）命法格局

1、小游与始击同宫，为掩；

2、小游对宫见主大将，为关；

3、小游对宫见客参将，为格；

4、文昌三宫内迫。

（三）事法格局

1、始击与太乙宫相对，为格；

2、主大将六宫囚；

3、客参将六宫囚；

4、主大将、客参将六宫关；

5、主参将八宫发，客大将二宫发。

阴遁第三十五局

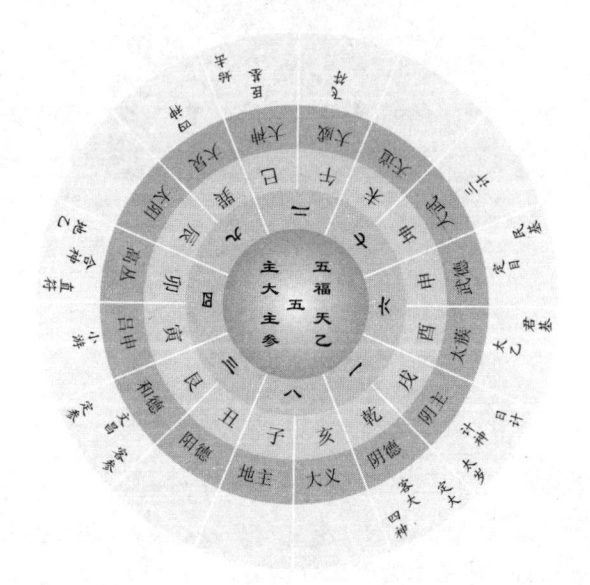

提示：

（一）基本格局

1、戊戌35局，庚戌107局，壬戌179局，甲戌251局，丙戌323局；

2、太乙在六宫理地，太乙在天外助客；

3、计神在阴主；

4、文昌在和德，始击在大神；

5、主算25，杜塞无门；客算10，孤阳不和，无人之算；

6、主大将中宫，主参将中宫；

7、客大将一宫，客参将三宫；

8、小游在四宫。

（二）命法格局

1、文昌三宫内迫；

2、文昌与客参将同宫，为关。

（三）事法格局

1、客大将一宫外迫；

2、客参将三宫发；

3、主大将、主参将不出中宫。

阴遁第三十六局

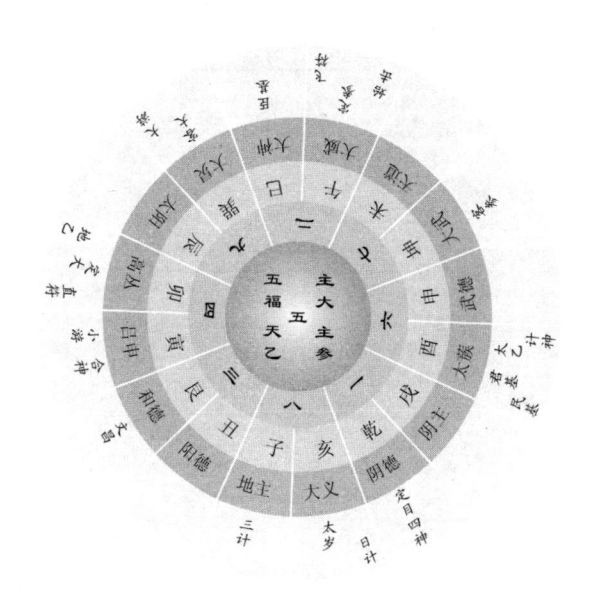

提示：

（一）基本格局

1、己亥36局，辛亥108局，癸亥180局，乙亥252局，丁亥324局；

2、太乙在六宫理人，太乙在天外助客；

3、计神在太蔟；

4、文昌在和德，始击在大威；

5、主算25，杜塞无门；客算9，算短，重阳不和，无天之算；

6、主大将中宫，主参将中宫；

7、客大将九宫，客参将七宫；

8、小游在四宫。

（二）命法格局

文昌三宫内迫。

（三）事法格局

1、主大将、主参将不出中宫；

2、客大将九宫发；

3、客参将七宫内迫。

阴遁第三十七局

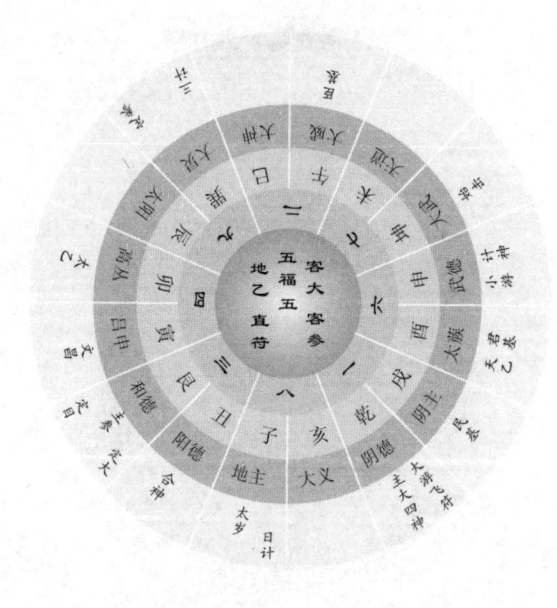

提示：

（一）基本格局

1、庚子37局，壬子109局，甲子181局，丙子253局，戊子325局；

2、太乙在四宫理天，太乙在地内助主；

3、计神在武德；

4、文昌在吕申，始击在大武；

5、主算1，算短，单阳不和，无地无天之算；客算25，杜塞无门；

6、主大将一宫，主参将三宫；

7、客大将中宫，客参将中宫；

8、小游在六宫。

（二）命法格局

1、小游对宫见文昌，为对；

2、始击内击。

（三）事法格局

1、文昌辰迫；

2、文昌掩太乙；

3、主大将一宫发；

4、主参将三宫内迫；

5、客大将、客参将不出中宫。

阴遁第三十八局

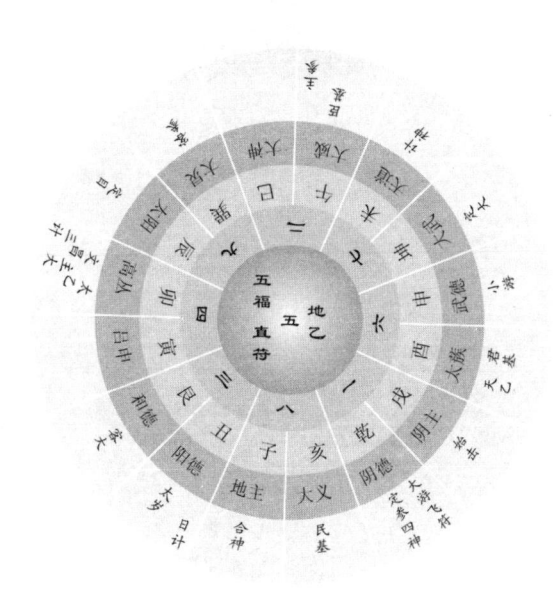

提示：

（一）基本格局

1、辛丑38局，癸丑110局，乙丑182局，丁丑254局，己丑326局；

全息太乙

2、太乙在四宫理地，太乙在地内助主；

3、计神在天道；

4、文昌在高丛，始击在阴主；

5、主算4，算短，单阴不和，无地无天之算；客算13，杂重阳，不和，无地之算；

6、主大将四宫，主参将二宫；

7、客大将三宫，客参将九宫；

8、小游在六宫。

（二）命法格局

1、小游对宫见文昌，为对；

2、小游对宫见主大将，为对。

（三）事法格局

1、文昌掩太乙；

2、主大将囚太乙；

3、主大将、主参将挟客参将，为主挟客；

4、客大将三宫内迫。

阴遁第三十九局

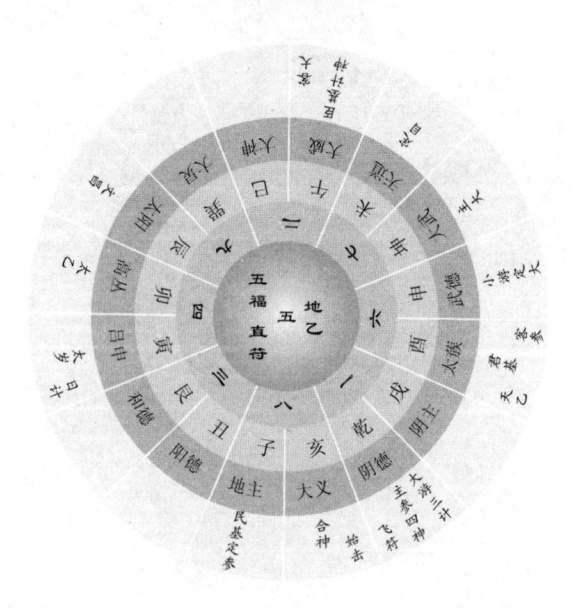

提示：

（一）基本格局

1、壬寅39局，甲寅111局，丙寅183局，戊寅255局，庚寅327局；

2、太乙在四宫理人，太乙在地内助主；

3、计神在大威；

4、文昌在太阳，始击在大义；

5、主算27，长和，三才俱足之算；客算12，上和，无地之算；

6、主大将七宫，主参将一宫；

7、客大将二宫，客参将六宫；

8、小游在六宫。

（二）命法格局

小游与客参将同宫，为囚。

（三）事法格局

1、文昌九宫迫；

2、客大将、客参将挟主大将，为客挟主；

3、主参将一宫发；

4、主大将、主参将挟客参将，为主挟客。

阴遁第四十局

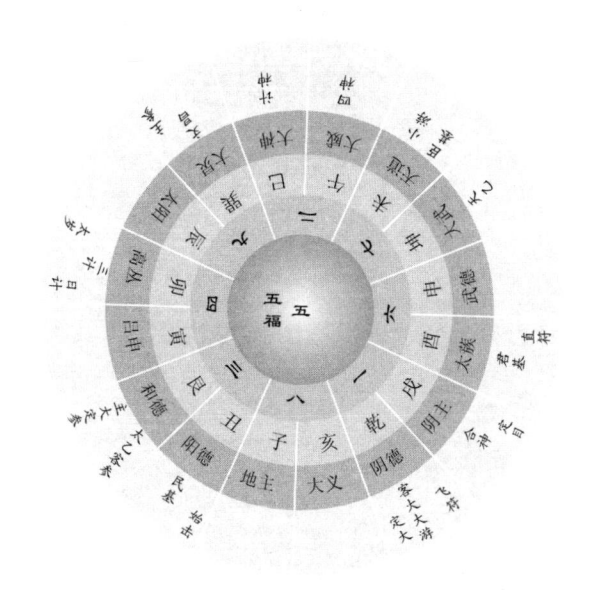

提示：

（一）基本格局

1、癸卯40局，乙卯112局，丁卯184局，已卯256局，辛卯328局；

2、太乙在三宫理天，太乙在地内助主；

3、计神在大神；

4、文昌在大炅，始击在阳德；

5、主算33，算长，重阳不和，无地之算；客算1，算短，单阳不和，无地无天之算；

6、主大将三宫，主参将九宫；

7、客大将一宫，客参将三宫；

8、小游在七宫。

（二）命法格局

1、小游对宫见始击，为格；

2、小游对宫见主大将，为对；

3、小游对宫见客参将，为格；

4、始击与主大将同宫，为关，为主关客。

（三）事法格局

1、始击掩太乙；

2、主大将三宫囚；

3、主参将九宫发，客大将一宫发；

4、客参将三宫囚。

阴遁第四十一局

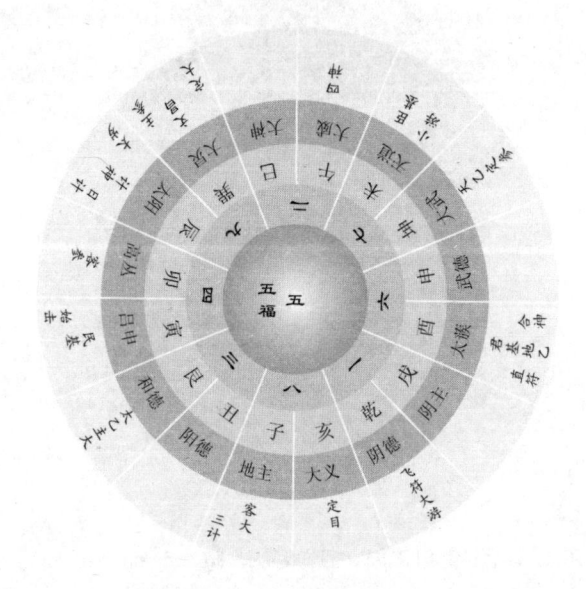

提示：

（一）基本格局

1、甲辰41局，丙辰113局，戊辰185局，庚辰257局，壬辰329局；

2、太乙在三宫理地，太乙在地内助主；

3、计神在太阳；

4、文昌在大炅，始击在吕申；

5、主算33，重阳，长而不和，无地之算；客算38，长和，三才俱足之算；

6、主大将三宫，主参将九宫；

7、客大将八宫，客参将四宫；

8、小游在七宫。

（二）命法格局

小游对宫见主大将，为对。

（三）事法格局

1、主大将三宫囚；

2、主参将九宫文昌囚；

3、客大将八宫内迫；

4、主大将、主参将挟客参将，为主挟客；

5、客大将、客参将挟主大将，为客挟主。

阴遁第四十二局

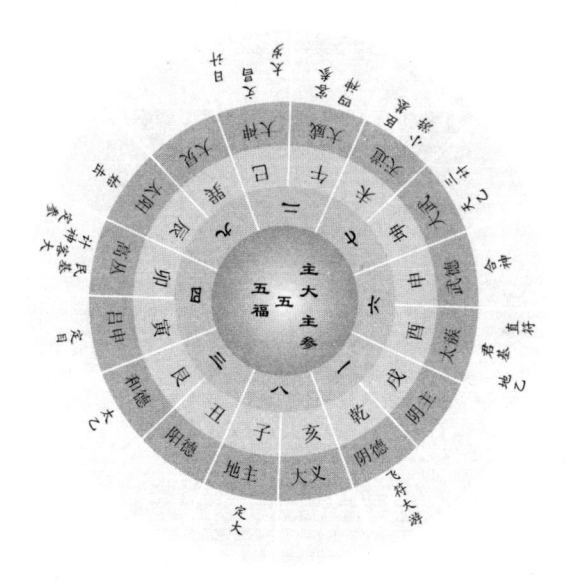

全息太乙

提示：

（一）基本格局

1、乙巳42局，丁巳114局，己巳186局，辛巳258局，癸巳330局；

2、太乙在三宫理人，太乙在地内助主；

3、计神在高丛；

4、文昌在大神，始击在太阳；

5、主算25，杜塞无门；客算34，长和，无地之算；

6、主大将中宫，主参将中宫；

7、客大将四宫，客参将二宫；

8、小游在七宫。

（二）命法格局

文昌与客参将同宫，为关。

（三）事法格局

1、主大将、主参将不出中宫；

2、客大将四宫外迫；

3、客参将二宫发。

阴遁第四十三局

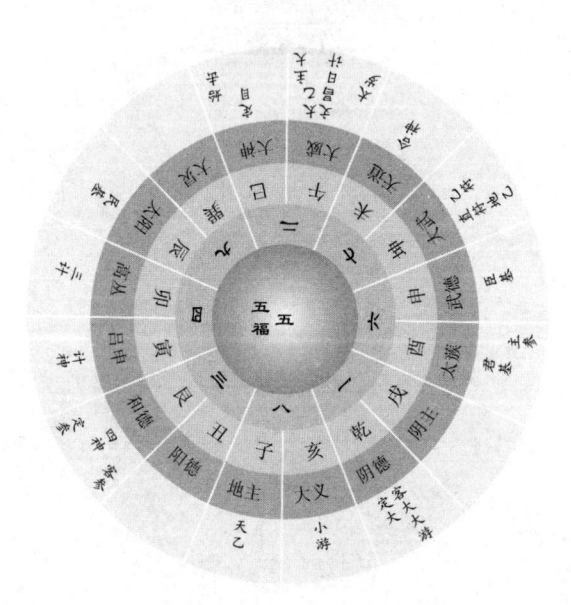

提示：

（一）基本格局

1、丙午43局，戊午115局，庚午187局，壬午259局，甲午331局；

2、太乙在二宫理天，太乙在天外助客；

3、计神在吕申；

4、文昌在大威，始击在大神；

5、主算2，算短，单阴不和，无地无天之算；客算1，算短，单阳不和，无地无天之算；

6、主大将二宫，主参将六宫；

7、客大将一宫，客参将三宫；

8、小游在八宫。

（二）命法格局

1、小游对宫见文昌，为对；

2、小游对宫见主大将，为对；

3、小游对宫见始击，为格。

（三）事法格局

1、文昌掩太乙；

2、始击掩太乙；

3、主大将二宫囚太乙；

4、主参将六宫发，客大将一宫发，客参将三宫发。

阴遁第四十四局

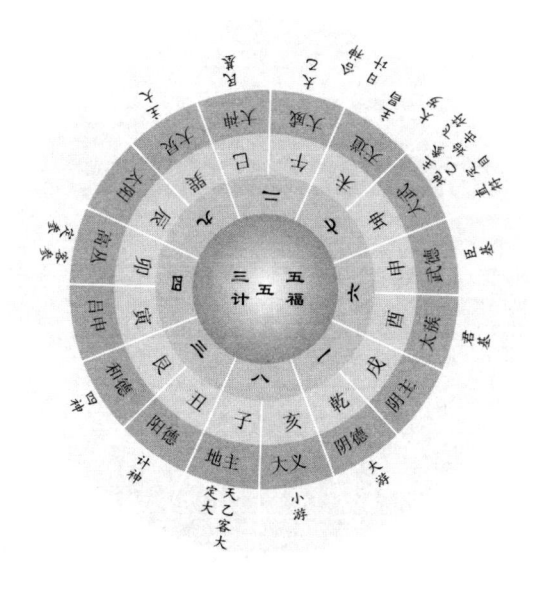

提示：

（一）基本格局

1、丁未44局，己未116局，辛未188局，癸未260局，乙未332局；

2、太乙在二宫理地，太乙在天外助客；计神在阳德；

3、文昌在天道，始击在大武；

4、主算39，重阳，长而不和，三才俱足之算；客算38，长和，三才俱足之算；

5、主大将九宫，主参将七宫；客大将八宫，客参将四宫；

6、小游在八宫。

（二）命法格局

始击与主参将同宫，为关，为主关客。

（三）事法格局

1、文昌外辰迫太乙；

2、始击外宫击太乙；

3、主大将九宫内迫；

4、主参将六宫外迫；

5、客大将八宫格；

6、客参将四宫发。

阴遁第四十五局

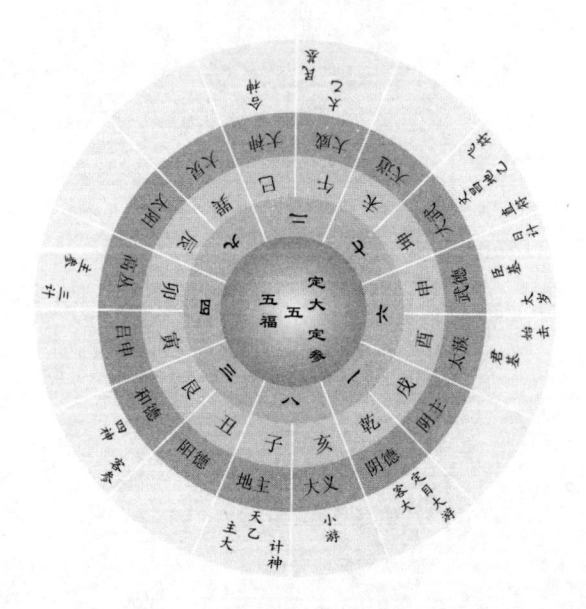

提示：

（一）基本格局

1、戊申 45 局，庚申 117 局，壬申 189 局，甲申 261 局，丙申 333 局；

2、太乙在二宫理人，太乙在天外助客；

3、计神在地主；

4、文昌在大武，始击在太蔟；

5、主算 38，长和，三才俱足之算；客算 31，重阳，长而不和，无地之算；

6、主大将八宫，主参将四宫；

7、客大将一宫，客参将三宫；

8、小游在八宫。

（二）命法格局

（三）事法格局

1、文昌七宫迫；

2、主大将八宫格；

3、客大将、客参将挟主大将，为客挟主；

4、主参将四宫发，客大将一宫发；

5、主大将、主参将挟客参将，为主挟客。

阴遁第四十六局

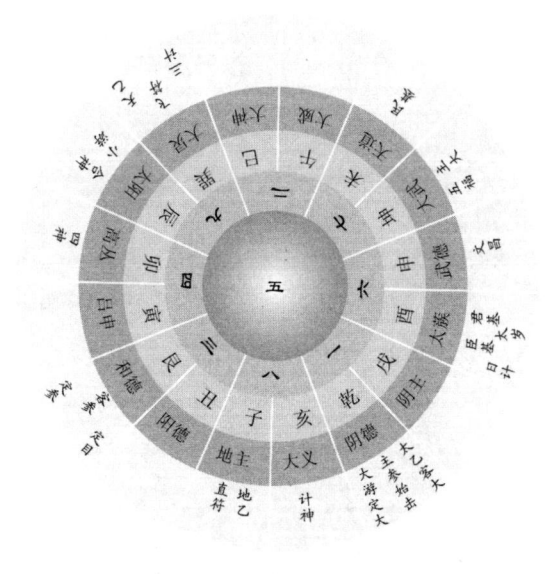

提示：

(一) 基本格局

1、已酉46局，辛酉118局，癸酉190局，已酉262局，丁酉334局；

2、太乙在一宫理天，太乙在地内助主；

3、计神在大义；

4、文昌在武德，始击在阴德；

5、主算7，算短，单阳不和，无天之算；客算1，算短，单阳不和，无地无天之算；

6、主大将七宫，主参将一宫；客大将一宫，客参将三宫；小游在九宫。

(二) 命法格局

1、小游对宫见始击，为格；

2、小游对宫见客大将，为格；

3、小游对宫见主参将，为对；

4、始击与主参将同宫，为关，为主关客

(三) 事法格局

1、文昌六宫迫太乙；始击一宫掩太乙；

2、主大将七宫发，客参将三宫发；

3、主参将一宫囚；客大将一宫囚。

> 阴遁第四十七局

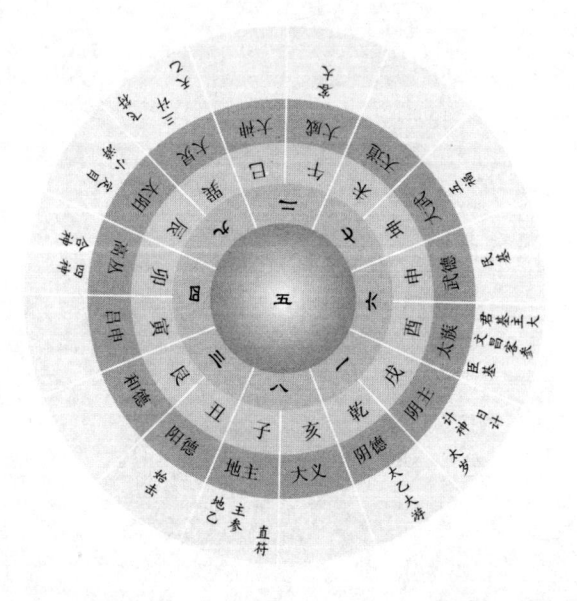

提示：

（一）基本格局

1、庚戌47局，己戌119局，甲戌191局，丙戌263局，戊戌335局；

2、太乙在一宫理地，太乙在地内助主；

3、计神在阴主；

4、文昌在太蔟，始击在阳德；

5、主算6，算短，单阴不和，无天之算；客算32，算长，中和，无地之算；

6、主大将六宫，主参将八宫；

7、客大将二宫，客参将六宫；

8、小游在九宫。

（二）命法格局

文昌与客参将同宫，为关。

（三）事法格局

1、文昌六宫内迫；

2、主大将六宫内迫；

3、客大将二宫发；

4、客参将六宫内迫。

阴遁第四十八局

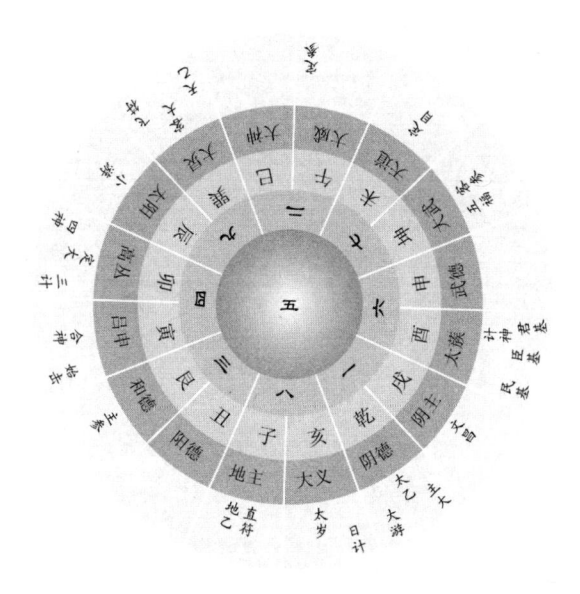

全息太乙

提示：

（一）基本格局

1、辛亥48局，癸亥120局，乙亥192局，丁亥264局，己亥336局；

2、太乙在一宫理人，太乙在地内助主；

3、计神在太蔟；

4、文昌在阴主，始击在吕申；

5、主算1，算短，单阳不和，无地无天之算；客算29，长和，三才俱足之算；

6、主大将一宫，主参将三宫；客大将九宫，客参将七宫；小游在九宫。

（二）命法格局

1、小游对宫见文昌，为对；

2、小游对宫见主大将，为对。

（三）事法格局

1、文昌内辰迫太乙；

2、主大将一宫囚；

3、主参将三宫发，客参将七宫发；

4、客大将九宫格。

阴遁第四十九局

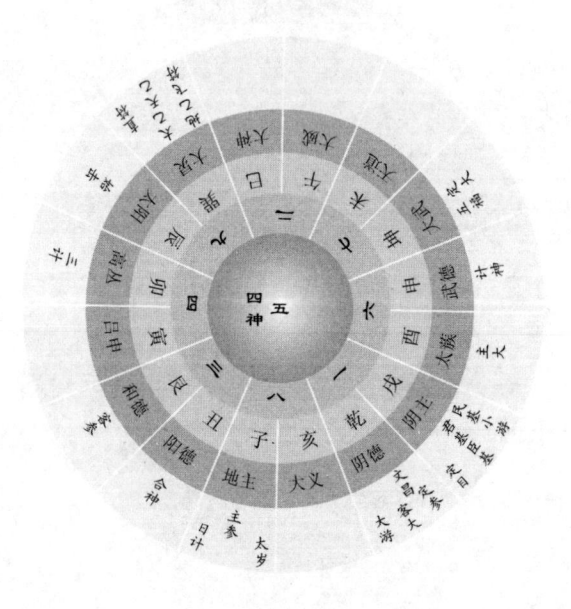

提示：

（一）基本格局

1、壬子49局，甲子121局，丙子193局，戊子265局，庚子337局；

2、太乙在九宫理天，太乙在天外助客；

3、计神在武德；文昌在阴德，始击在太阳；

4、主算16，长和，三才俱足之算；客算1，算短，单阳不和，无地无天之算；主大将六宫，主参将八宫；客大将一宫，客参将三宫；小游在一宫。

（二）命法格局

1、小游与文昌同宫，为囚；

2、小游与客大将同宫，为囚；

3、小游对宫见始击，为格；

4、文昌与客大将同宫，为关。

（三）事法格局

1、始击九宫掩太乙；

2、文昌与太乙宫相冲，为对；

3、主大将六宫发，客参将三宫发；

4、客大将、客参将挟主参将，为客挟主；

5、主大将、主参将挟客大将，为主挟客；客大将一宫格太乙。

阴遁第五十局

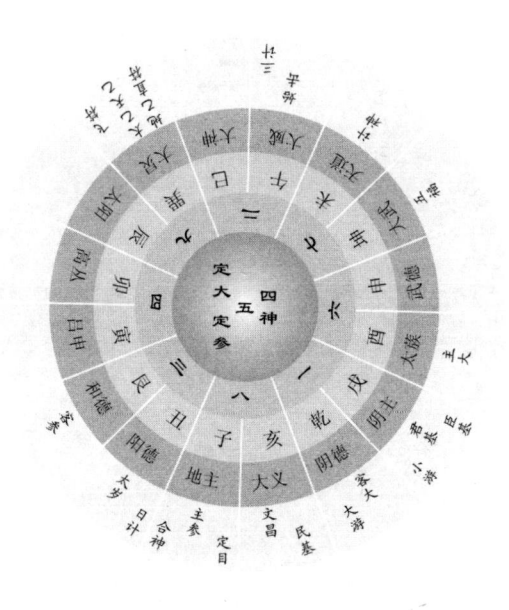

全息太乙

提示：

（一）基本格局

1、癸丑50局，乙丑122局，丁丑194局，己丑226局，辛丑338局；

2、太乙在九宫理地，太乙在天外助客；

3、计神在天道；

4、文昌在大义，始击在大威；

5、主算16，长和，三才俱足之算；客算31，长而不和，无地之算；

6、主大将六宫，主参将八宫；

7、客大将一宫，客参将三宫；

8、小游在一宫。

（二）命法格局

小游与客大将同宫，为囚。

（三）事法格局

1、始击二宫外迫太乙；

2、主大将六宫发，客参将三宫发；

3、客大将、客参将挟主参将，为客挟主；

4、主大将、主参将挟客大将为主挟客；

5、客大将一宫格太乙。

阴遁第五十一局

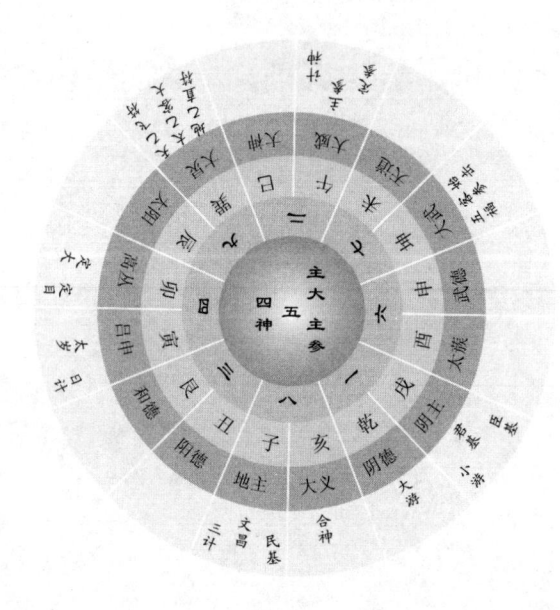

提示：

（一）基本格局

1、甲寅 51 局，丙寅 123 局，戊寅 195 局，庚寅 267 局，壬寅 339 局；

2、太乙在九宫理人，太乙在天外助客；

3、计神在大威；

4、文昌在地主，始击在大武；

5、主算 15，杜塞无门；客算 29，长和，三才俱足之算；

6、主大将中宫，主参将中宫；

7、客大将九宫，客参将七宫；

8、小游在一宫。

（二）命法格局

小游对宫见客大将，为格。

（三）事法格局

1、始击外辰击太乙；

2、主大将、主参将不出中宫；

3、客大将九宫囚；

4、客参将七宫发。

阴遁第五十二局

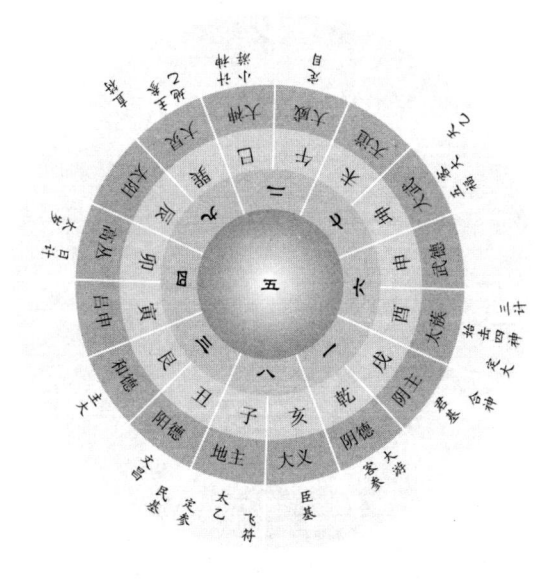

第六章　太乙演局

全息太乙

提示：

（一）基本格局

1、乙卯52局，丁卯124局，己卯196局，辛卯268局，癸卯340局；

2、太乙在八宫理天，太乙在地内助主；

3、计神在大神；

4、文昌在阳德，始击在太蔟；

5、主算33，重阳，长而不和，无地之算；客算7，算短，单阳不和，无天之算；

6、主大将三宫，主参将九宫；

7、客大将七宫，客参将一宫；

8、小游在二宫。

（二）命法格局

（三）事法格局

1、文昌辰迫太乙；

2、主大将三宫内迫；

3、主参将九宫发，客大将七宫发；

4、客参将一宫内迫。

阴遁第五十三局

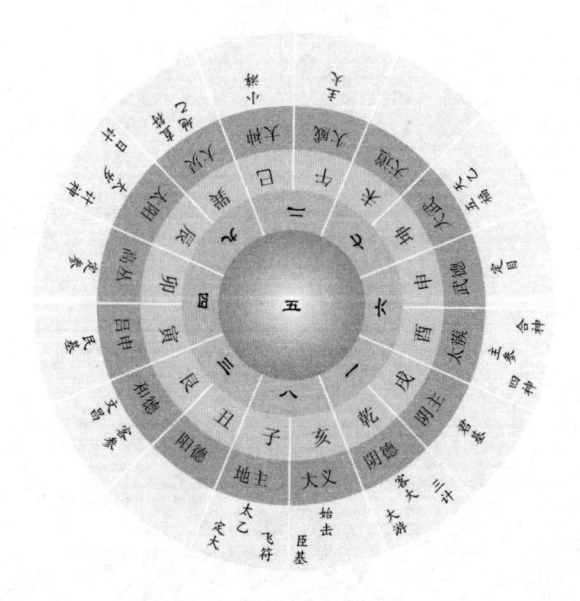

提示：

（一）基本格局

1、丙辰 53 局，戊辰 125 局，庚辰 197 局，壬辰 269 局，甲辰 341 局；

2、太乙在八宫理地，太乙在地内助主；

3、计神在太阳；

4、文昌在和德，始击在大义；

5、主算 32，长和，无地之算；客算 1，算短，单阳不和，无地无天之算；

6、主大将二宫，主参将六宫；客大将一宫，客参将三宫；小游在二宫。

（二）命法格局

1、小游对宫见始击，为格；

2、文昌与客大将同宫，为关，为客关主。

（三）事法格局

1、始击辰迫；

2、文昌三宫外迫太乙；

3、主大将二宫格太乙；

4、主参将六宫发，客参将三宫发；

5、客大将一宫内迫。

阴遁第五十四局

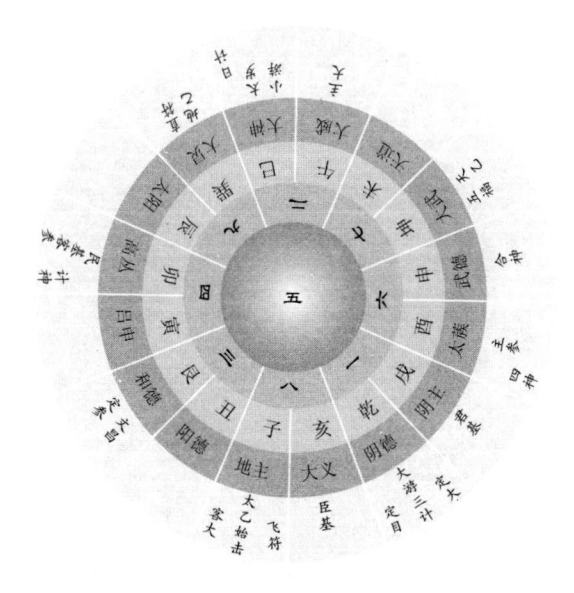

全息太乙

提示：

（一）基本格局

1、丁巳 54 局，己巳 126 局，辛巳 198 局，癸巳 270 局，已巳 342 局；

2、太乙在八宫理人，太乙在地内助主；

3、计神在高丛；

4、文昌在和德，始击在地主；

5、主算 32，长和，无地之算；客算 8，算短，单阴不和，无天之算；

6、主大将二宫，主参将六宫；

7、客大将八宫，客参将四宫；

8、小游在二宫。

（二）命法格局

1、小游对宫见始击，为格；

2、小游对宫见客大将，为格；

3、小游与主大将同宫，为囚。

（三）事法格局

1、文昌辰迫；始击掩太乙；主大将二宫格太乙；

2、主参将六宫发，客参将四宫发；客大将八宫囚。

阴遁第五十五局

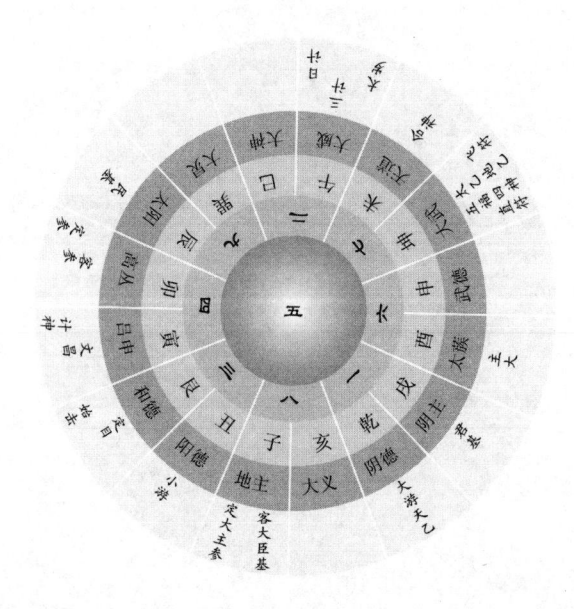

提示：

（一）基本格局

1、戊午 55 局，庚午 127 局，壬午 199 局，甲午 271 局，丙午 343 局；

2、太乙在七宫理天，太乙在天外助客；

3、计神在吕申；

4、文昌在吕申，始击在和德；

5、主算 16，长和，三才俱足之算；客算 18，长和，三才俱足之算；

6、主大将六宫，主参将八宫；

7、客大将八宫，客参将四宫；

8、小游在三宫。

（二）命法格局

1、小游与始击同宫，为掩；

2、小游遇文昌在四宫，为外宫迫。

（三）事法格局

1、始击与太乙宫相对，为格；

2、主大将六宫外迫；客大将八宫与主大将关；

3、主参将八宫与客大将关；

4、客参将四宫发。

阴遁第五十六局

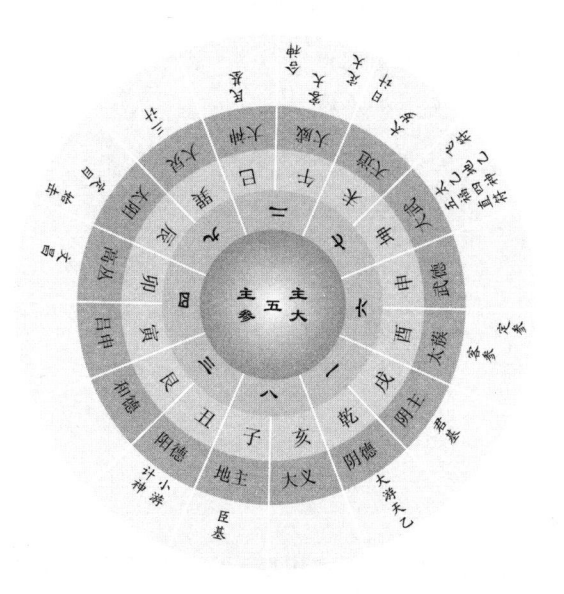

全息太乙

提示：

（一）基本格局

1、己未56局，辛未128局，癸未200局，乙未272局，丁未344局；

2、太乙在七宫理地，太乙在天外助客；

3、计神在阳德；

4、文昌在高丛，始击在太阳；

5、主算15，杜塞无门；客算12，上和，无地之算；

6、主大将中宫，主参将中宫；

7、客大将二宫，客参将六宫；

8、小游在三宫。

（二）命法格局

（三）事法格局

1、主大将、主参将不出中宫；

2、客大将二宫内迫；

3、客参将六宫外迫。

阴遁第五十七局

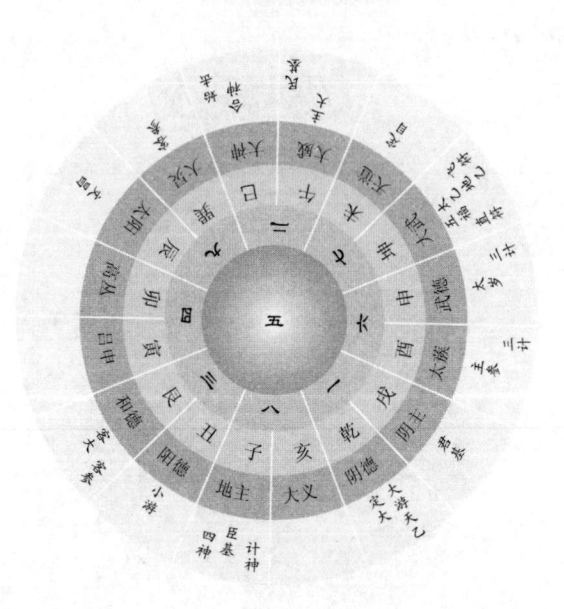

提示：

（一）基本格局

1、庚申57局，壬申129局，甲申201局，丙申273局，戊申345局；

2、太乙在七宫理人，太乙在天外助客；

3、计神在地主；

4、文昌在太阳，始击在大神；

5、主算12，长和，无地之算；客算3，算短，单阳不和，无地无天之算；

6、主大将二宫，主参将六宫；

7、客大将三宫，客参将九宫；

8、小游在三宫。

（二）命法格局

1、小游与客大将同宫，为囚；

2、文昌与客参将同宫，为关，为客关主；

3、始击与主大将同宫，为关，为主关客。

（三）事法格局

1、主大将二宫内迫；

2、主参将六宫外迫；

3、客大将三宫格；

4、客参将九宫发。

阴遁第五十八局

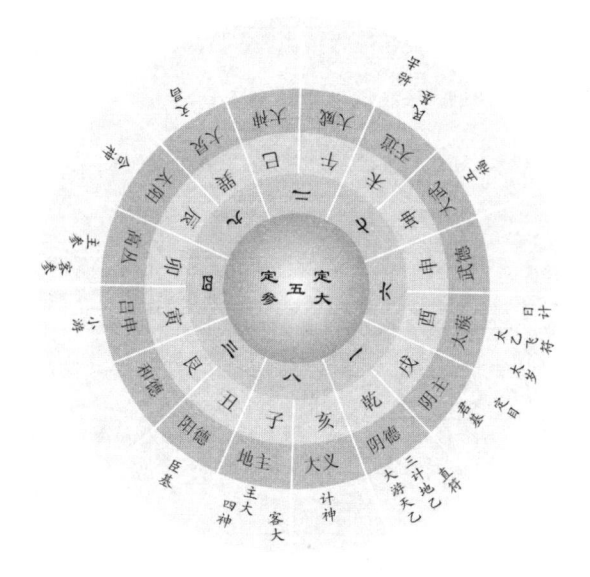

全息太乙

提示：

（一）基本格局

1、辛酉58局，癸酉130局，乙酉202局，丁酉274局，己酉346局；

2、太乙在六宫理天，太乙在天外助客；

3、计神在大义；

4、文昌在大炅，始击在天道；

5、主算18，长和，三才俱足之算；客算8，算短，单阴不和，无天之算；

6、主大将八宫，主参将四宫；

7、客大将八宫，客参将四宫；

8、小游在四宫。

（二）命法格局

1、小游与主参将同宫，为囚；

2、小游与客参将同宫，为囚。

（三）事法格局

1、客参将四宫格；

2、主大将八宫与客大将关；

3、主参将四宫与客参将关。

阴遁第五十九局

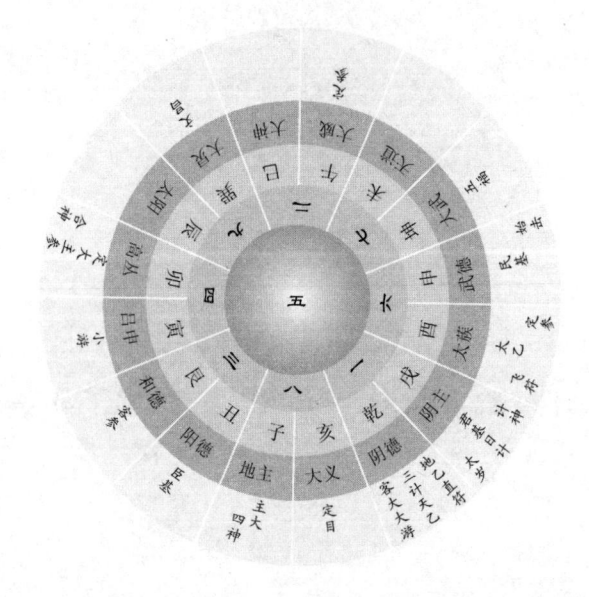

提示：

（一）基本格局

1、壬戌59局，甲戌131局，丙戌203局，戊戌275局，庚戌347局；

2、太乙在六宫理地，太乙在天外助客；

3、计神在阴主；

4、文昌在大炅，始击在武德；

5、主算18，长和，三才俱足之算；客算1，算短，单阳不和，无地无天之算；

6、主大将八宫，主参将四宫；客大将一宫，客参将三宫；小游在四宫。

（二）命法格局

1、小游与主参将同宫，为囚；

2、小游对宫见始击，为格。

（三）事法格局

1、始击内辰击太乙；

2、客大将、客参将挟主大将，为客挟主；

3、主大将、主参将挟客参将，为主挟客；

4、客大将一宫外迫。

阴遁第六十局

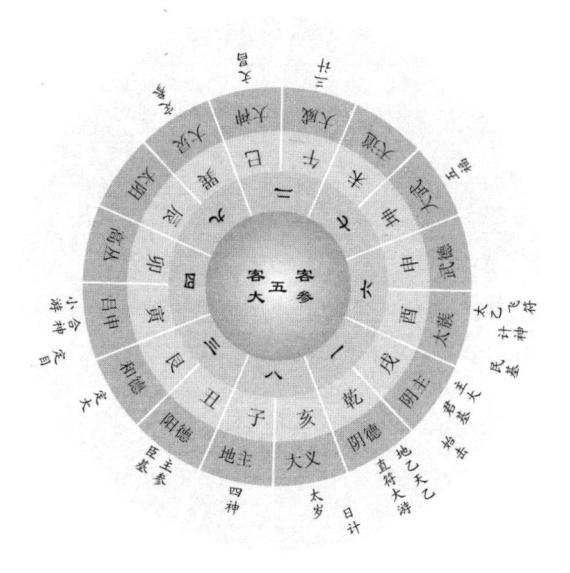

全息太乙

提示：

（一）基本格局

1、癸亥60局，乙亥132局，丁亥204局，己亥276局，辛亥348局；

2、太乙在六宫理人，太乙在天外助客；

3、计神在太蔟；

4、文昌在大神，始击在阴主；

5、主算10，孤阳不和，无人之算；客算35，杜塞无门；

6、主大将一宫，主参将三宫；

7、客大将中宫，客参将中宫；

8、小游在四宫。

（二）命法格局

（三）事法格局

1、始击一宫外击；

2、主大将一宫外迫；

3、主参将三宫发；

4、客大将、客参将不出中宫。

阴遁第六十一局

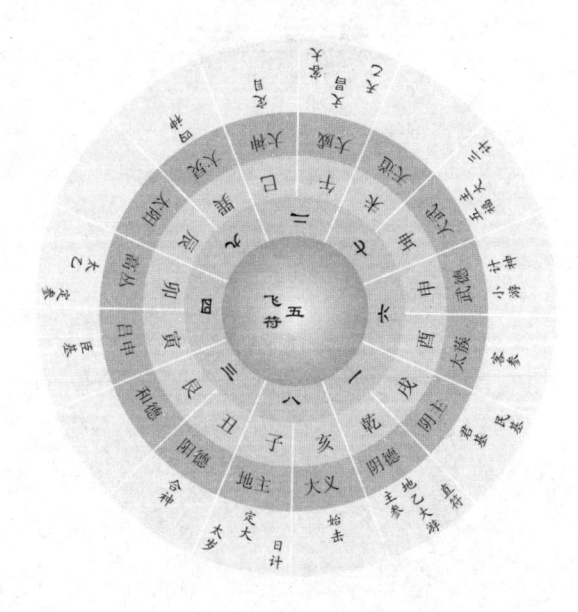

提示：

（一）基本格局

1、甲子61局，丙子133局，戊子205局，庚子277局，壬子349局；

2、太乙在四宫理天，太乙在地内助主；

3、计神在武德；

4、文昌在大威，始击在大义；

5、主算27，上和，三才俱足之算；客算12，上和，无地之算；

6、主大将七宫，主参将一宫；

7、客大将二宫，客参将六宫；

8、小游在六宫。

（二）命法格局

1、小游与客参将同宫，为格；

2、文昌与客大将同宫，为关，为客关主。

（三）事法格局

1、客大将、客参将挟主大将，为客挟主；

2、主大将、主参将挟客参将，为主挟客；

3、主参将一宫发；

4、客大将二宫击文昌；

5、客参将六宫格。

阴遁第六十二局

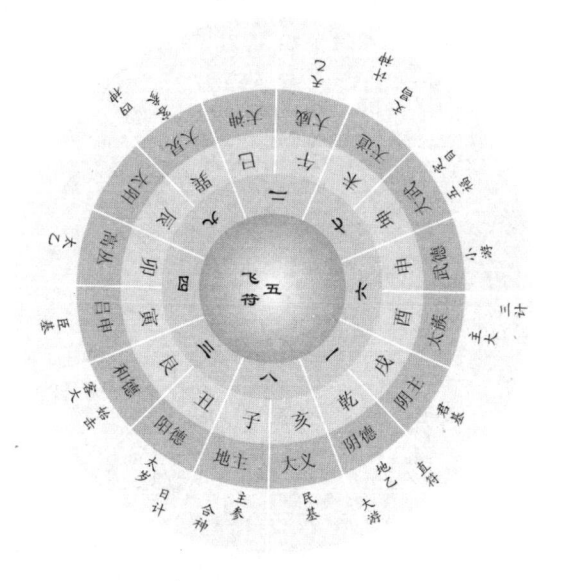

提示：

（一）基本格局

1、乙丑 62 局，丁丑 134 局，己丑 206 局，辛丑 278 局，癸丑 350 局；

2、太乙在四宫理地，太乙在地内助主；

3、计神在天道；

4、文昌在天道，始击在和德；

5、主算 26，重阴，长而不和，三才俱足之算；客算 3，算短，单阳不和，无地无天之算；

6、主大将六宫，主参将八宫；客大将三宫，客参将九宫；小游在六宫。

（二）命法格局

1、小游与主大将同宫，为囚；

2、文昌内宫迫。

（三）事法格局

1、始击三宫内击；

2、主大将六宫格；

3、主参将八宫发；

4、客大将三宫内迫；

5、客参将九宫外迫。

阴遁第六十三局

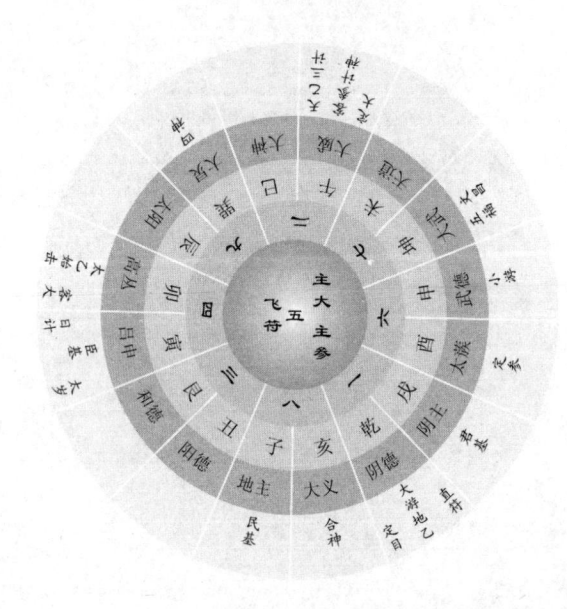

提示：

（一）基本格局

1、丙寅 63 局，戊寅 135 局，庚寅 207 局，壬寅 279 局，甲寅 351 局；

2、太乙在四宫理人，太乙在地内助主；

3、计神在大威；

4、文昌在大武，始击在高丛；

5、主算 25，杜塞无门；客算 4，算短，单阴不和，无地无天之算；

6、主大将中宫，主参将中宫；

7、客大将四宫，客参将二宫；

8、小游在六宫。

（二）命法格局

1、小游对宫见始击，为格；

2、小游对宫见客大将，为格；

3、文昌内辰迫。

（三）事法格局

1、始击掩太乙；

2、主大将、主参将不出中宫；

3、客大将囚太乙；

4、客参将二宫发。

阴遁第六十四局

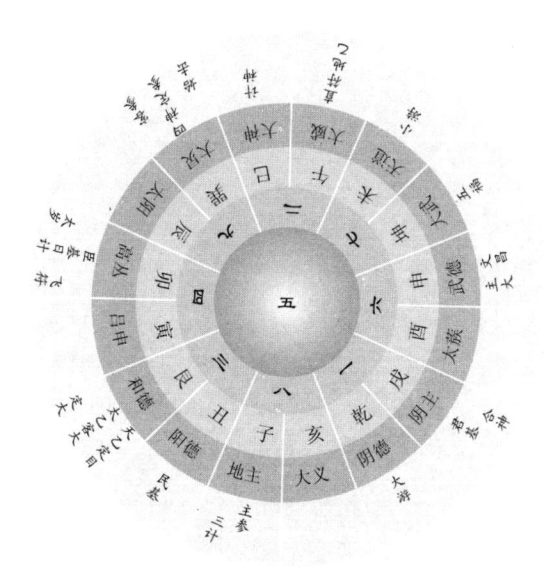

全息太乙

提示：

（一）基本格局

1、丁卯64局，己卯136局，辛卯208局，癸卯280局，乙卯352局；

2、太乙在三宫理天，太乙在地内助主；

3、计神在大神；

4、文昌在武德，始击在大炅；

5、主算16，长和，三才俱足之算；客算33，重阳，长而不和，无地之算；

6、主大将六宫，主参将八宫；

7、客大将三宫，客参将九宫；

8、小游在七宫。

（二）命法格局

1、小游对宫见客大将，为格；

2、文昌外宫迫。

（三）事法格局

1、主大将六宫囚文昌；

2、主大将六宫发，主参将八宫发；

3、客大将三宫囚；

4、客参将九宫囚始击。

阴遁第六十五局

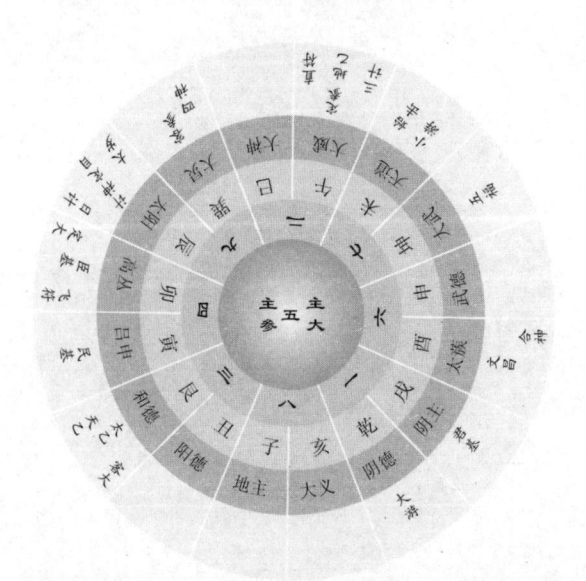

提示：

（一）基本格局

1、戊辰65局，庚辰137局，壬辰209局，甲辰281局，丙辰353局；

2、太乙在三宫理地，太乙在地内助主；

3、计神在太阳；

4、文昌在太蔟，始击在天道；

5、主算15，杜塞无门；客算23，长和，无地之算；

6、主大将中宫，主参将中宫；

7、客大将三宫，客参将九宫；

8、小游在七宫。

（二）命法格局

1、始击与小游同宫，为掩；

2、小游对宫见客大将，为格。

（三）事法格局

1、始击与太乙宫相对，为格；

2、主大将、主参将不出中宫；

3、客大将三宫囚；

4、客参将九宫发。

阴遁第六十六局

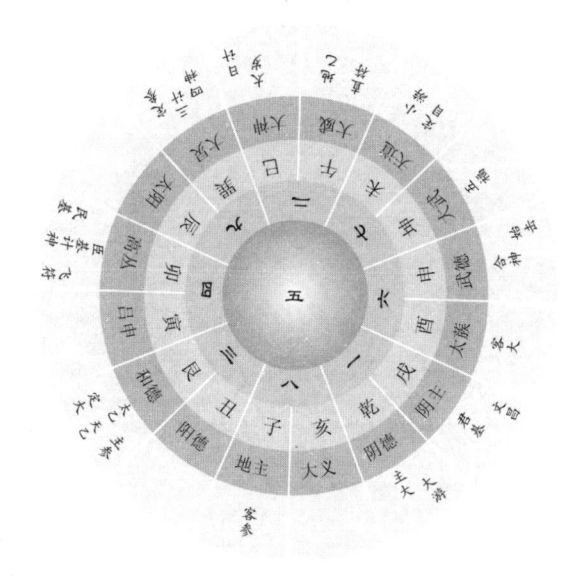

全息太乙

提示：

（一）基本格局

1、己巳66局，辛巳138局，癸巳210局，乙巳282局，丁巳354局；

2、太乙在三宫理人，太乙在地内助主；

3、计神在高丛；

4、文昌在阴主，始击在武德；

5、主算10，孤阳不和，无人之算；客算16，长和，三才俱足之算；

6、主大将一宫，主参将三宫；

7、客大将六宫，客参将八宫；

8、小游在七宫。

（二）命法格局

小游对宫见主参将，为对。

（三）事法格局

1、客大将、客参将一宫挟主大将，为客挟主；

2、主大将、主参将八宫挟客参将，为主挟客；

3、主参将三宫囚；

4、客大将六宫发。

阴遁第六十七局

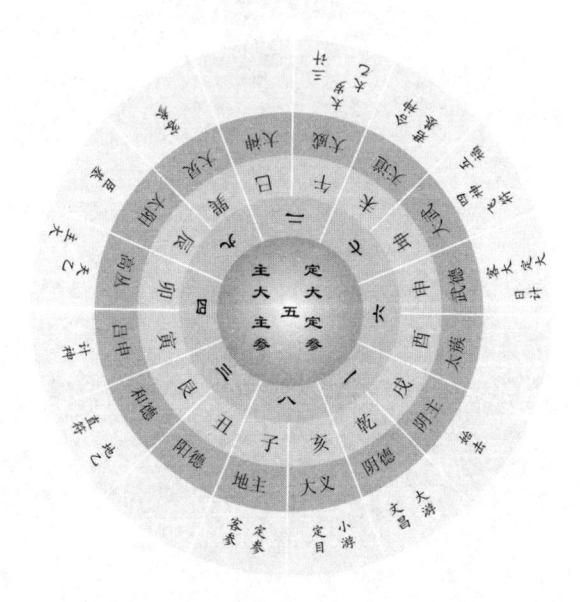

提示：

（一）基本格局

1、庚午 67 局，壬午 139 局，甲午 211 局，丙午 283 局，戊午 355 局；

2、太乙在二宫理天，太乙在天外助客；

3、计神在吕申；

4、文昌在阴德，始击在阴主；

5、主算 25，杜塞无门；客算 26，重阴不和，三才俱足之算；

6、主大将中宫，主参将中宫；

7、客大将六宫，客参将八宫；

8、小游在八宫。

（二）命法格局

1、始击一宫内击；

2、文昌一宫内迫。

（三）事法格局

1、主大将、主参将不出中宫；

2、客大将六宫发；

3、客参将八宫格。

阴遁第六十八局

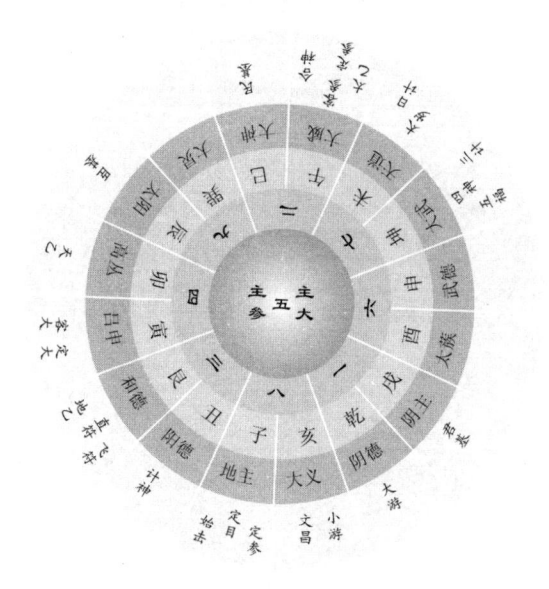

全息太乙

提示：

（一）基本格局

1、辛未68局，癸未140局，乙未212局，丁未284局，己未356局；

2、太乙在二宫理地，太乙在天外助客；

3、计神在阳德；

4、文昌在大义，始击在地主；

5、主算25，杜塞无门；客算24，重阴，长和，无地之算；

6、主大将中宫，主参将中宫；

7、客大将四宫，客参将二宫；

8、小游在八宫。

（二）命法格局

1、小游与始击同宫，为掩；

2、小游与文昌同宫，为囚；

3、小游对宫见客参将，为格。

（三）事法格局

1、主大将、主参将不出中宫；

2、客大将四宫发；

3、客参将二宫囚。

阴遁第六十九局

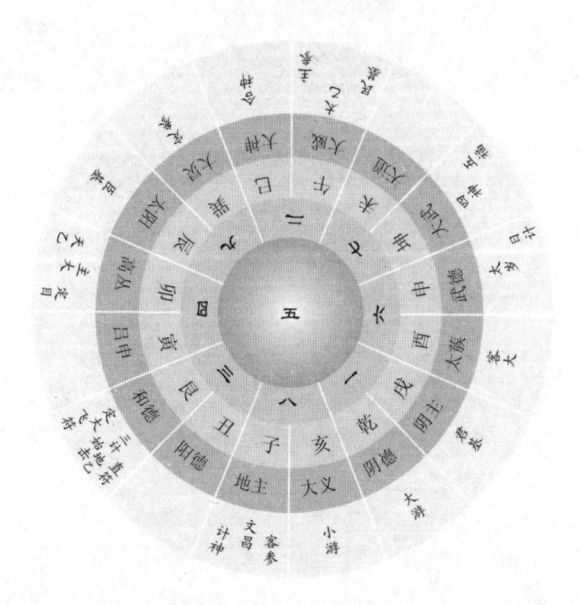

提示：

（一）基本格局

1、壬申69局，甲申141局，丙申213局，戊申285局，庚申357局；

2、太乙在二宫理人，太乙在天外助客；

3、计神在地主；

4、文昌在地主，始击在和德；

5、主算24，重阴，长和，无地之算；客算16，长和，三才俱足之算；

6、主大将四宫，主参将二宫；客大将六宫，客参将八宫；小游在八宫。

（二）命法格局

1、小游与文昌同宫，为囚；

2、小游与客参将同宫，为囚；

3、小游对宫见主参将，为对。

（三）事法格局

1、文昌与太乙宫相冲，为对；

2、主大将四宫发，客大将六宫发；

3、主参将二宫囚；

4、客参将八宫格。

阴遁第七十局

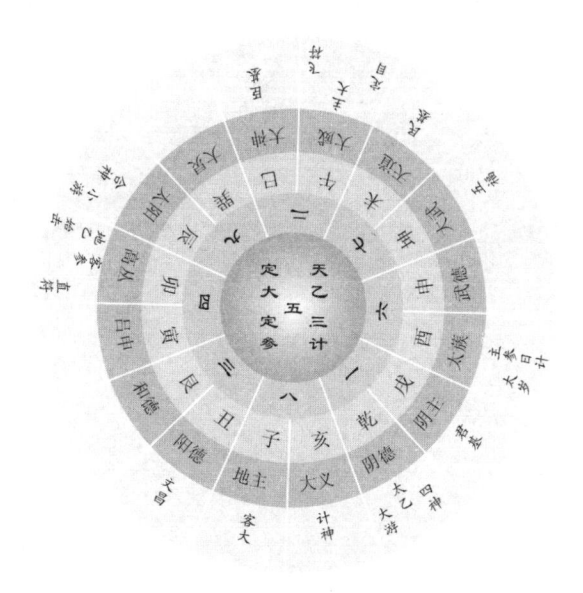

全息太乙

提示：

（一）基本格局

1、癸酉70局，乙酉142局，丁酉214局，己酉286局，辛酉358局；

2、太乙在一宫理天，太乙在地内助主；

3、计神在大义；

4、义昌在阳德，始击在高丛；

5、主算32，长和，无地之算；客算28，重阴，长而不和，三才俱足之算；

6、主大将二宫，主参将六宫；

7、客大将八宫，客参将四宫；

8、小游在九宫。

（二）命法格局

始击内宫击。

（三）事法格局

1、主大将二宫发，客参将四宫发；

2、主参将六宫内迫；

3、客大将八宫外迫。

阴遁第七十一局

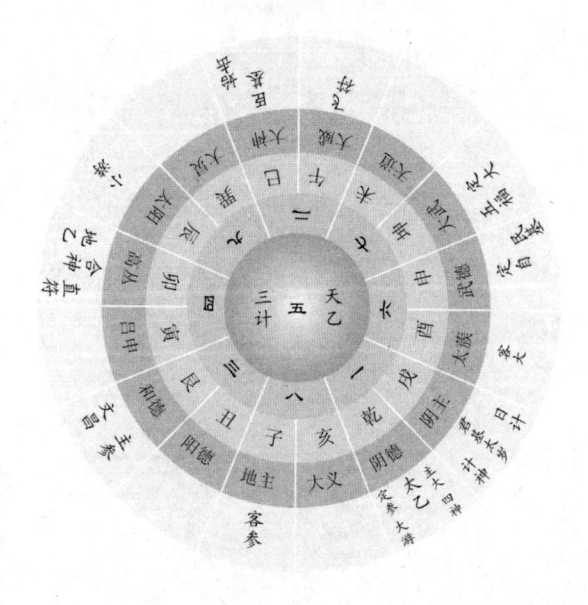

提示：

（一）基本格局

1、甲戌71局，丙戌143局，戊戌215局，庚戌287局，壬戌359局；

2、太乙在一宫理地，太乙在地内助主；

3、计神在阴主；

4、文昌在和德，始击在大神；

5、主算31，长而不和，无地之算；客算16，长和，三才俱足之算；

6、主大将一宫，主参将三宫；

7、客大将六宫，客参将八宫；

8、小游在九宫。

（二）命法格局

1、小游对宫见主大将，为对；

（三）事法格局

1、客大将、客参将挟主大将，为客挟主；

2、主大将、主参将挟客参将，为主挟客；

3、主参将三宫发；

4、客大将六宫内迫。

阴遁第七十二局

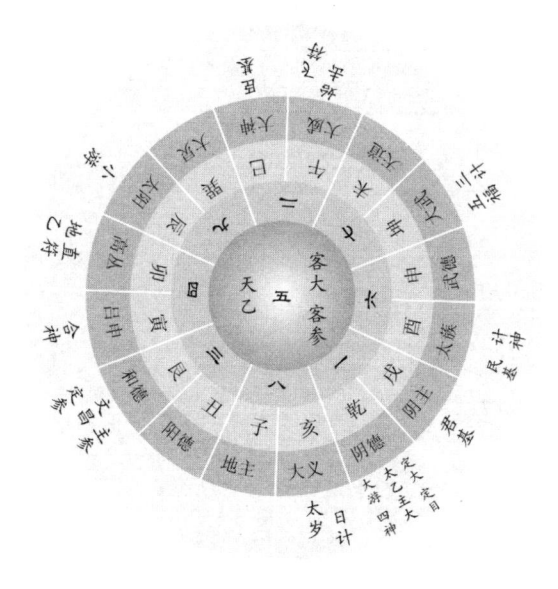

全息太乙

提示：

(一) 基本格局

1、乙亥72局，丁亥144局，己亥216局，辛亥288局，癸亥360局；

2、太乙在一宫理人，太乙在地内助主；

3、计神在太蔟；

4、文昌在和德，始击在大威；

5、主算31，重阳不和，无地之算；客算15，杜塞无门；

6、主大将一宫，主参将三宫；

7、客大将中宫，客参将中宫；

8、小游在九宫。

(二) 命法格局

1、小游对宫见主大将，为对；

2、始击二宫外击。

(三) 事法格局

1、客大将、客参将不出中宫；

2、主大将一宫囚；

3、主参将三宫发。

后 记

　　《全息太乙》——《周易》术数学再探一书，是周易学创新探索三部曲之二；第一部曲是《时空太乙》——《周易》术数学新探；第三部曲是《理性太乙》——《周易》术数学三探。第三部曲尚未出版。本书拟用《易经》的原理、卦爻断的方法和《太乙神数》的观念、原理、方法去探索个人一生之命运的规律。主要包括理论支撑、知识储备、四大命法、十项事法、应用初探和太乙演局六部分内容。

　　此"三部曲"也可以称为"三探"。

　　中国传统文化以及《易经》都极重"天地人三才"。《系辞传·下》说"《易》之为书也，广大悉备。有天道焉，有人道焉，有地道焉。兼三才而两之，故六。六者非它也，三才之道也"。六爻八卦中的六个爻，上二爻象征天，下二爻象征地，中二爻象征人。换句话说，《易经》就是研究天地人三才的学问，此三种学问研究透了，则宇宙学问全矣！周易学"三部曲"就是要探索天地人三才的规律，从而达到"三知"：知天、知地、知人。知天——探索宇宙自然之发展变化规律；知地——探索社会历史之发展变化规律；知人——探索个人一生命运之发展变化规律。

　　人生若能达此"三知"，必是智慧的一生，明白的一生，骄傲的一生，自豪的一生，有趣的一生，潇洒的一生，实惠的一生，圆满的一生，必是名副其实的：不枉此生！

　　由"三探"联想到了司马迁的"要旨三题"。此"三探"与司马迁著《史记》的"要旨三题"有异曲同工之妙。司马迁在《报任安书》中说："亦欲以究天人之际，通古今之变，成一家之言"。这是司马迁著《史记》的终极目的，史家将其称为"要旨三题"。"究天人之际，通古今之变"就是知天、知地。"要旨三题"没有"知人"的意思，似乎司马迁不探索这一问题。其实不然。司马迁不但从史学的角度知人：十二本纪、三十世家、七十列传是也；而且从玄学文化知人：《史记》有《日者列传》和《龟策列传》。日者是古代观察星象之人，是占星家，也是卜筮之人的统称。《日者列传》说的是卜筮之人；《龟策列传》讲的是占筮之物。司马迁为什么要写这两篇列传，目的不就是从玄学文化的角度知人吗？

　　我们再把"三知"与《史记》对照一下，细研一番，你会发现所谓

"异曲"，只是方法手段的不同。司马迁用撰史的方式，通过运用百科全书式的知识（包括社会科学、自然科学和玄学文化知识）全面总结了我国五千年历史的方法，来达到知天、知地、知人的目的。笔者是通过创新探索《周易》和周易术数学，主要采用《易经》断卦和《太乙神数》的推演方法，以及现代科学文化中探索宇宙的一些方法，来达到"三知"的目的。这就是"异曲"的内涵。但并无所应用的文化和要达到的终极目的方面的区别。

先看《史记》。仿佛《史记》完全是用科技文化论述的。实则不然。如"八书"中有"六书"阐述了周易术数学的理论：《礼书》说人间之"礼"，实述天地之"序"；《乐书》说人间之"乐"，实述天地之"和"；《历书》阐述天地万物的数量关系；《历书》更是讲沟通天人之间的桥梁纽带；《天官书》论述的是司马迁时期的星象学；《封禅书》讲皇帝受命于天，故要感谢上天。六书中许多论述流露了玄学思想。如《龟策列传》中的"自古圣王将建国受命，兴办事业，何尝不宝卜筮以助善"！意思是，自古以来的圣王建立国家承受天命，兴办事业，哪有不曾尊用卜筮以助成美事的。再如"自三代之兴，各据祯祥"。是说从夏商周三代的兴起看，都是各有卜筮的吉祥之兆，以为根据的。又如"王者决定诸疑，参与卜筮，断以蓍龟，不易之道也"。是讲君王决定疑难之事，参考着用蓍龟所做的卜筮的结果以作为最终决定，这是沿用不变的道理。《史记》中还有大量记载，用术数算命的。如"高祖为人，隆准而龙颜，美须髯，左股七十二黑子"。再如，代王（即后来的汉文帝），"卜之龟，封兆得大横"。是预测当时的代王能否成为天子。又如，预测九江王英布"少年，有客相之曰：'当刑而王'"。司马迁《史记·封禅书》载："昔三代之居，皆在河洛之间。故嵩为中岳，而四岳各如其方。四渎咸在山东。"说的就是相学中的"四渎"：耳为江，口为河，眼为淮，鼻为济。"五岳"：额为南岳衡山，鼻为中岳嵩山，颏为北岳恒山，左颧为东岳泰山，右颧为西岳华山。"五岳四渎"原为名山大川名，相学借以指代人的面部器官或部位，据此之相，测断人的吉凶祸福。据相学史研究，此法自先秦时期的姑布子卿（春秋战国时代最有名气的相师）就有。司马迁在此即指相人之术。此外，《史记》的赵世家、越王勾践世家、秦王世家等卷保存了一系列的相人记载。足见，《史记》是以科技和玄学两种文化来探索"三知"的。

再说"三探"。表面看，好像只是用玄学文化来探索"三知"。实则不然。如《时空太乙》就融入了世界近现代天文学、宇宙学、物理学和地球科学等科学探索宇宙的最新成果；它把现代科学和古老的《周易》术数学有机的结合在了一起。即将出版的《理性太乙》在探索人类未来星际大移民规律时，用玄学文化探索时间，用科学文化探索空间，更是科技文化和玄学文化有机结合的典型范例。故此，"三探"亦是用两种文化来探索"三知"的。

所谓《史记》与"三探"的"同工"之处，一是表现在应用文化的一致性。都是用科技和玄学两种文化来达到"三知"；二是表现在终极目的的一致性。究天人之际，通古今之变，探个人之命和"三探"都是为了达到"三知"的终极目的。

笔者认为，研习《史记》结合玩味"三探"，将是十分有趣的事情，读者可以一试。必然是乐在其中，其乐无穷。

李德润

2016 年 12 月 16 日

于京南一乐斋

主要参考书目

1、《术藏》，第70、71、72、73卷，北京燕山出版社，谢路军主编，2010年版。

2、《术数全书》，中州古籍出版社，1994年版。

3、《太乙金镜式经》，华龄出版社，谢路军主编，2007年版。

4、《太乙神数·甲》，中州古籍出版社，1993年版。

5、《太乙神数·乙》，中州古籍出版社，1993年版。

6、《太乙命书》，中州古籍出版社，明·潘文焯著，1994年版。

7、《太乙术》，哈尔滨出版社，齐燕欣等著，1993年版。

8、《续修四库全书》之《登坛必究·辑太乙说》，上海古迹出版社，明·王鸣鹤著，2002年版。

9、《易数象数学·太乙推法》，九州出版社，清·黄宗羲著，2007年版。

10、《太乙局遁》，华龄出版社，2002年版。

11、《珍本太乙神数》，台湾文星出版社，1975年版。

12、《太乙秘书》，九州出版社，谢路军主编，2009年版。

13、《太乙数统宗大全》，台湾真善美出版社，1972年版。

14、《太乙术》，大众文艺出版社，郑志斌主编，2009年版。

15、《时空太乙》，巴蜀书社，李德润著，2014年版。

16、《遁甲演义》，华龄出版社，谢路军主编，2007年版。

17、《御定奇门遁甲九局》，华龄出版社，郑同点校，2009年版。

18、《奇门遁甲大全》，陕西师范大学出版社，清·陈梦雷著，2010年版。

19、《六壬大全》，华龄出版社，谢路军主编，2007年版。

20、《大六壬通解》，华龄出版社，叶飘然著，2011年版。

21、《袖里乾坤》，新疆人民出版社，徐伟刚著，2004年版。

22、《十三经》，广东教育出版社、陕西人民教育出版社、广东教育出版社，许嘉璐主编，2005年版。

23、《十三经》注疏，北京大学出版社，李学勤主编，1999年版。

24、《周易全书》，中国戏剧出版社，林之满主编，2004年版。

25、《周易》，商务印书馆，冯国超译注，2009年版。

26、《周易全解》，上海古籍出版社，金景芳、吕绍纲著，2005年版。

27、《周易发微》，中国古籍出版社，顾净缘著，2005年版。

28、《象数易学研究》，齐鲁书社，刘大钧编，1996年版。

29、《周易概论》，巴蜀书社，刘大钧著，2008年版。

30、《象说周易》，中央编译出版社，唐明邦策划，陈凯东著，2010年版。

31、《周易通解》，昆仑出版社，朱伯崑主编，2004年版。

32、《统天易数》，中国城市出版社，秦宗臻著，2011版。

33、《阴阳五要奇书》，海南古籍出版社，故宫本，李峰整理，2006年版。

34、《周易真原》，陕西科学技术出版社，田合禄等著，2004年版。

35、《易学关键》，北方文艺出版社，张汉著，2009年版。

36、《学易通灵》，北方文艺出版社，张汉等著，2009年版。

37、《象数易学》，中国书店，张其成著，2003年版。

38、《易经新解》，北京工业大学出版社，何新著，2007年版。

39、《易道中互》，花城出版社，互子著，2009年版。

40、《周易象数通论》，光明日报出版社，李树菁著，2004年版。

41、《周易集注》，九州出版社，明·来知德著，2004年版。

42、《周易集解》，九州出版社，唐·李鼎祚撰，2003年版。

43、《开元占经》，中央编译出版社，唐·瞿昙悉达著，2006年版。

44、《周易外传》，九州出版社，清·王夫之撰，2004年版。

45、《易学三书》，九州出版社，清·焦循著，2003年版。

46、《河洛真数》，陕西师范大学出版社，2012年版。

47、《铁板神数预测学》，中国国际广播音像出版社，金泉编著，2006年版。

48、《铁板神数解密》，学林出版社，宋·邵雍著，2003年版。

49、《铁板神数》，陕西师范大学出版社，唐颐著，2009年版。

50、《麻衣神相》，陕西师范大学出版社，宋·陈抟、麻衣道者著，2010年版。

51、《柳庄神相》，陕西师范大学出版社，明·袁柳庄著，2010年版。

52、《神相全编》，陕西师范大学出版社，宋·陈抟原著，明·袁忠彻增订，2011年版。

53、《术藏》，第74、75、76、77、78、79卷，北京燕山出版社，谢路军主编，2010年版。

54、《相术》华龄出版社，郑同点校，2008年版。

55、《中西相人探原》，北京燕山出版社，清·袁树珊著，2010年版。

56、《公笃相法》，恒真面相研究社，民国·陈公笃著，2010年版。

57、《知命识相五十年》，恒真面相研究社，民国·韦千里著，2010年版。

58、《相学入门》，团结出版社，李计忠著，2012年版。

59、《相学通解》，团结出版社，李计忠著，2012年版。

60、《相学点窍》，团结出版社，李计忠著，2012年版。

61、《相学精粹》，团结出版社，李计忠著，2012年版。

62、《相学释疑》，团结出版社，李计忠著，2012年版。

63、《二十四史》，中华书局，2000年版。

64、《二十五别史》，齐鲁书社，2000年版。

65、《人类灾难纪典》，改革出版社，范宝俊主编，1998年版。

66、《浙江通志》，上海古籍出版社，1991年版。

周易书斋精品书目

书　名	作　者	定　价	版别
影印涵芬楼本正统道藏 [典藏宣纸版;全512函1120册]	[明]张宇初编	480000.00	九州
影印涵芬楼本正统道藏 [再造善本;全512函1120册]	[明]张宇初编	280000.00	九州
重刊术藏[全6箱,精装100册]	谢路军郑同主编	68000.00	九州
续修术藏[全6箱,精装100册]	谢路军郑同主编	68000.00	九州
易藏[全6箱,精装60册]	谢路军郑同主编	48000.00	九州
道藏[全6箱,精装60册]	谢路军郑同主编	48000.00	九州
焦循文集[全精装18册]	[清]焦循撰	9800.00	九州
邵子全书[全精装15册]	[宋]邵雍撰	9600.00	九州
子部珍本备要(以下为分函购买价格)		178000.00	九州
001 峋嵝神书	宣纸线装1函1册	280.00	九州
002 地理唛蔗録	宣纸线装1函4册	880.00	九州
003 地理玄珠精选	宣纸线装1函4册	880.00	九州
004 地理琢玉斧峦头歌括	宣纸线装1函4册	880.00	九州
005 金氏地学粹编	宣纸线装3函8册	1840.00	九州
006 风水一书	宣纸线装1函4册	880.00	九州
007 风水二书	宣纸线装1函4册	880.00	九州
008 增注周易神应六亲百章海底眼	宣纸线装1函1册	280.00	九州
009 卜易指南	宣纸线装1函1册	280.00	九州
010 大六壬占验	宣纸线装1函1册	280.00	九州
011 真本六壬神课金口诀	宣纸线装1函3册	680.00	九州
012 太乙指津	宣纸线装1函2册	480.00	九州
013 太乙金钥匙 太乙金钥匙续集	宣纸线装1函1册	280.00	九州
014 奇门遁甲占验天时	宣纸线装1函2册	480.00	九州
015 南阳掌珍遁甲	宣纸线装1函1册	280.00	九州
016 达摩易筋经 易筋经外经图说 八段锦	宣纸线装1函1册	280.00	九州
017 钦天监彩绘真本推背图	宣纸线装1函2册	680.00	九州
018 清抄全本玉函通秘	宣纸线装1函3册	680.00	九州
019 灵棋经	宣纸线装1函1册	280.00	九州
020 道藏灵符秘法	宣纸线装4函9册	2100.00	九州
021 地理青囊玉尺度金针集	宣纸线装1函6册	1280.00	九州
022 奇门秘传九宫纂要	宣纸线装1函1册	280.00	九州

书　　名	作者	定价	版别
023 影印清抄耕寸集－真本子平真诠	宣纸线装1函2册	480.00	九州
024 新刊合并官板音义评注渊海子平	宣纸线装1函2册	480.00	九州
025 影抄宋本五行精纪	宣纸线装1函6册	1080.00	九州
026 影印明刻阴阳五要奇书1－郭氏阴阳元经	宣纸线装1函2册	480.00	九州
027 影印明刻阴阳五要奇书2－克择璇玑括要	宣纸线装1函1册	280.00	九州
028 影印明刻阴阳五要奇书3－阳明按索图	宣纸线装1函2册	480.00	九州
029 影印明刻阴阳五要奇书4－佐玄直指	宣纸线装1函2册	480.00	九州
030 影印明刻阴阳五要奇书5－三白宝海钩玄	宣纸线装1函1册	280.00	九州
031 相命图诀许负相法十六篇合刊	宣纸线装1函1册	280.00	九州
032 玉掌神相神相铁关刀合刊	宣纸线装1函1册	280.00	九州
033 古本太乙淘金歌	宣纸线装1函1册	280.00	九州
034 重刊地理葬埋黑通书	宣纸线装1函2册	480.00	九州
035 壬归	宣纸线装1函2册	480.00	九州
036 大六壬苗公鬼撮脚二种合刊	宣纸线装1函1册	280.00	九州
037 大六壬鬼撮脚射覆	宣纸线装1函2册	480.00	九州
038 大六壬金柜经	宣纸线装1函1册	280.00	九州
039 纪氏奇门秘书仕学备余	宣纸线装1函1册	280.00	九州
040 八门九星阴阳二遁全本奇门断	宣纸线装2函18册	3680.00	九州
041 李卫公奇门心法	宣纸线装1函1册	280.00	九州
042 武侯行兵遁甲金函玉镜海底眼	宣纸线装1函1册	280.00	九州
043 诸葛武侯奇门千金诀	宣纸线装1函1册	280.00	九州
044 隔夜神算	宣纸线装1函1册	280.00	九州
045 地理五种秘笈合刊	宣纸线装1函1册	280.00	九州
046 地理雪心赋句解	宣纸线装1函2册	480.00	九州
047 九天玄女青囊经	宣纸线装1函1册	280.00	九州
048 考定撼龙经	宣纸线装1函1册	280.00	九州
049 刘江东家藏善本葬书	宣纸线装1函1册	280.00	九州
050 杨公六段玄机赋杨筠松安门楼玉辇经合刊	宣纸线装1函1册	280.00	九州
051 风水金鉴	宣纸线装1函1册	280.00	九州
052 新镌碎玉剖秘地理不求人	宣纸线装1函2册	480.00	九州
053 阳宅八门金光斗临经	宣纸线装1函1册	280.00	九州
054 新镌徐氏家藏罗经顶门针	宣纸线装1函2册	480.00	九州
055 影印乾隆丙午刻本地理五诀	宣纸线装1函4册	880.00	九州
056 地理诀要雪心赋	宣纸线装1函2册	480.00	九州
057 蒋氏平阶家藏善本插泥剑	宣纸线装1函1册	280.00	九州

书　名	作者	定价	版别
058 蒋大鸿家传地理归厚录	宣纸线装1函1册	280.00	九州
059 蒋大鸿家传三元地理秘书	宣纸线装1函1册	280.00	九州
060 蒋大鸿家传天星选择秘旨	宣纸线装1函1册	280.00	九州
061 撼龙经批注校补	宣纸线装1函4册	880.00	九州
062 疑龙经批注校补一全	宣纸线装1函1册	280.00	九州
063 种筠书屋较订山法诸书	宣纸线装1函2册	480.00	九州
064 堪舆倒杖诀 拨砂经遗篇 合刊	宣纸线装1函1册	280.00	九州
065 认龙天宝经	宣纸线装1函1册	280.00	九州
066 天机望龙经刘氏心法 杨公骑龙穴诗合刊	宣纸线装1函1册	280.00	九州
067 风水一夜仙秘传三种合刊	宣纸线装1函1册	280.00	九州
068 新镌地理八窍	宣纸线装1函2册	480.00	九州
069 地理解醒	宣纸线装1函1册	280.00	九州
070 峦头指迷	宣纸线装1函3册	680.00	九州
071 茅山上清灵符	宣纸线装1函2册	480.00	九州
072 茅山上清镇禳摄制秘法	宣纸线装1函1册	280.00	九州
073 天医祝由科秘抄	宣纸线装1函2册	480.00	九州
074 千镇百镇桃花镇	宣纸线装1函2册	480.00	九州
075 轩辕碑记医学祝由十三科治病奇书合刊	宣纸线装1函1册	280.00	九州
076 清抄真本祝由科秘诀全书	宣纸线装1函3册	680.00	九州
077 增补秘传万法归宗	宣纸线装1函2册	480.00	九州
078 祝由科诸符秘卷祝由科诸符秘旨合刊	宣纸线装1函1册	280.00	九州
079 辰州符咒大全	宣纸线装1函4册	880.00	九州
080 万历初刻三命通会	宣纸线装2函12册	2480.00	九州
081 新编三车一览子平渊源注解	宣纸线装1函3册	680.00	九州
082 命理用神精华	宣纸线装1函3册	680.00	九州
083 命学探骊集	宣纸线装1函1册	280.00	九州
084 相诀摘要	宣纸线装1函2册	480.00	九州
085 相法秘传	宣纸线装1函1册	280.00	九州
086 新编相法五总龟	宣纸线装1函1册	280.00	九州
087 相学统宗心易秘传	宣纸线装1函2册	480.00	九州
088 秘本大清相法	宣纸线装1函2册	480.00	九州
089 相法易知	宣纸线装1函1册	280.00	九州
090 星命风水秘传	宣纸线装1函1册	280.00	九州
091 大六壬隔山照	宣纸线装1函2册	480.00	九州
092 大六壬考正	宣纸线装1函1册	280.00	九州

书　　名	作　者	定价	版别
093 大六壬类阐	宣纸线装1函2册	480.00	九州
094 六壬心镜集注	宣纸线装1函1册	280.00	九州
095 遁甲吾学编	宣纸线装1函2册	480.00	九州
096 刘明江家藏善本奇门衍象	宣纸线装1函1册	280.00	九州
097 遁甲天书秘文	宣纸线装1函2册	480.00	九州
098 金枢符应秘文	宣纸线装1函2册	480.00	九州
099 秘传金函奇门隐遁丁甲法书	宣纸线装1函2册	480.00	九州
100 六壬行军指南	宣纸线装2函10册	2080.00	九州
101 家藏阴阳二宅秘诀线法	宣纸线装1函2册	480.00	九州
102 阳宅一书阴宅一书合刊	宣纸线装1函1册	280.00	九州
103 地理法门全书	宣纸线装1函1册	280.00	九州
104 四真全书玉钥匙	宣纸线装1函1册	280.00	九州
105 重刊官板玉髓真经	宣纸线装1函4册	880.00	九州
106 明刊阳宅真诀	宣纸线装1函2册	480.00	九州
107 阳宅指南	宣纸线装1函1册	280.00	九州
108 阳宅秘传三书	宣纸线装1函1册	280.00	九州
109 阳宅都天滚盘珠	宣纸线装1函1册	280.00	九州
110 纪氏地理水法要诀	宣纸线装1函1册	280.00	九州
111 李默斋先生地理辟径集	宣纸线装1函2册	480.00	九州
112 李默斋先生辟径集续篇 地理秘缺	宣纸线装1函2册	480.00	九州
113 地理辨正自解	宣纸线装1函1册	280.00	九州
114 形家五要全编	宣纸线装1函4册	880.00	九州
115 地理辨正抉要	宣纸线装1函1册	280.00	九州
116 地理辨正揭隐	宣纸线装1函1册	280.00	九州
117 地学铁骨秘	宣纸线装1函1册	280.00	九州
118 地理辨正发秘初稿	宣纸线装1函1册	280.00	九州
119 三元宅墓图	宣纸线装1函1册	280.00	九州
120 参赞玄机地理仙婆集	宣纸线装2函8册	1680.00	九州
121 幕讲禅师玄空秘旨浅注外七种	宣纸线装1函1册	280.00	九州
122 玄空挨星图诀	宣纸线装1函1册	280.00	九州
123 影印稿本玄空地理筌蹄	宣纸线装1函1册	280.00	九州
124 玄空古义四种通释	宣纸线装1函2册	480.00	九州
125 地理疑义答问	宣纸线装1函1册	280.00	九州
126 王元极地理辨正冒禁录	宣纸线装1函1册	280.00	九州
127 王元极校补天元选择辨正	宣纸线装1函3册	680.00	九州

书　名	作　者	定　价	版别
128 王元极选择辨真全书	宣纸线装1函1册	280.00	九州
129 王元极增批地理冰海原本地理冰海合刊	宣纸线装1函1册	280.00	九州
130 王元极三元阳宅萃篇	宣纸线装1函2册	480.00	九州
131 尹一勺先生地理精语	宣纸线装1函1册	280.00	九州
132 古本地理元真	宣纸线装1函2册	480.00	九州
133 杨公秘本搜地灵	宣纸线装1函1册	280.00	九州
134 秘藏千里眼	宣纸线装1函1册	280.00	九州
135 道光刊本地理或问	宣纸线装1函1册	280.00	九州
136 影印稿本地理秘诀	宣纸线装1函2册	480.00	九州
137 地理秘诀隔山照 地理括要 合刊	宣纸线装1函1册	280.00	九州
138 地理前后五十段	宣纸线装1函2册	480.00	九州
139 心耕书屋藏本地经图说	宣纸线装1函1册	280.00	九州
140 地理古本道法双谭	宣纸线装1函1册	280.00	九州
141 奇门遁甲元灵经	宣纸线装1函1册	280.00	九州
142 黄帝遁甲归藏大意 白猿真经 合刊	宣纸线装1函1册	280.00	九州
143 遁甲符应经	宣纸线装1函2册	480.00	九州
144 遁甲通明钤	宣纸线装1函1册	280.00	九州
145 景祐奇门秘纂	宣纸线装1函2册	480.00	九州
146 奇门先天要论	宣纸线装1函2册	480.00	九州
147 御定奇门古本	宣纸线装1函2册	480.00	九州
148 奇门吉凶格解	宣纸线装1函1册	280.00	九州
149 御定奇门宝鉴	宣纸线装1函3册	680.00	九州
150 奇门阐易	宣纸线装1函2册	480.00	九州
151 六壬总论	宣纸线装1函1册	280.00	九州
152 稿抄本大六壬翠羽歌	宣纸线装1函1册	280.00	九州
153 都天六壬神课	宣纸线装1函1册	280.00	九州
154 大六壬易简	宣纸线装1函2册	480.00	九州
155 太上六壬明鉴符阴经	宣纸线装1函1册	280.00	九州
156 增补关煞袖里金百中经	宣纸线装1函1册	280.00	九州
157 演禽三世相法	宣纸线装1函2册	480.00	九州
158 合婚便览 和合婚姻咒 合刊	宣纸线装1函1册	280.00	九州
159 神数十种	宣纸线装1函1册	280.00	九州
160 神机灵数一掌经金钱课合刊	宣纸线装1函1册	280.00	九州
161 阴阳二宅易知录	宣纸线装1函2册	480.00	九州
162 阴宅镜	宣纸线装1函2册	480.00	九州
163 阳宅镜	宣纸线装1函1册	280.00	九州

书　名	作　者	定　价	版别
164 清精抄本六圃地学	宣纸线装1函1册	280.00	九州
165 形峦神断书	宣纸线装1函1册	280.00	九州
166 堪舆三昧	宣纸线装1函1册	280.00	九州
167 遁甲奇门捷要	宣纸线装1函1册	280.00	九州
168 奇门遁甲备览	宣纸线装1函1册	280.00	九州
169 原传真本石室藏本圆光真传秘诀合刊	宣纸线装1函1册	280.00	九州
170 明抄全本壬归	宣纸线装1函4册	880.00	九州
171 董德彰水法秘诀水法断诀合刊	宣纸线装1函1册	280.00	九州
172 董德彰先生水法图说	宣纸线装1函1册	280.00	九州
173 董德彰先生泄天机纂要	宣纸线装1函2册	480.00	九州
174 李默斋先生地理秘传	宣纸线装1函2册	480.00	九州
175 新锓希夷陈先生紫微斗数全书	宣纸线装1函3册	680.00	九州
176 海源阁藏明刊麻衣相法全编	宣纸线装1函2册	480.00	九州
177 袁忠彻先生相法秘传	宣纸线装1函3册	680.00	九州
178 火珠林要旨 筮杙	宣纸线装1函2册	480.00	九州
179 火珠林占法秘传 续筮杙	宣纸线装1函1册	280.00	九州
180 六壬类聚	宣纸线装1函4册	880.00	九州
181 新刻麻衣相神异赋	宣纸线装1函1册	280.00	九州
182 诸葛武侯奇门遁甲全书	宣纸线装1函2册	480.00	九州
183 张九仪传地理偶摘	宣纸线装1函1册	280.00	九州
184 张九仪传地理偶注	宣纸线装1函1册	280.00	九州
185 阳宅玄珠	宣纸线装1函1册	280.00	九州
186 阴宅总论	宣纸线装1函1册	280.00	九州
187 新刻杨救贫秘传阴阳二宅便用统宗	宣纸线装1函1册	280.00	九州
188 增补理气图说	宣纸线装1函2册	480.00	九州
189 增补罗经图说	宣纸线装1函1册	280.00	九州
190 重镌官板阳宅大全	宣纸线装1函4册	880.00	九州
191 景祐太乙福应经	宣纸线装1函1册	280.00	九州
192 景祐遁甲符应经	宣纸线装1函1册	280.00	九州
193 景祐六壬神定经	宣纸线装1函1册	280.00	九州
194 御制禽遁符应经	宣纸线装1函2册	480.00	九州
195 秘传匠家鲁班经符法	宣纸线装1函3册	680.00	九州
196 哈佛藏本太史黄际飞注天玉经	宣纸线装1函1册	280.00	九州
197 李三素先生红囊经解	宣纸线装1函1册	280.00	九州
198 杨曾青囊天玉通义	宣纸线装1函1册	280.00	九州
199 重编大清钦天监焦秉贞彩绘历代推背图解	宣纸线装1函2册	680.00	九州

书　　名	作　者	定　价	版别
200 道光初刻相理衡真	宣纸线装1函4册	880.00	九州
201 新刻袁柳庄先生秘传相法	宣纸线装1函3册	680.00	九州
202 袁忠彻相法古今识鉴	宣纸线装1函2册	480.00	九州
203 袁天纲五星三命指南	宣纸线装1函2册	480.00	九州
204 新刻五星玉镜	宣纸线装1函3册	680.00	九州
205 游艺录:筮遁壬行年斗数相宅	宣纸线装1函1册	280.00	九州
206 新订王氏罗经透解	宣纸线装1函2册	480.00	九州
207 堪舆真诠	宣纸线装1函3册	680.00	九州
208 青囊天机奥旨二种	宣纸线装1函1册	280.00	九州
209 张九仪传地理偶录	宣纸线装1函1册	280.00	九州
210 地学形势集	宣纸线装1函8册	1680.00	九州
重刻故宫藏百二汉镜斋秘书四种(一):火珠林	宣纸线装1函1册	300.00	华龄
重刻故宫藏百二汉镜斋秘书四种(二):灵棋经	宣纸线装1函1册	300.00	华龄
重刻故宫藏百二汉镜斋秘书四种(三):滴天髓	宣纸线装1函1册	3000.00	华龄
重刻故宫藏百二汉镜斋秘书四种(四):测字秘牒	宣纸线装1函1册	300.00	华龄
中外戏法图说:鹅幻汇编鹅幻余编合刊	宣纸线装1函3册	780.00	华龄
连山[宣纸线装一函一册]	[清]马国翰辑	280.00	华龄
归藏[宣纸线装一函一册]	[清]马国翰辑	280.00	华龄
周易虞氏义笺订[宣纸线装一函六册]	[清]李翊灼订	1180.00	华龄
周易参同契通真义	宣纸线装1函2册	480.00	华龄
御制周易[宣纸线装一函三册]	武英殿影宋本	680.00	华龄
宋刻周易本义[宣纸线装一函四册]	[宋]朱熹撰	980.00	华龄
易学启蒙[宣纸线装一函二册]	[宋]朱熹撰	480.00	华龄
易余[宣纸线装一函二册]	[明]方以智撰	480.00	九州
奇门鸣法[宣纸线装一函二册]	[清]龙伏山人撰	680.00	华龄
奇门衍象[宣纸线装一函二册]	[清]龙伏山人撰	480.00	华龄
奇门枢要[宣纸线装一函二册]	[清]龙伏山人撰	480.00	华龄
奇门仙机[宣纸线装一函三册]	王力军校订	298.00	华龄
奇门心法秘纂[宣纸线装一函三册]	王力军校订	298.00	华龄
御定奇门秘诀[宣纸线装一函三册]	[清]湖海居士辑	680.00	华龄
宫藏奇门大全[线装五函二十五册]	[清]湖海居士辑	6800.00	影印
遁甲奇门秘传要旨大全[线装二函十册]	[清]范阳耐寒子辑	6200.00	影印
增广神相全编[线装一函四册]	[明]袁珙订正	980.00	影印
龙伏山人存世文稿[宣纸线装五函十册]	[清]矫子阳撰	2800.00	九州
奇门遁甲鸣法[宣纸线装一函二册]	[清]矫子阳撰	680.00	九州
奇门遁甲衍象[宣纸线装一函二册]	[清]矫子阳撰	480.00	九州

书　　　名	作者	定价	版别
奇门遁甲枢要[宣纸线装一函二册]	[清]矫子阳撰	480.00	九州
遁甲括囊集[宣纸线装一函三册]	[清]矫子阳撰	980.00	九州
增注蒋公古镜歌[宣纸线装一函一册]	[清]矫子阳撰	180.00	九州
明抄真本梅花易数[宣纸线装一函三册]	[宋]邵雍撰	480.00	九州
古本皇极经世书[宣纸线装一函三册]	[宋]邵雍撰	980.00	九州
订正六壬金口诀[宣纸线装一函六册]	[清]巫国匡辑	1280.00	华龄
六壬神课金口诀[宣纸线装一函三册]	[明]适适子撰	298.00	华龄
改良三命通会[宣纸线装一函四册,第二版]	[明]万民英撰	980.00	华龄
增补选择通书玉匣记[宣纸线装一函二册]	[晋]许逊撰	480.00	华龄
阳宅三要	宣纸线装1函3册	298.00	华龄
绘图全本鲁班经匠家镜	宣纸线装1函4册	680.00	华龄
青囊海角经	宣纸线装1函4册	680.00	华龄
菊逸山房天函:地理点穴撼龙经	宣纸线装1函3册	680.00	华龄
菊逸山房地函:秘藏疑龙经大全	宣纸线装1函1册	280.00	华龄
菊逸山房人函:杨公秘本山法备收	宣纸线装1函1册	280.00	华龄
珍本1:校正全本地学答问	宣纸线装1函3册	680.00	华龄
珍本2:赖仙原本催官经	宣纸线装1函1册	280.00	华龄
珍本3:赖仙催官篇注	宣纸线装1函1册	280.00	华龄
珍本4:尹注赖仙催官篇	宣纸线装1函1册	280.00	华龄
珍本5:赖仙心印	宣纸线装1函1册	280.00	华龄
珍本6:新刻赖太素天星催官解	宣纸线装1函2册	480.00	华龄
珍本7:天机秘传青囊内传	宣纸线装1函1册	280.00	华龄
珍本8:阳宅斗首连篇秘授	宣纸线装1函1册	280.00	华龄
珍本9:精刻编集阳宅真传秘诀	宣纸线装1函2册	480.00	华龄
珍本10:秘传全本六壬玉连环	宣纸线装1函2册	480.00	华龄
珍本11:秘传仙授奇门	宣纸线装1函2册	480.00	华龄
珍本12:祝由科诸符秘卷祝由科诸符秘旨合刊	宣纸线装1函2册	480.00	华龄
珍本13:校正古本入地眼图说	宣纸线装1函2册	480.00	华龄
珍本14:校正全本钻地眼图说	宣纸线装1函2册	480.00	华龄
珍本15:赖公七十二葬法	宣纸线装1函2册	480.00	华龄
珍本16:新刻杨筠松秘传开门放水阴阳捷径	宣纸线装1函2册	480.00	华龄
珍本17:校正古本地理五诀	宣纸线装1函2册	480.00	华龄
珍本18:重校古本地理雪心赋	宣纸线装1函2册	480.00	华龄
珍本19:宋国师吴景鸾先天后天理气心印补注	宣纸线装1函1册	280.00	华龄
珍本20:新刊宋国师吴景鸾秘传夹竹梅花院纂	宣纸线装1函2册	480.00	华龄
珍本21:影印原本任铁樵注滴天髓阐微	宣纸线装1函4册	980.00	华龄

书　名	作　者	定　价	版别
增补四库青乌辑要[宣纸线装全18函59册]	郑同校	11680.00	九州
第1种:宅经[宣纸线装1册]	[署]黄帝撰	180.00	九州
第2种:葬书[宣纸线装1册]	[晋]郭璞撰	220.00	九州
第3种:青囊序青囊奥语天玉经[宣纸线装1册]	[唐]杨筠松撰	220.00	九州
第4种:黄囊经[宣纸线装1册]	[唐]杨筠松撰	220.00	九州
第5种:黑囊经[宣纸线装2册]	[唐]杨筠松撰	380.00	九州
第6种:锦囊经[宣纸线装1册]	[晋]郭璞撰	200.00	九州
第7种:天机贯旨红囊经[宣纸线装2册]	[清]李三素撰	380.00	九州
第8种:玉函天机素书/至宝经[宣纸线装1册]	[明]董德彰撰	200.00	九州
第9种:天机一贯[宣纸线装2册]	[清]李三素撰辑	380.00	九州
第10种:撼龙经[宣纸线装1册]	[唐]杨筠松撰	200.00	九州
第11种:疑龙经葬法倒杖[宣纸线装2册]	[唐]杨筠松撰	220.00	九州
第12种:疑龙经辨正[宣纸线装1册]	[唐]杨筠松撰	200.00	九州
第13种:寻龙记太华经[宣纸线装1册]	[唐]曾文辿撰	220.00	九州
第14种:宅谱要典[宣纸线装2册]	[清]铣溪野人校	380.00	九州
第15种:阳宅必用[宣纸线装2册]	心灯大师校订	380.00	九州
第16种:阳宅撮要[宣纸线装2册]	[清]吴鼐撰	380.00	九州
第17种:阳宅正宗[宣纸线装1册]	[清]姚承舆撰	200.00	九州
第18种:阳宅指掌[宣纸线装2册]	[清]黄海山人撰	380.00	九州
第19种:相宅新编[宣纸线装1册]	[清]焦循校刊	240.00	九州
第20种:阳宅井明[宣纸线装2册]	[清]邓颖出撰	380.00	九州
第21种:阴宅井明[宣纸线装1册]	[清]邓颖出撰	220.00	九州
第22种:灵城精义[宣纸线装2册]	[南唐]何溥撰	380.00	九州
第23种:龙穴砂水说[宣纸线装1册]	清抄秘本	180.00	九州
第24种:三元水法秘诀[宣纸线装2册]	清抄秘本	380.00	九州
第25种:罗经秘传[宣纸线装2册]	[清]傅禹辑	380.00	九州
第26种:穿山透地真传[宣纸线装2册]	[清]张九仪撰	380.00	九州
第27种:催官篇发微论[宣纸线装2册]	[宋]赖文俊撰	380.00	九州
第28种:入地眼神断要诀[宣纸线装2册]	清抄秘本	380.00	九州
第29种:玄空大卦秘断[宣纸线装1册]	清抄秘本	200.00	九州
第30种:玄空大五行真传口诀[宣纸线装1册]	[明]蒋大鸿等撰	220.00	九州
第31种:杨曾九宫颠倒打劫图说[宣纸线装1册]	[唐]杨筠松撰	200.00	九州
第32种:乌兔经奇验经[宣纸线装1册]	[唐]杨筠松撰	180.00	九州
第33种:挨星考注[宣纸线装1册]	[清]汪董缘订定	260.00	九州
第34种:地理挨星说汇要[宣纸线装1册]	[明]蒋大鸿撰辑	220.00	九州
第35种:地理捷诀[宣纸线装1册]	[清]傅禹辑	200.00	九州

书　　名	作　者	定　价	版别
第36种:地理三仙秘旨[宣纸线装1册]	清抄秘本	200.00	九州
第37种:地理三字经[宣纸线装3册]	[清]程思乐撰	580.00	九州
第38种:地理雪心赋注解[宣纸线装2册]	[唐]卜则巍撰	380.00	九州
第39种:蒋公天元余义[宣纸线装1册]	[明]蒋大鸿等撰	220.00	九州
第40种:地理真传秘旨[宣纸线装3册]	[唐]杨筠松撰	580.00	九州
增补四库未收方术汇刊第一辑(全28函)	线装影印本	11800.00	九州
第一辑01函:火珠林·卜筮正宗	[宋]麻衣道者著	340.00	九州
第一辑02函:全本增删卜易·增删卜易真诠	[清]野鹤老人撰	720.00	九州
第一辑03函:渊海子平音义评注·子平真诠·命理易知	[明]杨淙增校	360.00	九州
第一辑04函:滴天髓:附滴天秘诀·穷通宝鉴:附月谈赋	[宋]京图撰	360.00	九州
第一辑05函:参星秘要诹吉便览·玉函斗首三台通书·精校三元总录	[清]俞荣宽撰	460.00	九州
第一辑06函:陈子性藏书	[清]陈应选撰	580.00	九州
第一辑07函:崇正辟谬永吉通书·选择求真	[清]李奉来辑	500.00	九州
第一辑08函:增补选择通书玉匣记·永宁通书	[晋]许逊撰	400.00	九州
第一辑09函:新增阳宅爱众篇	[清]张觉正撰	480.00	九州
第一辑10函:地理四弹子·地理铅弹子砂水要诀	[清]张九仪注	320.00	九州
第一辑11函:地理五诀	[清]赵九峰著	200.00	九州
第一辑12函:地理直指原真	[清]释如玉撰	280.00	九州
第一辑13函:宫藏真本入地眼全书	[宋]释静道著	680.00	九州
第一辑14函:罗经顶门针·罗经解定·罗经透解	[明]徐之镆撰	360.00	九州
第一辑15函:校正详图青囊经·平砂玉尺经·地理辨正疏	[清]王宗臣著	300.00	九州
第一辑16函:一贯堪舆	[明]唐世友辑	240.00	九州
第一辑17函:阳宅大全·阳宅十书	[明]一壑居士集	600.00	九州
第一辑18函:阳宅大成五种	[清]魏青江撰	600.00	九州
第一辑19函:奇门五总龟·奇门遁甲统宗大全·奇门遁甲元灵经	[明]池纪撰	500.00	九州
第一辑20函:奇门遁甲秘笈全书	[明]刘伯温辑	280.00	九州
第一辑21函:奇门庐中阐秘	[汉]诸葛武侯撰	600.00	九州
第一辑22函:奇门遁甲元机·太乙秘书·六壬大占	[宋]岳珂纂辑	360.00	九州
第一辑23函:性命圭旨	[明]尹真人撰	480.00	九州
第一辑24函:紫微斗数全书	[宋]陈抟撰	200.00	九州
第一辑25函:千镇百镇桃花镇	[清]云石道人校	220.00	九州
第一辑26函:清抄真本祝由科秘诀全书·轩辕碑记医学祝由十三科	[上古]黄帝传	800.00	九州
第一辑27函:增补秘传万法归宗	[唐]李淳风撰	160.00	九州

书　　名	作　者	定　价	版别
第一辑 28 函:神机灵数一掌经金钱课·牙牌神数七种·珍本演禽三世相法	[清]诚文信校	440.00	九州
增补四库未收方术汇刊第二辑(全36函)	线装影印本	13800.00	九州
第二辑第 1 函:六爻断易一撮金·卜易秘诀海底眼	[宋]邵雍撰	200.00	九州
第二辑第 2 函:秘传子平渊源	燕山郑同校辑	280.00	九州
第二辑第 3 函:命理探原	[清]袁树珊撰	280.00	九州
第二辑第 4 函:命理正宗	[明]张楠撰集	180.00	九州
第二辑第 5 函:造化玄钥	庄圆校补	220.00	九州
第二辑第 6 函:命理寻源·子平管见	[清]徐乐吾撰	280.00	九州
第二辑第 7 函:京本风鉴相法	[明]回阳子校辑	380.00	九州
第二辑第 8—9 函:钦定协纪辨方书8册	[清]允禄编	780.00	九州
第二辑第 10—11 函:鳌头通书10册	[明]熊宗立撰辑	880.00	九州
第二辑第 12—13 函:象吉通书	[清]魏明远撰辑	1080.00	九州
第二辑第 14 函:选择宗镜·选择纪要	[朝鲜]南秉吉撰	360.00	九州
第二辑第 15 函:选择正宗	[清]顾宗秀撰辑	480.00	九州
第二辑第 16 函:仪度六壬选日要诀	[清]张九仪撰	680.00	九州
第二辑第 17 函:葬事择日法	郑同校辑	280.00	九州
第二辑第 18 函:地理不求人	[清]吴明初撰辑	240.00	九州
第二辑第 19 函:地理大成一:山法全书	[清]叶九升撰	680.00	九州
第二辑第 20 函:地理大成二:平阳全书	[清]叶九升撰	360.00	九州
第二辑第 21 函:地理大成三:地理六经注·地理大成四:罗经指南拨雾集·地理大成五:理气四诀	[清]叶九升撰	300.00	九州
第二辑第 22 函:地理录要	[明]蒋大鸿撰	480.00	九州
第二辑第 23 函:地理人子须知	[明]徐善继撰	480.00	九州
第二辑第 24 函:地理四秘全书	[清]尹一勺撰	380.00	九州
第二辑第 25—26 函:地理天机会元	[明]顾陵冈辑	1080.00	九州
第二辑第 27 函:地理正宗	[清]蒋宗城校订	280.00	九州
第二辑第 28 函:全图鲁班经	[明]午荣编	280.00	九州
第二辑第 29 函:秘传水龙经	[明]蒋大鸿撰	480.00	九州
第二辑第 30 函:阳宅集成	[清]姚廷銮纂	480.00	九州
第二辑第 31 函:阴宅集要	[清]姚廷銮纂	240.00	九州
第二辑第 32 函:辰州符咒大全	[清]觉玄子辑	480.00	九州
第二辑第 33 函:三元镇宅灵符秘箓·太上洞玄袪病灵符全书	[明]张宇初编	240.00	九州
第二辑第 34 函:太上混元祈福解灾三部神符	[明]张宇初编	360.00	九州
第二辑第 35 函:测字秘牒·先天易数·冲天易数/马前课	[清]程省撰	360.00	九州
第二辑第 36 函:秘传紫微	古朝鲜抄本	240.00	九州

书　　名	作者	定价	版别
子平遗书第1辑(甲子至戊辰,全三册)	精装古本影印	980.00	华龄
子平遗书第2辑(庚午至甲戌,全三册)	精装古本影印	980.00	华龄
子平遗书第3辑(乙亥至戊子,全三册)	精装古本影印	980.00	华龄
子平遗书第4辑(庚寅至庚子,全三册)	精装古本影印	980.00	华龄
子平遗书第5辑(辛丑至癸丑,全三册)	精装古本影印	980.00	华龄
子平遗书第6辑(甲寅至辛酉,全三册)	精装古本影印	980.00	华龄
子部善本1:新刊地理玄珠	精装古本影印	380.00	华龄
子部善本2:参赞玄机地理仙婆集	精装古本影印	380.00	华龄
子部善本3:章仲山地理九种(上下)	精装古本影印	760.00	华龄
子部善本4:八门九星阴阳二遁全本奇门断	精装古本影印	760.00	华龄
子部善本5:六壬统宗大全	精装古本影印	380.00	华龄
子部善本6:太乙统宗宝鉴	精装古本影印	380.00	华龄
子部善本7:重刊星海词林(全五册)	精装古本影印	1900.00	华龄
子部善本8:万历初刻三命通会(上下)	精装古本影印	760.00	华龄
子部善本9:增广沈氏玄空学(上下)	精装古本影印	760.00	华龄
子部善本10:江公择日秘稿	精装古本影印	380.00	华龄
子部善本11:刘氏家藏阐微通书(上下)	精装古本影印	760.00	华龄
子部善本12:影印增补高岛易断(上下)	精装古本影印	760.00	华龄
子部善本13:清刻足本铁板神数	精装古本影印	380.00	华龄
子部善本14:增订天官五星集腋(上下)	精装古本影印	760.00	华龄
子部善本15:太乙奇门六壬兵备统宗(上中下)	精装古本影印	1140.00	华龄
子部善本16:御定景祐奇门大全(上下)	精装古本影印	760.00	华龄
子部善本17:地理四秘全书十二种	精装古本影印	380.00	华龄
子部善本18:全本地理统一全书	精装古本影印	380.00	华龄
风水择吉第一书:辨方(精装)	李明清著	168.00	华龄
珞琭子三命消息赋古注通疏(精装上下)	一明注疏	188.00	华龄
增补高岛易断(简体横排精装上下)	(清)王治本编译	198.00	华龄
飞盘奇门:鸣法体系校释(精装上下)	刘金亮撰	198.00	九州
白话高岛易断(上下)	孙正治孙奥麟译	128.00	九州
润德堂丛书全编1:述卜筮星相学	袁树珊著	38.00	华龄
润德堂丛书全编2:命理探原	袁树珊著	38.00	华龄
润德堂丛书全编3:命谱	袁树珊著	68.00	华龄
润德堂丛书全编4:大六壬探原 养生三要	袁树珊著	38.00	华龄
润德堂丛书全编5:中西相人探原	袁树珊著	38.00	华龄
润德堂丛书全编6:选吉探原 八字万年历	袁树珊著	38.00	华龄
润德堂丛书全编7:中国历代卜人传(上中下)	袁树珊著	168.00	华龄

书　　名	作　者	定　价	版别
三式汇刊1:大六壬口诀纂	[明]林昌长辑	68.00	华龄
三式汇刊2:大六壬集应钤	[明]黄宾廷撰	198.00	华龄
三式汇刊3:奇门大全秘纂	[清]湖海居士撰	68.00	华龄
三式汇刊4:大六壬总归	[宋]郭子晟撰	58.00	华龄
青囊汇刊1:青囊秘要	[晋]郭璞等撰	48.00	华龄
青囊汇刊2:青囊海角经	[晋]郭璞等撰	48.00	华龄
青囊汇刊3:阳宅十书	[明]王君荣撰	48.00	华龄
青囊汇刊4:秘传水龙经	[明]蒋大鸿撰	68.00	华龄
青囊汇刊5:管氏地理指蒙	[三国]管辂撰	48.00	华龄
青囊汇刊6:地理山洋指迷	[明]周景一撰	32.00	华龄
青囊汇刊7:地学答问	[清]魏清江撰	58.00	华龄
青囊汇刊8:地理铅弹子砂水要诀	[清]张九仪撰	68.00	华龄
子平汇刊1:渊海子平大全	[宋]徐子平撰	48.00	华龄
子平汇刊2:秘本子平真诠	[清]沈孝瞻撰	38.00	华龄
子平汇刊3:命理金鉴	[清]志于道撰	38.00	华龄
子平汇刊4:秘授滴天髓阐微	[清]任铁樵注	48.00	华龄
子平汇刊5:穷通宝鉴评注	[清]徐乐吾注	48.00	华龄
子平汇刊6:神峰通考命理正宗	[明]张楠撰	38.00	华龄
子平汇刊7:新校命理探原	[清]袁树珊撰	48.00	华龄
子平汇刊8:重校绘图袁氏命谱	[清]袁树珊撰	68.00	华龄
子平汇刊9:增广汇校三命通会(全三册)	[明]万民英撰	168.00	华龄
纳甲汇刊1:校正全本增删卜易	郑同点校	68.00	华龄
纳甲汇刊2:校正全本卜筮正宗	郑同点校	48.00	华龄
纳甲汇刊3:校正全本易隐	郑同点校	48.00	华龄
纳甲汇刊4:校正全本易冒	郑同点校	48.00	华龄
纳甲汇刊5:校正全本易林补遗	郑同点校	38.00	华龄
纳甲汇刊6:校正全本卜筮全书	郑同点校	68.00	华龄
古今图书集成术数丛刊:卜筮(全二册)	[清]陈梦雷辑	80.00	华龄
古今图书集成术数丛刊:堪舆(全二册)	[清]陈梦雷辑	120.00	华龄
古今图书集成术数丛刊:相术(全一册)	[清]陈梦雷辑	60.00	华龄
古今图书集成术数丛刊:选择(全一册)	[清]陈梦雷辑	50.00	华龄
古今图书集成术数丛刊:星命(全三册)	[清]陈梦雷辑	180.00	华龄
古今图书集成术数丛刊:术数(全三册)	[清]陈梦雷辑	200.00	华龄
四库全书术数初集(全四册)	郑同点校	200.00	华龄
四库全书术数二集(全三册)	郑同点校	150.00	华龄
四库全书术数三集:钦定协纪辨方书(全二册)	郑同点校	98.00	华龄

书　　名	作　者	定　价	版别
增补鳌头通书大全(全三册)	[明]熊宗立撰辑	180.00	华龄
增补象吉备要通书大全(全三册)	[清]魏明远撰辑	180.00	华龄
增广沈氏玄空学	郑同点校	68.00	华龄
地理点穴撼龙经	郑同点校	32.00	华龄
绘图地理人子须知(上下)	郑同点校	78.00	华龄
玉函通秘	郑同点校	48.00	华龄
绘图入地眼全书	郑同点校	28.00	华龄
绘图地理五诀	郑同点校	48.00	华龄
一本书弄懂风水	郑同著	48.00	华龄
风水罗盘全解	傅洪光著	58.00	华龄
堪舆精论	胡一鸣著	29.80	华龄
堪舆的秘密	宝通著	36.00	华龄
中国风水学初探	曾涌哲	58.00	华龄
全息太乙(修订版)	李德润著	68.00	华龄
时空太乙(修订版)	李德润著	68.00	华龄
故宫珍本六壬三书(上下)	张越点校	128.00	华龄
大六壬通解(全三册)	叶飘然著	168.00	华龄
壬占汇选(精抄历代六壬占验汇选)	肖岱宗点校	48.00	华龄
大六壬指南	郑同点校	28.00	华龄
六壬金口诀指玄	郑同点校	28.00	华龄
大六壬寻源编[全三册]	[清]周螭辑录	180.00	华龄
六壬辨疑　毕法案录	郑同点校	32.00	华龄
时空太乙(修订版)	李德润著	68.00	华龄
全息太乙(修订版)	李德润著	68.00	华龄
大六壬断案疏证	刘科乐著	58.00	华龄
六壬时空	刘科乐著	68.00	华龄
御定奇门宝鉴	郑同点校	58.00	华龄
御定奇门阳遁九局	郑同点校	78.00	华龄
御定奇门阴遁九局	郑同点校	78.00	华龄
奇门秘占合编:奇门庐中阐秘·四季开门	[汉]诸葛亮撰	68.00	华龄
奇门探索录	郑同编订	38.00	华龄
奇门遁甲秘笈大全	郑同点校	48.00	华龄
奇门旨归	郑同点校	48.00	华龄
奇门法窍	[清]锡孟樨撰	48.00	华龄
奇门精粹——奇门遁甲典籍大全	郑同点校	68.00	华龄
御定子平	郑同点校	48.00	华龄

书　名	作　者	定　价	版别
增补星平会海全书	郑同点校	68.00	华龄
五行精纪：命理通考五行渊微	郑同点校	38.00	华龄
绘图三元总录	郑同编校	48.00	华龄
绘图全本玉匣记	郑同编校	32.00	华龄
周易初步：易学基础知识36讲	张绍金著	32.00	华龄
周易与中医养生：医易心法	成铁智著	32.00	华龄
梅花心易阐微	[清]杨体仁撰	48.00	华龄
梅花易数讲义	郑同著	58.00	华龄
白话梅花易数	郑同编著	30.00	华龄
梅花周易数全集	郑同点校	58.00	华龄
一本书读懂易经	郑同著	38.00	华龄
白话易经	郑同编著	38.00	华龄
知易术数学：开启术数之门	赵知易著	48.00	华龄
术数入门——奇门遁甲与京氏易学	王居恭著	48.00	华龄
周易虞氏义笺订（上下）	[清]李翊灼校订	78.00	九州
阴阳五要奇书	[晋]郭璞撰	88.00	九州
壬奇要略（全5册：大六壬集应钤3册，大六壬口诀纂1册，御定奇门秘纂1册）	肖岱宗郑同点校	300.00	九州
周易明义	邱勇强著	73.00	九州
论语明义	邱勇强著	37.00	九州
中国风水史	傅洪光撰	32.00	九州
古本催官篇集注	李佳明校注	48.00	九州
鲁班经讲义	傅洪光著	48.00	九州
天星姓名学	侯景波著	38.00	燕山
解梦书	郑同、傅洪光著	58.00	燕山

周易书斋是国内最大的易学术数类图书邮购服务的专业书店，成立于2001年，现有易学及术数类图书现货6000余种，在海内外易学研究者中有着巨大的影响力。通讯地址：北京市102488信箱58分箱　邮编：102488　王兰梅收。

1、学易斋官方旗舰店网址：xyz888.jd.com　微信号：xyz15652026606
2、联系人：王兰梅　电话：13716780854,15652026606,(010)89360046
3、邮购费用固定，不论册数多少，每次收费7元。
4、银行汇款：户名：**王兰梅**。
　　邮政：601006359200109796　农行：6228480010308994218
　　工行：0200299001020728724　建行：1100579980130074603
　　交行：6222600910053875983　支付宝：13716780854
5、QQ:（周易书斋2）2839202242;QQ群:（周易书斋书友会）140125362。

北京周易书斋敬启